es 1530

edition suhrkamp

Neue Folge Band 530

W0070760

Neue Historische Bibliothek
Herausgegeben von Hans-Ulrich Wehler

Rassismus, dessen deutlichstes Beispiel sich gegenwärtig in der Apartheidspolitik Südafrikas manifestiert, steht in einer langen Tradition.

In seiner theoretischen Ausprägung, die eine angeblich biologisch (d. h. »rassisch«) bedingte Ungleichheit von »Rassen« behauptet, läßt sich Rassismus im späten 18. Jahrhundert ansiedeln und diente Europäern und Amerikanern als Rechtfertigungsideologie der »weißen« Vorherrschaft in der Welt.

Die historischen Grundlagen des Rassismus aber sind viel älter – und dies belegt der vorliegende Band. Zwei Hauptformen sind zu unterscheiden, die sich zwar parallel, aber weitgehend unabhängig voneinander entwickelt haben: der antijüdische/antisemitische und der antinegride Rassismus. Zu seinen elementaren Voraussetzungen gehören Ghettoisierung und Sklaverei auf der einen sowie Emanzipation im Zuge der Industrialisierung auf der anderen Seite: In einem dialektischen Spannungsverhältnis von wohlgemeinten Absichten und verheerenden Wirkungen folgten auf die Emanzipation der Juden in Europa und schwarzer Sklaven vor allem in den USA und in Südafrika Antisemitismus und Rassendiskriminierung. Real-, sozial-, wirtschafts- und geistesgeschichtliche Faktoren gehen also beim Rassismus eine enge Verbindung ein.

Imanuel Geiss ist Professor für Neuere Geschichte an der Universität Bremen.

Imanuel Geiss
Geschichte des Rassismus

Suhrkamp

edition suhrkamp 1530
Neue Folge Band 530
Erste Auflage 1988
© Suhrkamp Verlag Frankfurt am Main 1988
Erstausgabe
Alle Rechte vorbehalten, insbesondere das der Übersetzung,
des öffentlichen Vortrags
sowie der Übertragung durch Rundfunk und Fernsehen,
auch einzelner Teile.
Satz: Hümmer, Waldbüttelbrunn
Druck: Nomos Verlagsgesellschaft, Baden-Baden
Umschlagentwurf: Willy Fleckhaus
Printed in Germany

1 2 3 4 5 6 – 93 92 91 90 89 88

Inhalt

IV. Zwischen Industrieller Revolution und Erstem Weltkrieg: Formierung und Aufstieg des Rassismus (1775–1914)

V. Der Rassismus in der Zwischenkriegszeit

VI. Die Zuspitzung des Rassismus in Deutschland: Vom »Griff nach der Weltmacht« zum »Holocaust«

VII. Rassismus seit 1945

Einleitung

Rassismus in all seinen Formen ist ein Kernübel der Menschheit und noch heute Ursache vieler Konflikte in und zwischen Völkern und Staaten. Um so dringender wird die möglichst objektive Kenntnis seiner historischen Voraussetzungen. Ausgangs- und Orientierungspunkte werden stets die beiden extremsten Formen des Rassismus bleiben – Auschwitz für den Rassenhaß und Apartheid für die Rassendiskriminierung. Ihre Opfer sind Hauptgegenstand seiner Geschichte. Rationale Aufklärung über die zerstörerische Vergangenheit des Rassismus darf sich nicht von der realistischen Resignation Hannah Arendts aus dem Jahr 1944 lähmen lassen, daß noch so schöne Bücher den Rassismus nicht überwinden werden.[1] Solange die Hoffnung auf eine humanisierende Wirkung des gedruckten Wortes besteht, bleiben wenigstens Versuche zur rationalen Auflösung des Weltproblems Rassismus sinnvoll. Er bedrängt uns nicht nur in seiner düsteren Vergangenheit von Diskriminierung, Verfolgung und Massakern, sondern auch in der Gegenwart mit einer Fülle von Rassenkonflikten: »The problem of the 20th century is the problem of color line« – »Das Problem des 20. Jahrhunderts ist die Rassenfrage« (W. E. B. Du Bois, 1900).

Jeder Versuch, eine Geschichte des Rassismus zu schreiben, steht vor Problemen, die sich beim gegenwärtigen Forschungs-, Wissens- und Reflektionsstand mit einem schmalen Band einführenden Charakters nicht lösen lassen. So ist sich die Fachliteratur einig, daß eine befriedigende Definition von »Rasse« und Rassismus noch nicht gefunden ist. Daher ist hier nur eine ungefähre Umschreibung möglich – ein Groß-Essay, der sich um pragmatische Annäherung an den unübersichtlichen Komplex bemüht. Bisher blieb Rassismus meist auf die Schwarz-Weiß-Problematik oder den Antisemitismus eingeengt. Tatsächlich konzentrieren sich im 20. Jahrhundert die dramatischen Manifestationen des Rassismus auf beide Bereiche – »Holocaust« und Apartheid, wenn auch auf unterschiedlichem Niveau der Gewaltanwendung. Bei genauerer Betrachtung erweisen sich jedoch beide als Extrempositionen in einem breiten Spektrum historischer Möglichkeiten: Ist schon die jüdische Frage ein »Weltproblem«[2], so ist es der Rassismus erst recht. Ein Weltproblem verlangt eine weltgeschichtliche Perspektive. Sie kann hier nur den Rahmen zu einer ausführlichen Arbeitshypothese abgeben, den umfassendere Forschung näher ausfüllen müßte.

In einer durch »Holocaust« und Apartheid hochsensibilisierten Weltöffentlichkeit ist das Thema emotional aufgeladen: »Rassismus«, »Rassist« und das zugeordnete Adjektiv »rassistisch« sind, ähnlich wie »Faschismus« mit seinen Ableitungen, häufig politisch-ideologische Schimpfwörter zur Diskreditierung Andersdenkender oder Gegner geworden. Komplexität der Sache und Explosivität des mit dem Reizwort »Rassismus« umschriebenen Sachverhalts öffnen tausend Möglichkeiten zu Fehlern, Mißverständnissen und Mißdeutungen, bis zu Verdrehungen in die eine oder andere Richtung.

Jede Geschichte des Rassismus hinterläßt gespaltene Gefühle: Einerseits kennt sie Verfolgungen, Massaker und Genozide. Die Fakten, die der Historiker analysieren muß, sind oft schon schlimm genug. Noch bedrückender werden sie in weltweiten, über die Jahrtausende eingebetteten Zusammenhängen. Andererseits führt die Geschichte des Rassismus zu letzten Dingen unserer Existenz, buchstäblich zu »Gott und der Welt«, zum Anfang (Genesis) und Ende (Apokalypse) der irdischen Schöpfung. Die Geschichte des Rassismus führt in die intimsten Bereiche des menschlichen Existierens: Wie sonst selten für den Historiker spielt die elementare Tatsache eine Rolle, daß Menschen Mutter und Vater haben, daß ihr Verhältnis zueinander die Stellung des Individuums in der Gesellschaft oft schon festlegt.

Sympathie, im ursprünglichen Sinne des »Mit-Leidens«, und emotionale Identifizierung mit den Opfern des Rassismus stellen sich unvermeidlich ein. Sie dürfen aber nicht den Blick für Strukturen und Prozesse verstellen, die Rassismus ermöglichen. Erforderlich ist das Streben nach menschenmöglicher Objektivität, u. a. das Anlegen gleicher Maßstäbe historischer Analyse an gleiche Sachverhalte, ohne moralisierende Anklage oder Apologie nach der einen oder anderen Seite.

Entgegen der in der Literatur überwiegenden sozialwissenschaftlich-ideengeschichtlichen Betrachtung, wird hier versucht, ein umfassendes, wenn auch skizzenhaftes Bild durch die historische Perspektive zu gewinnen. Das Ziel dieses Buches ist es nicht, vor allem Theorien des Rassismus wiederzugeben, einen Autor nach dem anderen abzuhandeln, mit ihrer Fülle von oft gegensätzlichen Theorien. Hierzu liegen detaillierte und verdienstvolle Untersuchungen vor.[3] Am nächsten ist dem vorliegenden Versuch eine französische Skizze des Themas.[4]

Vielmehr kommt es darauf an, die Geistesgeschichte zum Rassismus in einen breiten realhistorischen Zusammenhang zu stellen, zu dem wirtschafts- und sozialgeschichtliche Faktoren ebenso gehören wie allgemeinere, grundsätzliche Erwägungen.[5] Die Chronologie am Ende des Bandes macht noch einmal gedrängt die Verknüpfung von Real-, Sozial-, Wirtschafts- und Geistesgeschichte deutlich.

Hannah Arendt wies schon 1944 grundsätzlich in die hier eingeschlagene Richtung: Sie sah eine Polarisierung zwischen zwei konkurrierenden Anschauungen zur Weltgeschichte – Primat der »Klasse« und Primat der »Rasse«.[6] Heute würden wir eine solche Zuspitzung in dieser Schärfe nicht mehr aufrechterhalten. Bei näherem Hinsehen löst sich der scheinbar plausible Gegensatz auf: Rassenkonflikte sind zwar real genug, aber bei genauerer Analyse zeigt sich, daß sie, oft hinter mehreren Schichten verborgen, soziale, also auch ökonomische Ursachen haben. Wirtschafts- und sozialgeschichtliche Kategorien erlauben am ehesten, die explosive Emotionalität und extreme Verletzlichkeit, die der Rassismus hervorruft, konstruktiv abzubauen.

Für einen »Weißen«, gar Deutschen ist eine Geschichte des Rassismus ein doppeltes Wagnis, da sich der Vorwurf der Befangenheit oder moralischen Entlastung für die eigene Gruppe rasch einstellen kann. Gerade deshalb näherte sich der Verfasser diesem Thema stets im Bewußtsein der moralischen Hypothek, die sich »Weiße« und Deutsche mit dem modernen Rassismus aufgeladen haben. Die Universalisierung des Themas ist für ihn keine Flucht in die Relativierung des Globalen, sondern die Konsequenz aus dem Charakter des Rassismus als Weltproblem. Auf das Unterfangen, eine »Geschichte des Rassismus« – zumal in der Spannung unserer gegenwärtigen Weltsituation – zu schreiben, hätte sich der Verfasser ohne Aufforderung durch den Herausgeber der »Neuen Historischen Bibliothek«, Hans-Ulrich Wehler, nie eingelassen. Nach Abschluß der Arbeit gilt ihm der besondere Dank für die produktive Provokation, die er mit der heiklen Aufgabenstellung bewirkte.

Ohne freundliche Hilfe und Ermunterung der verschiedensten

Art wäre darüber hinaus das vorliegende Ergebnis nicht zustande gekommen. Wie immer hat Frau Renate Brock, Bremen, das in Stufen wachsende Manuskript mit bewährter Umsicht und Anteilnahme ins Reine geschrieben, unterstützt von Frau Gabriele Intemann, Bremen, die als studentische Hilfskraft vor allem die notwendige organisatorische und technische Arbeit leistete – Beschaffung und Sichtung der Literatur, Verwaltung der Anmerkungen, Bibliographie etc. Ihre kritische Durchsicht des werdenden Manuskripts wurde unentbehrlich. In der Anfangsphase lieferte Thomas Bail, Bremen, eine erste Materialgrundlage, in einer zweiten Phase half Dietmar Roth, Worpswede-Köln, bei der Auswertung des Materials, vor allem der spanisch-lateinamerikanischen Bereiche, und las die erste Rohfassung kritisch mit. An dieser Stelle sei auch der Universität Bremen gedankt für die Gewährung zusätzlicher Mittel für eine studentische Hilfskraft.

Erste Anregungen und Ermunterungen verdanke ich meinem Aufenthalt 1985/86 am Dickinson College in Carlisle, Pennsylvania, den Kollegen des History Department, ebenso wie den Studenten, die sich mit mir in einem »Independent Studies«-Kurs in das geistige Abenteuer einer Geschichte des Rassismus stürzten. Prof. James Chastain in Athens, Ohio, gab willkommene Ermutigung, auf dem zunächst nur skizzierten Weg weiterzugehen, und lieferte selbst wertvolle Anregungen. Prof. Peter Loewenberg in Los Angeles eröffnete mir mit einem Vortrag vor seinen Studenten im Mai 1986 die Chance, zum ersten Mal eine Grobskizze zur Diskussion zu stellen.

Schließlich übernahmen drei deutsche Kollegen es freundlicherweise, im Rahmen ihrer Fachkompetenz besonders schwierige Kapitel kritisch zu überprüfen und mit konstruktiven Vorschlägen inhaltlich zu verbessern – der Alttestamentarler Prof. Rolf Rendtorff und der Neutestamentarler Prof. Gerd Theißen, beide Heidelberg, jeweils für das Kapitel »Jüdische Existenz I« und »Jüdische Existenz II«, sowie Prof. Hellmut Brunner in Tübingen, für einzelne Abschnitte des Kapitels 3 im Teil II »Der Konflikt zwischen ›Schwarz‹ und ›Weiß‹ in der Alten Welt«.

Meinem Hamburger Kollegen Prof. Horst Pietschmann danke ich für Korrekturen und die wertvollen kritischen Ergänzungen zu dem Kapitel über Spanien und Iberoamerika, meinem Bremer Kollegen Gunnar Heinsohn für die kritische Durchsicht des ganzen Manuskriptes und für wertvolle Hinweise. Vor allem übernahm ich von ihm die wichtige Unterscheidung zwischen Rassenhaß, kulminierend im Antisemitismus und in Auschwitz, und Rassendiskriminierung, gegenwärtig gipfelnd in der Apartheid Südafrikas.

Ihre kollegiale Hilfe hat es mir erleichtert, als Neuzeithistoriker den gefährlichen Balanceakt in Gefilden jenseits der eigenen Fachkompetenz überhaupt zu wagen, der aber für eine angemessene Behandlung des Themas unerläßlich war. Selbstverständlich sind sie für verbliebene Fehler, Mißverständnisse oder mögliche Mißdeutungen nicht haftbar zu machen, denn die letzte Verantwortung bleibt allein beim Verfasser.

Zuletzt gilt der Band dem Gedenken der Opfer des Rassismus – allen.

Bremen, im Mai 1988   *Imanuel Geiss*

I. Grundlagen des Rassismus

Eine universalhistorische Konzeption für die Geschichte des Rassismus erfordert eine breite Perspektive zur Erfassung seiner Elemente. Ausgangs- und Orientierungspunkte sind die Extreme Auschwitz und Apartheid sowie deren Opfer. Aus Selbstverständnis und Praxis des institutionalisierten Rassismus lassen sich seine Elemente ableiten, die fast schon als anthropologische Konstanten in unsere Existenz eingegangen sind, u. a. die Spannung zwischen Einheit und Untergliederungen der Menschheit, Realität und Mythos der »Rasse«. Der harte Kern des euramerikanischen Rassismus als Ideologie war der »arische Mythos«.[1]

Bei allem Zögern, sich auf eine Definition von »Rasse« und Rassismus einzulassen, wird ihre Umschreibung unvermeidlich. Es geht zunächst darum, den Geltungsbereich des Themas abzuschreiten und pragmatische Kriterien aus der angewandten Historie zur Bewältigung des Themas zu entwickeln. Gilt Rassismus als systematisiertes Gedankengebäude, als Ideologie euramerikanischer Überlegenheit seit dem späten 18. Jahrhundert, so sind seine Voraussetzungen, der Proto-Rassismus, überall zu finden, wo sich Überlegenheit real manifestiert.

1. Rassismus und »Rasse«

Da sich Rassismus von »Rasse« ableitet, ist zunächst dieser Schlüsselbegriff zu klären, zumal er sprachgeschichtlich älter als Rassismus ist. Der Sache nach ist Rassismus jedoch viel älter als das Wort. In modernen Sprachen wie im Bewußtsein und Unterbewußtsein unserer Zeit hat er tiefe Spuren hinterlassen, die teilweise erst noch zu entziffern sind. Hier leisten moderne Disziplinen – Psychohistorie[2] und eher sozialwissenschaftlich angelegte Vorurteilsforschung[3] – wertvolle Dienste. Die detailliertere Erläuterung der Periodisierung für eine Weltgeschichte des Rassismus soll sein Verständnis erleichtern.

Im Unterschied zur praktisch unendlichen Fülle von Varianten des »Rasse«-Begriffs schält sich ein gemeinsamer Nenner aller Rassismusspielarten heraus, der Glaube an (wie auch immer definierte) angeblich nicht oder nur langfristig veränderbare »Rassen«, die mit bestimmten Charaktereigenschaften verknüpft und höchstens durch biologische Prozesse der »Rassen«-Vermischung zu verändern seien. Zu den zentralen Eigenschaften von »Rassen« gehöre ihr Status als »überlegene« und »unterlegene« »Rassen«.

Rassismus entstand als Erklärungs- und Rechtfertigungsideologie der welthistorischen materiellen, militärischen und technischen Überlegenheit der Europäer seit ihrer Expansion in Übersee. Auf dem Höhepunkt der Aufklärung und zu Beginn der Industriellen Revolution bildete er sich als Ideologie-System auf beiden Seiten des Atlantiks heraus und erreichte im Imperialismus als höchstem Stadium euramerikanischer Expansion den Gipfel seiner gemein-euramerikanischen Ausformung, mit nationalen Varianten in Europa und in USA. Um die Mitte des 20. Jahrhunderts erreichte der Rassismus in zwei Ländern besondere Höhepunkte, mit unterschiedlichem Grad der Gewaltanwendung – in Deutschland mit Auschwitz, in Südafrika mit der Apartheid. Beide sind Extreme in der Entwicklung der zwei Hauptstränge des euramerikanischen Rassismus – das Verhältnis zu den Juden (Antijudaismus/Antisemitismus) und den Schwarzen (Negriden), stellvertretend für die übrigen nichteuropäischen »Rassen«: Antijudaismus/Antisemitismus betrifft mehr das Binnenverhältnis der modernen Euramerikaner, da die Juden als Semiten an sich auch Europiden (»Weiße«) sind, der Anti-Negrismus das Außenverhältnis zur übrigen Welt. Beide Hauptstränge des Rassismus entwickelten sich teils voneinander getrennt, teils in enger Verzahnung miteinander, in den realen Lebensbedingungen wie in der theoretischen Verarbeitung. Beide Extrem-Phänomene (Auschwitz, Apartheid) sind weder historisch zu isolieren, noch darf ihre welthistorische Einordnung in Apologie oder Bagatellisierung (»die anderen auch«) einmünden.

Die Wortgeschichte reflektiert oft komprimiert realhistorische Prozesse, die für eine Geschichte des Rassismus wichtig werden. »Rasse« geht auf entsprechende Formen in romanischen Sprachen seit dem 13. Jahrhundert zurück – »raza« (span.), »raça« (port.), »razza« (ital.), »race« (frz.).[4] Vom Französischen »race« kam im 16. Jahrhundert mit gleicher Schreibweise das englische Wort »race«, später im Deutschen dasselbe Wort (so noch bei Kant 1775), das erst im 19. Jahrhundert als »Rasse« eingedeutscht wurde. Eine noch weiter über die romanischen Anfänge zurückgehende Etymologie ist umstritten, so daß nur Hypothesen möglich sind. Der realhistorische Zusammenhang legt die Ableitung aus Arabisch »Ras« nahe – Kopf, Haupt, (Ober-)Haupt eines Clans oder Stammes[5], übertragen auch Abstammung.

Eine arabische Abkunft des Wortes »Rasse« von »Ras« würde gut zu der Tatsache passen, daß Spanier und Portugiesen »Rasse« zuerst kannten: Seit der arabisch-berberischen Eroberung 711 standen sie bis 1492 im massivsten, längsten und intimsten Kontakt kriegerischer wie friedlich-kultureller Art mit Arabern/Mauren, in dem die Übernahme von Kategorien, oft genug mit der Sache selbst, häufig vorkam. Für Beduinen spielt die Genealogie eine zentrale Rolle, denn sie definiert die Zugehörigkeit des Individuums zu Sippen- und Stammesverbänden und legt fest, wer an ihrer Spitze steht. In überwiegend analphabetischen Nomaden-Gesellschaften hatte jeder Mann seine eigene Abstammung (»Ras«) im Kopf (»Ras«), kannte sie auswendig, als genealogisch fundierten Identitätsnachweis.

Abstammung war auch in anderen Gesellschaften wichtig, z. B. bei den Germanen, aber auch bei den Juden, im Islam und bei den Mongolen nach Dschinghiskhan: Jeweils der Messias, der Kalif und der Groß-Khan mußten Nachfahren Davids, Mohammeds bzw. Dschinghiskhans sein. Der übliche Vorrang des Adels mit seinem Stolz auf die edle Herkunft verstärkte sich auf der Iberischen Halbinsel im Aufeinandertreffen von westgotischen Adelsvorstellungen und arabisch-berberischen »Ras«-Strukturen bis hin zum Adels- und Abstammungsbewußtsein in Spanien (»stolz wie ein Spanier«). Die älteste bekannte europäische Wurzel des Wortes »Rasse« im Spanien der Reconquista (1064–1492) (»raza«) würde sich zwanglos als Hispanisierung des arabischen »Ras« erweisen und das vielfältige Spektrum seiner Bedeutungen mühelos erklären – »Abstammung«, zunächst meist vornehmen, adligen bis königlichen Geschlechts, auch »Dynastie«, »Königshaus«. Im weiteren Sinn stand »raza«/»race« als Synonym für »Generation« innerhalb einer adligen Familie zum Nachweis adliger Abstammung und adligen »Bluts«.

Der ursprünglich aristokratisch-königliche Anwendungsbereich verbreiterte sich später bis zum entgegengesetzten Extrem zur Kennzeichnung Angehöriger niederen, nichtebenbürtigen Standes, z. B. abhängiger Bauern (frz.: »roturiers«), gar schlechter Menschen (»des races maudites«) oder der Menschheit allgemein, ohne Abwertung auch als Synonym zu »Menschenschlag« (im Englischen: »stock« = »race«). Vom Kollektiv der Menschheit weitete sich der Übergang zum Tierreich, zunächst für »edle« Pferde, die in der Pferdezucht noch heute eines vornehmen Stammbaumes bedürfen (»Rassepferd«). Da Araber im ganzen Mittelalter bis zur Neuzeit berühmt waren für edle »Araber«-Zuchtpferde, bestätigt die Verwendung von »Rasse« im Tierreich die Vermutung, daß »Rasse« vom arabischen »Ras« stammt.

»Rasse« im modernen Sinn, als Bezeichnung für eine der großen Menschheitsgruppen, kam zuerst 1684 in Frankreich auf, bei dem Arzt und Forschungsreisenden François Bernier, zunächst als Synonym für »espèce« (Spezie, Art, Gattung) und wertfrei als Instrument analysierender Klassifizierung. Erst mit der Zuordnung positiver bzw. negativer geistiger und moralischer Werte zu biologisch angeblich konstanten »Rassen« (1775) begann der moderne Rassismus im engeren Sinn. Die Wortschöpfung »Rassismus« dagegen ist sehr viel jünger. Sie tauchte in den zwanziger Jahren unseres Jahrhunderts – von vornherein als Kampfbegriff polemisch gegen den NS-Rassismus – in westlichen Ländern auf. Die Exponenten des NS-Rassismus dagegen verstanden sich positiv als Vertreter einer »Rassenkunde« oder »Rassenlehre« und lehnten daher »Rassismus« zur Umschreibung ihrer Ansichten ab.[6]

Seit den Erfahrungen mit dem NS-Rassismus, kulminierend in Auschwitz, legt die Wortgeschichte von »Rasse« und »Rassismus« eine Diskriminierung im Gebrauch beider Begriffe nahe, die im folgenden als Richtschnur dient: Nach Auschwitz sollte sich, aus Respekt vor den Opfern des bisher extremsten Rassismus, die ebenso ambivalente wie problematische Anwendung von »Rasse« auf Menschen und Tiere künftig verbieten. Die Beschränkung nur auf das Tierreich wäre die logische Konsequenz. Da es aber durchaus einen der Sache nach akzeptablen Tatbestand gibt, den Bernier 1684 zunächst wertfrei als »race« umschrieb, die Einteilung der Menschheit in Groß-Gruppen[7], erscheint »Rasse« fortan in Anführungszeichen und gilt mithin nur eingeschränkt und relativiert. Schon Herder empfand die Problematik von »Rasse«, und die deutsche Klassik kam weitgehend ohne diese Kategorie aus.[8] Auf dem Höhepunkt des gemein-euramerikanischen Rassismus setzte Max Weber in einem für uns wichtigen Beitrag »Rasse« samt ihrer Ableitungen meistens in Anführungszeichen.[9] Dennoch gibt es auch nach 1945 wissenschaftliche, durchaus anti-rassistisch argumentierende Literatur, die »Rasse« ohne Anführungszeichen benutzt.[10]

Rassismus ist, wie die Wortbildung aus »-ismus« nahelegt, eine moderne Erscheinung. Er läßt sich als Gebäude systematisierter Ideen begreifen – niedergeschrieben und veröffentlicht in Büchern, Aufsätzen, Artikeln und Gesetzen –, das über die zentrale Bedeutung von »Rasse«, wie auch immer definiert, in Gesellschaft, Politik und Geschichte Auskunft gibt. Solcher Rassismus wurde in Europa seit dem 19. Jahrhundert allmählich zur Handlungsanweisung im Umgang mit »rassisch« Andersartigen; sie wurde im 20. Jahrhundert in die Praxis umgesetzt, bis zum »Holocaust«. In der Neuen Welt artikulierte sich Rassismus schon seit dem späten 18. Jahrhundert als Rechtfertigung der Sklaverei gegen den wachsenden Druck einer aufklärerischen Öffentlichkeit.

Rassismus in der Alltagssprache

Der jahrhundertealte gemein-euramerikanische Rassismus hat unsere Alltagssprache, selbst in den Kategorien der wissenschaftlichen Analyse des Rassismus, eingefärbt. Zu unterscheiden ist, parallel zur realhistorischen Entwicklung des Rassismus, zwischen älteren negativ besetzten Verwendungen des Schlüsselbegriffs »schwarz« (z. B. »schwarzer Tag«, »schwarze Tat«) und neueren Wortschöpfungen, die offensichtlich sozialgeschichtlich eine Realität seit der Expansion Europas in Übersee und der Errichtung weißer Herrschaft über schwarze Sklaven in der Neuen Welt widerspiegeln: »Rasse« selbst in seiner Anwendung auf Menschen und Tiere; »Mulatte« (von Maultier/-esel als Verbindung von Pferd und Esel); »Neger«, im Englischen weiter pejorativ zugespitzt zu »nigger«, während »Mestize« (Mischling) eher wert-neutral ist. Besonders viele Beispiele liefert das Englische.[11] Andere europäische Sprachen kennen entsprechende Beispiele, das Französische vor allem gegen Schwarze[12], das Spanische auch gegen Juden gerichtet.[13] Im Arabischen weist die Gleichsetzung von »schwarz« und »Sklave« (»abd«) in dieselbe Richtung.

Ambivalenter ist der entsprechende Sachbefund für den antijüdischen Strang des Rassismus. Zumindest im Deutschen gibt es viele Wendungen aus dem Hebräischen oder Jiddischen, teilweise über die Gaunersprache (»Rotwelsch«), da in der Frühen Neuzeit viele Juden vollends ins soziale Abseits gedrängt waren – »Schmiere stehen« (von »Hashomer« = »Wache«); »Pleitegeier« (»Plihta«, hebr.: »Flucht«; »geier«, jiddisch: »Geher«, also jemand, der vor seinen Schuldnern die Flucht ergreift). Andererseits gibt es antijüdische bis antisemitische Wendungen und Klischeevorstellungen, die auf uralte Judenfeindschaft zurückgehen, ein ins Unterbewußtsein abgesunkener Rassismus; für die inzwischen ältere Generation, die noch das »Dritte Reich« bewußt miterlebt hat, sind dies Begriffe wie »Ewiger Jude«, »Talmud-Jude« etc., für die jüngere, nachgeborene Generation ist es die meist gedankenlose Wiederholung von Vokabeln mit schmerzhaften Erinnerungen an Auschwitz (»bis zur Vergasung«, »selektieren«).

Periodisierung

Aus der bisherigen allgemeinen Charakterisierung des Rassismus, seiner Verknüpfung mit realhistorischen Prozessen und der universalhistorischen Konzeption des Rassismus als Weltproblem erwächst eine sinnvolle Periodisierung zur Geschichte des Rassismus fast schon von selbst: Zäsuren zur Abgrenzung einer weiteren und engeren Vorgeschichte wie zu seiner chronologischen Binnengliederung lehnen sich eng an große Daten der allgemeinen Weltgeschichte an. Ist Rassismus im engeren Sinn auf objektive Überlegenheit und subjektives Überlegenheitsgefühl der »weißen« Euramerikaner gegründetes Verhalten gegenüber ihrer Umwelt seit dem späten 18. Jahrhundert, zeichnet sich aus dem Umschlagen von bisher noch nicht wertender zur allmählich rassistischen Benutzung des Schlüsselbegriffs »Rasse« seit 1775 die Grenze zwischen eigentlichem Rassismus und Proto-Rassismus ab.

Zur Abgrenzung der engeren Vorgeschichte von der weiteren

eignet sich das große Epochenjahr der Weltgeschichte 1492: Die globale Expansion Europas in Übersee mit der Entdeckung Amerikas durch Columbus lieferte wesentliche historische Voraussetzungen zum Aufbau der euramerikanischen Weltherrschaft, seit dem späten 18. Jahrhundert auf der Grundlage der Industrialisierung. Für die Binnenperiodisierung bieten sich die beiden Weltkriege an, die ihrerseits einschneidende Zäsuren der allgemeinen Geschichte sind und jeweils in unauflöslichem Zusammenhang mit der Macht-, Wirtschafts- und Sozialgeschichte zu betrachten sind.

2. Einheit und Vielfalt der Menschheit

Rassismus ist als modernes System wie als noch weitgehend unreflektiert gelebte Praxis undenkbar ohne elementare Faktoren, Mechanismen und Dispositionen. Tatsächlich gibt es tiefgreifende Unterschiede zwischen verschiedenen Menschengruppen, die der Rassismus nur verabsolutiert, übertreibt und agitatorisch mißbraucht. Niemandem ist mit der Leugnung solcher Unterschiede gedient. Ein naiver Liberalismus, wie er gerade unter jüdischen Intellektuellen der USA unter dem doppelten Eindruck des »Holocaust« in der Alten Welt und der Rassendiskriminierung im eigenen Land seit den fünfziger Jahren weit verbreitet ist, erzeugt gefährliche Illusionen, die spätestens dann verheerend wirken, wenn sie in Konfrontation mit der harten Realität geraten. Daher ist eine konstruktive Überwindung rassistischer Vorurteile nur durch nüchterne Analyse und historische Erklärung solcher Unterschiede möglich, um sie dem Mißbrauch durch den Rassismus zu entziehen. Es muß also von real existierenden Unterschieden die Rede sein, um sie von fiktiven besser unterscheiden zu können. Nur dürfen sie nicht Vorwand werden für rassistische Unterdrückung, Ausbeutung und Verachtung anderer Menschen.

Einheit der Menschheit

Die Stellung des Menschen im Tierreich definiert sich in der Klasse der Säugetiere und der Ordnung der Primaten als zugehörig zur Familie der Hominiden. Innerhalb der Gattung Homo bildet der Mensch als homo sapiens sapiens eine eigene Art, »unter natürlichen Bedingungen eine tatsächliche oder potentielle Fortpflanzungsgemeinschaft« (Meyers Lexikon, 1970ff.). »Rassen« bei den Menschen sind daher in der Terminologie der modernen Biologie zumindest seit Darwin Unterarten der gemeinsamen Art Mensch. »Rasse« hat nur als oberflächliche Unterscheidung großer Menschengruppen ihre eher formale Berechtigung. »Rasse« ist als realhistorische Realität in ihrer Elementarität unbestreitbar – Groß-Poole zur Vererbung äußerlicher Merkmale, die nur einen geringen Prozentsatz der bei der Vererbung beteiligten Gene ausmachen (ca. 1 bis 2%).

Historisch wichtiger als die Weitergabe physischer Merkmale durch »Rasse« ist der Unterschied in den Chancen für das Individuum, seine Begabungen zu entfalten, je nachdem, in welche Groß-Gesellschaft (»Rasse«) es hineingeboren wird. Die wichtigsten Unterschiede zeigen sich daher in den Groß-Gruppen der Menschheit (»Rassen«). Sie haben teilweise mit einer wahren Hierarchie die sozioökonomische Entwicklung der Menschheit überlagert, kompliziert durch mannigfache Eroberungen, die verschiedene Ausbeutungsstrukturen erzeugten. Vor der Beschäftigung mit den vielfältigen Ausdifferenzierungen der Menschheit ist an dieser Stelle mit besonderem Nachdruck die grundsätzliche Einheit der Menschheit und des historischen Prozesses zu betonen, die Rassismus hartnäckig leugnet. Rassismus behauptet, daß – physisch und äußerlich durchaus unterschiedliche – »Rassen« auch in ihren geistigen Fähigkeiten biologisch, d. h. im Prinzip unveränderbar verschieden seien. Daraus ergeben sich Abstufungen geistiger und moralischer Wertigkeiten für »höhere« und »niedere« »Rassen«.

In Wirklichkeit sind jedoch alle rezenten Menschen homo sapiens sapiens, seit dem Auftreten des Cro-Magnon-Menschen vor ca. 40000 Jahren. Alle haben als intellektuelle Grundausstattung die Fähigkeit zu artikulierter Sprache, gedanklicher Abstraktion und gezieltem Lernen. Innerhalb von Groß-Populationen gibt es unzählige individuelle Unterschiede in den Begabungen. Kollektiv boten und bieten verschiedene Gesellschaften aber dem Individuum unterschiedliche Chancen, seine Begabungen wirklich zu entfalten, entsprechend dem unterschiedlichen sozioökonomischen und kulturellen Entwicklungsstand der Gesellschaft. Die Gründe für solche Entwicklungsdifferenzen haben nichts mit »Rasse« zu tun, sondern sind Ergebnis zahlreicher Faktoren, u. a.

der Möglichkeit zum Austausch von Ideen und Anregungen, die von außen kommen: Jede komplexe Entwicklung setzt den möglichst intensiven Kontakt mit der Umwelt voraus.

Die heutige Menschheit entstand – nach dem gegenwärtigen Forschungsstand – in zwei Stufen: Der Alt-Mensch (homo sapiens) vor ca. zwei Millionen Jahren, der (rezente) Jetzt-Mensch (homo sapiens sapiens) vor ca. 40000 Jahren. Für die Aufspaltung der Menschheit in größere und kleinere Groß-Gruppen gibt es keine Anhaltspunkte, wann, wie und warum sie erfolgte. Wir wissen nichts über das ursprüngliche Aussehen des Cro-Magnon-Menschen, ob es mehr europid oder negrid war. Der Streit darüber ist müßig, weil heute niemand mehr ein Interesse daran haben sollte, einen Überlegenheitsanspruch aus einer angeblichen chronologischen Priorität für die eine oder andere Groß-Gruppe (»Rasse«) abzuleiten.

Die grundsätzlich gleiche Begabung von Angehörigen verschiedener »Rassen« zeigt sich überall, wo sie unter ähnlichen Bedingungen leben, wenn sie die gleichen Chancen zum Lernen und Entfalten ihrer Fähigkeiten haben. Die größte Einwanderergesellschaft der Weltgeschichte, die USA, bietet – aller Diskriminierung gegenüber Afro-Amerikanern zum Trotz – das anschaulichste Beispiel. Umwelt im weitesten Sinn (Kultur, Traditionen, sozioökonomische Entwicklung) erweist sich als wichtiger denn »Rasse«. Die Einheit des historischen Prozesses bedeutet die Anerkennung universaler historischer Mechanismen, die im Prinzip überall wirken, gerade im kollektiven Verhalten von Menschen, in sozialen und politischen Strukturen.

Reale Unterschiede

Als älteste und elementarste Differenzierung der Menschheit nach äußerem Aussehen kristallisierten sich die Groß-Gruppen heraus. Da sich die sozioökonomische Entwicklung von der Steinzeit bis zur hochindustrialisierten Gesellschaft ungleichmäßig vollzog, baute sich eine ganze Hierarchie von unterschiedlich komplex entwickelten Gesellschaften auf, teilweise in Verbindung mit den Groß-Gruppen. Zu allen Zeiten und grundsätzlich überall verursachte das unvermeidliche Entwicklungsgefälle Konzentration von ökonomischer, sozialer und militärischer Macht, die ihrerseits wieder expandierte. Eroberungen schufen seit Jahrtausenden

Überschichtungs- und Überlagerungsgesellschaften, die oft die Differenz zwischen Eroberern und Unterworfenen, herrschenden Aristokratien und Beherrschten in Standes-, später auch Klassenunterschiede transformierten und institutionalisierten. Die Sklaverei – als Produkt der agrarischen Produktion und extremste Form gebundener Arbeit – hatte mit ihren Verachtungsmechanismen einen besonderen Anteil am Entstehen proto-rassistischer Dispositionen. Der unübersichtliche Komplex löst sich in rationale, überschaubare Strukturen und Prozesse auf, wenn man ihn mit sozial- und wirtschaftsgeschichtlichen Kriterien analysiert: »Rasse« wird nicht als Ideologie ins Absolute stilisiert, sondern erscheint vielfältig verknüpft mit sozioökonomischen Faktoren.

Groß-Gruppen (»Rassen«)

Am auffälligsten sind Unterschiede zwischen größeren und kleineren Menschheitsgruppen nach äußeren, physischen, phänotypischen Merkmalen – Hautfarbe, Nasenform, Beschaffenheit der Haare, teilweise auch Form der Augen bzw. Farbe der Pupillen. Die größten Groß-Gruppen lassen sich als Europiden, Mongoliden und Negriden unterscheiden.[14]

Der älteste schriftlich fixierte Versuch, sich die Aufspaltung der Menschheit zu erklären, leitet sich von Noahs Fluch über Hams Sohn Kanaan ab, selbst wenn er nur späterer ideologischer Reflex der Eroberung Kanaans durch die Hebräer/Israeliten war: »Verflucht sei Kanaan und sei ein Knecht (= Sklave!) aller Knechte unter seine Brüder!« (1. Mose 9, 25–27) In Kombination von Genealogie und Volksetymologie galten die drei Söhne Noahs als Stammväter der dem Alten Orient damals bekannten »Rassen« – Japhet (»Weiße« = Europäer), Sem (Semiten) und Ham (Negriden). Die Unterordnung der Nachfahren Hams als Sklaven für die Nachfahren seiner beiden Onkeln Japhet und Sem ermöglichte später die Umdeutung des Noah-Fluchs im Talmud schon zu Beginn des jüdischen Exils (3./4. Jahrhundert n. Chr.), die später Christentum und Islam übernahmen: Schwarze sind von Geburt zur Sklaverei verurteilt, zu einem permanent inferioren Status. Im arabisch-muslimischen Mittelalter sowie seit der euramerikanischen Neuzeit wurde der Noah-Fluch zur biblischen Grundlage der Rechtfertigung von Sklaverei und Inferiorität der Schwarzen.

Seit Bernier (1684) werden Groß-Gruppen mit ähnlichen äußeren Merkmalen als »Rassen« zusammengefaßt, zunächst meist ohne Wertung, von Linné (1735) bis zu Kant (1775). Aus der verwirrenden Fülle sich oft überschneidender und widersprechender Klassifizierungsversuche hebt sich der von Blumenbach (1775) am plausibelsten ab, allerdings ohne seine Zuordnung (ästhetischer) innerer Werte – Kaukasier (»Weiße«), Äthiopier (»Schwarze«), Mongoliden (»Gelbe«) jeweils mit Untergruppen. Hinzu kommen kleinere und ältere sowie größere und jüngere Verbände, deren Stellung als eigene Groß-Gruppe (z. B. Buschmänner, Pygmäen) oder als Teil einer Groß-Gruppe (z. B. Türken, Inder, Polyneser, Malayen) unsicher ist.

Die Europiden teilen sich vor allem in zwei Hauptzweige auf – Semiten (Araber; Juden) und Indoeuropäer bzw. -germanen mit ihren zahlreichen Verzweigungen, die ebenso vage wie unzutreffend oft auch als Arier bezeichnet werden. Den Europiden sind vielleicht auch Berber und Basken zuzuordnen. Ihr altertümlicher Charakter und das Fehlen von Einwanderungsüberlieferungen lassen sie am plausibelsten als Reste vor-indoeuropäischer und vorsemitischer mediterraner Urbevölkerung verständlich werden, die vermutlich mit der Ausbreitung der agrarischen Produktion aus dem Vorderen Orient in ihre Wohngebiete einwanderten. Die Negriden, vielleicht repräsentiert durch ältere Restvölker in Teilen Asiens (Negritos in Indien und auf den Philippinen, Veddas auf Ceylon/Sri Lanka) mit einer ursprünglich größeren Ausdehnung, konzentrieren sich auf Schwarzafrika südlich der Sahara. Sie waren aufgeteilt in mehrere große Sprachgruppen (Bantu, Niloten, Sudansprachen). Hellhäutige Völker am Horn von Afrika, die früher als Hamiten zusammengefaßt wurden, sind vielleicht ein Ergebnis von Vermischungen in Überschneidungszonen von Europiden und Negriden. Die Mongoliden haben ihren Schwerpunkt in Ostasien (China, Korea, Japan) und Zentralasien (Mongolei, Teilen der UdSSR); daneben existieren zahlreiche kleinere Gruppen (Tibetaner; Lappen, Eskimos, sibirische Völker) und der große Zweig der Indios bzw. Indianer in der Neuen Welt.

Bis zur Expansion Europas in Übersee lebten die Groß-Gruppen in einer stabilen und klaren kontinentalen Verteilung und hatten nur periphere, punktuelle oder zeitweilige Kontakte untereinander. Die Besiedlung Amerikas und Australiens durch Weiße und der Transport von Negriden als Sklaven in das fortan überwiegend weiß besiedelte Amerika veränderten entscheidend die Verteilung der »Rassen« auf der Erde. Seitdem setzte sich eine Groß-Gruppe, ein Teil der Europiden (Kaukasier), an die Spitze der Weltentwicklung und projizierte im modernen Rassismus ihre Überlegenheit in die Vergangenheit zurück, erhob sie zur angeblich gott- oder naturgegebenen Konstante durch Gleichsetzung ursprünglich »reiner« »Rassen« mit moralischen und geistigen Werten.[15] »Blut« und »Blutreinheit« gewannen so eine zentrale Bedeutung.

Die Hierarchie sozioökonomischer Entwicklung

Seit dem Übergang zur Menschheit vor ca. zwei Millionen Jahren bis zur Gegenwart gab – und gibt – es stets Unterschiede im Entwicklungsstand einzelner Gesellschaften, Spannungen zwischen »Modernisierung« und »Unterentwicklung«, wie sie sich noch heute im Aufbau der Welt-Gesellschaft widerspiegeln. Unterschiede erklären sich nicht aus unterschiedlichen Begabungen sog. »Rassen«, sondern aus unterschiedlichen Chancen ihrer Mitglieder zur Entfaltung individueller Fähigkeiten. »Fortschritt« zu komplexeren Gesellschaften auf dem Niveau höherer Produktion und Produktivität setzt ein Maximum an Kontakten, Austausch und Vermischung voraus. Isolierung (erzwungene oder freiwillige) und »Reinheit des Blutes« dagegen führten zu Stagnation oder Regression, im Extrem zu Inzucht.

Welthistorisch lassen sich drei große Entwicklungsstufen unterscheiden: Jäger und Sammler (Altmensch: homo sapiens; Neumensch: homo sapiens sapiens); agrarische Produktion (extensive Form der Subsistenzwirtschaft; intensive Garten- und Ackerbauwirtschaft); industrielle Produktion (Textil-, Kohle-, Eisenindustrie; Chemie, Elektroindustrie; Computer, Gentechnologie). Jede Stufe hat ihr gemäße gesellschaftliche Strukturen. Sie lassen sich grob in drei schon ältere Kategorien zusammenfassen, die sich jedoch teilweise mit den drei großen ökonomischen Entwicklungsstufen überschneiden:

Die Stufe der Jäger und Sammler, mit Familie und Horde als sozialen Bezugsgrößen, läßt sich (so auch von Marx benutzt) als »Wildheit« zusammenfassen, die erste Stufe der (extensiven) agrarischen Produktion, mit Clan, Stamm und ersten Königreichen, als »Barbarei«; die zweite Stufe der (intensiven) agrarischen Produktion als »Zivilisation«, zuerst in Mesopotamien und Ägypten.

Seit dem späten 18. Jahrhundert haben wir mit der Industriellen Revolution die industrielle Phase der Zivilisation erreicht – Stadt, Staat, Großreich und Nation sind hier die typischen sozio-politischen Organisationsstrukturen. So ergibt sich eine Pyramide oder Hierarchie der Entwicklung zum »Fortschritt«, in der Höherstehende unter ihnen Stehende stets verachten. Dieser universale Verachtungsmechanismus, gespeist aus dem sozioökonomischen Entwicklungsgefälle, ist eine weltweite elementare Voraussetzung für Rassismus und seine Vorformen.

Alle Argumente im Rassismus-Kontext, ob rassistisch oder antirassistisch gemeint, führten bisher stets zur Stellung von »Rassen« in der Entwicklungshierarchie der Menschheit: Diese oder jene »Rasse« hat die meisten (alleinigen) oder keine (nur geringe) Beiträge zum kulturellen »Fortschritt« der Menschheit geleistet, steht also zu Recht an der Spitze oder am Ende der Bewertungsskala. Sprecher der so deklassierten »Rassen« übernehmen das vorgegebene Argumentationsmuster, ziehen aber entgegengesetzte Schlußfolgerungen: Schwarze z. B. standen durchaus in der Vergangenheit an der Spitze der Entwicklung (z. B. in Ägypten und Äthiopien), sind aber aus nicht-biologischen, d. h. historischen Gründen im Entwicklungsprozeß zurückgefallen und können ihren Rückstand in der Neuzeit auf der Basis der Industrialisierung wieder ausgleichen. Zuerst so formuliert wurde dieser grundlegende sozioökonomische Gedankengang im Konzept der »Praca Organiczna« – »Organische Arbeit« – nach dem Scheitern der polnischen Aufstände von 1831 und 1864.[16] Analog sind die Bemühungen der Afro-Amerikaner in den USA zu begreifen – Gleichberechtigung durch Industrialisierung, sei es durch Integration (Du Bois) oder durch Separation (Garvey). Auch der praktische Zionismus läuft auf das entsprechende Ergebnis hinaus – Anerkennung einer jüdischen Nationalität durch moderne wirtschaftliche Tätigkeit auf eigenem Boden, agrarisch wie industriell.

Standes- und Klassenunterschiede

Unterschiede im Entwicklungsniveau, damit auch in der Verteilung des ökonomischen Potentials und der militärischen Macht, führten immer wieder zu Eroberungen, die sich oft langfristig in Herrschafts- und Ausbeutungsstrukturen institutionalisierten.

Versuche zur gesellschaftlichen »Apartheid«, vor allem durch Verweigerung des Konnubiums, also der legitimen Ehegemeinschaft zwischen Eroberern und Eroberten, hatten ambivalente Wirkungen: Einerseits erwuchsen »Rassen«-Schranken. Andererseits verfestigten sich Unterschiede zwischen erobernden Krieger-Aristokratien und unterworfenen Bauern zu Standesunterschieden, gelegentlich mit quasi-nationalen Spannungen, wo die eine oder andere Seite die Erinnerung an die historische Eroberung bewußt wachhielt. Die Ideologie des »Norman Yoke« im Zusammenhang mit der Englischen Revolution des 17. Jahrhunderts[17] und die Adelsdebatte im Ancien Régime Frankreichs bis 1789[18] sind hervorragende Beispiele. Wo Eroberer und Eroberte unterschiedlich aussehenden Menschheitstypen angehörten, nahm die Spannung zwischen Eroberern und Unterworfenen darüber hinaus oft quasi-»rassische« Dimension an. Dies wird besonders deutlich bei den Ursprüngen des indischen Kastenwesens.

Modifiziert konnten sich alte Standesunterschiede in der Industrialisierung als Klassenunterschiede fortsetzen – angesichts des häufigen Aufstiegs von Unternehmern aus Unterschichten der Agrargesellschaft gewiß nicht mit personeller Kontinuität, aber mit vergleichbaren Strukturen der ideologischen Argumentation und sozialgeschichtlichen Wirkung. Nach dem Zweiten Weltkrieg importierten westliche Industrienationen ein von außen kommendes Subproletariat: »Gastarbeiter« im kontinentalen Westeuropa, Westinder und Pakistani (und Inder) in England, Algerier in Frankreich. In der gleichen Zeit mußten die USA die Folgen der Sklaverei in den inneren Konflikten der Bürgerrechtsbewegung verarbeiten, während aus Mexiko »Gastarbeiter« einströmten, legal wie illegal. Südafrika und Israel als hochindustrialisierte weiße Einwanderer- und Eroberungsgesellschaften entwickelten ihre Versionen des auf Zeit importierten Subproletariats weiter (Südafrika) bzw. bauten sie erst auf (Israel).

3. Elemente des Rassismus

Geht man von den Nürnberger Gesetzen von 1935 und der Apartheid in Südafrika aus, so schälen sich aus den Extremformen des euramerikanischen Rassismus einige wichtige Elemente heraus, die sich auch in anderen Rassismen finden – Xenophobie, Endogamie, Ethnozentrik, »Blut«-Mystik vom angeblich »reinen« Blut, das über mehrere Generationen nachzuweisen ist. Sie führen in ihren sozialen Konsequenzen zu quasi-rassistischen Verhaltensweisen. Auf allen unterschiedlichen Entwicklungsebenen im Rahmen von Clan, Stamm oder Volk – erst recht, wenn sie alle miteinander und mit den bereits genannten Faktoren kombiniert werden – münden sie in die bekannten Diskriminierungen. In diesen Zusammenhang gehört auch die Sklaverei mit ihren rassistischen Wirkungen.

Xenophobie

Klar vom Rassismus zu unterscheiden ist die Xenophobie – Fremdenhaß und Fremdenfeindschaft, »Angst« (»phobie«) vor und Haß auf den »Fremden« als »Feind«: »Xenos« (griech.: Gast, Fremder); »hospis« (lat.: Gast), »hostis« (lat.: Feind). Furcht und Haß gegenüber dem feindlichen Fremden entsprechen Liebe und Solidarität für den Angehörigen der eigenen Gesellschaft – von der Horde über Clan und Stamm bis zum Volk, zur Nation und »Rasse« als Solidargemeinschaften unterschiedlicher Größe und Intensität. Gleichwohl gehört Xenophobie zu den dumpf empfundenen, elementaren Voraussetzungen des Rassismus. Rassismus ist eine auf ganze »Rassen« bezogene Fremdenfeindschaft, eine moderne Variante der Xenophobie. Die Xenophobie ist als das ältere zugleich auch das allgemeinere Phänomen: Umkehrung des Gebots der Liebe und Solidarität für die der eigenen sozialen Bezugsgröße zugeordneten Menschen – Familie, Horde, Clan, Stamm, Volk, »Rasse«. In diesem Sinn ist Xenophobie so alt wie die Menschheit selbst.

Der elementare Grund für die überwiegende Behandlung des Fremden als Feind auf der älteren Stufe der Wildheit und Barbarei liegt auf der Hand: Ob als Gast aufgenommen oder als Feind bekämpft, würde der Fremde die eigene karg bemessene Nahrungsgrundlage mit in Anspruch nehmen. Erst die höhere Produktivität städtischer Zivilisation ermöglichte ausreichende agrarische Überschüsse und Vorratshaltung, die auch Gäste ernähren konnten, z. B. in Ägypten semitische Beduinen in Zeiten extremer Dürren (Josephsgeschichte). So gab erst die Zivilisation Raum für weitläufigere Urbanität sowie Ansätze zu einem Fremden- und Gastrecht. Zugleich erweiterte sich der Bereich der Liebe und Solidarität (von internen Bürgerkriegskonflikten abgesehen), der Exklusivität und Xenophobie entsprechend, aufsteigend vom Stamm bis zur »Rasse«. Ethnozentrik als kollektive Xenophobie ist daher eine logische Folge.

Eine subtilere Form der Xenophobie ist die Isolierung ganzer Völker als geschlossene Gesellschaften gegen Einflüsse von außen, meist in streng hierarchisierten und militarisierten Organisationsformen. Sparta ist ein klassisches Modell. Spätere Beispiele sind das alte Rußland bis zu seinen liberalen Reformen mit seiner Ausländer- und Agentenfurcht, die das kommunistische Rußland modifiziert fortsetzte. Das »Dritte Reich« erzwang eine in der deutschen Geschichte bis dahin nie gekannte Abschirmung gegen das Ausland. Gegenwärtig betreiben die Regime Albaniens, Nordkoreas und Burmas, neuerdings auch der Iran Khomeinis noch eine extreme Selbstisolierung. Auch der Kommunismus hat starke Züge fremdenfeindlicher Selbstisolierung, die sich bis vor kurzem vor allem in China und der Sowjetunion zeigten.

Auch heute sind Phänomene, die oberflächlich als »rassistisch« gelten – vor allem die »Ausländerfeindlichkeit« der Industriegesellschaften seit der langanhaltenden Wirtschaftskrise – moderne Versionen der Xenophobie. Das generelle Nord-Süd-Entwicklungsgefälle in Europa, fortgesetzt über das arabische Nordafrika nach Schwarzafrika, demonstriert die universale »Rang- und Hackordnung« der Völker auf der Grundlage unterschiedlicher Entwicklungsniveaus und das Entstehen von Xenophobie mit rassistischen Anklängen.

Endogamie

Einer der elementarsten Faktoren, die Rassismus hervorbringen können, ist die Verweigerung des Konnubiums, also der legalen Ehe, mit Außenstehenden: die Endogamie. Denn sie ist eine Voraussetzung für »Blutreinheit«. Endogamie ist vor allem unter kleinen »primitiven« und von Natur (z.B. in Wüsten/Steppen, Arktis, Wäldern, Gebirgen) aus isolierten Völkern, aber auch als Gebot ganzer Religionsgemeinschaften (z.B. des Judentums, Katholizismus, Islams, Hinduismus) so weit verbreitet, daß sie, als Spezialform der Xenophobie, für sich noch nicht Rassismus ist. Vielmehr muß Endogamie die Lebenspraxis großer Völker oder Gruppen sein und sich gegen Menschen anderer »Rasse« oder

Klasse wenden, bis zur Errichtung von Rassen-Kasten-Gesellschaften, die geradezu auf Endogamie beruhen.[19]

Außerdem ist sorgfältig zwischen verschiedenen Formen der Endogamie zu unterscheiden – förmliches Verbot des Konnubiums oder der Exogamie durch Gesetz; informelles Heiratsverbot durch soziale Ächtung; faktisches Ergebnis der Stände- oder Klassenschichtung, ohne bewußte oder gar gesetzliche Abtrennung. Je größer die Zahl der beteiligten Menschen ist, um so schwerer fällt es, die Einhaltung der Endogamie auch wirklich durchzusetzen. Extreme Formen kann das Gebot der Endogamie annehmen, z. B. im königlichen Inzest im alten Ägypten seit dem Neuen Reich (ca. 1551 v. Chr.) und im Inkareich (14./15. Jahrhundert) zur Sicherstellung der Reinheit der königlichen Dynastie. Andererseits löste sich das Endogamiegebot durch Durchbrechung des Heiratsverbots und die Assimilierung an die Umgebung (z. B. der Juden) immer wieder auf.

Adelsstolz und »Blutreinheit«

Erobernde Kriegervölker praktizierten bewußt Endogamie, um sich von der unterworfenen Bevölkerung abzuschließen. Sie erheben ihren Adelsstolz und ihre »Blut«-Mystik zum Kult der »Blutreinheit«. Vor allem erobernde Kriegeraristokratien suchten immer wieder durch Verweigerung des Konnubiums – im Unterschied zu vielfältigen Formen des sonstigen intimen Zusammenlebens – ihre Herrschaft auf Dauer zu festigen. Als Konsequenz ergab sich das Ideal adliger »Rassenreinheit«, weshalb nicht zufällig das Wort »Rasse« diesem sozialgeschichtlichen Kontext entstammt. Hand in Hand damit ging die Mystik vom »Blut«, das – reingehalten oder vermischt – die eine oder andere Eigenschaft transportiert, Gemeinschaften oder Ausgrenzungen schafft. Wo von besonderem »Blut« (deutschem, germanischem, arabischem, spanischem, jüdischem usw.) positiv oder negativ die Rede ist, haben wir es, bewußt oder unbewußt, zumindest mit einer latenten Tendenz zu Rassismus oder Proto-Rassismus zu tun. »Blut« transportiert, wörtlich genommen, natürlich keine vererbten Eigenschaften, sondern »Blut« gilt als Symbol für die Übertragung von Genen mit individuellen Fähigkeiten und äußeren Merkmalen.

Historisch läßt sich die fixe Idee der »Blutreinheit« von den Gesetzen des NS-Rassismus, der Apartheid Südafrikas und der Rassensegregation in den USA (bis 1965) weiter zurückverfolgen: Die Verweigerung des legalen Konnubiums ging hier sogar bis zum Verbot intimer Gemeinsamkeit zwischen Angehörigen anderer »Rassen« (»Rassenschande«). Die Rassensegregation der USA geht zurück auf die koloniale Rassen-Kasten-Gesellschaft der Neuen Welt, zuerst begründet von den Spaniern, die ihrerseits die gegen Juden (bzw. Mauren) und »Conversos« (bzw. »Moriskos«) entwickelten Gesetze über die »Blutreinheit« (»limpieza de sangre«) 1449 auf die Neue Welt übertrugen. Der »jüdischen Großmutter« als Ausschließungsgrund aus der NS-deutschen »Volksgemeinschaft« entsprachen schwarze, gemischte oder Indo-Großmütter in Spanischamerika, »jüdische« bzw. »Conversos« oder »maurische« bzw. »Moriskos«-Großmütter zur Isolierung oder Ächtung in der iberischen Gesellschaft. Aber auch in Judentum und Judenheit hat die Sorge um die »Reinhaltung« »jüdischen Blutes« einen zentralen Platz.

Ethnozentrik

Gewissermaßen die Ausweitung der ganz normalen Egozentrik – das Bewußtsein oder Gefühl, daß das jeweilige Individuum im Zentrum der Erde oder des Universums steht – ist die Ethnozentrik: ein großes oder kleines Volk steht im Zentrum der Menschheit – alle anderen Völker und Menschen sind demgegenüber sekundär oder niedrigerstehend. Im Extremfall höchster Isolierung ist die Eigenbezeichnung als Volk schlicht »Mensch« (z. B. bei Eskimos, Kanaken, Khoi-Khoi), weil sie die einzigen Menschen waren, die sie kannten. Auch für die alten Ägypter war die Eigenbezeichnung »rmt« identisch mit »Mensch«.[20] Für die Trekburen Südafrikas waren nur sie selbst »Menschen« (»mense«), Afrikaner, Asiaten, und sogar ihre eigenen Mischlinge waren nur »Geschöpfe« (»skepsels«).

Fremdsein provoziert oft schon Ablehnung. Unterschiede in physischem Aussehen, in Kleidung und Tracht, Sitten und Gewohnheiten, z. B. beim Essen, in Sprache und Religion, vor allem in der Entwicklungs- und Kulturstufe: Alles ist Stoff für Fremdenfeindlichkeit in allen Gesellschaften zu allen Zeiten. Auf klassische Weise hat Herodot, der Vater der Geschichtsschreibung, in seinem Buch über Ägypten zusammengefaßt, womit sich die Ägypter seit der Reichsgründung als zivilisierte Ordnung vom Chaos der barbarischen Umwelt abhoben. Sie gaben sich »Sitten und Gebräuche«, »die in fast allen Stücken im Gegensatz zu denen der übrigen Menschheit stehen«:

»Bei ihnen gehen die Frauen auf den Markt und treiben Handel, während die Männer zu Hause bleiben und am Webstuhl sitzen. Während alle anderen beim Weben den Einschlag nach oben stoßen, stoßen ihn die Ägypter nach unten. Die Lasten tragen die Männer auf dem Kopf, die Frauen auf den Schultern. Die Frauen urinieren stehend, die Männer sitzend. Den Abort haben sie im Hause, das Essen nehmen sie außerhalb des Hauses auf der Straße ein, wobei sie als Erklärung geben, man müsse, was zwar häßlich, aber unumgänglich ist, im Verborgenen erledigen, was aber nicht häßlich ist, solle man in aller Öffentlichkeit tun. Keine Frau übt ein Priesteramt aus weder für eine männliche noch für eine weibliche Gottheit, die Männer aber für alle Götter und Göttinnen. Den Unterhalt der Eltern zu bestreiten, beruht für die Söhne ganz auf Freiwilligkeit, und es wird kein Zwang ausgeübt. Dagegen besteht keine Freiwilligkeit, vielmehr voller Zwang für die Töchter.

Die Priester der Götter tragen anderswo langes Haar, in Ägypten lassen sie es scheren. Bei anderen Völkern herrscht die Sitte, daß bei einem Trauerfall die nächsten Leidtragenden das Haupthaar geschoren haben, die Ägypter aber lassen bei Todesfällen ihr Haupthaar und ihren Backenbart wachsen, während sie sonst geschoren sind. Die anderen Völker leben getrennt von ihren Tieren, die Ägypter aber mit ihren Tieren zusammen. Von Weizen und Gerste leben die anderen; wer jedoch von den Ägyptern davon seinen Lebensunterhalt bestreitet, der zieht sich größten Tadel zu. Vielmehr bereiten sie Brot aus Dinkel, den manche ›Zeia‹ nennen. Sie kneten den Brotteig mit den Füßen, den Lehm mit den Händen, und den Mist lesen sie auf. Die Geschlechtsteile lassen die anderen so, wie sie geworden sind, ausgenommen diejenigen, die von den Ägyptern gelernt haben, sie zu beschneiden. An Kleidern hat jeder Mann zwei, von den Frauen jede nur eines. Bei den Segeln binden die anderen die Ringe und die Taue an der äußeren Schiffswand an, die Ägypter an der inneren. Die Hellenen schreiben und rechnen, indem sie die Hand von links nach rechts führen, die Ägypter von rechts nach links. Und dabei behaupten sie von sich selbst, sie würden dies nach rechts tun und die Hellenen nach links. Sie benützen zweierlei Buchstaben, die einen nennen sie die heiligen, die anderen die profanen.« [21]

An Herodots noch heute höchst instruktivem Bericht läßt sich indirekt ablesen, wofür die alten Ägypter alle Fremden, die ihrer Norm nicht entsprachen, verachteten. Andererseits ließen sich analog »nationale« Eigenarten anderer Völker, mit denen sie sich von ihrer Umwelt abhoben, nach dem Vorbild Herodots zusammenstellen. Hier verschwimmen die Grenzen zwischen Xenophobie und Ethnozentrik: Jedes Volk, jeder Stamm hält sich für die alleingültige Norm der Weltordnung, alle anderen für Abweichungen vom göttlichen Weltenplan, und verachtet sie meistens dafür. Die Menschheit wird lernen müssen, diesen universalen Mechanismus zu akzeptieren und gleichzeitig zu überwinden: Die eigene Ethnozentrik relativiert sich, wenn die der anderen zur Kenntnis genommen und toleriert wird.

Ethnozentrik ist oft nur gemilderte Xenophobie: Jedes Volk sieht sich als Mittelpunkt der Erde und der Weltgeschichte, sieht daher Geschichte auch nur oder überwiegend unter dem Gesichtspunkt der eigenen nationalen Geschichte. Der Kulturhochmut der Chinesen und Japaner ist ein Beispiel praktischer Ethnozentrik, ähnlich wie – religiös gewendet – nach der Messiasvorstellung des Judentums, die Wiedererrichtung des Davidschen Großreiches, Jüngstes Gericht (in Jerusalem, auf dem Berg Zion) und Erlösung der Menschheit zusammenfallen. Ein besonders ironisches Beispiel ist das Wort »rom« in einer der Zigeunersprachen, der Roma, als Eigenbezeichnung und Wort für »Mensch« schlechthin, während »gadesche« = »Barbar« die Bezeichnung für den Bauern der Umwelt ist. Soweit ist Ethnozentrik eine ganz normale, weil überall und zu allen Zeiten anzutreffende Haltung von Völkern. Ins Kontinentale oder Globale gewendet, bläht sich Rassismus zu einer Super-Ethnozentrik für eine ganze »Rasse« auf, die andere »Rassen« aus der Gleichberechtigung und Solidarität der Menschheit ausschließt.

Sklaverei

Ein Kapitel für sich ist die rassismusfördernde Wirkung der Sklaverei mit nach Zeit und Ort buchstäblich unendlich vielen Varianten, die allen Definitionsversuchen spotten. Aber ihre historische Wirkung ist einheitlich: Wer Sklave war, wurde verachtet. Kamen Sklaven für lange Zeit nur oder überwiegend aus einer Gruppe, z. B. Negriden, übertrug sich die Verachtung auf die gesamte

Gruppe, bis hin zur Gleichung: Schwarze = Sklaven = minderwertig, weil (von Gott oder Natur) zur Sklaverei bestimmt.

Der Noah-Fluch über Kanaan[22] sanktionierte im Judentum, Christentum und Islam die Sklaverei im Gegensatz zu dem übergeordneten Gebot der Gleichheit aller Menschen vor Gott: Hams Nachfahren waren als Kollektiv, als »Rasse« zur degradierenden Sklaverei bestimmt. In der europäischen Antike war der Mechanismus nur diffus wirksam, da es zu den Sklaven Griechenlands und Roms im allgemeinen keine oder nur in Ausnahmefällen »rassische« Unterschiede gab. Entsprechend konnte in Schwarzafrika aus der weitverbreiteten innerafrikanischen Sklaverei zwar eine Verachtung der jeweiligen Völker, die die Sklaven vor allem stellten (z. B. Ibo), aufkommen, aber kein genereller Rassismus, da Sklaven und Herren oft gleich schwarz waren.

Dagegen trat schon im Verhältnis zwischen den hellhäutigeren Berbern (Mauren), Arabern und Hamiten eine quasi-rassistische Verachtung ihrer Sklaven zutage, soweit die Sklaven schwarz waren. Später übernahm auch der Islam, der als Religion theoretisch jede Rassendiskriminierung verurteilt, diese Praxis. Im muslimisch-arabischen Bereich finden sich daher schon die späteren Klischees des euramerikanischen Rassismus gegen Schwarze, gerade wegen ihres Status als Sklaven.[23]

Der sprachgeschichtliche Zusammenhang des Namen »Slawe« mit »Sklave« reflektiert die realhistorische Tatsache, daß im Mittelalter bis nach 1453 viele Sklaven in Europa und im Mittelmeerraum von den meist sozial atomisierten und politisch schwachen Slawen kamen. Auch in anderen Sprachen gibt es eine sprachgeschichtliche Korrespondenz zwischen pejorativer Bezeichnung für »Sklave« und »niedrigere« Völker, aus denen Sklaven stammten oder die als Unterworfene versklavt wurden.

Selbst in ihrem Untergang produzierte die Institution Sklaverei noch Rassismus: Als Reaktion gegen den beginnenden Abolitionismus kristallisierten sich ältere Ideen erstmals zur systematischen Verteidigung der Sklaverei, 1774 auf Jamaika, seit 1788 auch in den Südstaaten. Die damals entwickelten Argumentationsmuster wurden zur Grundlage des sich formierenden Rassismus, der auf die Sklavenemanzipation folgte, vor allem in den USA, erst im Norden (bis 1827), nach dem Bürgerkrieg seit 1865 auch im Süden.

4. »Rasse« - Realität und Mythos

Der Rassismus leugnet grundsätzliche Gemeinsamkeiten der Menschheit, klassifiziert Menschen als außer- oder unterhalb der Menschheit stehend, verabsolutiert, dogmatisiert und mißbraucht reale Unterschiede in der Menschheit. Alles spitzt sich auf die alte Frage zu: Was ist ein Mensch? Grundlegend für die Frage nach der Einheit der Menschheit ist auch die Kontroverse um einen wichtigen Aspekt ihres Anfanges in Monogenese oder Polygenese. Die Willkür des angeblich so wissenschaftlichen »Rassen«-Begriffs leitet über zur konstruktiven Widerlegung des »Rassen«-Mythos – anhand von Mischlingen und Juden.

Mensch gleich Mensch

Aus der Grundthese von der Einheit der Gattung homo sapiens sapiens erwächst die prinzipielle Gleichheit des Menschen: Alle Menschen sind wirklich Menschen. Es gibt weder »Übermenschen« noch »Untermenschen«. Auch in der Sklaverei blieb der Mensch Mensch, selbst wenn er noch so erniedrigt wurde. Die grundsätzliche gleiche Fähigkeit auf individueller Ebene zum Lernen bedingt auch die Fähigkeit zum Rezipieren und Übermitteln kollektiver Zusammenhänge wie Kultur und Tradition.

Eine solche scheinbare Banalität gewinnt historische Dynamik, wenn – wie in der Vergangenheit – Menschsein immer wieder ganz naiv mit der eigenen Gesellschaft oder gar nur ihren führenden Schichten, Ständen bzw. Klassen gleichgesetzt wurde oder nur mit den bekannten anderen Völkern, gleichsam in Erweiterung der üblichen Ethnozentrik. So galt in der Sklaverei von altersher der Sklave nicht als Mensch, sondern als Sache, als »beseeltes Werkzeug« (Aristoteles). Entsprechendes gilt in der mittelalterlichen Feudalordnung für Sklaven und Hörige, bis ins 18. Jahrhundert noch für Diener und Frauen. In der amerikanischen Unabhängigkeitserklärung von 1776 schloß der monumentale Satz: »All men are created equal« Frauen, Indianer und Schwarze – ob schon frei oder noch Sklaven – selbstverständlich nicht mit ein. Die hohen Werte der Freiheit und Demokratie galten allein für männliche freie »Weiße«. Nur sie waren Menschen.

Rassismus mag zwar das Menschsein anderer »Rassen« nicht bestreiten, aber er postuliert, hinter dem Schleier angeblicher Andersartigkeit, ihre Anderswertigkeit, somit ihre geringere Wertigkeit, entsprechend der »Rang- und Hackordnung« der sozioökonomischen Entwicklung. Auf dem Höhepunkt des euramerikanischen Rassismus enthüllte ein deutscher Diplomat, der gemäßigte und liberale Botschafter in London, Fürst Lichnowsky, in einem Telegramm an das Auswärtige Amt ein Stück dieser Prestigehierarchie der Ungleichheit in geradezu klassischer Prägnanz. Zu Beginn der Julikrise 1914 sollte er die britische Presse gegen Serbien einstimmen. Über den Mißerfolg erster Sondierungen schrieb er:

»Es wird schwer halten, die gesamte serbische Nation als ein Volk von Bösewichten und Mördern zu brandmarken und ihm dadurch, wie der Lokalanzeiger bestrebt ist, die Sympathien des gesitteten Europas zu entziehn; noch schwerer aber die Serben . . ., auf dieselbe Stufe zu stellen mit den Arabern in Ägypten und in Marokko oder mit den Indianern in Mexiko.«[24]

Von »Negern« in Afrika war erst gar nicht die Rede, oder von Eskimos, Pygmäen und Buschmännern. Jeder Versuch zur konstruktiven Überwindung des Rassismus muß durch Theorie und Praxis das Gebot der grundsätzlichen Einheit der Menschheit durchhalten, u. a. durch die Einebnung der Entwicklungs- und Prestige-Hierarchie: Mensch = Mensch.

Monogenese – Polygenese

Die ältere, religiös gekleidete Form der grundsätzlichen Gleichwertigkeit aller Menschen war die jüdisch-christliche Lehre von der Erschaffung des Menschen durch Gott in einem Paar (Adam und Eva) und der prinzipiellen Gleichheit aller Menschen vor Gott. Die damit implizierte Lehre von der Monogenese (Entstehen der Menschheit an einer Stelle) ist durch die moderne Archäologie und Frühgeschichtsforschung bestätigt und heute Konsens aller ernstzunehmenden Wissenschaft: Nach unserem bisherigen Wissen sind die Anfänge der Menschheit in einer Region zu suchen – Rift Valley (Tansania/Kenia), im südlichen Ostafrika, und alle bisherigen Funde menschlicher Überreste außerhalb dieses Ausgangspunktes sind jüngeren Datums. Auch der Vorfahre des rezenten Jetztmenschen, homo sapiens sapiens, entstand vermutlich in einer Region, im Vorderen Orient (Funde in den Karmelhöhlen). Bald danach müssen sich die verschiedenen Groß-Gruppen abgezweigt haben. Also auch für die Entstehung des für unsere heutige menschliche Existenz wichtigeren homo sapiens sapiens deutet alles auf Monogenese – Menschwerdung an einem Ort. Der biblische Schöpfungsbericht könnte daher den realhistorischen Prozeß der zweiten Stufe der Menschwerdung widerspiegeln, stilisiert und abstrahiert: »Adam« hieß im Hebräischen »Mensch«.

Die jüngere These der Polygenese (mehrfaches Entstehen der Menschheit an verschiedenen Orten) entstand erst mit der Expansion Europas in Übersee. Sie versuchte, die Existenz zahlreicher, bisher unbekannter Völker zu erklären, die jenseits des geographischen wie religiösen Einzugsbereiches des biblischen Gottes und seiner Schöpfung lebten. Ohne unsere Kenntnisse der modernen Archäologie und Biologie lief ihre Schlußfolgerung aus dem empirischen Material auf die Auflösung der prinzipiellen Einheit der Menschheit hinaus.[25]

Die These der Monogenese war zwar nicht allen gemeinsam, die anti- oder nicht-rassistische Positionen bezogen (Rassismus kam auch auf der Grundlage der Monogenese vor). Aber die These der Polygenese wurde zentraler Ausgangspunkt vieler älterer und der wenigen noch heute sich offen artikulierenden Theoretiker oder Propagandisten des Rassismus.[26] Darwins Intervention 1859 beendete zunächst weitgehend die Debatte zwischen Monogenisten und Polygenisten.[27] Sie war in einem zentralen Punkt ohnehin schon längst überholt: Anhänger der Monogenese wie der Polygenese hatten sich inzwischen auf der gemeinsamen Grundlage des Rassismus gefunden – der Ungleichheit der »Rassen«. Heute, auf der Basis sehr viel größerer Kenntnisse, besteht keine Veranlassung mehr, an einer älteren Hypothese festzuhalten, die von der modernen Forschung widerlegt ist und mit ihren überwiegend rassistischen Konsequenzen moralisch und praktisch zur Selbstzerstörung der Menschheit führt. Vollends unbeweisbar ist die Behauptung, daß sich die Menschheit schon auf der Ebene des Alt-Menschen in »Rassen« gespalten hätte: Knochen- und Skelettfunde erlauben keine Rekonstruierung der betreffenden Lebewesen nach äußerlichen Merkmalen (Hautfarbe, Nasen- und Haarform), weder in die eine (europide) noch die andere (negride) Richtung.

»Rasse« war (bis Auschwitz) als Kategorie mit begrenzter, weil nur auf Formales beschränkter Aussagekraft ohnehin nur eine annähernde Durchschnittsgröße. Allenfalls sind Groß-Gruppen (»Rassen«) weiträumige Vererbungsgemeinschaften, Groß-Poole für Gene zur Weitergabe äußerer Merkmale (Hautfarbe usw.), aber in einer erheblichen Bandbreite von Varianten[28]: Wie »schwarz« sind »Negriden«? Zum rassistischen Dogma wurde »Rasse« durch die Korrelierung unterschiedlicher moralischer und geistiger Werte mit äußeren Merkmalen sowie durch ihre hierarchische Anordnung nach »rassischen« Wertigkeiten, entsprechend dem sozioökonomischen Entwicklungsgefälle der verschiedenen Groß-Gruppen.

Zur Fiktion wird »Rasse« durch die Behauptung, die »reine Rasse« sei ein positiver Wert für sich. »Reine Rassen« gab es nie[29], höchstens in der Isolierung absolut endogamer Klein-Gruppen mit der Konsequenz oft degenerierender Inzucht. Die überwiegende historische und gesellschaftliche Realität war und ist die Vermischung: »Wir sind alle Mischlinge.«[30] Die Vermischung war das äußere Symbol intimen Kontaktes und gegenseitiger Beeinflussung auf geistigem, kulturellem, materiellem Gebiet, stets in der dialektischen Spannweite zwischen Ausdifferenzierung und Assimilation. Humane Entwicklung ist unmöglich ohne vielfältige Kontakte, Austausch und Einflüsse von außen. Vielmehr dient die Absonderung einer »überlegenen« »Rasse« nur der Begründung eigener Exklusivität auf Kosten des »unterlegenen« Bevölkerungsteils, und ist nur »rassen«-ideologische Verschleierung eines sozialgeschichtlichen Vorgangs. Kollektiver Egoismus provoziert früher oder später Spannungen und Konflikte.

Die Willkür des »Rassen«-Begriffs

Schon die Fiktion der »Rassenreinheit« widerlegt einen Kerngedanken des Rassismus. Die Absurdität des Rassismus erhöht sich noch durch die Unmöglichkeit, sich irgendwie auf eine allgemeingültige Definition für »Rasse« festzulegen: Fast jeder der zahlreichen Autoren und Theoretiker hat seinen eigenen »Rassen«-Begriff. Schon Darwin machte auf die »größtmöglichste Meinungsverschiedenheit« aufmerksam, ob der Mensch »als eine einzige Art oder Rasse klassifiziert werden soll, oder als zwei (Virey), drei (Jaquinot), vier (Kant), fünf (Blumenbach), sechs (Buffon), sieben (Hunter), acht (Agassiz), elf (Pickering), fünfzehn (Bory St. Vincent), sechzehn (Desmoulins), zweiundzwanzig (Morton), sechzig (Crawford) oder nach Burke als dreiundsechzig Arten oder Rassen«.[31]

Ausgehend von der anfangs durchaus sinnvollen Aufteilung der Menschheit in Groß-Gruppen nach äußeren Merkmalen, von Bernier bis Kant, verengte sich die Definition von »Rasse« immer weiter, über Unterteilungen der Europiden, die an sich nur sprachlich zu unterscheiden waren (Indoeuropäer/Arier; Semiten) bis zur nationalen »völkischen« Ebene – Juden, Germanen, Kelten, Slawen usw. für die ältere Geschichte, Deutsche, Engländer, Franzosen usw. für die Neuzeit. Weitere Verwirrung schuf die zusätzliche Unterscheidung zwischen Lang- und Kurz(Rund)-schädeln seit Paul Broca (1824–1880). Im Aufkommen einer messenden und klassifizierenden Anthropologie mit wissenschaftlichem Anspruch spielten zwei weitere Kategorien eine zentrale Rolle – Umfang und Form des Schädels. Quantitative Angaben über die Größe der Hirnschale besagen noch nichts über die inhaltliche Qualität, weder für Individuen noch für »Rassen«, und innerhalb einer gewissen individuellen Toleranz in allen »Rassen« ist die Gehirnmasse des Jetztmenschen durchschnittlich überall gleich groß.

Der Unterschied zwischen Lang- und Kurz(oder Rund)schädeln – Dolichocephalie, Brachycephalie – avancierte in der arischen Variante des modernen Rassismus zu einem zentralen zusätzlichen Unterscheidungsmerkmal (nach Hautfarbe usw.), verliert aber jede sinnvolle Unterscheidungskraft gemäß dem rassistischen Dogma, da praktisch alle Groß-Gruppen aus lang- und kurz(rund)schädligen Menschen samt Zwischenformen bestehen. Der Primat angeblich »edler« Langschädler, gar noch wenn sie weiß und blond sind (waren), ist reine voluntaristische Fiktion. Wo solche Korrelationen tatsächlich vorkamen, lassen sie sich durch historische Prozesse (Eroberungen) rational erklären, ohne Zuflucht zum »Blut«-Mythos. Langschädel galten durchaus nicht immer als »edel« oder begehrenswert. Sicher nur ein Extrem ist das Verhalten der Brahui, einer vermutlich langschädligen Ethnie in Balutschistan, umgeben von den kurz(rund)-schädeligen Baloch, die vermutlich iranischen Ursprungs waren. Die Brahui verformten nach der Geburt ihrer Kinder deren Schädel bewußt so, daß sie, nach dem Vorbild der sie umgebenden Bevölkerung, Rundköpfe werden sollten – zugleich ein extremes Beispiel für Anpassung.[32] Rassismus wird zu einem Aberglauben der Moderne.[33]

Arier und »Arischer Mythos«

Des euramerikanischen Rassismus liebstes Kind war der »arische Mythos« (L. Poliakov), die Lehre von der angeblich angeborenen »rassischen« und kulturellen Überlegenheit der »Arier« und ihrer Nachfahren. Zwischen realhistorischem Kern der Legende und ideologisierender Fiktion ist zum Verständnis des modernen Rassismus sorgfältig zu unterscheiden. Innerhalb der Europiden (Kaukasier, Weiße) hatten die Indoeuropäer als Vorfahren der meisten Europäer und Euramerikaner welthistorisch eine zentrale Stellung. Eine wenigstens umrißartige Kenntnis ihrer weitverzweigten Geschichte ist unumgänglich, um die Realität überzeugend vom Mythos zu trennen.[34]

Zentraler Ausgangspunkt ist der Konsens der modernen Forschung, daß sich Indoeuropäer bzw. -germanen nur als kompliziert vielgliedrige Sprachenfamilie definieren lassen, vom Keltischen im Westen bis zum Tocharischen im Osten. Über die Jahrtausende und Kontinente entwickelten sie sich so weit auseinander, daß sich nur noch allerengste Verwandte, z. B. Südslawen, direkt untereinander verständigen können. »Rassische« Gemeinsamkeiten für alle Indoeuropäer sind unbewiesen und unbeweisbar, selbst wenn bei einigen Gruppen blonde und sehr hellhäutige Typen dominiert haben mögen, wie bei den Indo-Ariern, Germanen und Kelten. Die gleichsetzende Verengung von Indoeuropäern mit »Ariern« ist reine Willkür, erst recht von »Ariern« mit Germanen, zu denen eventuell noch Kelten im Westen und Slawen im Osten hinzugefügt wurden.[35]

Dem »arischen Mythos« ist alle höhere Kulturleistung Schöpfung der »rassisch bedingt« permanent »überlegenen« Indoeuropäer bzw. »Arier«. Solche Behauptungen sind wissenschaftlich Unsinn, politisch fragwürdig und moralisch unhaltbar, weil sie den aufgeblähten Kollektiv-Egoismus einer ganzen »Rasse« zur Richtschnur des Handelns erheben und mithin den permanenten Großkonflikt in der Welt als Konsequenz festschreiben. In Wirklichkeit kamen Indoeuropäer in schon bestehende Zivilisationszentren, zerstörten zunächst altorientalische Hochkulturen und bauten sie gemäß einem universalen Mechanismus wieder neu auf, modifiziert durch eigene Hinzufügungen und Veränderungen. Sonst unterwarfen Indoeuropäer meistens als kriegerische Eroberer ebenfalls noch barbarische Bevölkerungen, mit denen sie sich in unterschiedlicher Intensität anschließend verbanden. In Spannung zwischen erobernden Aristokratien mit ihrer Forderung nach »Blutreinheit« des Adels und Unterworfenen entstanden durch Vermischung neue Völker, die jeden »Rassen«-Begriff ad absurdum führen.

In ihren sozioökonomischen Strukturen waren Indoeuropäer Barbaren. Ihre Lebensweise reichte vom halbnomadischen Wanderbauern bis zum viehzüchtenden Nomaden in den klassischen Regionen der großen Reitervölker, von Südrußland bis Zentralasien: Skythen, Kimmerer, Tocharer und Iraner hatten dieselben Lebensweisen, sozialen und politischen Strukturen und historischen Wirkungen wie die ihnen folgenden turk-mongolischen Völker. Indoeuropäische und turk-mongolische Nomaden unterschieden sich im äußeren, physischen Aussehen und in der Sprache. Sonst waren sie in Auftreten und historischer Wirkung völlig gleich. Sie assimilierten sich früher oder später in den Kulturzentren, wurden oft selbst seßhafte Träger der jeweiligen Hochkultur (mit je spezifischen Varianten) – Perser und Meder im Osten des mediterran-mesopotamischen Westens, später Saken (Teil der Skythen aus Zentralasien) sowie die ihnen folgenden Kuschan (Yüeh-chi = Tocharer aus Kansu, Nordwestchina) in Nordchina zwischen 75 v. und 30 n. Chr.; verschiedene Wellen turk-mongolischer Völker in China, später auch Türken und Ungarn im Mittleren Osten bzw. im Westen. Die grundsätzliche Gleichartigkeit der historischen Stellung von indoeuropäischen und turk-mongolischen, auch semitischen und berberischen Nomaden ist ein Beweis gegen das rassistische Dogma: »Rasse« bedeutet in diesem Zusammenhang überhaupt nichts; ausschlaggebend war die sozioökonomische Struktur.

Allerdings hat der Arier-Mythos einen historischen Kern. Deshalb muß die weitere Vorgeschichte des Rassismus mit den Indoeuropäern, speziell den Ariern, beginnen: Sie führten mit ihren Einbrüchen in die altorientalischen Kulturzentren – im Mittleren Osten, in Indien, eventuell auch in China (Gründung der Shang-

Dynastie 1523 v.Chr. durch eine Streitwagenaristokratie) – das Pferd mit Streitwagen und Eisenwaffen (in Indien aber noch mit Bronzewaffen) ein. Dank ihrer anfänglichen militärischen Überlegenheit gründeten sie eigene Herrschaften und etablierten sich als erobernde kriegerische Aristokratien, die bis heute die größten Wirkungen in Indien haben. In der Eigenbezeichnung der Arier steckt die indoeuropäische Wurzel »ari« – »edel«, »hochgeboren«, die im Griechischen zu den »Besten« wurde – Aristokratie als Herrschaft der Besten. Aus der unterentwickelten Peripherie drängten sie kriegerisch in die höher entwickelten Zivilisationszentren, um sich in Besitz der dort konzentrierten Reichtümer zu bringen. Außerhalb der großen Kultur- und Machtzentren nahmen Kelten und Germanen gegenüber der offensichtlich weniger kriegerischen, ursprünglich mediterranen Urbevölkerung des heutigen Deutschland, Frankreich, England, teilweise auch Spanien (Keltiberer) eine entsprechende Herrenstellung ein, jedoch auf einem niedrigeren sozioökonomischen Niveau.

Die indoeuropäischen Aristokraten- und Herrenvölker führten, historisch zum ersten Mal faßbar, zur Erhaltung ihrer Machtstellung eine Art Apartheid (=Sonderstellung) durch Verweigerung von Konnubium und Commercium in breiter Front ein. Daher ist es gewiß kein Zufall, daß die vielleicht erste Bedeutung der romanischen Wörter für »Rasse« mit adligen und königlichen Familien zu tun hatte.

»Mischlinge« und Juden

Die »Reinhaltung« einer »reinen Rasse« oder aristokratischen Schicht fiel jedoch stets um so schwerer, je mobiler Eroberer waren, zu Lande (Reiternomaden) oder zu Wasser (Wikinger). Sie kamen oft mit einem Defizit an eigenen Frauen, vor allem wenn Eroberer riesige Strecken zurücklegten und ihre Frauen meist zu Hause ließen oder nur begrenzt nachkommen lassen konnten. Die Verbindung mit einheimischen Frauen wurde eine natürliche Selbstverständlichkeit, kollidierte aber mit dem Gebot zur »Reinhaltung« des »Blutes«. Dieser elementare Mechanismus funktionierte in den Anfängen der Expansion Europas in Übersee, weil Frauen, bis die moderne Tropenmedizin nach 1850 Abhilfe schuf, aus spezifischen Gründen in den tropischen Überseegebieten meist noch schneller starben als europäische Männer.

Kinder aus solchen Verbindungen – »Mischlinge«, bösartig als »Bastarde« diffamiert – hatten eine ambivalente Stellung zwischen erobernden Vätern und Müttern aus den Reihen unterworfener oder zivilisatorisch »unterlegener« Gesellschaften, so im tropischen Afrika südlich der Sahara: Einerseits eröffneten sie die langfristig übliche Angleichung von Eroberern und Unterworfenen, die zugleich in eine sprachliche und kulturelle Synthese führte. In der Regel dominierte das eine oder andere Element, das aber vom Partner oft langfristig so tiefgreifend modifiziert wurde, daß es schwerfällt zu entscheiden, wer sich tatsächlich durchgesetzt hat. Indien seit der arischen Eroberung (ca. 1500 v. Chr.) ist ein klassisches Beispiel.

Andererseits drängen »Mischlinge« auf Gleichberechtigung mit ihren privilegierten Vätern. Sie werden für die Herrschaft sich »rein« haltender Eroberer oder aristokratischer Herrscherschichten zum zersetzenden Faktor. Beispielhaft ist der Aufstand der Slawen und awaro-slawischen Mischbevölkerung gegen die Awaren nach deren schwerer Niederlage vor Konstantinopel von 626. Nur zwei Generationen nach der Landnahme der turkmongolischen Awaren in Pannonien (Ungarn) 567 schwächte der sog. Slawenaufstand die Awaren erstmals auch nach innen und bereitete ihr Ende als Reich und Volk nach 800 vor.

Im Großen wurde die euroafrikanische Mischbevölkerung an der Küste Westafrikas seit der Expansion Europas nach Übersee zum mobilen, dynamischen Faktor, der wesentlich zur Beendigung spezifischer Herrschaftsformen der aus Europa stammenden Weißen – in den USA der Sklaverei, in (West-)Afrika der Kolonialherrschaft – beitrug.[36] Während sich auf beiden Seiten des Atlantiks im späten 18. Jahrhundert bei Euramerikanern der Rassismus als systematisches Gedankengebäude herauskristallisierte, drängten »Mischlinge«, Kinder von weißen Vätern mit schwarzen Sklavenfrauen, die meistens im Herrenhaus lebten (»house slaves«), auf volle bürgerliche Gleichberechtigung durch Emanzipation und – zur Sicherstellung ihres neuen Status für die gesamte Gruppe – auf die Abschaffung der Sklaverei insgesamt. Wesentliche Impulse für den Abolitionismus, die Abschaffung der Sklaverei und des Sklavenhandels, gingen, wenigstens in den jungen USA, von »Mischlingen« aus, den »Free Persons of Color«.

Rund 100 Jahre später wurden in Britisch-Westafrika »Mischlings«-Nachfahren europäischer Kaufleute an der Küste zu einheimischen Kristallisationskernen der von Europa ausgehenden Modernisierung, einschließlich der zunächst als Fortschritt und Sicherung ihrer freien Existenz angesehenen europäischen Kolonialherrschaft. Erst als ihnen der moderne Rassismus auf dem Höhepunkt des Imperialismus die Gleichberechtigung mit ihren weißen Vätern verweigerte, kippten sie um in die Anfänge des afrikanischen Nationalismus. Kein Wunder, daß europäische Exponenten von Kolonialherrschaft und Rassismus die ambivalente Wirkung der Mischbevölkerung mißtrauisch beäugten, bis hin zum Stoßseufzer: »Der gebildete Eingeborene (»educated native« = »Mulatte«, I.G.) ist der Fluch der Westküste (Afrikas, I.G.).«[37]

Ähnlich irritierend für Vertreter der »Blut«- und »Rassenreinheit« in Ibero-Amerika seit der Conquista war die indio-europäische Mischbevölkerung. In den Anfängen Brasiliens hatten die »Paulistas«, »Mestizen« aus Saõ Paulo, eine ambivalente historische Wirkung: Einerseits waren sie als »bandeiros« die klassische Pionier- und Grenzbevölkerung einer expandierenden europäischen Kolonialgesellschaft an einer »wandernden«, d.h. sich ins Inland ausdehnenden Grenze. Andererseits waren sie die energischsten Exponenten der Sklavenjagd gegen die noch »wilden« Indiostämme des Inlandes und provozierten so die Jesuiten zur Bildung ihrer Schutzherrschaft über die von der Sklavenjagd bedrohten Indios (»Reduktionen«) – »Rassentrennung zum Schutz der Eingeborenen«.[38] Später machten sich Mestizen oft zum Anwalt der einheimischen Indiobevölkerung, besonders seit der nationalen Unabhängigkeit Lateinamerikas, gaben sich aber auch immer wieder mit formaler oder effektiver Gleichberechtigung mit den Kreolen – »reinrassigen« Nachfahren der spanischen Konquistadoren – zufrieden.

In Südafrika spielten »Mischlinge« (»Coloured«) eine besonders komplexe Rolle. Sie waren zunächst Teil des sich bildenden Burenvolkes, da holländische Siedler, mangels europäischer Frauen, auf einheimische Frauen der Buschmänner (San) und Hottentotten (Khoi-khoi) zurückgriffen, die ihrerseits vielleicht schon ein Mischprodukt zwischen San und Bantus repräsentierten. So wird verständlich, warum die Rassisten des modernen Apartheidsystems die ironische Tatsache gern verdrängen, daß in ihren »Adern«, um in ihren eigenen Worten zu sprechen, »Blut« von San und Khoi-khoi »fließt«, daß zu ihren Ahnfrauen, wenn auch zwei bis drei Jahrhunderte zurückliegend, San und Khoi-khoi gehörten, die eigentlich auf der untersten Stufe ihrer Prestigehierarchie stehen.

Noch schwankender und in sich zerrissen war die Entwicklung der »Anglo-Indians« in Indien, die meist britische Väter hatten.[39] Bis 1786 ermutigte die englische »East India Company« die Bildung einer »protestantischen« Mischlingsbevölkerung zur Milderung der eigenen Personalknappheit in Indien. Weil sich seit dem Sklavenaufstand von 1791 im französischen Saint-Domingue, dem späteren Haiti, »Mulatten« an die Spitze der schwarzen Sklaven setzten, verstärkte sich die Ausschließung von Anglo-Indern aus der Verwaltung und Armee der »East India Company«. Der Große Indische Aufstand von 1857/58, in dem sich die Anglo-Indians für ihre britischen Väter schlugen, leitete einen Wechsel in der britischen Politik ein. Zur Belohnung für ihre Loyalität erhielten die Anglo-Indians massive Förderung durch die britische Kolonialregierung. Als »Lakaien des Imperialismus« gerieten sie dafür aber später unter den vielfältigen Druck des indischen Nationalismus, so daß sie seit der Unabhängigkeit Indiens nur noch eine periphere Minderheit von schwindender Bedeutung sind.

Mischlingsbevölkerungen führen daher in das Herz einer kritischen Sozialgeschichte des Rassismus, weil ihre schiere Existenz bereits die Fiktion »reiner« Rassen widerlegt. Schon für Tocqueville war »das wirkliche Bindeglied zwischen dem Europäer und dem Indianer der Mestize ... zwischen dem Weißen und dem Neger der Mulatte: Überall, wo sehr viele Mulatten vorkommen, ist die Verschmelzung beider Rassen nicht ausgeschlossen.«[40] Deshalb reagierten Vertreter des Rassismus auf sie immer wieder geradezu hysterisch. Mit einer Kombination aus schlechtem Gewissen, weil »Mischlinge« als das Ergebnis von »Sünden« wider den unheiligen Geist gegen ihre Gebote nach »Rassenreinheit« augenfällig verstießen, und einem aktivistischen Aufruf, durch verstärkte »rassische« Exklusivität die Folgen des kollektiven »Fehltritts« wieder rückgängig zu machen, erwuchs logisch die Konsequenz der »Rassenhygiene«, die in dem mörderischen Haß Hitlers gegen »Bastarde« gipfelte.[41]

Ein früher, stilprägender Autor des Rassismus, Edward Long, dichtete Mischlingen nach der Analogie des Maulesels biologische Unfruchtbarkeit an, obwohl der offensichtliche Augenschein ihn tagtäglich widerlegte.[42] Eine Art dumpfer Rassismus spricht aus der üblichen Bezeichnung »Mulatte« für die afroeuropäische Mischbevölkerung, vom Spanischen »mulato«, das seinerseits wieder abgeleitet ist von spanisch »mulo« (Maulesel, Maultier = Bastard zwischen Pferd und Esel). Die implizierte Gleichsetzung von »Mulatte« mit einem Tier, eben dem Maulesel bzw. Maultier, sollte den Begriff »Mulatte« in Zukunft ebenfalls verbieten. Allerdings ist er in der seriösen Fachliteratur (z. B. über die Geschichte der Afro-Amerikaner in der Neuen Welt oder in Afrika im 19. und 20. Jahrhundert) so sehr eingebürgert, daß die Aussicht gering erscheint, »Mulatte« aus dem gedankenlos gewordenen Sprachgebrauch zu verdrängen. Ähnlich wie »Rasse« erscheint hier im folgenden »Mulatte« stets in Anführungszeichen.

»Mischlinge«, oft »Produkt« außerehelicher Verbindungen von Eroberern mit Frauen aus den Reihen der Unterworfenen, demonstrierten in größerer Zahl immer wieder die Absurdität der »Blut«-Mystik und »Reinrassigkeit«, zumal es den Herren jederzeit freistand, ihre »Bastarde« mit Sklavinnen oder einheimischen Frauen zu legitimieren. Sie zersetzten die angestrebte Rassen-Kasten-Herrschaft durch ihren Anspruch auf Gleichberechtigung mit den »reinen«, ehelichen Nachfahren ihrer Herrenväterssöhne. Deshalb waren sie stets auf untergeordnete Plätze der jeweiligen Gesellschaftspyramide zu verbannen. Besonders von »Mischlingen« (»Mulatten«) in der Rassen-Kasten-Gesellschaft der Sklaverei in der Neuen Welt ging die entscheidende Dynamik zur Abschaffung der Sklaverei aus.[43]

Auch die Juden widerlegten den Rassismus, obwohl sie immer wieder sein Hauptopfer waren. Sie hatten zwar ihre eigenen, religiös begründeten Formen der Exklusivität einschließlich des Heiratsverbots mit Andersgläubigen. Aber in der Praxis hielten sich so große Teile der Juden nicht an solch restriktive Gebote ihrer Religion, daß auch sie Konzessionen an die überwältigende Normalität der Assimilation machten. Selbst wenn Juden an ihrer Religion festhielten, paßten sie sich meistens früher oder später in Sprache, sozioökonomischer Struktur, Mentalität und Gebräuchen weitgehend ihrer Umgebung an: Juden im Orient blieben Orientalen oder wurden (wie die Sephardim) wieder Orientalen – Araber in arabischen Ländern, Äthiopier in Äthiopien, Inder in Indien. In Europa wurden sie Europäer, in Amerika Amerikaner.

Wichtiger als sog. »Rassen«-Unterschiede sind demnach Verschiedenheiten in den sozioökonomischen Strukturen und kulturelle Kontinuitäten, die aus partieller oder totaler Assimilierung entstanden sind. Denselben Tatbestand demonstrieren indirekt auch das »Dritte Reich« und das Apartheid-System Südafrikas: Beide nahmen Japaner aus den Beschränkungen ihrer Rassendiskriminierung ausdrücklich aus, adoptierten sie gleichsam als Ehren-Arier – ein Reflex des hohen Industrialisierungsgrades, den Japan im 20. Jahrhundert erreichte.

Umgekehrt waren Juden durchaus nicht die »Parasiten« antisemitischer Propaganda. Vielmehr trugen sie durch ihre ökonomischen Initiativen, handwerkliche, technische, wissenschaftliche und künstlerische Kreativität zum Reichtum und zur Macht großer Staaten und zur Weltkultur insgesamt als ältestes Stadt- und Buchvolk der Welt in einem außergewöhnlichen Maße bei.[44] Sie vermittelten Kontakte und bewirkten Neuerungen als Element geistiger und materieller Bereicherung. Auf dem Höhepunkt ihrer Macht boten Großmächte Juden einen großen Spielraum: Spanien bis 1391/1492, Holland, England ab 1656, USA, Südafrika; Deutschland bis 1933. Verdrängung, Unterdrückung oder Vernichtung der Juden (vor oder nach schweren politischen Krisen bzw. Rückschlägen) zur Herstellung des Phantoms von (religiös oder »rassisch« begründeter) Einheit und Konformität leitete durch ökonomische Selbstverstümmelung, geistige Zensur und soziale Sippenhaft den Abstieg, gar den Untergang der jeweiligen Macht ein – vom maurisch-islamischen Spanien über Polen, Kastilien/Spanien bis zu Deutschland ab 1933. »Arischer Mythos« (Poliakov) und »Mythos der jüdischen Rasse« (Wing) entsprechen und bedingten einander spiegelbildlich. Beide entstanden ungefähr zur selben Zeit, aus denselben realhistorischen Bedingungen und parallelen Wirkungen.

II. Vom Beginn des indischen Kastenwesens bis zum Ende der spanischen Reconquista: Die weitere Vorgeschichte des Rassismus (ca. 1500 v. Chr. – 1492 n. Chr.)

Auf der breiten Grundlage universaler Faktoren und proto-rassistischer Dispositionen, die erst miteinander kombiniert in den modernen Rassismus einmünden, erhebt sich die Vorgeschichte des Rassismus. Als Zäsur zur Abgrenzung der weiteren und engeren Vorgeschichte drängt sich das Epochenjahr 1492 auf. Mit seiner in sich zusammenhängenden Trias von drei herausragenden Ereignissen markiert es auch für die Geschichte des Rassismus eine neue Epoche: Eroberung Granadas, Abschluß der Reconquista und Vollendung der nationalen Einheit Spaniens; Vertreibung der Juden aus Spanien; Entdeckung Amerikas durch Columbus und Beginn der Expansion Europas nach Übersee.

1. Vorformen des Rassismus

In der weiteren Vorgeschichte des Rassismus bis 1492 dominiert die Entwicklung des jüdischen Volkes, das später ein Hauptopfer des Rassismus wurde. Seine ältere Geschichte ist in der Bibel besonders früh aufgezeichnet und wegen seiner Verbreitung über die Erde besonders weitläufig und komplex. So wird die historische Dimension jüdischer Existenz unentbehrlich für das Verständnis der Entwicklung bis zum »Holocaust«. Dagegen war bis zum Ende des Eurasischen Mittelalters (1492/98) der Kontakt zwischen »Weißen« (Europäern, Juden, Arabern bzw. Berbern) und »Schwarzen« vergleichsweise peripher und ist spärlich belegt. Am intensivsten waren Verbindungen zwischen »Schwarzen« und Arabern bzw. Berbern im arabisch-muslimischen Mittelalter. Das indische Kastenwesen als Vorform des Rassismus, der kulturelle Überlegenheitskomplex von Griechen und Chinesen sowie der apokalyptisch-chiliastische Dualismus mit seinen teilweise rassistischen Konsequenzen gehören ebenfalls zur weiteren Vorgeschichte des Rassismus.

Proto-rassistische Dispositionen – Xenophobie, Ethnozentrik, Verachtung Höherentwickelter gegenüber Niedrigerstehenden in der universalen »Rang- und Hackordnung« der Menschheit oder aus religiösen Gründen gegenüber Ungläubigen, Verweigerung des Konnubiums und des gleichen Zugangs zu den entscheidenden Produktionsmitteln, Standes- und Kastenunterschiede, »Blut«-Mystik, Ausbeutung permanent Unterworfener durch abhängige Arbeit – gingen dem euramerikanischen Rassismus voraus, überall und zu allen Zeiten. Erst der Rassismus der Neuzeit jedoch bündelte und verarbeitete sie theoretisch zu ganzen Gedankensystemen.

Die Kasten Indiens

Die historischen Grundlagen des indischen Kastenwesens[1] sind die älteste Form quasi-rassistischer Strukturen. Die Anfänge gehen spätestens aus der arischen Eroberung Nordindiens ab ca. 1500 v. Chr. hervor. Hellhäutige Eroberer preßten unterworfene Dunkelhäutige als »Sklaven« in die Apartheid einer Rassen-Kasten-Gesellschaft, die sich auf Dauer in der urtümlichen Form nicht halten ließ, aber zur extremen Fragmentierung und Abschottung der Kasten als unübersteigbare Lebens-, Berufs-, Wohn-, Essens- und Ehegemeinschaften führte.

Die Arier bezeichneten sich als »weizenfarben«, was auf die Farbe der Haut wie der Haare bezogen sein mochte, die feindliche Urbevölkerung als »schwarz«, was durch den negriden Einschlag unter vielen Bewohnern Südindiens noch heute bestätigt wird. Die arischen Wanderbauern kamen, anders als die extrem mobilen Reiternomaden, auf Ochsenkarren mit Frauen und Kindern. Sie konnten sich daher leichter als eigene Ober-Gesellschaft über der dravidischen Urbevölkerung etablieren. In dem Jahrtausend zwischen der arischen Eroberung und dem Entstehen des ersten Großreiches auf indischem Boden ca. 540 v. Chr., dem Maghadareich, entwickelte sich mit dem Kastenwesen das besondere gesellschaftliche Charakteristikum des indischen Kulturzentrums.

Falls es nicht schon ältere Ansätze zur Kastenbildung in der Indus-Kultur (ca. 2600 v. Chr.) gab – eine Vermutung, die angesichts mancher erstaunlicher Kontinuitätselemente in anderen Bereichen Alt-Indiens nicht von der Hand zu weisen ist[2] –, sind die Ursprünge des Kastenwesens in der typischen Eroberergesellschaft zu suchen, die die Arier über im Lande gebliebenen dravidischen Ureinwohnern errichteten. Ausgangsbasis war spätestens die ständische Ordnung der Arier – Priester (Brahmanen), Krieger (Kasatriya), freie Bauern (Vaisya). Diese Stände hießen auf Sanskrit »varna«, d. h. Farbe. Der soziale Abstand von Brahmanen zur übrigen Welt war gewaltig: Der Brahmane war nicht einfach Stellvertreter Gottes, sondern Gott schlechthin. Als vierter Stand kam nach der Eroberung die »varna« der Sudras hinzu, der Nicht-Arier, später auch deklassierte Arier angehörten. Nachdem allmählich Kaufleute das führende Element im dritten Stand (Vaisya) wurden, drängten sie die freien Bauern in einen vierten Stand ab, während der bisherige vierte Stand vom sich entfaltenden Kastensystem völlig ausgeschlossen wurde – die »panchamas« (»fünfte«), aus denen später die Kastenlosen, die »Unberührbaren« (=»Pariah«) wurden, die ihrerseits untereinander in eigene Kasten zerfielen. Sie wurden von den drei »reinen«, »zweimal geborenen« oberen Kasten schlimmer als Tiere gehalten, schlechter als die religiös verehrten »heiligen Kühe«. Im Zuge der weiteren Arbeitslung und Spezialisierung zerfielen die Stände allmählich in Berufsuntergruppen, »Jati« (Geburt), die zu den eigentlichen Kasten erstarrten, sich gleichzeitig unendlich weiter aufsplitterten. Die Distanz zwischen Brahmanen-Gott und Pariah-Tier auf Erden war unbeschreiblich groß.

Das Wort »Kaste« kommt aus dem Portugiesischen und ist verwandt mit Lateinisch »castus«, d. h. keusch, rein. Der altindische Name für die ursprünglichen Stände – »Varna« – verweist auf die eigentliche Funktion des entstehenden Kastensystems: Die hellhäutigen Eroberer, die »edlen«, »hochgeborenen« Arier, waren vor allem vom vierten bzw. später fünften Stand zu trennen, also von den dunkelhäutigen Ureinwohnern. Ihre Bezeichnung »Dasas« wechselte im Laufe des Eroberungsprozesses und der Errichtung der Arierherrschaft. Zunächst waren sie nur »Fremde«; später wurde »Dasa« zum Synonym für »Sklave« schlechthin. Da der »Sklave« auch noch (relativ) schwarz war, finden wir schon wesentliche Merkmale des späteren Rassismus in der komplexen Praxis eines der großen Kulturzentren unserer Erde: Apartheid in einer Gesellschaft, in der die aus ihr Ausgeschlossenen als unterworfene Fremde, Schwarze und Sklaven dreifach verachtet waren.

Die Apartheid der Arier gegen die »Dasas« war rigoroser als je irgendwelche Trennung zwischen Herren und Sklaven in der Neuzeit, aus der später teilweise der moderne Rassismus entstand. Die Kasten (»Jati«) wurden zu streng voneinander abgeschotteten Lebens- und Arbeitsgemeinschaften, die möglichst wenig miteinander zu tun haben durften, bis hin zum getrennten Essen und Zubereiten der Speisen. »Reinheit« in jeder Beziehung, vom »Blut« über Essen, Schlafen bis zum Ein- und Ausatmen der gemeinsamen Luft, wurde geradezu zur Obsession der obersten Kasten gegenüber den Kastenlosen.

Auf Dauer ließ sich die rigorose Isolierung zwischen Ariern und Draviden zwar nicht durchhalten, so daß es allmählich doch zur Vermischung kam, aber unabhängig vom sich weiter differenzierenden Kastenwesen: Höhere und niedere Kasten ließen sich allmählich nicht mehr mit hellerer oder dunklerer Haut, mit »edler« arischer und »unedler« dravidischer Abstammung gleichsetzen. Aber Anfänge und innere Logik des indischen Kastenwesens machen es ursprünglich zur ersten historisch greifbaren Form praktizierter Rassenschranken. Sogar dieselbe Grundkonstellation des späteren Rassismus ist vorhanden: Verachtung für isoliert gehaltene, dunkelhäutige »Sklaven«, das Zusammenfallen von ursprünglicher Herrschafts-, Klassen- und »Rassen«-Schranken. Was fehlte, war eine schriftlich formulierte Theorie, die jedoch unnötig war, weil die Praxis religiöse Sanktion erhielt und keiner weiteren Rechtfertigung bedurfte: Wer aus seiner Kaste ausbrach, würde auf dem Rad der Wiedergeburten und -tode, auf dem Weg zum erlösenden Nirwana, hoffnungslos in niedere Formen der Existenz zurückgeworfen.

Kasten außerhalb Indiens

Die große Bedeutung des altindischen Kastenwesens für die Vorgeschichte des Rassismus ist daher auf zwei Ebenen zu sehen: – als historischer Präzedenzfall und Matrix für spätere Rassen-Kasten-Gesellschaften.[3] Im übertragenen Sinn ist »Kaste« als soziologische Kategorie zur Analyse der Rassismusproblematik unentbehrlich: Kastenähnliche Erscheinungen gibt es in vielen Gesellschaften außerhalb Indiens – isolierte Gruppen, oft beruflich-ethnisch oder religiös-ethnisch definiert, mit einigen Merkmalen des indischen Kastenwesens. Meistens sind sie in den Extremen der Gesellschaftspyramiden anzutreffen – ganz unten (unreine Tätigkeiten) oder ganz oben (kastenmäßig abgeschlossene Oligarchien).

Als direkter Ableger des indischen Kastenwesens kamen die »Zigeuner« (Sinti/Roma) in den Westen.[4] Sie entstammen einer der untersten Kasten Indiens, der Dhom, die sich auf Musizieren und Schaustellerei spezialisierte. Ihre Sprachen sind zwar indoarischer Herkunft, versetzt mit Elementen aus Sprachen der Länder, durch die sie zogen oder in denen sie lebten. Aber ihre äußere, phänotypische Erscheinung weist sie überwiegend eher der vorarischen Urbevölkerung Alt-Indiens zu, von den erobernden Ariern als Sklaven auf den Status der untersten, auf jeden Fall »unreinen« Kaste abgedrängt. Als Quasi-Nomaden mit kastenmäßiger Abgeschlossenheit lebten sie in fast ganz Europa zur seßhaften Bevölkerung in ständigen Spannungen, die sich gelegentlich zu regulären Massakern in manchen Ländern steigerten, so 1734 in Spanien. Das »Dritte Reich« verallgemeinerte, systematisierte und steigerte diese Abneigung in seinem Herrschaftsbereich bis hin zum Genozid als Teil der »Endlösung« gegen die Juden (1942/45). Der Massenmord an »Zigeunern« durch das »Dritte Reich« war historisch sozusagen eine brutaler Zuspitzung »arischer« Anfänge in Indien – Vernichtung einer vorarischen, »unedlen« Bevölkerung, die es nach Europa verschlagen hatte.

In älteren Gesellschaften, vom Alten Orient bis zum Mittelalter, waren viele Berufe, von Priestern bis Handwerkern, kastenähnlich organisiert: Der Beruf vererbte sich in der Familie vom Vater auf den Sohn; Endogamie innerhalb der Berufsgruppe war häufig, wenn auch ohne so strenge Vorschriften wie im indischen Kastenwesen. Die Priesterschaft in Ägypten wie bei den biblischen Juden (den Nachfahren Aarons) war entsprechend strukturiert. Ähnlich exklusiven Charakter hatten sozial streng voneinander geschiedene berufliche Tätigkeiten seit der Spätantike. Der unfrei werdende Bauer stand am untersten Ende der Gesellschaftspyramide, war im Kolonat an die Scholle gebunden und vererbte seinen Hörigenstatus an seine Nachfahren weiter. Darüber standen Handwerker in zunftähnlichen Organisationen (»collegiae«) und der Adel. Allerdings war ihre grundsätzliche Isolierung voneinander nicht so streng wie im indischen Kastenwesen und wurde im Laufe der Entwicklung bis zur Neuzeit immer durchlässiger. Mittelalterliche Zünfte hatten teilweise Züge von Kasten. In Ost- und Südosteuropa, wo es seit dem Mittelalter ein bedeutendes deutsches Handwerkselement in den Städten gab, wurde nur in Zünfte aufgenommen, wer bis zu drei Generationen vollständige und lückenlose deutsche Abstammung nachweisen konnte.

Das mittelalterliche Japan kannte bis zum 19. Jahrhundert eine den arischen Gesellschaften vergleichbare ständische Schichtung – die Samurai als erbliche Kriegerkaste mit ritterähnlichem Status, gefolgt von Bauern, Handwerkern und Kaufleuten. Einen fünften Stand bildeten zwei Gruppen,« Eta« (»Nicht-Mensch«) und »Hinin«, die alle Tätigkeiten ausübten, die als unrein galten – Totengräber, Steinmetze, Metallarbeiter, erst recht Prostituierte. Ihre Position ähnelte der der indischen »Pariah«. In Afrika standen Schmiede außerhalb der Stammesorganisation und lebten kastenähnlich abgeschlossen. Im überwiegend hellhäutigeren Afrika der Sahara und nördlich der Sahara waren schwarze Sklaven eine permanent inferiore Unterschicht, vergleichbar den Pariah Indiens.

Auch Juden im Mittelalter und in der Frühen Neuzeit hatten oft die Struktur und Funktion von Quasi-Kasten. Ein Teil der (meist zwangsbekehrten) »Conversos« in Spanien und der »Marranen« in Portugal lebten, wie die Juden, in kastenähnlicher Isolierung, teils von außen durch Diskriminierung erzwungen, teils freiwillig zum Selbstschutz und zur bewußten Bewahrung ihrer Identität. In der ersten Einwanderungsgesellschaft der Neuen Welt, der spanisch-portugiesischen Lateinamerikas, hießen die einzelnen Gruppen und die aus ihren Vermischungen entstandenen Unter- oder Zwischengruppen »castas«.

Bei näherem Hinsehen finden sich Parallelen in so zahlreichen älteren agrarischen Gesellschaften, daß auf eine Universalie geschlossen werden darf: Unfreie, Sklaven, alle, die eine als unrein oder niedrig geltende Tätigkeit ausübten, lebten oft in kastenähnlicher Abgeschlossenheit, in den ärmsten Randgebieten der Stadt oder des Dorfes, ganz bzw. halb vagabundierend oder nomadisierend. Den wie auch immer genannten »Pariah« außerhalb der eigentlichen ständischen Ordnung entsprach an der Spitze die oligarchisch-kastenähnliche Struktur für Priester und Krieger, oft auch für Kaufleute. Erst die westliche, sich seit der Neuzeit modernisierende Gesellschaft baute allmählich solche Exklusivität zumindest tendenziell ab, einmündend in das Pathos von Gleichheit und Demokratie – aber nur für die Angehörigen des eigenen Volkes und der eigenen Schicht.

Alle Kultur- und Machtzentren schauten auf ihre »barbarische« Umgebung herab, die in der sozioökonomischen Entwicklungs- und Prestigehierarchie unter ihnen stand. Nicht zufällig ist »Barbar« eines der wenigen noch erhaltenen Wörter aus dem Sumerischen, der Sprache der ersten historischen Hochkultur.[5] Die Verachtung der Kulturvölker für die »Barbaren« fand ihre extreme Zuspitzung im klassischen Griechenland und kaiserlichen China. Der Kulturhochmut der klassischen Griechen gegenüber »Barbaren«, den sie vom Alten Ägypten übernahmen, aber auch der Perser als letzte imperiale Repräsentanten des Alten Vorderen Orients ist so hinlänglich bekannt, daß sich an dieser Stelle ein detailliertes Eingehen erübrigt.[6]

Zumindest das antike Griechenland kombinierte die Verachtung der Barbaren mit der Berechtigung, sie zu versklaven. Zwar bezweifelten schon Sophisten die Gültigkeit der Dichotomie Griechen-Barbaren, aber in seiner Polemik gegen sie bekräftigten Plato und Aristoteles das Dogma von der Inferiorität der Barbaren als geborene Sklaven. Das Alexanderreich und der Hellenismus schwächten in der Begegnung unterschiedlicher Völker und Kulturen die quasi-rassistische Konsequenz des griechischen Kulturhochmuts allmählich ab: Grieche konnte werden, wer griechische Kultur aufnahm. Aber die Autorität des Aristoteles sorgte für die Tradierung des klassischen Vorurteils.

Das antike Rom als griechisch-hellenistische Variante der mediterranen Zivilisation trat auch in diesem Punkt in die hellenistische Tradition ein: Mit der Eroberung des hellenistischen Ostens übernahm es eine kosmopolitische und komplexe Hochkultur, rezipierte sie selbst und dehnte sie durch militärische Eroberungen nach Westen und Norden bis tief in die barbarische Peripherie aus. Auf seinem Höhepunkt umfaßte das Römische Reich ungefähr zur Hälfte ehemals barbarische Gebiete, die rasch die römisch-lateinische Variante der von nun an westlich-mediterranen Zivilisation repräsentierten, zumindest in ihren Mittel- und Oberschichten. »Barbaren« erwiesen sich als lern- und zivilisationsfähig in einem Ausmaß, wie es sich die klassischen Griechen nie hätten träumen lassen. So zeichnete sich die römische Reichsgesellschaft durch erstaunliche horizontale und vertikale Mobilität aus, auf ihrem

Höhepunkt auch durch Vermischung der Völker, »Rassen« und Schichten, die spätere Rassisten stets als abschreckendes Beispiel und als Hauptgrund für Roms Untergang anprangerten.[7]

Rund 3000 Jahre repräsentierte das alte kaiserliche China die fernöstlich-imperiale Variante griechischen Kulturhochmuts.[8] Zumindest seit der Gründung des Kaiserreiches China durch die Chin-Dynastie (221 – 207 v. Chr.) sah die offizielle Reichs- und Kulturideologie China als das vielzitierte »Reich der Mitte« (mit demselben Schriftzeichen für »zong«, d. h. »Mitte«, im offiziellen Namen der Volksrepublik China) und als einziges legitimes Kultur- und Machtzentrum der Welt: Alle Fremden waren »Barbaren«, unterteilt in Nord-, West-, Ost- und Südbarbaren. Allenfalls unterschieden sie sich im sozioökonomischen und kulturellen Niveau – »wilde« Ureinwohner »austronesischer« Abstammung; meist nur primitiven Ackerbau betreibende Stämme und Völker im Süden, Nomaden im Norden; Angehörige anderer Hochkulturen, von Indien bis Westeuropa (»Langnasen«), die aber stets »Barbaren« blieben. Eine relative Ausnahme bildete Indien, dessen Kulturhöhe das alte China meist anerkannte.

In der auf China zentrierten Weltordnung waren eigentlich alle »Barbaren« dem Kaiser von China untertan; sie mußten zumindest seine Oberherrschaft (Suzeränität) anerkennen, symbolisiert durch Gesandtschaften und Tribute. Für das alte China gab es im eigenen imperialen Einzugsbereich nur Unterwerfung der »Barbaren«, die entweder vor der chinesischen Expansion auswichen (z. B. Viets, Thais) oder als Minderheiten- und Rückzugsvölker mit mehr oder minder starker Assimilierung an die überlegene chinesische Zivilisation überlebten. Den »Barbaren« jenseits chinesischer Machtausübung blieb (von Indien abgesehen) nur Ignoranz und Verachtung, auch als sich die »Westbarbaren« später als materiell überlegen erwiesen. Allerdings war der chinesische Zivilisationsbegriff nicht starr, sondern ähnlich dynamisch wie die hellenistische und römische Praxis: »Hua« (»Zivilisation«) bedeutete »Wandlung«, eben »Wandlung« vom Status des »Wilden« oder »Barbaren« zum »Zivilisierten«.[9]

Das Ergebnis war in beiden Fällen ein quasi-rassistischer Überlegenheitskomplex über 2000 Jahre hinweg. Im griechischen Fall überbrückt der Anspruch der modernen Griechen gegen die zumindest indirekt verachteten Südslawen, direkte Nachfahren der klassischen Griechen zu sein, über 2000 Jahre die Existenz Griechenlands als Machtvakuum. Ihr Quasi-Rassismus drückt sich in der vehementen Ablehnung der These aus, daß sich im frühen Mittelalter Südslawen mit dem »überlegenen Blut« der einst klassischen Griechen gemischt hätten.[10] Im chinesischen Beispiel ist der traditionelle kulturelle Überlegenheitskomplex durch das Zurückbleiben des neuzeitlichen China in der modernen industriellen Zivilisation gebrochen. Aber der Stolz auf Jahrhunderte hoher Kulturleistung und permanenter Zivilisationskontinuität zeigt sich immer wieder gegenüber ignoranten Fremden.

Eine japanische Variante findet sich im fernöstlichen Inselreich, das zudem noch aus eigener Kraft die industrielle Zivilisation rezipiert und selber zu eigenen Höchstleistungen weiterentwickelt hat. Japanischer Quasi-Rassismus gegenüber den eigenen Ureinwohnern, den Ainus[11] und den Eta, ist ebenso chronisch wie ungern zugegeben. Und jüngstens hat der Stolz auf die japanische Führungsposition in Sachen »Hightech« geradezu eine japanische Variante des chinesischen Kulturhochmuts hervorgebracht, die dem euramerikanischen Rassismus auf der Basis von Industrialisierung und Imperialismus überraschend nahe kommt.[12]

Der apokalyptisch-chiliastische Dualismus

Faszinieren immer wieder die Anfänge der Menschheit und ihre Aufteilung in »Rassen«, so nicht minder die Vorstellungen vom Ende der Menschheit. Die ältesten Überlieferungen solcher Ideen, religiös überhöht, finden sich bei Zarathustra (ca. 560 v. Chr.), haben jedoch Ausstrahlungen bis hin zum Rassismus. Zu den elementaren universalhistorischen Voraussetzungen des modernen Rassismus gehört daher der apokalyptisch-chiliastische Dualismus mit seinem polarisierenden Freund-Feind-Denken. Säkularisierte moderne Fortsetzungen mit je einem extremen »rechten« und »linken« Flügel sind Faschismus bzw. Nationalsozialismus und Kommunismus mit eigenen Positionen in der Rassismusproblematik, besonders zum Antisemitismus. Gelegentlich gilt der nationalsozialistische Antisemitismus als manichäischer Rassismus[13], und historisch steht er durchaus in der Tradition der Flagellantenmorde an den Juden während der Großen Pest 1348/49. Daher wird die Kenntnis des historischen Dualismus unentbehrlich, um seine späteren Manifestationen besser zu verstehen, vor allem im »rechten« Flügel seiner säkularisierten Variante: Der deutsche NS-Antisemitismus bzw. Rassismus exekutierte mit dem »Tausendjährigen Reich« im Zweiten Weltkrieg die »Endlösung der Judenfrage« durch den »Holocaust« in der Wahnvorstellung vom (angeblich) »guten« Kampf gegen das »Böse« der »jüdisch-bolschewistischen Weltverschwörung«.

Historisch faßbare Anfänge nahm der Dualismus bei Zarathustra, dem ersten Religionsstifter. Seine Lehre vom ständigen Kampf zwischen Licht und Finsternis, Gut und Böse, Ahura Masda und Ahriman, gewann eine latent rassistische Qualität durch »nationale« Zuordnungen dieses Welt-Gegensatzes: »Iran« (Gut) war die eigene, »Turan« (Böse) die drohende Welt der turanischen Nomaden aus der Steppe, der absolute Feind. Zarathustras religiös und kulturell begründeter Dualismus war zugleich Xenophobie und Ausdruck der Spannungen aus sozioökonomischen Entwicklungsdifferenzen. Ebenfalls aus dem Zoroastrismus kam die Vorstellung von »Satan« (aus dem Persischen), von Engeln und Dämonen, die gefallene Engel waren, von Hölle und Jüngstem Gericht, dem der Endkampf zwischen Ahura Masda und Ahriman vorausginge. Später rezipierten die Juden diese Elemente und integrierten sie in ihren eigenen Monotheismus.[14]

Vom Judentum, das sich selbst als »gemäßigten Dualismus« versteht[15], übernahmen Christentum und Islam den Dualismus, von jüdischen Sekten mit der Offenbarung des Johannes (Apokalypse) den apokalyptischen Dualismus: Jesus, der Messias (der Gesalbte; griech.: Christos) werde in einer Endkrise als Christos wiederkehren, um den Antichristen im Endkampf (»Armageddon«) zu besiegen. Das »Neue Jerusalem«, ein Neuer Himmel, eine Neue Erde und ein Neuer Mensch (Neuer Adam) brächten das »Tausendjährige Reich« des Friedens und der Harmonie: so erklärt sich der Begriff »chiliastisch« (von griech. »chilioi«, Tausend) für solche Gedankengänge. Das frühe Christentum verstärkte den Dualismus auf seinem von der griechischen Gnostik geprägten mystischen Flügel, der sich immer wieder in christlichen Sekten ausbreitete, zunächst in der byzantinischen, später auch in der römischen Christenheit. Das »Tausendjährige Reich« – inoffizielle, aber weitverbreitete Bezeichnung für das »Dritte Reich« des deutschen Nationalsozialismus – ist eine Säkularisierung des Chiliasmus nach rechts.

Im Sassanidenreich (224–651) stieg der Zoroastrismus zur persischen Staatsreligion auf, hatte sich aber zweier konkurrierender

Unterströmungen mit Sektencharakter zu erwehren, des synkretistischen Manichäismus seit 243 und der Mazdakiten zwischen ca. 494 und 524. Der Manichäismus faßte Elemente verschiedener Religionen zusammen (Zoroastrismus, Buddhismus, Christentum) und betonte besonders den Dualismus. Zeitweilig wuchs der Manichäismus zur ernsthaften Konkurrenz für die junge christliche Kirche heran, sah sich aber, nach Verbot und Verfolgung im Römischen Reich ab 297, in den Untergrund gedrängt, wo er als Unterströmung christliche Sekten nachhaltig beeinflußte.

Der Mazdakitismus war innerhalb des Zoroastrismus eine gegen den persischen Adel gerichtete Sekte mit sozialrevolutionär-egalitärem Einschlag. Nach seiner blutigen Unterdrückung im Jahre 524 hielt er sich ebenfalls nur noch als Unterströmung, verband sich aber später mit der persischen Schia, der kleineren Hauptströmung des Islam. Mazdakitische Traditionen erklären einen Gutteil der Radikalität der persischen Schia. In ihr sind altpersische Traditionen des Dualismus und apokalyptischen Denkens besonders stark ausgeprägt, bis zum heutigen Tag. Der sunnitische Islam variierte die vom Judentum übernommene Idee des Messias zum Madhi, die Schia zum (verborgenen) Imam, der erst am Ende der Tage aus seiner Verborgenheit hervortreten werde.

Über griechische Gnosis, Manichäismus und die radikalen Sekten der byzantinischen Kirche, Paulikaner (ca. 660–878), Boghumilen (ca. 930) und »Katharoi« (die Reinen), kamen solche Ideen der »Katharer« nach 1000 in den lateinischen Westen und bildeten die Grundlage für die mittelalterlichen bis frühneuzeitlichen Ketzerbewegungen.[16] Sie waren dualistisch (Gegensatz Gut-Böse), apokalyptisch (sie agierten im Blick auf die erwartete Endzeitkatastrophe) und waren daher auf die Endzeit (Eschatologie) eingestellt. Sie erhofften nach dem Jüngsten Gericht, ein »neues Jerusalem« im Tausendjährigen Reich Christi (chiliastisch).

Als säkularisierte moderne Varianten des apokalpytischen Dualismus münden Marxismus bzw. Kommunismus und Faschismus bzw. Nationalsozialismus in ihrem Denken – ganz unterschiedlich – ebenfalls auf ein katastrophales Ende der bisherigen Geschichte: Der »linke« Flügel des säkularisierten Dualismus proklamierte den Primat der Klasse, der im Kommunismus zur klassenlosen Gesellschaft aufgehoben würde, der »rechte« Flügel den Primat der »Rasse« in der Weltgeschichte. Beide Vorstellungen enden in einem großen Konflikt katastrophalen Ausmaßes.

Ihre ideologische Feindschaft erzeugt jene Polarisierung, von der Hannah Arendt 1944 sprach.[17] Der »linke« säkularisierte Dualismus sieht das Heil der Menschheit erst nach einem »letzten Gefecht« (jüdisch-christlich: Armageddon) zwischen den Kräften des Lichts und der Finsternis, im »sozialistischen Zukunftsstaat« mit einem »neuen Menschen« in quasi-paradiesischer Harmonie des Kommunismus. Der »rechte« säkularisierte Dualismus fürchtet seit Gobineau den »Rassentod« als Folge von Rassenvermischungen, dem nur präventiv durch Bekämpfung, gar Eliminierung »minderwertiger Rassen« zu begegnen sei. Im säkularisierten Messianismus und Chiliasmus des Kommunismus prallten kommunistische Endzeiterwartungen mit der zionistischen Lösung der »jüdischen Frage« aufeinander und begründeten, zusätzlich zum gemein-slawischen, die spezifische Variante des sowjetkommunistischen Antisemitismus. Er wurde nach außen ideologisch stets geleugnet, nach innen aber real praktiziert, zumindest unter Lenin und Stalin.

Andererseits tendierte die extrem fundamentalistische Orthodoxie innerhalb der Judenheit durch wörtliche und buchstabengetreue Auslegung und Anwendung des Alten Testaments zur Xenophobie: Zeloten im Kampf gegen Rom (66 – 70 n. Chr.), neuerdings im modernen Israel primär gegen Araber, in zweiter Linie auch gegen säkularisierte und nichtpraktizierende oder liberale Juden innerhalb Israels gewendet. Der extreme jüdisch-zionistische Fundamentalismus als jüdische Variante des apokalyptisch-chiliastischen Dualismus gilt in Israel bei gemäßigten Israelis und liberalen Juden außerhalb Israels neuerdings als rassistisch bzw. faschistisch.

2. Jüdische Existenz I: Die Entwicklung der Juden vom Nomaden- zum Stadtvolk

Das Verständnis der antisemitischen Komponente im Rassismus erfordert eine Skizzierung der jüdischen Geschichte, symbolisch abgekürzt von Abraham bis Auschwitz:[18] Judentum als Religion ist u. a. geronnene Geschichte, Juden leben subjektiv stets aus ihrer Vergangenheit. Auch objektiv setzte das biblische Judentum Daten, die bis heute weiterwirken. Auszugehen ist von der uralten Streitfrage: Wer ist Jude?[19] Sind Juden Religion, Volk oder gar

»Rasse«? Dieser Streit tobt heute unvermindert zwischen Juden inner- wie außerhalb Israels. In unserem Zusammenhang mag die ebenso provisorische wie salomonische Antwort genügen: Juden sind beides – Religion (Judentum) und Volk (Judenheit), aber keine »Rasse«.

Bisher schwankten die Juden besonders extrem zwischen staatlich-politischer Eigenständigkeit und Fremdherrschaft, gar Fragmentierung. Sie kannten eine freiwillige, ökonomisch bedingte Ausdehnung jenseits ihres »nationalen« Kerns in Palästina bzw. Israel (Diaspora) sowie ein erzwungenes Exil (»Galuth«). Sie hatten in mächtigen Staaten eine starke Stellung und erlitten vielfache Verfolgung, bis hin zum Holocaust. Die jüdische Existenz umreißt eine einzigartig extreme Spanne unterschiedlicher Aggregatzustände – den Anspruch auf religiöse Sonderstellung (»ausgewähltes Volk«), die vom Gesetz festgelegte strenge Absonderung von der ungläubigen Welt, die Diskriminierung und Verfolgung durch eben diese Welt. Hinzu kommen interne Spannungen: die Bewahrung jüdischer Eigenart um fast jeden Preis durch die gesetzestreue fundamentalistische Orthodoxie einerseits, die Anpassung an die dominierende Umwelt, durch die Liberalisierung und Säkularisierung des Judentums die Assimilation und den (freiwilligen oder erzwungenen) Glaubenswechsel andererseits. In vielfältigen Konflikten formierten sich als unterschiedlich wahrgenommene, bewahrte und interpretierte historische Erinnerung seit der Antike Vorurteile, Klischees, Ressentiments und Verdächtigungen gegen die Juden, die schließlich im rassistischen Antisemitismus gipfelten. Um so wichtiger wird eine möglichst vorurteilsfreie Kenntnis altjüdischer Geschichte. Den Schlüssel zu ihrer Objektivierung bietet eine moderne sozialgeschichtliche Interpretation altjüdischer Überlieferungen.

Konstituierung und Formierung:
Patriarchen und Hebräer bis 1100 v. Chr.

Die Anfänge des jüdischen Volkes verlieren sich im Dunkel altorientalischer Geschichte zwischen den beiden Hauptzentren Mesopotamien und Ägypten. Das Alte Testament, vor allem die fünf Bücher Moses (Pentateuch), war lange Zeit die einzige Quelle zu ihrer Rekonstruierung. Heute werden sie ergänzt durch Ausgrabungen und altorientalische Schriftzeugnisse. Trotz tendenziöser

Verzeichnungen, Irrtümern, Anachronismen und Widersprüchen, die sich aus der Zusammenfassung und redaktionellen Überarbeitung verschiedener, über Jahrhunderte mündlich überlieferter Traditionen des Alten Testaments (Jahwist, Elohist) einschlichen, enthalten die Erzählungen mit oft sagenhaftem Charakter einen historischen Kern, der sich aber nur schwer rekonstruieren oder interpretieren läßt.[20] Insbesondere eine exakte Datierung der frühen Geschichte ist unmöglich.

Eine besondere Schwierigkeit liegt in der mehrere Jahrhunderte umfassenden Zeitspanne zwischen mündlich überlieferten Erinnerungen und ihrer schriftlichen Fixierung. Mindestens so wichtig wie die tatsächlichen, objektiven Ereignisse, die sich in der Bibel nur gebrochen, stilisiert und daher vermutlich verzerrt widerspiegeln, wurde später die subjektive Sicht von der Vergangenheit für alle, denen die Bibel wörtliche Offenbarung Gottes ist. Über Jahrtausende hinweg gewann die legendäre Stilisierung durch ihre religiöse Überhöhung als Heilsgeschichte ein Eigengewicht, da sie zum Glaubensartikel geworden war. Für den Neuzeithistoriker ergibt sich eine zusätzliche Schwierigkeit aus der Diskrepanz zwischen moderner nichtjüdischer und jüdischer Forschung: Die jüngste deutsche protestantische Forschung zum Alten Testament, repräsentiert durch die Schule von Alt und Noth, tendiert dazu, die Historizität der biblischen Erzählungen als nachträgliche literarische und geistlich-ideologische Stilisierung aufzulösen. Dagegen neigt die neuere jüdische Geschichtsschreibung stärker dazu, die Bibel als Quelle für einen realhistorischen Prozeß zu verwerten, bis hin zum fundamentalistischen Glauben an die buchstäbliche Geschichtlichkeit der biblischen Überlieferung als von Gott offenbarte Wahrheit. Eine mittlere Position wird in einem Sammelband israelischer Historiker der Hebräischen Universität in Jerusalem vertreten, dem sich die folgende Skizze weitgehend anschließt.[21]

Auch wenn die moderne Forschung heute die Frühgeschichte Israels – Erzväter, Aufenthalt in Ägypten samt Exodus, Landnahme – als drei getrennte Traditionskomplexe behandelt, die erst die schriftliche Fixierung und literarische Gestaltung der älteren Überlieferungen miteinander verband, wirkten sie seitdem als Reflex einer für wahr gehaltenen Vergangenheit mit einer eigenen Bedeutung – positiv für Juden, negativ für ihre Feinde. Allen methodischen Bedenken und Vorbehalten zum Trotz kristallisiert sich dennoch ein ungefähres Bild der denkbaren historischen Entwicklung in groben Zügen heraus, in dem sich allerdings die Ebenen der realhistorischen objektiven Vorgänge und ihrer subjektiven Überlieferung nur schwer auseinanderhalten lassen.

Demnach waren die Erzväter (Patriarchen) Abraham, Isaak und Jakob (Israel) für den Vorderen Orient typische semitische Halbnomaden, mit Kleinvieh (Schafen, Eseln) und Sklaven. Sie wanderten als »Fremdlinge« (»gerim«) zwischen Kanaan und Ägypten, in günstigen Zeiten bevorzugt in der Nähe kanaanäischer Städte, praktizierten strikte Endogamie, wie sie bei in der Isolierung lebenden Beduinen üblich ist. Am Eingang der jüdischen Vorgeschichte steht das wiederholte Gebot, »daß du... kein Weib nehmest von den Töchtern der Kanaaniter« (1. Mose 24,3; ähnlich 28,1). Abstammung und Genealogie hatten im Leben von Beduinen stets einen zentralen Platz, so auch im Alten Testament, und waren durch göttliche Gebote und Verbote religiös sanktioniert und fest verankert.

Abrahams Gott, der in immer neuen Wendungen »Abraham und seinem Samen« das Land Kanaan verhieß, war zunächst kaum mehr als ein Beduinen- oder Sippengott. Seine Verehrung mögen die Jakob-Söhne (Joseph und seine Brüder) in einer besonders schweren Dürre nach Ägypten gebracht haben, deren Nachfahren zu »chabiru« herabgesunken wären. Der Zusammenhang zwischen »Habiru« (»chabiru«) und Hebräer ist in der Forschung umstritten, aber plausibel. Im Alten Orient waren »chabiru« (»chapiru«) eine Unterschicht besonderer Art – gelöst aus allen festen Bindungen (seßhafter oder nomadisierender) Stammes- sowie Stadtgesellschaften.[22] Als Ausgestoßene und Gesetzlose bildeten sie eine Art altorientalisches Subproletariat, das wurzellos zwischen den großen Macht- und Kulturzentren hin- und herfluktuierte. Ihre Stellung reichte von Zwangsarbeitern und Sklaven über Vagabunden bis zu Räubern und Banditen. Auch im Neuen Reich standen sie auf der untersten Stufe der ägyptischen Gesellschaftspyramide, partizipierten jedoch am Wohlstand des damals – neben Mesopotamien – höchstentwickelten Kultur- und Machtzentrums. Gleichwohl rebellierten »chabiru« gegen ihren Status als Fron- und Zwangsarbeiter oder Sklaven. Unter Moses, mit ägyptischem Namen und unklarer Herkunft, erzwangen sie den Exodus aus Ägypten.

Zwischen Exodus und erfolgreicher Landnahme in Kanaan ordneten sich die Stammeslosen den (angeblichen oder wirklichen) Nachfahren der zwölf Jakobsöhne zu, den »Kindern« (»benei«, d. h. »Söhnen«) Israels, und bildeten das neue Volk der Hebräer, untergliedert in zwölf Stämme. Nach ihrem langen Aufenthalt in Ägypten waren sie nicht einfach rohe Barbaren, sondern kannten bereits ein Minimum elementarer Akkulturation und Techniken, z. B. gesäuertes Brot, damals eine der jüngsten Errungenschaften der Zivilisation.

Die Landnahme der Hebräer setzte sich offenbar in einem Sickerprozeß in mehreren Wellen allmählich durch, der die beiden älteren Erklärungsmodelle – militärische Eroberung als »national« geschlossener Vorgang oder allmähliches Einsickern – plausibel kombinieren könnte. Selbst ein jüngstes soziologisches Modell brauchte nicht unbedingt im Widerspruch damit zu stehen – der soziale Konflikt zwischen den Oberschichten und Unterschichten in den kanaanäischen Städten.[23] Hinzugekommen wären danach auf seiten der städtischen Unterschichten die Landbevölkerung des Umlandes, ferner nomadische Elemente, z. B. »chabiru«/Hebräer, die ihrerseits eine deklassierte Unterschicht waren. Mit der verzweifelten Energie der Deklassierten hätten diese quasinomadischen Elemente, die »Mosesschar« (Donner), möglicherweise den Ausschlag gegeben und ihr Geschichtsbild der neuen Gesellschaft auferlegt, erst später schriftlich fixiert und literarisch stilisiert im biblischen Bericht von der Landnahme.

Der Bibel zufolge war die Eroberung des Ostjordanlands und Kanaans von Massakern an den Bewohnern begleitet: Sie wurden »gebannt«, d. h. »ausgerottet« oder »vertilgt« (2. Mose 23,23; 4. Mose 21, 2–3, 35; 31, 7–18; 5. Mose 3,6), wie es sicher damals allgemeine Praxis war und nur schon so früh in der Bibel schriftlich festgehalten wurde. Man braucht diese Stellen nicht wörtlich für die historische Realität zu halten, denn wie bei allen Massakern gab es auch damals Überlebende, und die Israeliten mußten sich noch lange mit den Kanaanäern auseinandersetzen. Aber offensichtlich bezeichnen sie den wünschenswerten Idealzustand zumindest für die späteren Redaktoren der Berichte: Das 4. und 5. Buch Mose enthalten mehrfach Aufforderung zur Ausrottung ganzer Völker auf Gottes Befehl (4. Mose 33, 50–58; 5. Mose 3,6; 7, 2, 16, 22, 24; 25,19). Das Buch Josua zählt die Völker Kanaans auf, die Moses' Nachfolger Josua ausgerottet habe (Josua 11;12). Verschont blieben die Gibeoniten, die sich nur mit einer List

Bündnis und Rettung erkauften, aber um den Preis, fortan Sklaven der Israeliten (»Holzhauer und Wasserträger«) zu sein (Josua 9). Am Ende seines Lebens bezeichnete Josua die Gebiete, die noch zu erobern waren.

Wie auch immer: Zunächst setzten sich die späteren Sieger in den bergigen, dünnbesiedelten Gebieten oberhalb und zwischen den Städten durch. Ihre anfängliche numerische und technische Unterlegenheit glichen sie durch mehrere Faktoren aus – die sorgfältige Erkundung der politischen und militärischen Lage; das Gegeneinanderausspielen der einzelnen Stadtstaaten; eine unkonventionelle Kriegsführung, z. B. Angriffe bei Morgengrauen; Kriegslisten.[24] Hinzukam das stolze Bewußtsein moralischer Überlegenheit, daß ihr Gott für sie streite: Ein Hebräer sei 20 oder gar 100 Feinden überlegen (3. Mose 26,8), zuletzt sogar 1000 (Josua 23,10).

Auch die religiöse Sonderstellung der Juden erklärt sich aus ihrer frühen Volkwerdung: Der ursprünglich namenlose Sippen- und Stammesgott Abrahams entwickelte sich seit dem Exodus zum unsichtbaren Gott Moses und des Sinai (»Ich bin, der ich bin«). Die Hebräer gründeten ihre neue Religion, zumindest in der nachträglichen Stilisierung der Bibel-Redaktoren, auf einen Vertrag (»Bund«) mit Jahwe (JHWH): Er gab ihnen durch Mose Gesetze, die sie einzuhalten hatten, verhieß ihnen aber auch Kanaan und das Ostjordanland zur freien Verfügung. Sozialgeschichtlich ist das das eigentliche Wunder: Aus den deklassierten »chabiru« wurde das erobernde Volk der Hebräer, denen ihr Gott Land und Leute an die Hand gab (5. Mose 6,10–11; Josua 24,13). Die Voraussetzung dafür wäre das gewesen, was die Bibel als mosaische Gesetzgebung zusammenfaßte. Das Gesetz Mose hätte die heterogenen ex-»chabiru« zum neuen Volk der Hebräer verschmolzen und von der heidnischen Umwelt klar abgegrenzt – durch Religion, ein System komplexer Rituale und Lebensvorschriften, die teilweise ägyptische Gebräuche (Beschneidung, Reinheitsvorschriften, dort vor allem für Priester, jetzt aber übertragen auf das neue »Volk Gottes«; Geringschätzung des Schweins) übernahmen, wie der Herodot-Bericht nahelegt. Hinzu kam das Gebot der Endogamie.

Wie andere Eroberer behielten die Hebräer nach der Landnahme zunächst ihre lockere Struktur von zwölf Stämmen bei, zusammengehalten im Kriegsfall durch einen neu zu wählenden militärischen Führer (»Richter«). In der Richterzeit mußten sie sich gegen vielfältigen Expansions- und Assimilationsdruck der seßhaften Kanaanäer wie Nomadenstämme des Ostjordanlandes wehren. Die Entwicklung verlief nicht gradlinig und wurde im Buch der Richter zu einem sich zyklisch wiederholenden Prozeß stilisiert – »Rückfall des Volkes« (oder einiger Stämme) »in den Götzendienst«, also Synkretismus; »Unterwerfung und Unterdrückung durch Fremdvölker«, »Bitte um göttlichen Beistand«, »Erlösung durch einen Retter«; eine lange Friedensperiode.[25]

Zur Abwehr der Philister, die seit dem Seevölkersturm (ca. 1200 v. Chr.) mit zunächst technologischer und militärischer Überlegenheit (Eisenwaffen; Goliath) in die südliche Küstenebene Kanaans eingedrungen waren, gingen die Israeliten, wie sie offenbar allmählich hießen, zur strafferen Struktur des zentralen Königtums über. Äußerlich war dies ein Stück Anpassung an die Umwelt, denn die Israeliten wollten einen König »wie die anderen Völker auch«, erst unter Saul (ca. 1020–1004), dann unter David und Salomon (ca. 1004–928). Durch die Eroberung Jerusalems (ca. 1000) erhielt Israel seine historische Hauptstadt, durch die Verlegung der Bundeslade nach Jerusalem und ihre stationäre Aufbewahrung im von David geplanten, aber erst von Salomon erbauten Tempel (ca. 953 v. Chr.) sein festes, später einziges religiöses Zentrum: Die Wanderzeit war endgültig beendet. Im Übergang zur Seßhaftigkeit wurden die Israeliten ein Bauernvolk wie viele andere auch.

Im Machtvakuum seit dem Seevölkersturm durch die gleichzeitige Schwäche dreier traditioneller Großmächte (Ägypten, Assur, Babylon) und den Untergang einer vierten (Hethiterreich) expandierte das Davidreich über seine »nationalen« Grenzen hinaus, durch Unterwerfung der Philister, Edomiter und Moabiter östlich des Jordans und der Aramäer um Damaskus. David stützte sich auf das Bündnis mit dem reichen Tyros, das aber auch phönizischen Einflüssen das Tor öffnete. Salomons Tempel (ca. 953 v. Chr.) reflektiert die Kombination sich überkreuzender Kulturströmungen – von phönizischen Bauleuten erbaut, entstand er, der geographischen Lage Jerusalems gemäß, in einem ägyptisch-mesopotamischen Mischstil. Nach Salomons Tod ca. 928 zerbrach das Davidsche Großreich an internen Spannungen, die sich als Reaktion gegen die mit der Zentralisierung verbundenen unvermeidlichen Kosten – Steuern, u. a. für prächtige Hofhaltung, stehendes Heer, darunter ausländische Söldner (»Krethi und Plethi« = Philister) – erklären, sowie an Aufständen vor allem der unterworfenen Aramäer. Das Königreich zerfiel in zwei Staaten, Israel im Norden mit zehn Stämmen und der Hauptstadt Samaria (bis 722 v. Chr.) sowie Juda mit Jerusalem, und nur zwei Stämmen, Benjamin und dem fortan namengebenden Juda. Die beiden miteinander rivalisierenden Königreiche gingen unter, nachdem sich die traditionellen Machtzentren vom Seevölkersturm erholt hatten. Einzeln wurden Israel 722 und Juda 586 zwischen Ägypten und den sich ablösenden mesopotamischen Großmächten Assyrien bzw. Babylon zerrieben.

Zuvor schlug jedoch der Prophet Elias ein durchgängiges Motiv der jüdischen Geschichte an: die Reaktion gegen religiöse und soziale Überfremdung durch Einflüsse von außen, Wiederherstellung der Reinheit von Religion und Gesellschaft durch kompromißlose Härte, bis zu (wechselseitigen) Massakern der Priester des phönizischen Baalskults bzw. der mosaischen Religion. Der politische Preis war hoch: Nach dem Sturz der Omri-Dynastie durch Elisa (841 v. Chr.) unterstellte sich Israel als Vasallenstaat dem expandierenden Assyrien und leitete den Verlust seiner politischen Unabhängigkeit ein. Generell wachten die sog. klassischen Propheten – charismatische religiöse Führer aus dem Volk, also nicht aus der Priesteraristokratie stammend – über die Reinhaltung von Religion und Volk gegenüber den mächtigen phönizischen Einflüssen. Immer wieder stritten sie gegen die drohende Assimilation, gegen Mischehen und Vermischung der Religionen.

Der Eroberung Israels durch die Assyrer folgte die Massendeportation der zehn nördlichen Stämme. An die Stelle der »verlorenen Stämme Israels« trat eine Mischbevölkerung aus Resten der »zehn Stämme« und durch Deportation eingesiedelter Völker aus dem Assyrerreich. So reduzierte sich das »heilige Volk« zunächst auf die beiden Südstämme Juda und Benjamin mit Jerusalem. Juda wurde seinerseits 597 und 586 von Babylon unterworfen, seine Ober- und Mittelschicht, die berühmten »Oberen Zehntausend«, in die Babylonische Gefangenschaft deportiert.

Die Babylonische Gefangenschaft zwischen 586 und 538, die Rückkehr der Exulanten nach Jerusalem seit 538, der Neubau des Tempels ca. 515 und die Reformen unter Esra und Nehemia (nach 445) kamen in ihrer Gesamtwirkung einer faktischen Neugründung des Judentums gleich, noch immer auf der Grundlage der seit 622 erstmalig bewußt erneuerten oder monotheistisch stilisierten mosaischen Tradition, die erst jetzt zum realen Monotheismus führte. Die babylonische Gefangenschaft war weniger brutal gewesen als die assyrische Massendeportation. Die Juden lebten in Babylonien zusammen und konnten sogar ökonomisch aufsteigen, so daß ihre reichgewordene Oberschicht später in Babylonien blieb und die erste ökonomische Diaspora der Juden bildete. Seit dem Untergang des eigenen Staates richtete sich der Blick der Juden nach innen. Ihre Hoffnung auf Rückkehr in die Heimat gab ihnen Kraft zur Bewahrung ihrer Identität im Exil.

Nach der Eroberung Babylons im Jahre 539 v. Chr. und Palästinas 538 v. Chr. durch die Perser verlieh Kyros mit seinem Toleranzedikt den Juden Religionsautonomie, die auch spätere Eroberer respektierten – Alexander, Ptolemäer, Seleukiden und Römer. Zugleich öffnete Kyros den Juden die Rückkehr nach Jerusalem ab 538. Dort trafen die Heimkehrer auf die im Lande gebliebene alte jüdische Unterschicht, die sich inzwischen, ohne priesterliche Führung, mit nichtjüdischen Restbewohnern und der von den Babyloniern eingesiedelten Bevölkerung synkretistisch und mit Zwischenheiraten arrangiert hatte, aber weiterhin die Zugehörigkeit zum Judentum reklamierte.

Gegen die jüdische »Landbevölkerung« verstanden sich die aus Babylonien Repatriierten als alt-neue Elite, als erwählter Rest. Sie waren jetzt »der heilige Same« (Esra 9,2), das wahre Volk Gottes, während die zurückgebliebene, teilassimilierte, ohnehin geistig und materiell ärmere »Landbevölkerung« nicht die reinigende und erhebende Erfahrung im Exil mitgemacht hatte. Gestützt auf ihre in Babylonien erhöhte intellektuelle Überlegenheit, die politische Autorität des persischen Großkönigs und das Geld der babylonischen Diaspora, setzten die Exulanten ihre Neudefinition des Judentums durch: Der Wiederaufbau des Tempels, gegen den Widerstand der »Landbevölkerung«, um 515 und der Jerusalemer Stadtmauer schufen den äußeren Rahmen. Die Reformen Esras und Nehemias, in zwei Anläufen (ca. 450 v. Chr.), füllten ihn inhaltlich aus.

Esra und Nehemia wiederholten scheinbar nur Moses' Gesetze durch das 5. Buch Mose (Deuteronomium = das »zum zweiten Mal erlassene Gesetz«). In Wirklichkeit präzisierten und sanktionierten die Reformer die ältere, teilweise vernachlässigte mosaische Ordnung, indem sie das Deuteronomium zur eigentlichen Thora (Gesetz) erhoben, es öffentlich heiligten, während die übrigen vier Bücher Mose, redaktionell überarbeitet, erst später auch als Thora galten. In einem Punkt zumindest verschärften sie durch rigorose Anwendung der erneuerten Gesetze die frühere Ordnung: Mit aller Härte schlossen sie die altjüdische »Landbevölkerung« vom erneuerten Bund aus. Ihm durfte nur angehören, wer die Abstammung von Rückwanderer-Familien aus Babylon nachweisen konnte (Nehemia 7,4–73; 11,1–2).[26]

Wieder wurde Genealogie wichtiges Kriterium für Mitgliedschaft der »In-Group«. Nach dem wiederbelebten Gesetz strikter Endogamie war der nächste Schritt logisch: Wer vom neudefinierten Volk Israel zuvor nichtjüdische Frauen geheiratet hatte, mußte sie verstoßen, mitsamt ihren Kindern (Esra 10; Nehemia 9,2), auch Priester und Leviten. Es folgten die Vertreibung aller »Fremdlinge von Israel«, seine Reinigung »von allen Ausländischen« (Nehemia 13, 3, 30). Erst jetzt war die auf präziserer, aber verengter ethnischer Grundlage erneuerte Judenheit wieder »rein«. Die abgewiesene »Landbevölkerung«, mit Resten der seit dem Untergang Israels von 722 in Samaria gebliebenen Bevölkerung mosaischen Glaubens, schloß sich allmählich zur Glaubensgemeinschaft der Samaritaner zusammen und beanspruchte, die ältere, damit die wahrere Form des Judentums zu repräsentieren. Ihre verachtete Stellung spiegelt sich in Jesu Gleichnis vom barmherzigen Samariter wider.

Endogamie, Ethnozentrik und Absonderung von der Umwelt, durchbrochen vom Gebot individueller Gastfreundschaft für den Fremden, führten zum strengen Ideal einer kastenähnlichen Trennung der Gemeinde Gottes nach außen von der als feindlich empfundenen Umwelt. Nach innen erhielt die jüdische Gesellschaft unterhalb der Priester- und Levitenaristokratie egalitäre, quasi-demokratische Züge: Sozialgesetze und die eingeschärfte Pflicht zu großzügigen Almosen sollten Armut verhindern und verpflichteten zur jüdischen Solidargemeinschaft. Das Studium der Heiligen Schrift eröffnete die Chance zum individuellen Aufstieg. Langfristig ließen sich beide Ideale nie strikt durchhalten: Es entstanden doch Einkommensunterschiede, und die jüdische Geschichte ist voll von Klagen der integralen Orthodoxie über das Eindringen der Welt.

Ein weiteres Problem warfen erstmals die Babylonische Gefangenschaft und die Neukonstituierung des Volkes Israel auf, das sich in zeitgemäßen Formen später immer wieder neu abwandelte: Die Eroberung Jerusalems durch Babylon hatte, wie alle großen Katastrophen der Judenheit, Fluchtbewegungen ausgelöst, die Juden in unterschiedliche Länder und Gesellschaften führten. Seitdem entwickelten sich Flüchtlinge, Exilierte und im Lande Verbliebene auseinander, sozial wie religiös. Kamen sie wieder zusammen, erhob sich sofort die Frage, wer von ihnen die wahre Gemeinde Gottes, der »heilige Same« sei. Da sich das Judentum als Religion in Orientierung auf das Absolute versteht, darf es eigentlich nur eine Variante geben.

Die Sonderstellung des Volkes Israel

Erst das Reformwerk Esras und Nehemias hatte die Sonderstellung der Juden in der Welt vollendet – bis heute. Schon mit der Volkwerdung als Hebräer grenzten sie sich von der Umgebung ab, indem sie sich für die heterogenen Elemente der ehemaligen »chabiru« und die ursprünglichen »Kinder Israels« eine ihre gesamte Existenz umspannende Verfassung und Lebensordnung gaben, die selbst intimste Details regelte (2.–4. Buch Mose), ergänzt und präzisiert durch das Deuteronomium. Erst recht nach der Eroberung Kanaans schlossen sie sich, wie anfangs noch die meisten Eroberer, von den Unterworfenen ab. Die Esra-Nehemia-Reformen beseitigten die über die Jahrhunderte hinweg eingedrungenen Verunreinigungen. Die Sonderstellung der Juden wurde eine zentrale historische Voraussetzung für die späteren Konflikte mit der heidnischen Umwelt, auch mit den späteren Sezessionen vom Judentum – Christentum und Islam.

Vieles von den Gesetzen Moses', präzisiert von Esra und Nehemia, ist in die Grundlagen unserer eigenen Existenz eingegangen. Andere Faktoren trennten die Hebräer bzw. Israeliten zumindest damals, die Juden teilweise noch heute, von ihrer Umgebung ab: der abstrakte Monotheismus mit dem absolutem Verbot, Gott auch nur zu benennen oder gar bildlich darzustellen; das Verbot des Menschenopfers, symbolisiert in der Geschichte von der Opferung Isaaks durch Abraham (1. Mose 22); das Verbot der Tempelprostitution, der sinnlich-orgiastischen Praktiken der Phönizier und Kanaaniter z. B. beim Baalskult; der Sabbat als Ruhetag; die Speise- und Hygienevorschriften, die eminent praktisch waren, erst recht im heißen Wüstenklima, u. a. das Verbot des Verzehrs von Schweinefleisch (Trichinen waren damals noch nicht bekannt), aber auch von Aas; die in Ägypten schon bekannte, vor allem bei Priestern verbreitete Beschneidung des Mannes als äußeres Symbol, war zugleich intimes Zeichen der Zugehörigkeit eines ganzen neuen Volkes zum Bund mit Gott. Das durchritualisierte Leben einer faktischen Theokratie, tunlichst abgeschieden von den übrigen Völkern der Welt, wurde kennzeichnend für die neue Religionsgemeinschaft.

Da sich die Hebräer als »heiliges Volk« (2. Mose 19,6) konstituierten, wurde die genaue Definition der Zugehörigkeit zu dem von Gott privilegierten und fortan über Kanaan herrschaftsberechtigten Volk unerläßlich (5. Mose 23,1–9). Nicht zur »Gemeinde Gottes« sollten gehören: unehelich Geborene (»Hurenkinder«, 23,3); »Ammoniter und Moabiter, auch nach dem zehnten Glied, sondern sie sollen nimmermehr hineinkommen« (23,4); stammesverwandte Edomiter könnten Aufnahme finden, aber erst nach der dritten Generation (23,9). Andererseits erinnert das Gebot, individuelle Fremde gastlich aufzunehmen, mit seiner Begründung daran, daß Erzväter wie Hebräer einst selbst »Fremdlinge« gewesen waren (5. Mose 10,18–19; 23,8). Um die Zeitenwende kam im griechischen Osten in Konkurrenz zum dominierenden Hellenismus und später zum jungen Christentum ein anderer Strang in der Frage des Übertritts zum Judentum hinzu (1. Könige 8,41; Jesaja 66,21), der eine aktive jüdische Mission ermöglichte.[27]

Das Gebot zur Endogamie wird mehrfach eingeschärft (2. Mose 23,32; 34,15–16; 5. Mose 7,2–3). Die Endogamie als Ideal, das Exogamie höchstens als beklagte Verirrung hinnahm, und der überwiegende Verzicht auf Bekehrung Andersgläubiger schlossen das so begünstigte Volk nach außen ab, hielten es überschaubar, klein und rein. Genealogie als Wissen über die eigene Abstammung diente der Abgrenzung nach außen, nach innen für die Nachfahren Aarons und Levis als quasi-aristokratische Führungsschicht der Priester und ihrer Gehilfen beim Gottesdienst. Die Reinhaltung der Religion war identisch mit der Reinhaltung des Volkes, das in Jahrtausenden meist strikter Endogamie, mit nur wenigen Phasen des Proselytenmachens, als biologische Vererbungsgemeinschaft mit einem restringierten Genpool einige äußerliche, untergeordnete Charakteristika entwickelte, ohne jedoch eine »Rasse« zu werden. Immerhin zeichnen sich mit Verweigerung des Konnubiums, des sozialen Kontaktes (z. B. der Tischgemeinschaft) und der Aufnahme Andersgläubiger die Umrisse einer ersten historisch überlieferten, schriftlich fixierten Sonderung ab. Sie gründete sich auf eine ethnisch-sozial und religiös postulierte Überlegenheit und war vergleichbar mit den sich zeitlich parallel formierenden obersten Kasten Indiens.

Das alles war nur die biblisch sanktionierte Theorie der Thora. In der Wirklichkeit ließ sich die gesetzlich vorgeschriebene Exklusivität und Reinheit der Religion wie des »jüdischen Blutes« nicht einhalten: Assimilation im fließenden Übergang vom »messianischen Ghetto« zur Welt, Zwischenheirat, Konkubinat, Sklaverei und zeitweise starkes Proselytentum durch Bekehrung zur jüdischen Religion erweiterten und modifizierten stets mehr oder minder stark den Genpool der jüdischen Gemeinschaft. Der Spannung zwischen Thora-Theorie und Welt-Realität entsprach das Schwanken zwischen Beharren auf der zumindest fiktiven gemeinsamen »blutsmäßigen« Abstammung vom Stammvater Abraham und der mehr oder minder bereitwilligen Aufnahme fremden »Bluts« durch eine Bekehrung zum Judentum und eine Aufnahme in die Gemeinschaft der Bedrängten und Verfolgten. Auf jeden Fall wurde so die Idee einer angeblich eigenständigen »jüdischen Rasse«, ob positiv oder negativ gemeint, vollends zum »Mythos«.[28]

Die geradezu atemberaubende Rationalität im Vorgang der Volks-, Religions- und Staatsgründung der Hebräer macht die überragende Stellung der Schrift und Schriftlichkeit für die Juden deutlich: Die schriftliche Fixierung des jahrhundertelang nur mündlich überlieferten Wortes kommt natürlich in vielen anderen Kulturen zu verschiedenen Zeiten vor. Nirgends aber steht die Schrift so im Zentrum eines Volkes: Schon für ihre Gebete benötigten die Juden die Schrift. Sie sind daher das älteste Buchvolk der Weltgeschichte; sie haben die längste kontinuierliche Tradition der Schriftlichkeit, nicht für eine kleine Elite, wie z. B. in China und

Indien, sondern im Idealfall für die (männliche) Gesamtgesellschaft, in der ein Buchberuf höchst angesehen war. Ihre fast 3000 Jahre alte Tradition der Schriftlichkeit gab und gibt der Judenheit in einer lange weitgehend von Analphabeten bewohnten Welt einen gewaltigen Vorsprung an tradierter Intellektualität, der automatisch zwiespältige Gefühle hervorrief – Überlegenheitskomplexe bis Arroganz bei Juden, Minderwertigkeitsgefühle, Neid und Haß bei der weniger intellektuell ausgebildeten Umwelt, die als emotionaler Antrieb zu blutigen Verfolgungen wirkten.

Die neue Rationalität im altjüdischen Denken spricht auch aus dem Beginn der Bibel, dem Schöpfungsbericht im 1. Buch Mose (Genesis): Einst hatten semitische »chabiru« auf dem Sinai in ägyptischen Türkisminen die Hieroglyphen, die für sie zu kompliziert waren, vereinfacht und mit der proto-sinaitischen Schrift das in der Bilderschrift der Hieroglyphen bereits latent angelegte Prinzip des Alphabets erstmals konsequent sichtbar gemacht und damit den entscheidenden Anstoß zur Entwicklung des Alphabets (ca. 1350 v. Chr.) gegeben. Entsprechend behandelten die Hebräer die im Vorderen Orient kursierenden, ursprünglich aus Sumer kommenden Mythen über die Erschaffung der Erde und des Menschen: Vor allem die jüngere sog. »Priesterschrift« zur Zeit von Esra und Nehemia faßte die erzählenden punktuellen Mythen in geradezu kosmischer Monumentalität zum Gesamtbild eines quasi-naturwissenschaftlichen Prozesses zusammen, der ungefähr den modernen Kenntnissen der Evolution entspricht: Chaos (»Tohuwabohu«), Universum, Erde, Pflanzen, Tiere, der Mensch. Der biblische Schöpfungsbericht, aus dem altorientalischen mythisch-diffusen Material geformt, läßt sich daher als erster Schritt zu Säkularisierung und rationaler Erklärung mythisch-religiöser Vorstellungen begreifen.[29] In polemischer Distanzierung vom »mythischen Weltverständnis der Antike« war dies zugleich eine »wichtige Vorentscheidung für die Neuzeit mit ihrem profanen wissenschaftlichen Verhältnis zur Natur«. Aber die Lehre vom »einzigen« und »eifrigen« Gott, der keine anderen Götter neben sich duldet, führte in den bisherigen Polytheismus ein neues Element des Absoluten ein, das weder Indifferenz noch Toleranz zuließ.

Wie viele Pioniere nach ihnen, schlossen die Hebräer mit ihrer Konstituierung den erreichten Stand an rationaler Welt- und Gotteserkenntnis (zur Erklärung dieser Welt) für sich ab. Eine grundsätzliche Weiterentwicklung durfte es nicht geben. Das Judentum konnte sich zwar durch Aufnahme zusätzlicher Elemente aus der Umwelt bereichern, aber sie wurden in die seither vorgegebene Struktur eingefügt, die sich nur noch modifizieren ließ. Was darüber hinausging, war Gotteslästerung, Abfall vom wahren Gott. So erklärt sich die eindrucksvolle, aber auch problematische Geschlossenheit des älteren Judentums als Religion, die quer zur Auffächerung der Judenheit stand – von der integralen Orthodoxie bis zu assimilierten Juden oder gar konvertierten Exjuden.

In einem Punkt brachten die babylonischen Exulanten selbst ausländische Einflüsse mit, die sie aber in das Judentum einbauten, so daß sie fortan als jüdisch galten: In Babylonien waren sie aus der Isolierung Palästinas hinausgeworfen in das höchstentwickelte Kulturzentrum ihrer Zeit. In der weiten Welt Babyloniens wandelte sich der ursprüngliche Stammesgott Abrahams und Moses' noch einmal – jetzt zum Weltengott, der mit dem Kommen des Messias die Herrschaft über die ganze Welt antreten würde, mit dem »heiligen Volk« der Juden als Basis. Das neue Dilemma zwischen dem Aufstieg ihres Gottes zum Weltengott und ihrer Existenz als kleines, erobertes Volk lösten sie durch die Theorie vom »auserwählten Volk«: Gewiß gab es viele Völker, aber ihr Gott hatte gerade die Juden als sein Werkzeug auserwählt. Und dieses Werkzeug mußte rein sein, als Volk wie als religiöse Gemeinschaft.

Von nun an erhielt die jüdische Existenz auf Erden einen neuen Sinn, der bis heute für alle integral gesetzestreuen Juden Gültigkeit besitzt: die innere wie äußere Vorbereitung auf das Erscheinen des Messias durch striktes Einhalten der Gesetze zur Reinhaltung Israels. Verfolgung und Zerstreuung der Juden waren sichere Anzeichen für das bevorstehende Kommen des Messias. Messianismus und Hinnahme von Verfolgung als Vorboten der Erlösung wurden in ihrer dialektischen Einheit zentraler Bestandteil jüdischen Weltverständnisses. Später traten Ideen aus Persien hinzu – z. B. Hölle, Satan, der Dualismus Gut-Böse, wenn auch in gemäßigter Form; Jüngstes Gericht und ihm vorausgehender Messias, der mit der religiös überhöhten Person Davids und der Wiederherstellung seines irdischen Reiches verschmolz.

Die Zwischenschaltung des erneuerten Davidschen Reichs vor Armageddon, der letzten Schlacht, und dem Jüngsten Gericht war jedoch politisch ambivalent: Davids Reich war keineswegs ein jüdischer Nationalstaat, sondern umfaßte auch unterworfene Gebiete. In welchen Grenzen würde das Reich Davids erneuert? Innerhalb der »nationalen« der Juden? Oder mit Grenzen auf seinem Höhepunkt, z. B. bis Damaskus? Im langen Warten auf den Messias verwischten sich in der religiösen Verklärung des Davidreichs solche subtilen Details. Aber in der harten Realität des modernen Israel bricht die Frage nach den Grenzen und der inneren Struktur des sich auf David und Abrahams Verheißung berufenden modernen »Judenstaats« (Herzl) neu auf.

Die Babylonische Gefangenschaft brachte noch eine weitere Veränderung mit großer Fernwirkung: Die Juden wurden ein sich immer stärker urbanisierendes Volk, erst in der Diaspora, nach der Vertreibung aus Palästina im Exil. Sie waren seither überwiegend ein Stadtvolk, schon weil sich Buchberufe am besten in der Stadt ausüben ließen – Kaufleute, Geldhandel, Ärzte, freie Berufe. Damit gerieten die Juden allmählich in den traditionellen Gegensatz von Stadt und Land: Seit den altorientalischen Hochkulturen beherrschte die Stadt meistens das Land, fühlte sich das Land von der Stadt ausgebeutet. Im populären Bewußtsein war die Stadt oft der parasitäre Wasserkopf, der das Land aussaugte. Die Juden als Stadt- und Buchvolk galten in Krisenzeiten immer wieder als Parasiten, wurden Sündenböcke zur Ableitung sozioökonomischer Spannungen. Ihre Eigen- und Sonderstellung machte sie stets gut erkennbar.

Jüdischer Messianismus

Im jüdischen Messianismus sind deutlich zwei historisch unterschiedene Schichten und Versionen auseinanderzuhalten: Der ältere Messianismus, im wesentlichen bis zum Scheitern der großen Aufstände in den Jahren 70 und 135, lief auf eine Art nationaljüdisches Weltgericht durch den jüdischen Messias aus dem Hause Davids in Jerusalem über die »Völker der Welt« hinaus, das sie für alle Missetaten gegen die Juden in der Vergangenheit bestrafen würde. Aktive bewaffnete »Hilfe für den Messias« durch die Juden würde demnach einer jüdischen Weltherrschaft auf der »Neuen Erde« den Weg bereiten.[30] Dieser gewaltsamen, gleichsam global-imperialen Vorstellung von der Endzeit widersprachen zuletzt aber schon die Pharisäer. Ihre Konzeption setzte sich nach dem traumatischen Zusammenbruch des bewaffneten Messianismus in den großen Aufständen durch. Eine quietistische und moralische Wendung nach innen interpretierte nun das Weltgericht durch den Messias nicht mehr »national« als Endsieg des Judentums, sondern war auf das Individuum und die Gerechtigkeit in einem universalen Sinn gerichtet. Den tiefgreifenden Unterschied hat ein jüdischer Psychoanalytiker treffend so umrissen:

»Es gab im jüdischen Volk zwei Strömungen messianischer Ideen: die Ankunft des Messias als eines Kriegers, der die Heiden vernichten, das Königreich Israel in seiner vollen Macht wiederherstellen, Jerusalem und den Tempel wiederaufbauen und Israel die Weltherrschaft in die Hand geben würde. Diese Konzeption leitete den religiösen Imperialismus aus einer monotheistischen Theokratie ab. Gemäß der zweiten messianischen Konzeption, der pharisäischen, die bis in unsere Zeit vorgeherrscht hat, sind die weltlichen Ambitionen gleich Null. Sie schließt den Glauben an das Überleben Israels bis zur Ankunft des Messias ein. Die Juden sagen voraus, daß dann ›dank Israel die Gerechtigkeit auf dieser Erde wieder herrschen wird‹. Und für diese Herrschaft der Gerechtigkeit ›wird das jüdische Volk wie ein Banner sein, um das die anderen Völker sich vereinen kommen werden ... Das Licht wird vom jüdischen Volk ausgehen.‹« [31]

Die Konsequenzen aus der Differenz zwischen beiden messianischen Konzeptionen des Judentums sind erheblich: War die ältere konkreter als politische Prognose, so kompensierte die jüngere das Zurücktreten politischer (»weltlicher«) Konkretheit im Mittelalter durch häufige Versuche, ein präzises Datum für das Kommen des Messias zu berechnen. Die angenommenen Daten waren oft identisch mit großen irdischen Katastrophen der Judenheit – Massaker zu Beginn der Kreuzzüge 1096, die Große Pest von 1348/49, Vertreibung der Juden aus Spanien 1492, Massaker in der Ukraine und Polen in den Jahren nach 1648. Der moderne Antisemitismus unterstellte der gesamten modernen Judenheit und den getauften Exjuden, den »Conversos« jeglicher Nationalität, die ältere Messias-Tradition säkularisiert als politisch-geistiges Programm der Weltherrschaft, ohne die tiefgreifenden Veränderungen in der Messiaserwartung der Juden in den vorausgegangenen knapp zwei Jahrtausenden zur Kenntnis zu nehmen. Der Antisemitismus projizierte die ältere messianische Idee des Judentums in die jeweilige Gegenwart, gestützt auf ein wörtliches Verständnis der Bibel.

Eine solche Interpretation des jüdischen Messianismus seit dem Großen Exil als Anspruch auf irdische Weltherrschaft der Juden kam einer mit biblischer »Wahrheit« operierenden Lüge gleich. Sie wurde die ideologische Grundlage für die Wahnidee eines modernen Programms »jüdischer Weltherrschaft«, wie sie durch antijüdisch-antisemitische Phantasien geisterte und sich in den *Protokollen der Weisen von Zion* konkretisierte, als ideologisch-eschatologischer Antrieb zur »Endlösung«[32]: Im kosmischen Endkampf gegen die angeblich drohende »jüdische Weltherrschaft« war die Vernichtung der »Feinde Gottes« durch das nach rechts säkularisierte »Volk Gottes« (= »Arier«) nicht nur erlaubt, sondern sogar geboten.

Konsequenzen der jüdischen Sonderstellung

Die Konsequenzen der jüdischen Sonderstellung und ihrer inneren Struktur warfen schwere Probleme auf, für die Juden und die Umwelt. Für sich genommen, wäre selbst die totale Abkapselung einer kleinen Minderheit kein Problem, wenn sie sich durchhalten ließe. Erst ihre Unmöglichkeit schuf die »Jüdische Frage« als »Weltproblem« (A. Bein). Schon der vom jüdischen Familienideal propagierte und bis zur Hochindustrialisierung zu Beginn des 20. Jahrhunderts von noch nicht assimilierten Juden auch praktizierte Kinderreichtum trieb immer wieder einen Teil des jüdischen Nachwuchses in die Welt, und sei es nur, um mit ihrem Wohlstand die Existenz der frommen, gesetzestreuen Orthodoxen durch Almosen und Spenden (»Chalukka«) teilweise zu finanzieren. In der Welt aber waren die Juden dem Kompromiß- und Assimilationsdruck ausgesetzt, dem viele folgten – »erlagen«, aus der Sicht der integralen Orthodoxie. Als Buch- und Stadtvolk gerieten Juden in der Wirtschaft und den freien Berufen früher oder später in Konkurrenz zur historisch meist jüngeren Stadtbevölkerung der jeweiligen Mehrheit. Der kritische Punkt kam in großen und mächtigen Staaten, wenn sich Juden aus ihrer bisherigen traditionellen Minderheitssituation dem Punkt näherten, da sie selbst die Mehrheit in sensitiven Bereichen wurden oder schon waren. Es genügte, wenn der Umschlag in die neue Qualität der Mehrheit auf begrenztem, aber qualitativ sensibilisierten Gebieten (Stadt, freie Berufe) nur in der subjektiven Phantasie des Mehrheitsvolkes existierte, wie in Deutschland 1933. Dann gewann die subjektive fixe Idee die Kraft objektiver Fakten, wie in der Antike (griechisch-hellenistischer Osten) und im spätmittelalterlichen Spanien an der Schwelle zur Neuzeit.

Die Konkurrenzsituation erzeugte an sich normale Friktionen und Konflikte, die aber im Falle der Juden zusätzliche, religiöse Sprengkraft erhielten: Der direkt betroffene Teil der Welt unterschied nicht mehr zwischen säkularisierten oder gar konvertierten Exjuden und jüdischer Orthodoxie, sondern verfuhr nach der Gleichung: Jude gleich Jude. Da das Christentum (wie der Islam) den Anspruch auf alleinige Wahrheit mit Ausschließlichkeit, also Intoleranz gegenüber anderen Religionen und deren Wahrheitsanspruch, vom Judentum übernahm, prallten seit dem christlichen (und muslimischen) Mittelalter immer wieder konkurrierende monotheistische Religionen aufeinander. In der konkreten historischen Situation waren sie jedoch in ihrem Machtpotential höchst ungleich: Die Juden zogen als bestenfalls geduldete Minderheit immer den Kürzeren. Mit wechselnder Wucht traf sie jeweils die Härte der christlichen bzw. muslimischen Variante monotheistisch-exklusiver Religionen.

Eine prekäre Mittelposition nahmen Juden ein, die – aus welchen Gründen auch immer – in die Welt gingen. Spätestens seit den Zwangstaufen im spätmittelalterlichen Spanien 1391 und Portugal 1497 gerieten zum Christentum übergetretene Exjuden ins Kreuzfeuer zwischen Judentum und Christentum: Für die jüdische Orthodoxie waren sie Schwächlinge, Verräter, Renegaten – »gestorben« für die Judenheit und die eigene jüdisch gebliebene Familie. Für die »Alt-Christen« blieben »Neu-Christen« auch als »getaufte Juden« weiterhin Juden, gleichgültig, ob die »Conversos« ihre neue Religion ernst nahmen oder als Krypto-Juden ihrer alten Religion weiter anhingen, wie offenbar die meisten (portugiesischen) »Marranen«.[33] Jüdische Absonderung, von den Juden positiv gewollt und gesehen, verwandelte sich zum Makel in den Augen der Christen, der sich in Spanien nach 1391 auch nicht mehr durch die Taufe abwaschen ließ und seit den Gesetzen der »limpieza de sangre« (1449) »bis ins dritte und vierte Glied« reichte. Die »Conversos« waren jetzt zwar Christen, aber weil sie ökonomisch und sozial rasch den Platz der Juden einnahmen, traf sie nun die Diskriminierung, die sich bisher gegen die Juden gerichtet hatte, mit aller Schärfe, auch nach dem Übertritt zum Christentum. Die Inquisition war die staatliche Institutionalisierung der

Reaktion auf die »Neu-Christen«. In der Neuzeit wiederholte sich mit dem Antisemitismus die tragische Zwangslage für die europäischen Juden, ob assimiliert, getauft oder nicht. Die spanischen »Conversos« wurden zum klassischen Grundtypus für eine zentrale Variante jüdischer Existenz in der modernen Welt: Was auch immer assimilierte oder getaufte Juden taten, in Krisenzeiten sahen sie sich kurz- oder langfristig von beiden Seiten ausgestoßen und diskriminiert, von der »christlichen« zuletzt sogar verfolgt.

Aus diesem schrecklichen Dilemma erklärt sich ein Phänomen, das ohne Einbettung in breitere Zusammenhänge sonst unerklärlich bleibt: Manche getaufte Juden entwickelten aus Selbstschutz einen Übereifer für ihre neue Religion, überschlugen sich förmlich in der Abgrenzung von ihrer alten Religionsgemeinschaft, um ihre christliche Umgebung von der Ehrlichkeit ihrer Konversion zu überzeugen, in der (langfristig trügerischen) Hoffnung, die erahnte Gefahr für die eigene Existenz durch ihr Überengagement abzuwenden: Oft beteiligten sich getaufte Juden führend an antijüdisch-antisemitischer Publizistik, Agitation und Praxis. Aus jüdischer Perspektive ist das der vielzitierte »jüdische Selbsthaß« der Renegaten[34], vielleicht der tragischste Reflex jüdischer Existenz unter den Bedingungen insbesondere der christlichen Intoleranz. So entsprangen aus der Spanne zwischen dem integralen Kern des Judentums und der weltlich-säkularisierten-assimilierten Mehrheit in der Judenheit immer wieder Konflikte nach innen wie außen: Die großen Konflikte mit der nichtjüdischen Umwelt waren meist von innerjüdischen Auseinandersetzungen begleitet. Jedesmal ging es auch um die Stellung der Juden zur Welt.

3. Der Konflikt zwischen »Schwarz« und »Weiß« in der Alten Welt

Aus der inhaltlichen Vorklärung ergibt sich, daß es in der älteren Geschichte bis zur Frühen Neuzeit noch keinen Rassismus im modernen Sinn gab, nicht etwa weil die Menschen damals besser gewesen wären, sondern weil die Möglichkeiten zur Ausbildung eines systematisierten Rassismus noch weitgehend fehlten. Aber einzelne Elemente traten in verschiedenen Regionen zu unterschiedlichen Zeiten durchaus auf, präjudizierten teilweise den späteren Rassismus, weil sich umgekehrt Theoretiker und Propagandisten des Rassismus immer wieder mit Vorliebe auf klassische oder kirchliche Autoritäten oder Präzedenzfälle aus Antike und Mittelalter berufen.

Die stil- und bewußtseinsprägende Langzeitwirkung des älteren Proto-Rassismus auf den modernen Rassismus ist fast so wichtig wie die Vorgänge in der Antike und im Mittelalter selbst, z. B. die Äußerung des Aristoteles zur Sklaverei oder die antijüdische Polemik der Kirchenväter. Andere trugen langfristig selbst zum Zustandekommen wichtiger historischer Voraussetzungen des Rassismus im Rahmen der jüdischen Geschichte bei. Da in der Antike und im Mittelalter Kontakte zu Schwarzen nur peripher waren, konzentrierte sich der ältere Proto-Rassismus vor allem auf den Anti-Judaismus, die Vorform des Antisemitismus.

Proto-Rassismus in der Antike war geprägt vom kulturellen Quasi-Rassismus der Griechen gegenüber den Barbaren und wurde philosophisch sanktioniert durch Aristoteles gegen die Kritik der Sophisten. Die Römer modifizierten und lockerten die quasi-rassistische Verachtung der »Barbaren« durch ihre Erfahrung, daß sich die von ihnen neugeprägte griechisch-lateinische Zivilisation im Westen durch militärische Expansion und politische Elastizität auf unterworfene »Barbaren« ausdehnen ließ, die so ihrerseits in den Kreis der römisch erweiterten und modifizierten mediterranen Zivilisation eintraten, indem sie selbst Römer wurden. Der Sachverhalt spiegelt sich eindrucksvoll in der Differenz zwischen Aristoteles und Tacitus in diesem Punkt wider.

Die assimilatorisch-integrierende Rolle Altägyptens

Für die europäische Antike ist sich die historische Literatur einig darüber, daß Griechen und Römer keine rassistischen Vorurteile gegenüber Schwarzen kannten.[35] Wenn dem tatsächlich so war, erfordert dieses erstaunliche Phänomen eine Erklärung. Aus der bisherigen historischen Analyse bietet sich die altägyptische Hochkultur als Schlüssel an, kombiniert mit der quasi-rassistischen Verachtung, die Sklaverei gegenüber Angehörigen anderer »Rassen« meist hervorruft.

Griechen und Römer kannten im Mittelmeerraum Schwarze offenbar nicht nur oder überwiegend als Sklaven, wie später das arabisch-muslimische Mittelalter und die euramerikanische Neuzeit in der Neuen Welt. Vielmehr lebten Schwarze in Ägypten über

2000 Jahre lang auch integriert und seßhaft neben hellhäutigen Bewohnern. Gewiß waren sie geographisch an einer Ecke des mediterranen Kulturraumes konzentriert, meist wohl auf den unteren Rängen der mediterranen Gesellschaftspyramide, aber sie partizipierten insgesamt an einer der Hochkulturen. In ihrer ursprünglichen Heimat, dem »elenden Kusch«, mochten Schwarze Barbaren oder Wilde sein, wie die seit dem Alten Reich der 6. Dynastie bekannten Pygmäen (»Zwerge«), deren Kenntnis auch den Griechen – vermittelt durch Herodot – nicht mehr verlorenging. Waren sie aber einmal im Geltungsbereich der mediterranen Zivilisation, bewiesen sie die Fähigkeit zur Kulturassimilation, auf welchem Rang der Gesellschaft auch immer.

Schon während die Voraussetzungen für die altägyptische Zivilisation entstanden, hatten sich im unteren Niltal europide und negride Elemente der unterschiedlichsten Farbnuancen in der Flucht vor der Austrocknung der Sahara (seit 8000 v. Chr.) so eng miteinander vermischt, daß es heute unmöglich ist, die altägyptische Kulturleistung der einen oder anderen »Rasse« zuzuschreiben.[36] Als Reaktion gegen den naiven Prioritätsanspruch für die »Weißen« durch die aus Europa kommende moderne Ägyptologie des 19. Jahrhunderts, der wir unser Wissen über Altägypten verdanken, formierte sich später ein schwarzer Gegenrassismus, der die ägyptische Hochkultur ganz oder überwiegend dem negriden Element zurechnen möchte.[37] In Wirklichkeit ist das pharaonische Ägypten, am Schnittpunkt Asiens, Europas und Afrikas, mit seiner ursprünglichen und immer wieder erneuerten Mischung verschiedener »Rassen« – Europiden und Negriden – das älteste und eindrücklichste Beispiel zur Widerlegung rassistischer Theorien: Altägypten entstand nicht durch fiktive »Rassenreinheit«, sondern aus realer »Rassen«-Vermischung.

Unter allen Ländern des Mittelmeergebiets hatte Ägypten den längsten kontinuierlichen Kontakt mit Schwarzafrika. Von den beiden Verbindungswegen – das Rote Meer nach »Punt« (wahrscheinlich das heutige Somalia) und den Nil aufwärts – wurde Nubien am mittleren Nil ausschlaggebend. Es war eine breite und tiefe Berührungszone mit Schwarzafrika, die weitere Kontakte nach Süden vermittelte. So waren die Beziehungen zwischen Ägypten und Nubien entscheidend für die assimilatorische und integrierende Rolle Altägyptens gegenüber den Schwarzen.[38] Wie für die Antike allgemein gilt auch für die alten Ägypter: Sie waren nicht bessere oder edlere Menschen, sondern lebten in einem Zusammenspiel historischer Faktoren mit Konsequenzen, die das zu konstatierende Ergebnis hervorbrachten – eine weitgehende Abwesenheit quasi-rassistischer Vorurteile gegen Schwarze.

Im Wechsel zwischen ägyptischer Reichseinheit und Macht einerseits, Schwäche und Fragmentierung in den Zwischenzeiten andererseits entwickelten sich die Beziehungen Ägyptens zu Nubien: Nubien war für das pharaonische Ägypten das wichtigste Expansionsgebiet zur Ausbreitung seiner imperialen Macht und Kultur. Es war das Goldland schlechthin (»nub« = Gold), diente aber auch zur Rekrutierung von Sklaven und Soldaten. Schon das Alte Reich (seit ca. 2600 v. Chr.) eroberte den Norden Nubiens bis zum ersten Nilkatarakt und annektierte dieses Gebiet, das noch bis heute von Nubiern bewohnt ist. Es bildete den 1. Gau Oberägyptens mit der Hauptstadt Elephantine.

Im äußersten Süden Ägyptens lebten also Schwarze im Prinzip gleichberechtigt mit der übrigen Reichsbevölkerung. Zumindest in der 12. Dynastie (1991 – 1785 v. Chr.) waren die Gaufürsten in Elephantine durchweg Nubier, die sich eindrucksvoll mit ihren »Rassen«merkmalen abbilden ließen. Der erste König der 12. Dynastie, Amenhamet I., stammte aus dem nubischen Siedlungsgebiet und war vermutlich Nubier. Das Mittlere Reich eroberte Nubien bis zum zweiten Nilkatarakt, das Neue Reich unter Thutmosis III. bis zum vierten Nilkatarakt und lieferte mit der Bestellung eines einheimischen Vizekönigs, des »Königssohns von Kusch«, und einer eigenständigen Verwaltung das erste historische Beispiel für die regionale Autonomie eines eroberten Gebietes. Der Zerfall der Reichseinheit in den Zwischenzeiten eröffnete dem ägyptischen Nubien die Chance zur Sezession in die Unabhängigkeit. In der Hyksos-Zeit konstituierte sich ein eigenes Königreich, das ca. 1600 als Verbündeter der Hyksos gegen das Neue Reich kämpfte.

Im eroberten Nubien entwickelte sich die ägyptische Variante der mediterran-altorientalischen Zivilisation zu einer neuen Synthese ägyptischer und afrikanischer Elemente. Gleichzeitig diente es als Rückzugsgebiet für Flüchtlinge aus Ägypten: Nach der Übernahme der Macht durch libysche Söldner 945 v. Chr. zogen sich Amun-Anhänger nach Nubien zurück, das sich als einzig legitime Fortsetzung ägyptischer Kultur, Religion (Amun-Kult) und des Pharaonenreichs fühlte. Aus nubischer Perspektive war daher die

Etablierung der Nubisch-Äthiopisch-Kuschitischen Dynastie durch den Sturz der usurpatorischen Libyschen Dynastie 715 v. Chr. nur eine Restauration des ägyptischen Pharaonenreiches, jetzt unter nubischer, d. h. schwarzer Führung, bis zum Einbruch der Assyrer zwischen 672 und 656 v. Chr. Von 715 bis 656 v. Chr. repräsentierten also in die ägyptische Hochkultur voll integrierte Schwarze den südwestlichen Flügel der mediterran-altorientalischen Hochkultur, eben Ägypten. Die Kunde von schwarzen Pharaonen im prestigereichen Ägypten an der Schwelle zur griechischen Klassik könnte u. a. das hohe Ansehen der »Äthiopier« in der griechischen Mythologie erklären.

Darüber hinaus dienten schon seit dem Alten Reich schwarze Söldner, meist nubische Bogenschützen, in geschlossenen Einheiten in der ägyptischen Armee. Nach ihrer aktiven Militärzeit wurden sie oft mit Land entlohnt und siedelten, hoch angesehen, als Bauern in Ägypten. Ihre soziale Stellung war also ähnlich der von Veteranen im Römischen Reich. Seit dem Neuen Reich (18. Dynastie) stellte der nubische Stamm der Madjai aus der östlichen Wüste die Reichspolizei Ägyptens, und ihr Name wurde identisch mit der Bezeichnung für Polizei schlechthin (»madjai«).[39] Neben den Sklaven, die auch aus Schwarzafrika stammten, lebten also in Altägypten auf Siedlungsland ständig Schwarze als Freie, teilweise sogar in angesehener Position, z. B. als entlassene Veteranen. Mit einer sozial und kulturell integrierten schwarzen Bevölkerung als Teil der mediterran-altorientalischen Hochkultur konnte sich die fatale Formel Neger gleich Sklavin nicht herstellen, die in späteren Gesellschaften Rassismus erzeugte. Für die Ägypter hatte Amun die Menschheit geschaffen, mit Unterschieden der Hautfarben und der Sprache, und in den Königsgräbern wurden die vier »Rassen« als vom Schöpfergott erschaffen dargestellt. Unterscheidungs- und Verachtungsmechanismen liefen nicht über »Rasse«, sondern über kulturelle Differenzierungen.[40]

Das Fehlen anti-negrider Vorurteile in der Antike

Spätere Eroberer Ägyptens – Perser, Griechen, Römer – ließen die vorgefundenen Strukturen weithin intakt. Sie verachteten zwar die Ägypter insgesamt, namentlich die Makedonen bzw. Griechen der ptolemäischen Periode (323 – 30 v. Chr.), aber auch dann machten sie offensichtlich keinen Unterschied zwischen schwarzen und hellhäutigen Ägyptern. Speziell die Tradition, Schwarze, meist als Bogenschützen, in die eigenen Heere mit der ihnen eigentümlichen Kampfesweise einzustellen, wurde fortgesetzt. Noch in spätrömischer Zeit kämpften sie unter Diokletian und Konstantin dem Großen und führten u. a. vor der Schlacht zur Einschüchterung der Feinde afrikanische Kriegstänze auf. Die Thebaische Legion, die sich aus der Thebais rekrutierte, erinnert mit ihren frühchristlichen Märtyrern, u. a. dem oft als Schwarzen dargestellten St. Mauritius (Mohr, Schwarzer), an diese historische Situation.

Die häufigste Bezeichnung für Schwarze bei Griechen und Römern war »Äthiops«, ergänzt um »Maurus« (Mohr), »Afer« (Plural: »Afri« = Schwarze) und »Indus« (Inder). Griechen und Römer kannten offenbar schon die ganze Bandbreite »negrider« Typen, die sie in Wort und Bild überraschend genau schilderten, ungefähr parallel zur modernen Anthropologie.[41] Insbesondere wußten sie, daß »schwarz« zur Kennzeichnung ihrer Hautfarbe in Wirklichkeit eine Farbskala repräsentiert vom tiefrötlichen Braun über tiefschwarz bis zu helleren Farbtönen, die sich aus der Vermischung von Schwarzen und Weißen ergaben. Die überkommenen literarischen und bildlichen Darstellungen von Schwarzen bei Griechen und Römern lassen keine proto-rassistische Verachtung erkennen: Griechen und Römer kannten eben Schwarze nicht nur oder überwiegend als Sklaven.

Zur Integration von Schwarzen im Militär und auf dem Land kam zumindest im großen Schmelztiegel von Alexandria ein städtisches Element hinzu – schwarze Sklaven, eventuell auch Matrosen. Die Musik von Sklaven aus dem Sudan, eine typisch afrikanisch »laute, rhythmische Form, die Negermusik zu allen Zeiten kennzeichnet«[42], sowie die Melodie von Matrosenliedern (vielleicht auch schwarzer Seeleute?) gingen in die sog. »alexandrinische Musik« ein, die ersten christlichen Kirchenlieder. Sie verursachten damals im Kirchenraum einen ähnlich großen Skandal wie später der moderne Jazz, und beide hatten offenbar dieselbe historische Wurzel: Schwarzafrika.

Griechen und Römer trafen also in Ägypten eine im Prinzip zivilisierte und integrierte schwarze Bevölkerung an, die sich durch Sklaven und Söldner aus und jenseits von Nubien immer wieder erneuerte. So traten in den griechischen Sagen Äthiopier (Schwarze) seit der Ilias, wo sie als Verbündete der Trojaner kämpften, als durchaus Ebenbürtige auf, sogar mit positiven Zügen. Das sich seit dem Niedergang Altägyptens herausbildende Königreich Meroë am mittleren Nil, das durch Aksum, dem Vorläuferstaat des historischen Alt-Äthiopien, abgelöst wurde, trug sicher zum insgesamt positiven Bild des »Negers« in der Antike bei. Roms Erfahrungen mit der Fähigkeit »weißer« Barbaren im Norden und Westen Europas, sich die mediterrane Zivilisation anzueignen, traf im äußersten Süden Ägyptens auch auf »Schwarze« zu – seit über 2000 Jahren. Daher bestand kein Grund zu Kulturhochmut, der in Rassismus hätte münden können. Allerdings bedeutete die Re-Afrikanisierung Meroës auch einen zivilisatorischen Rückfall, vergleichbar mit dem West- und Südosteuropas durch die germanische und slawische Völkerwanderung.

Einige Abstriche werden jedoch erforderlich: Vertrauten die Römer stärker aus eigener Erfahrung der assimilierenden Kraft der mediterranen Hochkultur als die klassischen Griechen vor dem Alexanderzug, so vertraten zumindest Cicero und Tacitus die Ansicht, Syrer und Juden seien von Natur aus zu Sklaven bestimmt.[43] Daraus spricht ein Proto-Rassismus gegen die beiden nichtschwarzen Völker, wiederum gespeist aus der Institution der Sklaverei. Gegen Ende der Spätantike scheint sich mit der Re-Gräzisierung von Ostrom/Byzanz auch die klassische breitere Perspektive verengt zu haben, offensichtlich zu Lasten der Schwarzen und wegen des griechisch-jüdischen Konflikts auch auf Kosten der Juden. Jedenfalls versuchte der byzantinische Befehlshaber von Babylon (in Ägypten) bei den Kapitulationsverhandlungen mit den siegreichen Muslims im Jahre 651 gegen deren Befehlshaber die Tatsache auszuspielen, daß dieser ein Schwarzer war, um so die Muslims untereinander zu spalten. Sie wiesen die quasi-rassistische Argumentation des Griechen zurück: Ihr Befehlshaber war für sie der Beste, zumal er früher ein Kampfgefährte des Propheten gewesen war.[44]

Schwarze im arabisch-muslimischen Mittelalter

Die arabisch-muslimische Eroberung Ägyptens von 641/42 unterbrach die zivilisationsassimilierende Verbindung des Mittelmeers, erst recht Europas, mit Schwarzafrika über Ägypten: In der Isolierung hielten sich christliche Königreiche in Nubien bis 1313 bzw. 1504 jedoch nur noch in prekärer Fühlung mit der Koptischen

Kirche in Alexandria und standen daher in Konfrontation mit dem bald überwiegend muslimischen Ägypten. Die Araber hatten schon in der vorislamischen Zeit schwarze Sklaven. In den heroischen Anfängen des Islams befanden sich unter den Sklaven, die sich der neuen Erlösungsreligion früh anschlossen (so wie dem frühen Christentum), auch Schwarze. Als Kampfgenossen des Propheten waren sie gegenüber »weißen« Arabern voll gleichberechtigt. Aber nachdem ihre Generation abgetreten war, begegneten den herrschenden Arabern allmählich Schwarze nur noch als Sklaven. Sie mochten zwar – in Konkurrenz mit den »weißen« Sklaven – den im muslimischen Orient gangbaren Weg des sozialen Aufstiegs als Sklaven zu höchsten Ämtern nehmen. Muslimische Staaten setzten auch die antike Tradition fort, Schwarze als Militärsklaven in geschlossenen Verbänden in ihre Heere einzureihen. Insgesamt nahmen Schwarze die unteren Ränge in der Hierarchie der muslimischen Sklaverei ein: Weiße Sklaven dominierten unter den relativ privilegierten Haussklaven, Schwarze unter den schlechter gestellten »Gruppensklaven«. Allmählich kristallisierte sich im arabisch-muslimischen Mittelalter die Gleichung Neger gleich Sklave (arab.: »abd«) heraus, die die soziale Grundlage für den einen Strang des modernen Rassismus bildete. In diesem Punkt erweist sich das arabisch-muslimische Mittelalter als wesentliches Bindeglied zwischen Antike und Neuzeit.

Da der Islam aber in Afrika und Teilen Asiens bis heute weiter expandiert, wird die Stellung seiner ihn tragenden Völker gegenüber Angehörigen anderer Religionen wichtig. Toleranz gegenüber den »Buchreligionen« galt (und gilt) nur für sie, nicht für andere Religionen. Besonders gegenüber »Heiden«, Angehörigen animistischer Religionen in Schwarzafrika, galt das Gebot, den Islam mit »Feuer und Schwert« im »Heiligen Krieg« (»Jihad«), also mit Gewalt, auszubreiten. Gegenüber sozioökonomisch barbarischen oder gar wilden Afrikanern brach das Zivilisationssyndrom gemäß der universalen »Rang- und Hackordnung« in der Entwicklungs-Hierarchie mit quasi-rassistischen Konsequenzen durch. Erst recht verstärkte sich Verachtung für (schwarze) Ungläubige (»kafir«), wenn sie erobert, gewaltsam islamisiert oder gar versklavt wurden. Quasi-rassistische Verachtung für Schwarze im Status der Sklaverei herrschte auch unter Muslims (Arabern, Mauren/Berbern, Persern, Türken, Tataren usw.), obwohl für den Islam alle Menschen vor Gott gleich sind.

Bei der Eroberung Mesopotamiens 636 fanden die Araber schon den Anbau des aus Südostasien über Indien in den Westen gekommenen Zuckerrohrs vor. Sie übernahmen die Zuckerproduktion und weiteten sie aus, vor allem mit Hilfe der aus Ostafrika eingeführten schwarzen Sklaven, der »Zinj«. So fand die welthistorisch für die Entfaltung des späteren Rassismus so wirksame Formel erstmals im großen Stil Anwendung: Anbau von Zuckerrohr mit schwarzen, importierten Sklaven. Auch die objektive wie subjektive Wirkung einer so massiven Konzentration von schwarzen Sklaven war dieselbe wie sonst in vergleichbaren Situationen: Es kam zu lokalen Sklavenaufständen (691/2, 694/5, 762), an denen sich auch Mawaliten beteiligten, nichtarabische, benachteiligte Muslims, in diesem Fall Schiiten. Am schwersten war ein großer Sklavenaufstand von »Zinj«-Sklaven, der sich wegen der Schwäche des zerfallenden Kalifats von Bagdad von 868 bis 883 mit einem Sonderstaat der »Zinj« behauptete. Das Gesamtergebnis war eine quasi-rassistische Verachtung der hellhäutigen Araber gegen die Schwarzen, da Araber sie fast nur als Sklaven kannten. Der arabisch-persische Sklavenhandel von der ostafrikanischen Suaheli-Küste über den Indischen Ozean in die großen Kultur- und Machtzentren des Vorderen Orients von Ägypten über Arabien und Persien bis Indien, später auch ins Osmanische Reich, verfestigte, mit dem kontinuierlichen Einströmen afrikanischer Sklaven, das quasi-rassistische Ressentiment gegen Schwarze, selbst wenn sie zum Islam bekehrt wurden und den übrigen Muslims theoretisch gleichgestellt waren.

Der Islam kannte, wie Judentum und Christentum, das Verbot, Angehörige der eigenen Religion zu versklaven. Wo es Gültigkeit hatte, erhielten schwarze Sklaven früher oder später die Freiheit, meist in der zweiten oder dritten Generation. Zugleich verschloß, rein theoretisch, das Vordringen des Islam auch nach Schwarzafrika die neuen muslimischen Gebiete für arabische Sklavenjagden. Daher weitete sich der Radius arabischer Sklavenrazzien immer weiter nach Süden aus, in das noch »heidnische« »Land der Schwarzen« (Al-Sudan) hinein. Im Extremfall machten arabische Sklavenjäger (Nomaden, Beduinen) im Sudan nicht Halt vor Untertanen muslimischer schwarzafrikanischer Staaten. Der Transatlantische Sklavenhandel aus Afrika in die Neue Welt ab 1505 entwickelte sich daher als westliche, moderne Variante des traditionellen Sklavenhandels über die Sahara zum Mittelmeer und über den Indischen Ozean in den Orient, der seit Jahrhunderten in muslimischen Händen gelegen hatte.

Das Bild vom Schwarzen im christlichen Mittelalter

War schon das arabisch-muslimische Kalifat durch die christlich gebliebenen Königreiche in Nubien und Äthiopien weitgehend von Schwarzafrika getrennt, so gilt das erst recht für das mittelalterliche Europa. Seit dem Zerfall des Römischen Reichs riß die Verbindung zum negriden Süden Ägyptens ab, die durch die horizontale und vertikale Mobilität und die grundsätzliche Freizügigkeit im Römischen Reich möglich gewesen war. Die in die Halbbarbarei zurückgefallenen Nachfolgestaaten des Römischen Reichs bemühten sich ihrerseits um Anschluß an das höhere Zivilisationsniveau der »Alten«. Die direkten Kontakte mit Schwarzen waren gering. Ihre Kenntnis über die Schwarzen reduzierte sich fast auf den einen der drei Könige aus dem Morgenland, Balthasar, der mit Vorliebe schwarz dargestellt wurde, und auf die Märtyrer der Thebaischen Legion, angeführt vom Heiligen Mauritius (Moritz). Sonst herrschte, wie nicht anders zu erwarten, Unkenntnis vor, die allenfalls, parallel zur allmählichen Wiederentdeckung antiker Autoren, literarisch von punktuellen Informationen aus der Antike durchbrochen wurde. Die Legende vom Priesterkönig Johannes im Rücken des feindlichen Islam, der seit dem Spätmittelalter ein zusätzliches Motiv für die ersten großen Entdeckungsreisen war, mag ein vager Reflex der Kenntnis von den christlichen Königreichen in Nubien und Äthiopien gewesen sein.

Die Kreuzzüge und die iberische Reconquista erneuerten den Kontakt mit Schwarzen im Rahmen der allgemeinen Begegnung des lateinischen Westen mit den berberischen Mauren seit der Eroberung Spaniens durch den Islam 711, erst recht seit der systematischen Reconquista ab 1064. In der westlichen Terminologie dominierte allmählich der ältere Name »Maurus«, der eigentlich auch für die hellhäutigen Berber des Maghreb galt, mit seiner Weiterentwicklung zu »Mohr« (engl.: »moor«). Wo »Mohren« vereinzelt ins mittelalterliche Europa kamen, waren sie höchstens exotisches Objekt staunender Neugier, aber kaum der Verachtung, da hierzu sozialpsychisch keine Veranlassung bestand. Im Vorfeld der Entdeckungsfahrten drangen einige Informationen über das Mittelmeer zu interessierten Kreisen, u. a. vermittelt durch die Katalanische Karte der jüdischen Kartographenschule auf Mallorca (ca. 1375), über das schwarze Königreich Mali (»Melli«) und seine zentrale Vermittlerstellung im Goldhandel aus Schwarzafrika über die Sahara zur Mittelmeerküste.[45] Sonst aber bevölkerten bis in die Neuzeit hinein phantastische Vorstellungen über groteske Menschenformen die berühmten weißen Flecken von Atlanten und Karten – »haec sunt leones«.[46] Erst gegen Ende der Reconquista und des Spätmittelalters baute die Einfuhr von Sklaven aus Afrika seit 1441 – ein Nebenprodukt der Entdeckungsfahrten ab 1419 – zunehmend in Portugal und Spanien das ethnische Substrat zur Formel Neger gleich Sklave auf, die am Beginn des Rassismus steht. Das Übergreifen des nun Transatlantischen Sklavenhandels in die Neue Welt ab 1505 legte vollends die soziale Grundlage zum modernen euramerikanischen Rassismus.

4. Jüdische Existenz II: Juden in der Antike

Die Neukonstituierung des Judentums auf der Grundlage des zweiten Tempels und der Gemeinde der aus dem Exil Zurückgekehrten durch die Reformen Esras und Nehemias schuf das jüdische Ideal eines theokratischen Tempelstaats, in der von der Thora vor- und festgeschriebenen Absonderung und in politischer Autonomie unter wechselnden Eroberern. Eine moderne Charakterisierung der Exil-Gemeinde in Babylon gilt sinngemäß auch für den jüdischen Tempelstaat wie später für den integralen Kern des Judentums im Großen Exil – Existenz »in der Abgeschlossenheit eines messianischen Ghettos«[47], »rings von einer feindseligen nichtjüdischen Bevölkerung umgeben«.[48] Andererseits gab es stets eine mehr oder weniger starke wechselseitige Anziehungskraft zwischen Judentum und Umwelt, die auf beiden Seiten auch extreme Reaktionen provozierte – so bei den Juden die oft wiederholte Forderung nach der Reinigung von fremden Einflüssen, antijüdische Exzesse bei der Umwelt.

Das »messianische Ghetto« rieb sich daher an der Umwelt, nach dem Makkabäer-Aufstand (167–161 v. Chr.) auch am jüdischen Staat der Hasmonäer. Der Spannung im Verhältnis zu Hellenismus und Rom – zwischen Assimilation und Selbstbehauptung in selbstgewählter Isolierung und eigener Expansion in die »feindliche« Welt – entsprang der große jüdisch-griechisch-römische Dreieckskonflikt der Antike, den die Sezession des Christentums und die Folgen der großen Jüdischen Aufstände von 66–70 und 132–135 noch weiter verschärften. Die Nachwirkungen waren schwerwiegend und reichen bis hin zu den antijüdischen Stereotypen des modernen Antisemitismus.

Jüdischer Tempelstaat zwischen Hellenismus und Rom

Mit ihrem exklusiven Tempelstaat im »messianischen Ghetto« – reproduziert im kleinen, wo immer es jüdische Diaspora-Gemeinden gab – führten die Juden die Sonderexistenz des »auserwählten Volkes« im schroffen Gegensatz zur »heidnischen« Umwelt fort. Die älteste Diaspora, Babylonien und Persien, fand im Untergang des Perserreiches ihre Ergänzung nach der Gründung Alexandrias 331 v. Chr., das rasch zum zweiten großen Schwerpunkt der jüdischen Diaspora aufstieg. Auch im sich hellenisierenden Osten breitete sich das Judentum aus, durch Einwanderung, Bevölkerungswachstum und eine starke jüdische Proselytenbewegung. Obwohl die Juden stets eine Minderheit im griechisch-hellenistischen Osten blieben, gewannen sie in den Städten bald eine mächtige Stellung. Das ökonomische Potential wie die sozialen Privilegien (religiöse Autonomie seit dem Kyros-Edikt von 538 v. Chr.) der Juden erwiesen sich als ebenso attraktiv wie – in der allgemeinen geistig-religiösen Krise des ausklingenden Hellenismus – ihre ohne komplexe Theologie auskommende Religion. Zum Konflikt kam es, wenn antike Herrscher von den Juden Verehrung als Gott verlangten. Umgekehrt sahen sich die Juden in der Diaspora wie im Mutterland Palästina dem üblichen Assimilations- und Anpassungsdruck ausgesetzt. Politische Instabilität beim Wechsel fremder Oberherrschaft (Ägypten, Seleukidenreich, Parther, Rom) über das strategisch wichtige Palästina sowie zuletzt jähe Kurswechsel der römischen Politik gegenüber den Juden im Zeitalter der Bürgerkriege sorgten für zusätzliche Unruhe.

Hinzu kamen innere Spannungen: Entgegen den ursprünglichen Absichten Esras und Nehemias hatte die jüdische Tempel-Theokratie aus der Priesterschaft der Aarons-Nachfahren eine eigene aristokratisch-hierarchische Struktur entwickelt, in der der Hohepriester die oberste religiöse, politische und militärische Spitze bildete. Unter den Seleukiden (ab 200 v. Chr.) öffneten sich die reichgewordene Oberschicht und Teile der Priesterschaft den übermächtigen Einflüssen der hellenistischen Umwelt.[49] Die fundamentalistische Reaktion der jüdischen Unterschichten gegen einen griechisch-jüdischen Synkretismus setzte prompt ein und mündete in die Makkabäer-Aufstände, die Wiederherstellung des Jahwe-Kults im 164 v. Chr. erneut gereinigten Tempel und den Hasmonäer-Staat.

Für die Juden brachte die Hellenisierung eine schwerwiegende Veränderung in ihrem Verhältnis zur Umwelt: Seit dem Alexanderzug verschmolz die bisher heterogene nichtjüdische Bevölkerung in den Städten Palästinas, Phöniziens und Syriens zu einem »syrogriechischen Block«[50] als Teil der griechischen Mehrheit im Osten. Die kulturelle Homogenität der Neu-Griechen unterstrich die Minderheitsposition der Juden. Umgekehrt löste die starke Bevölkerungsvermehrung der Juden in Palästina und der Diaspora eine räumliche Expansionsbewegung aus, die sich unvermeidlich gegen die Syro-Griechen richtete.

Der Hasmonäer-Staat als restauriertes Davidreich

Die Hasmonäer kamen zwar nicht aus dem Hause Davids, waren aber getragen von messianischen Erwartungen. Sie restaurierten, wenn auch nicht im alten territorialen Umfang, erstmals das Reich Davids. Nach außen und innen führte der Hasmonäer-Staat auch die Problematik des staatlich organisierten nationaljüdischen »messianischen Ghettos« vor. In den Makkabäer-Aufständen nahmen die Syro-Griechen Partei für ihren hellenistischen Monarchen, die Seleukiden. Ihre Übergriffe gegen isolierte Juden beantworteten die Makkabäer erst defensiv mit Befreiungs- und Umsiedlungsaktionen für ihre bedrängten Religionsgenossen. Nachdem die Juden im Machtvakuum des zerfallenden Seleukidenreichs die regionale Hegemonie errungen hatten, gingen sie, gestützt auf Bündnisse mit Rom von 161 und 142 v. Chr. und Sparta von 142 v. Chr., offensiv zur Expansion nach allen Seiten über. Erstmals beanspruchten sie ganz Palästina als das dem jüdischen Volk zustehende Erbe und eroberten es schrittweise, dazu Teile Ostjordaniens. Es folgte die Zwangsjudaisierung nichtjüdischer Völker – Idumäer (Nachfahren der Edomiter) um Hebron, Samaritaner, hellenistische Städte in Ostjordanien (Dekapolis) und in der Küstenebene bis zum Mittelmeer.

Allerdings gelang die Judaisierung der unterworfenen Völker nur partiell: Durch die Zwangsbekehrung der Idumäer schufen sich die Juden zunächst ihr eigenes »Conversos«-Problem – bis zum »dritten Glied« blieben die Idumäer den Juden suspekt oder minderwertig, obwohl sich die Idumäer später im Großen Jüdischen Aufstand mit der jüdischen Sache voll identifizierten. Trotz der Zerstörung ihres Tempels auf dem Berg Garizim behaupteten sich die Samaritaner im religiösen Untergrund mit dem Anspruch, die ältere und wahre Variante der mosaischen Religion zu repräsentieren. Die syro-griechische Bevölkerung der Dekapolis und der Küstenebene wurde vertrieben und durch eine jüdische Bevölkerung ersetzt, hielt sich aber irgendwie – vermutlich als Schein-Juden –, denn unter römischer Herrschaft (ab 63 v. Chr.) kehrten sie wieder in die Städte als griechisches Element zurück.

Den historisierenden, religiös überhöhten Anspruch der Juden auf ganz Palästina konterten die Syro-Griechen mit der These, sie seien die eigentlichen Erben der Kanaanäer und Phönizier, die von den Juden nur widerrechtlich verdrängt worden seien. Die Juden griffen noch weiter zurück auf die Verfluchung Kanaans durch Noah: Die Kanaanäer hätten sich Kanaan zu Unrecht angeeignet, da sie eigentlich als Sklaven den Juden zu dienen hätten![51] Der nur teilweise geglückte Versuch, ganz Palästina, vom Mittelmeer bis nach Ostjordanien, auf der Grundlage der Thora durch Zwangsbekehrungen nationaljüdisch zu homogenisieren, verschärfte den traditionellen Gegensatz zur Welt, gegen Griechen und die mosaischen Alt-Gläubigen der Samaritaner.

Auch nach innen erwies sich der Hasmonäer-Staat als ambivalent: Die stärkste Partei der antiassimilatorischen Opposition gegen die Seleukiden waren die »Chassidim« (Frommen), die auf der Wiederherstellung der reinen Gesetzesherrschaft bestanden. Obwohl der Hasmonäer-Staat der integral-jüdischen Ablehnung jeder synkretistischen Assimilation Ursprung und Sieg verdankte, nahm die neue Dynastie des modifizierten Tempelstaates in ihrer Herrschaftspraxis hellenistische Elemente auf. So provozierte sie unter ihren enttäuschten Anhängern erneut den Widerstand der fundamentalistischen Frommen, die sich in zwei große Strömungen aufspalteten – hier die Pharisäer als religiöse Volkspartei, die mit Rabbis und Synagogen (Schulen) unter das Volk gingen; dort die Essener, die sich als streng gesetzestreue Sekte mit asketischen Zügen in die Wüste zurückzogen, u. a. nach Qumran.

Religiöse Gärung, soziale Spannungen und politische Konflikte mündeten in einen innerjüdischen Bürgerkrieg. Er löste die Intervention Roms unter Pompeius aus, den Sturz der Hasmonäer und die Eingliederung Palästinas ins Römische Reich im Jahr 63 v. Chr., die zunächst von einem verwirrenden Wechsel politischer Administrationsformen und -einheiten begleitet war, von Vasallenkönigtümern, besonders unter Herodes dem Großen (32 – 4 v. Chr.), bis zur schrittweisen direkten Annexion einzelner Landesteile. Immerhin blieb den Juden anfangs lange noch ein erhebliches Maß an innerer Autonomie. Vor allem bestätigte Rom ihre traditionelle Sonderstellung als Religionsgemeinschaft und die damit verbundene Toleranz als »religio licita«.

Der jüdisch-römische Konflikt

Die Einbeziehung der unruhigen Juden ins Römische Reich komplizierte die Situation weiter: Die politische Herrschaft lag jetzt bei Rom, aber der ältere sozialkulturelle Gegensatz zum Griechentum blieb. Bei der Übernahme des Hasmonäer-Staates gliederte Pompeius die von den späten Hasmonäern unterworfenen hellenistischen Städte der Dekapolis und der Küstenebene aus, in die wieder griechische Bevölkerung zurückkehrte, die allerdings auch jüdische Elemente behielten. Rom befreite die städtischen Syro-Griechen vom Judaisierungsdruck und bemühte sich, Konflikte zwischen beiden Bevölkerungsteilen zu schlichten oder einzudämmen. Im Zweifelsfall tendierte Rom jedoch in der Kaiserzeit mehr zu den Griechen, deren Kultur und Mentalität ihnen näherstand, was die Juden als Diskriminierung empfanden. Unter Herodes besaßen Juden ein Höchstmaß innerer Autonomie in einem – im Vergleich zur Regelung durch Pompeius – sogar wieder erweiterten Territorium. Herodes erneuerte den Jerusalemer Tempel und erwies sich als Rückhalt für die Diaspora-Juden, war aber als Idumäer, mit seiner hellenisierenden Kulturpolitik und seinen tyrannischen Methoden, verhaßt. Nach seinem Tod wurde das Reich unter seinen Söhnen geteilt, deren Herrschaftsgebiete bald unter die direkte Herrschaft Roms gerieten, beginnend mit der Annexion Judäas im Jahre 6 n. Chr.

Damit zog sich Rom erst recht die politische Feindschaft der sich radikalisierenden fundamentalistischen Opposition zu. Den Anfang machte ein Steueraufstand unter Judas von Galiläa gegen die

Volkszählung nach der römischen Annexion, an die noch die Weihnachtsgeschichte nach Lukas (2, 1–3) erinnert. Den Aufstand trugen die Zeloten (griech.: Eiferer), die den militanten Flügel der antirömischen Opposition bildeten. Die extremste Widerstandsgruppe, die Siccarier (von lat.: »sicca«: Dolch), waren nach modernen Begriffen Terroristen, die bei hohen jüdischen Festen in der Menge innerjüdische Gegner, also Gemäßigte, erdolchten.[52] Nach innen kämpften beide Gruppen gegen die weltliche Aristokratie und die theokratische Priester-Aristokratie, repräsentiert von der Partei der Sadduzäer, weil sie sich mit der römischen Fremdherrschaft arrangierten.

In der allgemeinen religiösen Krise der Antike und in der konfusen politischen Situation Palästinas bebte das jüdische Volk vor messianischen Erwartungen. Es war innerlich zerrissen, geschüttelt von apokalyptisch-messianischen Aufstandsversuchen, die meistens vom Ölberg in Jerusalem ausgingen, dem üblichen Sammelplatz selbsternannter Messias-Kandidaten und ihrer bewaffneten Anhänger. Sozialer Protest, messianisch-apokalyptische Erwartungen der Unterschicht, Haß gegen die römische Fremdherrschaft und ihren Steuerdruck verbanden sich zu einem explosiven Gemisch. Palästina war ein chronischer Unruheherd in der gerade unter Augustus erreichten Pax Romana.

Die Sezession des Christentums

In diese angespannte Lage platzte mit der Sezession des Christentums die – wegen ihrer hartnäckigen Folgen bis zur Gegenwart – vielleicht größte Katastrophe der jüdischen Geschichte. Der historische Hintergrund für das Wirken Jesu ist Teil der Spannungen und Konflikte innerhalb der Judenheit und mit der nichtjüdischen Umwelt.[53] Für die streng gesetzestreuen Juden übertrat Jesus die Gebote der Thora. Er versammelte sich zwar am Vorabend des ihm zugetrauten Umsturzes mit seinen Jüngern auf dem Ölberg, doch seinen Anspruch als Messias verwirkte er durch Gewaltlosigkeit und das Warten auf göttlichen Beistand. Sein Tod am Kreuz disqualifizierte ihn vollends als jüdischen Messias. Erst nach seinem irdischen Scheitern stilisierten seine Jünger »Christos« als »Sohn Gottes« zu einem göttlichen Wesen – das war für die Juden erst recht unakzeptabel. Ganz und gar ein Greuel wurde die spätere Aufnahme heidnischer (griechischer, ägyptischer) Elemente in die neue Religion, also ihr Synkretismus, und die bildliche Darstellung Gottes.

Selbst in die Anfänge des Christentums spielte die Spannung hinein, die sich aus soziokulturellen Differenzen in der Judenheit ergaben: Die schlichten Jünger Jesu aus Galiläa, aus traditionell zum Fundamentalismus neigenden Unterschichten, kamen teilweise von den Zeloten und hatten Berührungspunkte mit den Essenern. In der Jerusalemer Urgemeinde wollten sie als Juden-Christen Juden bleiben. Erst Paulus, der griechisch gebildete, teilassimilierte Diaspora-Jude aus Tarsus, vollendete durch die Griechen-Mission und die Preisgabe der jüdischen Exklusivität (Beschneidung, Verbot der Tischgemeinschaft mit Heiden) den Bruch mit dem Judentum, im Konflikt mit der Urgemeinde um die Jesusbrüder.

Umgekehrt distanzierte sich das griechisch-erweiterte junge Christentum nach dem Scheitern des Großen Jüdischen Aufstandes von 66 bis 70 erst recht von den Juden. Schon im Neuen Testament, vor allem in den Darstellungen der Passionsgeschichte Christi, äußerte sich dieses Abrücken von der ursprünglich gemeinsamen jüdischen Grundlage in Aussagen, die später dem christlichen Anti-Judaismus als Ausgangsbasis dienten.[54] Die Kirchenväter spitzten ihre Polemik gegen die Juden bis zum Vorwurf des Gottesmordes zu. Für christliche Apokalyptiker war der Antichrist oft ein Jude[55] – spiegelbildliche Umkehrung der jüdischen Vorstellung vom jüdischen Messias. Als Staatskirche gerann das Christentum zur institutionalisierten Ablehnung des Judentums, symbolisiert im Sieg der Ekklesia über die »verblendete« Synagoge. Andererseits gebot der Respekt vor dem historischen Juden Jesus die Bewahrung des Volkes des Alten Bundes durch die Kirche des Neuen Bundes bis zum Wiedererscheinen Jesu vor dem apokalyptischen Ende dieser Welt, als lebendes Unterpfand für die Überlegenheit der Kirche: Solange es Juden gab, konnte die Kirche ihren Triumph über die Synagoge handgreiflich demonstrieren.

Der jüdisch-griechische Konflikt

Im überwiegend griechisch-geprägten und zivilisatorisch höherstehenden Osten des Römischen Reiches kam es jedoch in der Diaspora wie in Palästina – hinter der Fassade der Pax Romana –

zu einem folgenschweren Zusammenprall zwischen etablierter griechisch-hellenistischer Kultur und dem durch natürliche Vermehrung wie durch Proselyten expandierenden Judentum. Den großen jüdisch-römischen Konflikt löste der jüdisch-griechische Zusammenstoß aus. Im griechischen Osten hatten sich Diaspora-Juden vor allem im ptolemäischen Ägypten zwischen 323 und 200 v. Chr. teilweise sprachlich wie kulturell assimiliert. Dort wurde das Griechische Umgangs- und Literatursprache der Juden, so daß in Ägypten schon unter Ptolemaios II. (285–244) eine griechische Übersetzung der Thora (auch: Pentateuch, d. h. die fünf Bücher Mose), erforderlich wurde, die Septuaginta. Unter griechischem Einfluß abstrahierten die Diaspora-Juden sogar ihre Gottesvorstellung ins eher Metaphysische. Sonst aber hielten sie an den Riten und Besonderheiten ihrer angestammten Religion fest.

Unter der milden Herrschaft der Ptolemäer stiegen die Juden in Ägypten zu einer starken Position in Handel und Wirtschaft auf, vor allem in der Millionenstadt Alexandria, der wichtigsten Stadt im Osten des Römischen Reiches. Als inzwischen klassisches Buch- und Stadtvolk trafen sie in den Städten auf die Griechen in einer typischen Konkurrenzsituation. Die Dynamik ihrer Bevölkerungsvermehrung und erfolgreichen Mission in einer allgemeinen religiösen Sinn- und Existenzkrise trieb sie zur kritischen Schwelle der Mehrheitsposition im städtischen Bereich: Der »Fortschritt« von der Minderheit zur Mehrheit schlug in die neue Qualität der Beziehungen zwischen Juden und Griechen um – vom friedlichen Nebeneinander in aktive Feindschaft. Wie üblich engagierten sich auf beiden Seiten besonders aktiv die jeweiligen Unterschichten, da Religion oft das einzige war, das sie von als fremd empfundenen Gruppen unterschied, sowie die »hitzköpfigen« jungen Leute (Josephus Flavius), die sich zuerst auf der Straße gegenseitig angriffen.

An drei Städten mit unterschiedlichen Mehrheitsverhältnissen läßt sich die verheerende Wirkung des quantitativen Faktors verdeutlichen – Alexandria mit einem jüdischen Bevölkerungsanteil von ca. 40%; Caesarea, der politischen Verwaltungshauptstadt der Römer in Judäa, wo sich Juden und Griechen ungefähr die Waage hielten; Jabne (südlich des heutigen Tel Aviv), wo Juden die Mehrheit stellten.[56] In Alexandria kam es in den Jahren 38, 41 und 66 zu drei pogromartigen Zusammenstößen zwischen Juden und Griechen. In Caesarea löste ein analoger Konflikt 66 den großen

Jüdischen Aufstand aus. Besonders instruktiv sind die entsprechenden Prozesse in Jabne: Als Caligula im Cäsarenwahn für sich göttliche Verehrung verlangte, baute 38 die nichtjüdische Bevölkerung Jabnes ihm einen Altar, den die Juden aber sofort wieder niederrissen, weil sie als Mehrheit eine Verletzung ihrer religiösen Norm nicht duldeten. Caligulas Zorn gegen die Juden hätte beinahe schon damals den großen Jüdischen Aufstand provoziert[57] , der sich tatsächlich erst an Unruhen in Caesarea zwischen Griechen und Juden entzündete.

Aus der Logik unterschiedlich strukturierter Sub-Gesellschaften und der Spannung zwischen der griechischen Mehrheit und den Juden eskalierte so die besonders extreme Konkurrenzsituation den Konflikt zur Explosion, zuerst in Alexandria im Jahre 38: Die Juden bewohnten zwei der fünf Stadtviertel, lebten aber auch im übrigen Stadtgebiet. Ihr geschätzter Bevölkerungsanteil von 40 % näherte sich schon der kritischen Schwelle zur Mehrheit. Einer von Rom den nicht-griechischen Bewohnern Ägyptens auferlegten Sondersteuer wollten die Juden entgehen, indem sie ins volle Bürgerrecht der Polis drängten, aber gleichzeitig ihre traditionellen Sonderrechte beibehalten wollten. Aus griechischer Sicht wollte die jüdische Konkurrenz die Vorteile der Vollmitgliedschaft in der Polis mit denen ihrer Privilegien kombinieren, ohne alle Pflichten als Polis-Bürger zu übernehmen.

Zum ersten Mal schlug der Mechanismus, gespeist aus den Differenzen zwischen jüdischer Sonderstellung und der Welt, in Alexandria exemplarisch durch: Ein in Spannungssituationen üblicher Zwischenfall lieferte den sprichwörtlichen Funken, der das angesammelte Konfliktpotential zur Entladung brachte. Schlägereien weiteten sich 38 zum blutigen Pogrom der Griechen gegen die Juden Alexandrias aus, während sich die römische Staatsmacht passiv bis zweideutig verhielt. Nach dem Sturz Caligulas wiederholte sich der Konflikt. Ihn legte 41 der neue Kaiser Claudius bei, indem er zwar die Privilegien der Juden bestätigte, ihnen aber strikt untersagte, sich weiterhin um die Aufnahme in die griechische Bürgerschaft zu bemühen. Das dritte Massaker steht bereits im direkten Zusammenhang mit dem großen Jüdischen Aufstand von 66, der die Beziehungen zwischen den Juden und ihrer Umwelt von Grund auf veränderte.

Die inneren Mechanismen im Zusammenprall der Juden mit der griechischen Kultur und der römischen Staatsmacht erklären fast schon von selbst die historischen Voraussetzungen, den Verlauf und die Folgen der großen Jüdischen Aufstände: Wegen der starken Stellung der Juden in den Städten des griechischen Ostens fanden hier die schwersten Aufstände »nationalen« Charakters statt, die das Römische Reich in seiner langen Geschichte erlebte. Roms militärische Anstrengungen waren für die besiegten Aufständischen katastrophaler denn je in vergleichbaren Situationen: Die Juden wurden zwar nicht völlig ausgerottet (wie die Samniten fast 200 Jahre zuvor), aber massenweise deportiert. Außerdem verloren sie endgültig ihre politische Autonomie.

In der allgemeinen Gärung des Ostens trafen besonders in Palästina die spannungsproduzierenden Momente aufeinander: Die Diskrepanz zwischen messianischer Heilserwartung und äußerer Macht Roms spornte extreme Widerstandsgruppen der Juden an, die zuletzt zu einer Art Guerillakrieg übergingen. Der Steuerdruck, die Präsenz römischer Truppen in Jerusalem, die allgemeine Überwachung der Gottesdienste, vor allem der generelle Rückhalt der römischen Verwaltung für die nichtjüdische, also griechische Bevölkerung in Palästina, machten Rom den Juden verhaßt. Auseinandersetzungen in Caesarea um das Bürgerrecht und die Weigerung der römischen Macht, ihn auch nur zu schlichten, trieben die Juden ebenso wie gezielte Provokationen des römischen Prokurators Florus zum offenen bewaffneten Widerstand. Geschürt von den Zeloten, griff die Aufstandsbewegung auf das gesamte jüdische Palästina über, stieß aber auch auf den Widerstand der nichtjüdischen Bevölkerung: »Rassenkämpfe tobten in ganz Syrien.«[58]

Nach ersten Anfangserfolgen wurde in Jerusalem eine provisorische Regierung unter einer sadduzäisch-aristokratischen Führung gebildet. Nach ihrem Sturz durch radikalisierte Unterschichten beherrschten Zeloten den Tempelbezirk. Sofort stellte sich die Kehrseite ein, die für messianisch-apokalyptische Revolten mit sozialrevolutionärem Einschlag fortan typisch wurde: Die innere Radikalisierung der revolutionären Führung endete logisch in der Unterdrückung gemäßigter Elemente, führte zur Polarisierung und zu inneren Konflikten mit Gemäßigten sowie innerhalb der fundamentalistischen Zeloten. Der Widerstand gegen den gemeinsamen äußeren Feind überdeckte die innere Spaltung nur teilweise: Die kompromißlose Zelotenherrschaft bereitete so den Untergang politischer Eigenständigkeit vor. Der Erstürmung Jerusalems unter Titus, bei der auch der Tempel in Flammen aufging, folgte der kollektive Selbstmord der Zeloten (bei Josephus Flavius: »Siccarier«) in Massada im Jahr 73 (oder 74), vor der Erstürmung ihrer letzten Hochburg. Die Überlebenden der sich nach dem Fall von Jerusalem anschließenden Massaker wurden zum größten Teil deportiert, u. a. nach Spanien und an die Rheingrenze, und bildeten Kristallisationskerne späterer jüdischer Gemeinden. Gefangene Juden wurden im Triumphzug des Titus samt Tempelgerät in Rom vorgeführt. Das Judentum blieb zwar legal (»religio licita«), einzelne Juden konnten das römische Bürgerrecht behalten oder erwerben, aber kollektiv galten Juden seither als Sklaven des Kaisers und hatten eine Sondersteuer zu entrichten, den »fiscus Judaeus«. Sonst aber behielten die Juden ihre privilegierte bis gleichberechtigte Stellung, erst recht nach der Ausdehnung des römischen Bürgerrechts auf alle Freie durch Caracalla (212).[59]

Im Jahre 115 nutzten die Diaspora-Juden Zyperns, Ägyptens und der Cyrenaika die Abwesenheit Kaiser Trajans und des römischen Heeres im Osten, die Mesopotamien gegen die Parther zurückeroberten, zu einem großangelegten Aufstand, der nach wechselseitigen Massakern auf beiden Seiten 117 blutig unterdrückt wurde. Reste der jüdischen Bevölkerung in Palästina riskierten 132 gleichwohl unter ihrem charismatischen Führer Bar Kochba einen dritten Aufstand, in dem, wie stets zuvor, die messianische Komponente stark durchschlug. Ausgelöst wurde er durch die Absicht Kaiser Hadrians, Jerusalem zu einer griechischen Stadt umzuwandeln, mit einem Jupitertempel auf dem Platz des zerstörten jüdischen Tempels. Nach langwierigen Guerillakämpfen wurde der letzte große jüdische Aufstand 135 niedergeworfen. Hadrian ließ weitere Juden deportieren. Vor allem wollte er im Namen des Landes die Erinnerung an die Juden tilgen: Aus Judäa wurde »Syria Philistaia«, das Philister-Syrien, woraus sich der Name »Palästina« entwickelte. Vor allem in Galiläa erhielt sich jedoch noch lange eine geschlossene jüdische Bevölkerung.

Die einschneidendste Folge für die Geschichte des jüdischen Volkes aus den gescheiterten Aufständen waren Deportation, Flucht, das Große Exil (»Galuth«) und der Verlust der nationalen Basis.

Auch die jüdische Diaspora im griechischen Osten war stark in Mitleidenschaft gezogen. Nach dem Zusammenbruch messianischer Endzeiterwartungen mußten sich die Juden jetzt auf einer neuen Basis mit der Welt arrangieren. Massendeportationen vollendeten eine folgenschwere Entwicklung der jüdischen Sozialstruktur seit der Babylonischen Gefangenschaft: Mit dem Verlust des nationalen Mittelpunktes und der dort bodenständigen jüdischen Agrarbevölkerung (zunächst bis auf Galiläa) wurden die Juden des Galuth endgültig ein fast reines Stadtvolk. Allerdings behielt das Judentum zunächst trotz seiner äußeren Niederlagen gegen Rom seine Attraktivität in der Spätantike durch eine mächtige Proselytenbewegung, die es lange zu einer ernsthaften Konkurrenz auch für das aufstrebende Christentum machte.

Erst der Sieg des Christentums als neue Staatsreligion des Römischen Reichs, der 391 vollendet war, und des Islam im Vorderen Orient ab 622 ratifizierte die doppelte Katastrophe der Judenheit und institutionalisierte ihre Existenz als seitdem geduldete bis verfolgte Minderheit im Geltungsbereich der beiden jüngeren Großreligionen. Das selbstgezimmerte »messianische Ghetto« blieb bestehen, denn immer wieder flammte in allgemeinen Krisensituationen die Hoffnung auf das nahende Ende der Welt mit dem Kommen des Messias auf. So formten die Ergebnisse dieser Aufstände für knapp zwei Jahrtausende wesentliche Bedingungen der jüdischen Existenz bis zur Neuzeit: den Untergang der eigenen, wenn auch zuletzt nur noch autonomen Staatlichkeit; den Verlust eines geschlossenen »nationalen« Siedlungskerns und der politischen wie geistig-religiösen Hauptstadt (Jerusalem); einen nach innen gerichteten Quietismus.

Antijüdische Stereotypen seit der Antike

In diesen vielfältigen Konflikten zwischen Juden und ihrer Umwelt prägten griechische und römische Autoren die klassischen Klischees des antiken Anti-Judaismus. Aus der Härte des Konkurrenzkampfes erklärt sich, daß die Feinde der Juden auch unsinnige, ja infame Lügen verbreiteten, die später in den christlichen religiösen Anti-Judaismus eingingen. Schon im milden Klima des ptolemäischen Ägypten hatte der Priester Manetho behauptet, die Juden beteten im Allerheiligsten ihres Tempels einen Eselskopf an. Später kam das Märchen vom angeblichen Ritualmord auf, begangen an nichtjüdischen Kindern zur rituellen Begehung des Passah-Festes. Da Blut jeder Art für Juden unrein ist, war diese Verdächtigung doppelt absurd.[60] Anfangs übertrug die »heidnische Umwelt« solche antijüdische Stereotypen auf das junge Christentum, sicher wegen seines jüdischen Ursprungs.

Die Mär vom Ritualmord spielte später im christlichen und im islamischen Volksglauben eine große Rolle, obwohl höchste kirchliche Autoritäten, vor allem Päpste, immer wieder dagegen angingen. Im christlichen Mittelalter kam die nicht minder absurde Legende von der Schändung christlicher Hostien in Christenblut hinzu. Wo solche Verleumdungen in Krisenzeiten oder vor Ostern auftauchten – oft verbreitet von Predigern der Bettelorden in den mittelalterlichen Städten, vor allem von Franziskanern und Dominikanern – dienten sie als Vorwand zu Pogromen gegen Juden oder ihrer Vertreibung aus Städten. Säkularisiert griff der moderne Antisemitismus solche Lügen auf und verbreitete sie weiter, zuletzt in Julius Streichers *Der Stürmer* im »Dritten Reich«.

Weit über die realhistorischen Wirkungen für die jüdische Existenz – das Große Exil – hinaus blieben bis zur Neuzeit die Nachwirkungen des jüdisch-griechisch-römischen Dreieckskonflikts auf geistig-ideologischer Ebene das Gift der Lüge und Vorurteile. Sie machten reale Probleme noch komplizierter und emotionaler. Die Selbstisolierung der Juden in ihrem »messianischen Ghetto« erklärt zwar, daß die Lügen entstehen und geglaubt werden konnten, da in der Tat wenig über das Judentum bekannt war, so daß auch die unsinnigsten und infamsten Verleumdungen ihre Abnehmer fanden. Heute aber gibt es keinen Vorwand, sie noch länger am Leben zu halten, wo immer sie, in noch so versteckter, modifizierter oder modernisierter Form wieder auftauchen mögen.

5. Jüdische Existenz III: Juden im Eurasischen Mittelalter

Der Zusammenbruch der griechisch-römischen Kultur auf dem Boden des Weströmischen Reichs und die halbe Rebarbarisierung entzogen dem antiken Zivilisationshochmut im lateinischen Europa seine Grundlage. Dagegen hielt er sich im schrumpfenden Byzanz, kombiniert mit der Angst vor den Barbaren aus dem Norden (Awaren, Südslawen, Petschenegen usw.). Die muslimischen Araber, Mauren und Sarazenen waren dem lateinischen Westen kulturell eher überlegen und militärisch zeitweilig stärker. Kontakte mit Schwarzen reduzierten sich noch weiter gegenüber der Antike. So hielt sich im europäischen Mittelalter die jüdische Problematik als Kontinuum des Proto-Rassismus existent.

Juden in Persien

In Persien, dem Ausgangsland der Toleranzpolitik des Kyros, hatten die Juden meist eine unangefochtene Stellung.[61] Nur das Buch Esther berichtet von einer Judenverfolgung unter den späteren Achämeniden, über die wir sonst nichts wissen. Seit der Babylonischen Gefangenschaft und der Rückkehr eines Teils der Juden in ihre jüdische Heimat war Babylonien der älteste Schwerpunkt der jüdischen Diaspora, von wo aus sie sich in zahlreiche Städte Persiens noch unter den Achämeniden ausbreitete. Durch den Verlust der nationalen Mitte in Palästina veränderte sich die Situation des Judentums auch außerhalb des Römischen Reiches. Dort fiel der ersten Diaspora, Babylon, wieder die anfänglich alleinige Schlüsselstellung zu, vor allem dank der Ausarbeitung des Talmud. Im Niedergang des Hellenismus seit Aufstieg des Partherreiches (247 v. – 224/7 n. Chr.) und erst recht im Sassanidenreich (224/7–642/51), gewannen die Juden ein stärkeres Profil. Sie erhielten die innere Autonomie mit einem obersten Repräsentanten, dem Exilarchen (»resh galuta«), eine Struktur, die an das spätere »millet«-System der Osmanen erinnert. Ökonomisch behaupteten sie sich, solange der Interkontinentale Fernhandel nach Indien und China anhielt. Die Konkurrenz des Zoroastrismus führte jedoch immer wieder zu Verfolgungen. Sie steigerte sich zur Repression und zu Massakern unter den Sassaniden Jezdegerd II. (438–457), Firuz (459–486) und Hormuz IV. (578–590).

Trotzdem ergriffen im säkularen Konflikt zwischen Byzanz und den Sassaniden die Juden Partei für die toleranteren Perser und begrüßten insbesondere die Eroberung Jerusalems durch die Perser als Befreiung. Die Perser überließen 614 den Juden das auch mit jüdischer Hilfe eroberte Jerusalem, wo sich ein Zelotenregime unter einem Führer mit dem ebenso symbolischen wie programmatischen angenommenen Namen Nehemia installierte. Die Folgen lassen sich ausdenken: Es kam zu Konflikten mit den nun seit fast 500 Jahren ansässigen Christen, so daß die Perser den Juden nach einiger Zeit die politische Führung wieder nahmen und den

Christen zurückgaben. Mit der Eroberung Mesopotamiens und Persiens durch den Islam ab 636 orientalisierten sich die Juden vollends.

Das arabisch-muslimische Mittelalter

Nach blutigen Anfangskonflikten, die sich noch unter dem Religionsstifter Mohammed gegen jüdische Araberstämme richteten, erkannte der Islam nach seinen Eroberungen jenseits seiner Ausgangsbasis, der Arabischen Halbinsel, die Juden als Anhänger einer »Buchreligion« an.[62] Wie die Christen hatten sie unter dem Islam eine insgesamt sichere Stellung, wenn auch nur als Untertanen zweiter Klasse. Die relative Toleranz fand ihre Weiterentwicklung im millet-System des Osmanischen Reiches als einer einzigartigen Form nichtterritorialer Autonomie für religiöse Minderheiten. Vom Judentum übernahm der Islam das absolute Verbot der bildhaften Darstellung Gottes und die Verehrung der biblischen Patriarchen und Propheten, einschließlich Jesus. Umgekehrt wurde der Islam beispielhaft für die äußere Kennzeichnung der religiösen Minderheiten, von denen das lateinische Christentum mit Vorliebe die Farbe Gelb für seine Juden übernahm.

Gleichwohl kam es auch unter dem Islam gelegentlich zu allerdings relativ isolierten Ausbrüchen gegen die Juden: In der Instabilität innerer Krisen und äußeren Drucks lösten militante Erneuerungsbewegungen (Fatimiden, Almoraviden, Almohaden) universale Konfliktmechanismen aus: Spannungen wurden an die schwächsten Glieder der Gesellschaft weitergeleitet, in diesem Fall die Juden: Im Fatimidenreich kam es unter dem Kalifen al-Hakim (1009–1021) zu blutigen Verfolgungen der Juden (aber auch der Christen). Nach der Auflösung des Kalifats von Córdoba 1031 und dem Beginn der christlichen Reconquista 1064 folgten erste Massaker an spanischen Juden in Granada 1066, später jeweils auch bei der Intervention der Almoraviden (1086) und Almohaden (1149) in Spanien zur Rettung der maurisch-muslimischen Herrschaft. Auch das mittelalterliche Marokko kannte zu verschiedenen Zeiten Perioden der Judenverfolgungen, von den Idrisiden bis in die Moderne.

Sonst stiegen Juden in muslimischen Großreichen, weit über das Kalifat von Damaskus bzw. Bagdad hinaus, zur klassisch ambivalenten Position als Finanziers und Steuereintreiber für die Krone auf. Jüdische Gemeinden in den Städten litten unter den großen Konflikten (Kreuzzügen) und Invasionen im muslimischen Mittelalter (Seldschuken, Turkmenen, Mongolen, Timur). Nach der Vertreibung der Juden aus Spanien 1492 und Portugal 1497 wurde das Osmanische Reich der wichtigste Zufluchtsort für sephardische Juden. Mit dem ökonomischen Abstieg des Orients und des Mittelmeerraums seit Europas Expansion in Übersee ab 1492 sank auch die Bedeutung der Juden im Orient bis zur Marginalität hinab. Ihre Stellung im lethargisch zurückfallenden Orient wurde welthistorisch irrelevant, während der Westen mit seiner neuen Dynamik zur faktischen Weltherrschaft strebte.

Juden in Byzanz

In Byzanz behaupteten zwar die Juden ihren Status der »religio licita«, mußten jedoch Verschlechterungen hinnehmen, die sich in periodischen blutigen Verfolgungen bei inneren und äußeren Krisen verschärften. In der Tradition des jüdisch-griechischen Konflikts seit der Antike blieb Byzanz konsistent antijüdisch: Die Aufhebung des jüdischen Patriarchats in Palästina 425, das nach der Zerstörung des Tempels die Judenheit zusammengehalten hatte, war ein erster schwerer Schlag. Kaiser Justinian I. (527–565) verbot 535 das Judentum in den zurückeroberten Gebieten, zunächst in Nordafrika, nach 554 auch in Südostspanien, und griff 553 mit einer Novelle direkt in religiöse Angelegenheiten der Juden ein. Immerhin gingen die Juden in Byzanz zum Griechischen als Sprache über und entwickelten einen eigenen Ritus. Vollends die römische Tradition der Toleranz der »religio licita« verließ das sich weiter gräzisierende Byzanz 608 mit der Alternative Zwangstaufe oder Tod, die 616 vom byzantinischen Spanien auch auf das westgotische Spanien übergriff. Zwangstaufen trieben die Juden in Antiochia 608 zu einem Verzweiflungsaufstand, der blutig unterdrückt wurde. Die Parteinahme der Juden für die Perser 614 beantwortete Kaiser Heraklios 629 mit ausgedehnten Massakern an den Juden nach der Rückeroberung Jerusalems. Das Ende des Ikonoklasmus 843 war begleitet von gewaltigen Ausschreitungen gegen Juden, gefolgt von erneuten Befehlen zur Zwangstaufe in den Jahren 873/74 und 943.

Seit dem Wiederaufleben des interkontinentalen Fernhandels verdrängte Byzanz, zusammen mit dem aufkommenden Venedig, etwa ab 950 die Juden aus dem lukrativen Mittelmeerhandel, der teilweise aus Handel mit meist slawischen Sklaven bestand. Juden litten besonders schwer unter dem Ersten Kreuzzug mit dem Massaker bei der Eroberung Jerusalems im Jahre 1099, in Konstantinopel durch die Errichtung des Lateinischen Kaiserreichs (1204–1261). Insgesamt begrüßten die Juden jede Schwächung des Byzantinischen Reiches, zuletzt auch die osmanische Herrschaft seit dem Fall Konstantinopels von 1453, da ihnen die Osmanen im millet-System größere Möglichkeiten einräumten. Die antijüdische Tradition der Griechen und ihrer Kirche ging auf die von Byzanz aus ab 988 christianisierten Russen über, vor allem auf das Großfürstentum Moskau, das Juden aus seinem Territorium von vornherein ausschloß.

Südarabien und Khasaren

Die Fluchtbewegung nach dem Fall Jerusalems (70) verstärkte die jüdischen Gemeinden außerhalb des Römischen Reiches, so vermutlich ältere Ansätze in Südarabien (Jemen), vielleicht auch im benachbarten Äthiopien, wo sich allmählich eine negride Judenheit entwickelte: die Falascha mit nur marginaler Bedeutung. In Südjemen nahmen die Könige des Himyarreiches um 400 das Judentum als Alternative zum byzantinischen Christentum an, weil diese Araber machtpolitische Ansprüche als Folge religiöser Anlehnung an ein so mächtiges Reich wie Byzanz fürchteten. Der Islam warf die Juden wieder in die Minderheitssituation zurück.

Aus entsprechenden Motiven entschieden sich später die Khasaren, ein turkmongolisches Volk aus Zentralasien, das sich nördlich des Kaukasus ein Reich gegründet hatte (ca. 626), für die Übernahme des Judaismus (ca. 740): Machtpolitisch eingekeilt zwischen Arabern und Byzanz, zogen sie die Juden als Vermittler einer Hochreligion vor, da sie keinen eigenen Staat hatten, also auch nicht machtpolitische Konsequenzen aus dem Judentum zugunsten eines jüdischen Staates ziehen konnten. Die noch junge Kiewer Rus zerstörte das judaisierte Khasarenreich (965). Flüchtlinge zogen gen Westen, wo sie teilweise Ansätze für spätere jüdische Gemeinden in der Ukraine und im südlichen Osteuropa bildeten. In der Neuzeit entstand eine Kontroverse um die historische Herkunft der osteuropäischen Judenheit, die weitgehend auf nach 965 geflohene Khasaren zurückgeführt wurde.[64]

Im quasi-rebarbarisierten lateinischen Europa des Mittelalters repräsentierten Juden Fragmente antiker Kulturkontinuität, schon durch die Schriftlichkeit ihrer eigenen Subkultur. In den geschrumpften Reststädten bewahrten sie das noch mögliche Minimum an Fernhandel zum Osten sowie als Handwerker einen Fundus an technischem Können. Andererseits wurden sie früh Opfer der Alternative Zwangstaufe oder Vertreibung, zuerst im Westgotenreich bald nach dem Übertritt der Westgoten vom Arianismus zur römischen Kirche im Jahre 589, seit 616 auch in Nachahmung des byzantinischen Beispiels auf spanischem Boden.

Aus dem Anspruch der römischen Kaiser seit der Niederwerfung des großen Jüdischen Aufstands, daß die Juden ihre Sklaven seien, entwickelte sich die Institution der Kammerknechtschaft der Juden gegenüber der Krone in den Nachfolgestaaten des (west)römischen Reiches. Die Juden rückten so in eine ambivalente Doppelstellung ein: Zwar wurden sie zu wirtschaftlichen, finanziellen und fiskalischen Funktionen für die Krone herangezogen, aber sie erhielten auch Schutz vor Verfolgungen und Ausbrüchen des Volkszorns über Praktiken, die sich aus ihrer quasi-staatlichen Funktion als Steuerpächter, Kronfinanziers usw. zwangsläufig ergaben. Am säkularen ökonomischen Aufschwung des lateinischen Europa seit der großen Konsolidierung 955/62 hatten Juden anfangs ebenso einen hervorragenden Anteil wie an der Vermittlung geistiger Traditionen aus der Antike (Aristoteles) über die Juden im maurisch-muslimischen Spanien. Allerdings eröffneten schon seit 950 Venedig und das absteigende Byzanz die schrittweise Verdrängung jüdischer Kaufleute aus dem wieder auflebenden Fernhandel im Mittelmeer.

Im europäischen Mittelalter lebten die Juden anfangs mit ihrer traditionellen Autonomie, weitgehend endogam, fast kastenmäßig abgeschlossen in eigenen Siedlungen außerhalb der wieder expandierenden oder neugegründeten Städte. Ihre Position war gegen Ende des 11. Jahrhunderts nicht unähnlich den Kolonien oder Niederlassungen fremder Kaufleute, die es seit dem Aufkommen eines weiträumigen Fernhandels überall und zu allen Zeiten gab. Ihre Privilegien fügten sich in die mittelalterliche Struktur der Sonderrechte und ständischen Strukturen. Die Juden waren aber nie richtig integriert. Sie hatten einen permanenten Fremdenstatus, sie waren Kaste, aber noch nicht Pariah (Kastenlose). Selbst manche äußeren Diskriminierungen, vor allem die Kleidervorschriften und der Zwang zum Tragen des »Gelben Flecks«, waren teils aus dem Kalifat übernommene Praktiken und fügten sich in mittelalterliche Kleidungsvorschriften zur äußeren Kennzeichnung der verschiedenen Stände. Dem biblischen Heiratsverbot für gläubige Juden mit Ungläubigen, das an den Rändern der Judenheit aber nie strikt eingehalten wurde, entsprach das kirchliche Eheverbot für Christen mit Juden (4. Laterankonzil 1215), das die soziale innere Klausur durch eine sehr viel mächtigere, von außen auferlegte soziale Schranke gegen die mittelalterliche Judenheit verstärkte. Allerdings: Traten Juden zum Christentum über, entfiel für sie und ihre Nachkommen jegliche Diskriminierung. Der mittelalterliche Anti-Judaismus war religiös, noch nicht »rassisch« begründet.

Die Kreuzzüge und ihre Folgen: Die beginnende Degradierung der Juden ab 1096

Die wirkliche Diskriminierung der Juden im Mittelalter begann erst später auf anderen Gebieten. In der historischen Konsequenz ist sie aber durchaus schon als Vorbereitung der modernen »Sonderbehandlung« der Juden im »Holocaust« des NS-Rassismus zu sehen: Jeweils nach traumatischen Katastrophen, mit massenhaften Zwangstaufen und Massakern, die oft ganze jüdische Gemeinden auslöschten, verschlechterte sich ihre Stellung im lateinischen Europa. Die blutigen Judenverfolgungen wirkten oft wie Blitzableiter für die unter inneren und äußeren Druck geratenen Gesellschaften.

Die entscheidende Zäsur sind die Massaker an Juden zum Auftakt des Ersten Kreuzzuges in Frankreich und in den Bischofsstädten des Rheinlands 1095/96, denen 1099 das Massaker an Juden in Jerusalem nach der Einnahme der Stadt folgte. Dem Zweiten Kreuzzug mit analogen Massakern in Frankreich 1147 ging die Wiederauflage des alten Vorwurfs des Ritualmords und der Hostienschändung voraus, die beide als Vorwand zum Massaker an jüdischen Gemeinden dienten. Das erste Beispiel ist 1144 in Norwich zu finden, der zweitgrößten Stadt des mittelalterlichen England.

Der mit den Kreuzzügen erstmals signalisierten Expansion Europas über das Mittelmeer und dem Triumph der Kirche nach innen und außen entsprachen, parallel zur gleichzeitigen Ketzerbekämpfung, scharfe Maßnahmen gegen die Juden auf dem 3. und 4. Laterankonzil von 1179 bzw. 1215. Die Bettelorden, vor allem die Franziskaner und Dominikaner, die zur Abwehr der apokalyptischen Ketzer gegründet waren, hetzten die städtischen Unterschichten immer wieder zu Gewalttätigkeiten gegen die »Feinde Gottes« in ihrer Mitte auf, gegen die Juden. Die Tage vor Ostern mit der aufwühlenden Erinnerung an die Passion Christi wurden fortan eine kritische Zeit für Juden im christlichen Europa.

Die Vertreibung der Juden aus England 1290 und Frankreich in zwei Anläufen 1306/14 und 1394 schufen neue Präzedenzfälle für den jahrhundertelangen Ausschluß der Juden aus den entstehenden nationalen Flächenstaaten. In beiden Fällen gehörte die Vertreibung der Juden zu den Anfängen der neuen Nationalmonarchien. In England gab die Ausschaltung der Juden als diskrete Geldquelle für die Krone dem Parlament Freiraum zum Aufstieg als der allein geldbewilligenden öffentlichen Institution: Der chronologische Zusammenhang zwischen dem Ausschluß der Juden (1290–1656) und dem Siegeszug des Parlaments ist unübersehbar.[64] Die allgemeine Katastrophe der Großen Pest setzte die destruktive Dynamik der chiliastisch-terroristischen Flagellanten in ausgedehnten Massakern gegen Juden frei, vornehmlich 1348/49 in Deutschland[65], aber auch in Frankreich und Ungarn. In Frankreich folgte 1394 die für Jahrhunderte endgültige Austreibung der Juden, in Ungarn nur die kurzfristige, bald wieder zurückgenommene von 1349/60 bis 1364.

Nach der Großen Pest wurden die überlebenden Juden im Reich durch immer wiederkehrende Vertreibung auf lokaler (Städte) und regionaler (Territorialstaaten) Ebene weitgehend aus den Städten aufs Land und in Kleinstädte verdrängt, parallel zum Aufstieg eines einheimischen deutschen Wirtschaftsbürgertums in den Städten. Um 1450 wurde auch Christen offiziell das Verleihen von Geld gegen Zins, der als »Wucher« bisher nur den Juden überlassen war, formell erlaubt: Das städtische Wirtschaftsbürgertum sah in Juden endgültig nicht mehr willkommene Entwicklungshelfer, sondern nur noch lästige Konkurrenten.[66] Analoge Vorgänge wiederholten sich, nach Ort und Zeit entsprechend den je nationalen Bedingungen abgewandelt, in anderen Ländern: in Spanien nach 1492, in Polen nach 1648, in Rußland nach 1791.

Seit dem europäischen Mittelalter war das Hin- und Herschieben von Juden durch Zulassung und Vertreibung stets ein kurz- oder langfristiges ökonomisches Rechenexempel: Zur Ankurbelung einer unterentwickelten Wirtschaft war der Jude als homo oeconomicus par excellence, aber auch als mehr oder minder notwendiges Übel, willkommen bis geduldet. Hatte der Jude seine Schuldigkeit getan, war die Wirtschaft in Gang gekommen, aber auch ein einheimisches Wirtschaftsbürgertum entstanden, mußte er wieder gehen. Die erste Welle von Verfolgungen als Auftakt zum Ersten Kreuzzug von 1095/96 fällt nicht zufällig mit dem ersten Vorspiel zu Europas Expansion in Übersee zusammen – den Kreuzzügen, die in Verbindung mit dem seit 955/1000 wieder auflebenden Interkontinentalen Fernhandel standen, aus dem die Juden sofort verdrängt wurden.

Die allmähliche Degradierung stieß die mittelalterlichen Juden seit 1095 vom privilegierten Wirtschaftsfaktor am Beginn des langfristigen ökonomischen und demographischen Aufschwung Europas zum verarmten und marginalisierten Subproletariat oder tendenziell zu ghettoisierten Pariah herab. Die Verdrängung aus allen »ehrbaren« Berufen ließ ihnen nur noch den Geldhandel offen, ferner den Klein- und Hausiererhandel. Die Juden verarmten in der Masse und sanken zu einer Art von halb vagabundierendem Subproletariat herab, so daß sie erst recht verachtet, gefürchtet und verhaßt waren. Zwangstaufen ab 1391 und »Blutreinheit« in Spanien schufen eine neue Qualität der Beziehungen, die schon auf die engere Vorgeschichte des Rassismus hinweisen. An der Schwelle zur Neuzeit sind sie buchstäblich ein Kapitel für sich.

III. Von der Vertreibung der Juden aus Spanien bis zum Amerikanischen Unabhängigkeitskrieg: Die engere Vorgeschichte des Rassismus (1492–1775)

Parallel zur Expansion Europas in Übersee entfaltete sich – auf der Basis allgemeiner proto- oder quasi-rassistischer Strukturen und Verhaltensweisen in der älteren Geschichte – der moderne euramerikanische Rassismus. Die große Zäsur für den Beginn der engeren Vorgeschichte des Rassismus ist daher das Epochenjahr 1492. Nicht zufällig hatte damals Spanien auf dem Sprung zu seiner Expansion eine führende Rolle inne – bei Bildung moderner Nationalstaaten, der Expansion Europas in Übersee und der Herausbildung des Proto-Rassismus –, bis andere westeuropäische Nationen es ablösten, vor allem Frankreich und England.

In der ersten extensiven Phase europäischer Expansion setzten Vorformen des euramerikanischen Rassismus beiderseits des Atlantiks noch zögernd ein. Während sich ältere Tendenzen seit dem Hochmittelalter im Verhältnis zu den Juden Europas vollendeten, trat der zweite große Strang des modernen Rassismus hinzu – das Verhältnis zu außereuropäischen Völkern, zugespitzt auf Afrikaner und Menschen afrikanischer Abstammung (»Schwarze«, »Farbige«, »Mulatten«). Zwischen Neuer und Alter Welt zeichnete sich eine bemerkenswerte Arbeitsteilung ab: Die Neue Welt lieferte realhistorische Bedingungen für Rassismus, vor allem die transatlantische Sklaverei. Dagegen übernahm die Alte Welt, wo die rasch anwachsenden Informationen aus der übrigen Welt zusammenliefen, ihre theoretisch-wissenschaftliche Verarbeitung. Als Nebenprodukt der sich anbahnenden naturwissenschaftlich-technischen Umwälzung ergab sich der Rassismus – Reflex der faktischen Weltherrschaft der Europäer und ihrer Nachkommen in Amerika, Australien, Neuseeland und Südafrika.

1. Historische Rahmenbedingungen

Dieselben welthistorischen Faktoren, die objektiv die Spitzenstellung der Europäer in der universalen »Rang- und Hackordnung« der Welt herbeiführten, erzeugten auch ihren subjektiven Reflex im Bewußtsein der Europäer, den Rassismus. Europäischer Proto-Imperialismus und moderner euramerikanischer Proto-Rassismus entsprechen sich. Historische Eckdaten sind die Jahre 1492 und 1775: die Vollendung der spanischen Reconquista, die Vertreibung der Juden aus Spanien, die Entdeckung Amerikas; der Beginn des Amerikanischen Unabhängigkeitskrieges auf der realhistorischen Ebene, der Umschlag des neuzeitlichen Rassenbegriffs seit 1684 zum beginnenden Rassismus auf der geistesgeschichtlichen Ebene. Neue Kontakte mit Völkern in Übersee drängten den bis 1492 im Proto-Rassismus seit der Antike dominierenden Anti-Judaismus zunächst relativ zurück. Juden in Übersee stiegen als Weiße in die Solidargemeinschaft der Euramerikaner gegenüber Indios-Indianern und Schwarzen auf. Anti-Judaismus bzw. Antisemitismus spielte daher in der Neuen Welt nur eine untergeordnete Rolle, während in der Alten Welt umgekehrt Schwarze zunächst marginal blieben.

*Expansion Europas in Übersee und die frühen Kolonial-
und Handelsreiche*[1]

Erst mit Europas Expansion in Übersee veränderte sich tiefgreifend die bisherige Verteilung der Groß-Gruppen in der Welt, vor allem mit der Besiedlung Amerikas durch Europäer. In Neu-Europa (Neu-Spanien, Neu-England usw.) traten sie in intimen Kontakt mit bisher unbekannten oder nur wenig bekannten Gruppen: Indios-Indianern bzw. Afrikanern. Die militärische, kulturelle und politische Überlegenheit der Europäer drückte sich in ihrer Herrschaft über diese nichteuropäische Bevölkerung aus: Die Sklaverei erzeugte Verachtung, die Aufhebung der Sklaverei durch Emanzipation den blanken Rassismus, der später auch auf die tropischen Kolonien der europäischen Kolonialmächte in Afrika und Asien übergriff.

Die materielle Grundlage der frühen Kolonialreiche war die Beherrschung der einheimischen agrarischen Bevölkerung (Mexiko, Peru). Ihrem Einsatz in Bergwerken (vor allem Silber) durch

Zwangsarbeit (»mita«) entsprach die Sklavenarbeit aus Afrika importierter »Neger« zum Anbau subtropischer Agrarprodukte, zunächst des Zuckerrohrs, um den steigenden Konsum der wachsenden Bevölkerung Europas mit steigendem Lebensstandard zu befriedigen. Für die anfangs nur in den Küstenregionen betroffenen Kontinente Afrika und Asien kam die Kontrolle des Fernhandels hinzu, der sich allmählich in Europa zum neuen Weltwirtschaftssystem umwandelte.

Eine besondere Dynamik entfaltete der Anbau von Zuckerrohr in der Neuen Welt. Er stellte eine erste spannungsreiche Verbindung zwischen den beiden Hauptsträngen des modernen Proto-Rassismus her: Führend unter den modernen agrar-feudal-kapitalistischen Unternehmern des Anbaus von Zuckerrohr und der Produktion von Rohrzucker waren Juden seit dem Mittelalter in Ägypten (11. Jahrhundert) und in der allgemeinen Westbewegung des von Europäern kontrollierten Zuckerrohranbaus durch das Mittelmeer und über den Atlantik. Ihnen verhieß der Aufbruch in die Neue Welt Wohlstand und Freiheit von den bedrückenden Bedingungen Spaniens und Portugals. Zugleich trugen sie zu den materiellen und sozialen Grundlagen des späteren Rassismus durch den Aufbau der Sklaverei bei.

In den Küstenregionen Schwarzafrikas, vor allem Westafrikas, und Indiens sowie im späteren Indonesien entstanden in und um Handelsniederlassungen der Europäer ebenfalls Mischbevölkerungen, die später eine komplizierte historische Dynamik entfalteten, insbesondere als Ansatzpunkte zur Modernisierung ihrer Gesellschaft. Die Gründung Kapstadts an der Südspitze Afrikas (1652) durch die Holländer, zunächst nur zur Versorgung niederländischer Schiffe zwischen Holland und Indonesien gedacht, stellte die Ausgangsbasis für den späteren institutionalisierten weißen Rassismus der Apartheid bereit, von der aus die Buren anfangs nach Osten bis zum Great Fish River und nach Norden bis zu den Drakensbergen expandierten. In den subtropischen Plantagenkolonien der Karibik und im Süden der englischen Kolonien Nordamerikas übernahmen Franzosen und Kolonisten die Plantagen-Sklaven-Wirtschaft der Spanier und ihre Rassen-Kasten-Gesellschaft.

Erst die Rassismusproblematik enthüllt eine schwerwiegende Konsequenz europäischer Einwanderung in der Neuen Welt: Die Hierarchisierung innerhalb aufeinanderfolgender Einwanderungswellen erzeugte eine quasi-rassistische, später offen rassistische Verachtung der neuen herrschenden Bevölkerung gegenüber verdrängten oder unterworfenen Ureinwohnern (Indios-Indianern) und zwangsimportierten schwarzen Sklaven sowie deren Nachfahren. Spätere Einwanderungswellen, meist aus Unterschichten der Alten Welt, ordneten sich den inzwischen als quasi-aristokratisch etablierten Führungsschichten (Konquistadoren, »Mayflower«-Adel) unter und fügten sich in verfestigte Macht- und Vorurteilsstrukturen ein. Am unteren Ende der Sozialpyramide erforderte die Selbstachtung »armer Weißer« (»poor whites«, »petits blancs«) eine zumindest latent rassistische Distanzierung von Angehörigen »niederer« »Rassen«: Einwanderergesellschaften waren automatisch Rassen-Kasten-Gesellschaften.

Der eigentliche Rassismus zeigte sich in den Unterschichten der Einwanderer: Während sich die reiche Oberschicht sozial eine patriarchalische Milde gegenüber den untersten Kasten der neuen Rassen-Kasten-Gesellschaft erlauben konnte, hatten die »armen Weißen« oft nicht mehr als ihre Hautfarbe, um sich von Indios, Mestizen oder »Negern« auf vergleichbarem Lebensstandard abzuheben. Es wiederholten sich, mutatis mutandis, dieselben Mechanismen und ihre Konsequenzen wie in der Antike zwischen Griechen und Juden, um die Wende vom Spätmittelalter zur Frühen Neuzeit in Spanien zwischen Juden und Conversos/»Marranen« bzw. Mauren und Moriskos einerseits, Christen andererseits: die Verachtung der unteren Einwandererschichten gegenüber den sozial unter ihnen stehenden Einheimischen bzw. »Negern« und »Mulatten«. Die USA brachten vor allem seit dem 19. Jahrhundert einen Rassismus hervor, der sich unter den Bedingungen der Industrialisierung im Zuge der Masseneinwanderung aus europäischen Völkern entwickelte, die in Europa ihrerseits auf den untersten Rängen der Entwicklungs- und Prestigehierarchie standen (Iren, Italiener, Slawen, »Ostjuden«). Israel im kleineren, Westeuropa im größeren Ausmaße erleben heute ähnliches: Israel mit verschiedenen Wellen einwandernder Juden auf unterschiedlichen sozioökonomischen Entwicklungsstufen sowie gegenüber Arabern; Westeuropa mit der »Gastarbeiter«-Problematik, die diese Staaten teilweise zu neuartigen industriellen Einwanderungsländern gemacht hat.[2]

Entdeckungen und Aufstieg der Naturwissenschaften

Die Flut neuer Kenntnisse, die mit den geographischen Entdeckungen und der Expansion Europas in Übersee hereinbrach, förderte den stürmischen Aufstieg der Wissenschaften und erzwang eine umfassendere, feinere Einteilung des wachsenden Wissensstoffes. Dazu gehörten Messen und Vergleichen sowie Abgrenzung durch Systematisierung. Linnés Klassifizierung der Tier- und Pflanzenwelt sowie die großen Enzyklopädien, vor allem die Diderots (ab 1751), sind nur die spektakulärsten Beispiele für diese neue Tendenz. Sie griff auch auf die allmählich entstehende Anthropologie über, die Wissenschaft vom Menschen im allerengsten Sinn. Hier wurde die alte (im Westen auf Platon und Aristoteles zurückgehende) Vorstellung von der »Großen Kette der Wesen« wichtig – die Abgrenzung der Stellung des Menschen nach unten gegenüber der Tierwelt.

Gleichzeitig erforderte die Entdeckung neuer Menschengruppen in Übersee die Überprüfung der biblischen Schöpfungserklärung. Neue Wörter versuchten, neue Sachverhalte auf den Begriff zu bringen: »Neger« (1516), »Mulatte« (1604), »Kaste« und »Mestize« (1615).[3] In der Neuen wie in der Alten Welt erfolgten Ende des 17. Jahrhunderts entscheidende Schritte hin zum erst rund ein Jahrhundert später durchbrechenden Rassismus: Um 1680 pendelte sich das Selbstverständnis der weißen Kolonisten in den nordamerikanischen Kolonien Englands gegenüber einheimischen Indianern und zwangsimportierten (schwarzen) Sklaven auf den neuen Begriff »Weiße« ein.[4] 1684 benutzte der französische Arzt und Reisende Bernier in seinem Versuch, Ordnung in das Menschen-Chaos in Übersee zu bringen, zum ersten Mal den schon älteren Schlüsselbegriff der »Rasse« (»race«) im modernen Sinn. Entscheidend wurde nunmehr die Definition: Was ist ein Mensch?

2. Jüdische Existenz IV:
Die Vertreibung der Juden aus Spanien und Portugal

Die Vertreibung der Juden aus Spanien 1492 und Portugal 1497 vollendete den Prozeß der Nationsbildung im westlichen Europa auf Kosten der Juden, wie dies schon zuvor in England 1290 und Frankreich 1394 geschehen war. Ihre weitere Vorgeschichte geht auf die Ankunft jüdischer Deportierter nach der Zerstörung Jerusalems (70) zurück und ist eng verwoben mit der wechselvollen Geschichte des mittelalterlichen Spanien.[5]

Die weitere Vorgeschichte (70–1391)

Die Juden beteiligten sich in Spanien an einem sozioökonomischen Aufschwung, der ihnen dank der Einwirkung heterogener Faktoren im mittelalterlichen Europa die glänzendste Stellung verschaffte. Zur romanisierten Provinzialbevölkerung traten sie – noch vor den Westgoten und Arabern-Mauren – als viertes großes Element in der Entwicklung Spaniens (und Portugals) seit dem Untergang Westroms hinzu. Gleichzeitig lassen sich an ihnen auf »nationaler« Ebene schon früher genannte universale Mechanismen ablesen. Hinzu kommt der auffällige Einfluß wechselnder Eroberer auf die Lage der Juden: Neue Herren brachten ihnen zunächst größere Freiräume, die sich allmählich in ihr Gegenteil umkehrten, bis neue Eroberer sie wieder befreiten usw. Mehr als in irgendeiner anderen »nationalen« Judenheit wühlte dieser Zyklus die spanischen Juden immer wieder auf.

Die arianischen Westgoten betrachteten die Juden anfangs als Verbündete gegen die katholischen Provinzialen. Einen ersten Rückschlag brachte die Rückeroberung Südostspaniens durch Byzanz (554–631), da es seine antijüdische Politik auf den eroberten Teil Spaniens übertrug. Anschließend wurden die Juden die Hauptopfer der ersten »nationalen« Einigung Spaniens im Frühmittelalter: Mit der Eroberung des Suebenreiches im Nordwesten der Iberischen Halbinsel 585 und dem Übertritt der arianischen Westgoten zum Katholizismus auf dem Konzil von Toledo 589 entfielen für die Westgoten die Gründe zur politischen Aufwertung der Juden: Die sprachlich-kulturelle und konfessionelle Homogenisierung von romanisierten Provinzialen und Westgoten eröffnete sofort die Diskriminierung der Juden mit ersten Beschränkungen, die noch das Konzil von Toledo erließ. Später folgten die Westgoten dem Beispiel der byzantinischen Konkurrenz zur Unterdrückung des Judentums: Wie zuvor Byzanz 604 konfrontierten sie die Juden 616 mit der Alternative Zwangstaufe oder Vertreibung. Spätere Könige hoben die Verfügung wieder auf. Seitdem wechselte das Westgotenreich mehrfach zwischen Zwangstaufen und Toleranz. Zuletzt verschlimmerte der Verdacht, sie wollten die Muslims aus Nordafrika zur Hilfe rufen, die Situation der Juden (694). Beim Zusammenbruch des Westgotenreichs 711 gab es keine offen praktizierenden Juden, aber zahlreiche Krypto-Juden, die die Araber-Mauren unterstützten.

Unter maurisch-arabischer Herrschaft verbesserte sich die Lage der Juden dank der allgemeinen Prosperität zunächst, im Kalifat der Omajaden bis 750 wie im Emirat-Kalifat von Córdoba (756/929–1031). Ihre wirtschaftlichen Schwerpunkte lagen im Handwerk, in der Landwirtschaft, dem Handel und in der Medizin. Jüdische und muslimische Wissenschaft in Córdoba gehörte damals zu den Spitzenleistungen des eurasischen Mittelalters. Im 12. Jahrhundert vermittelten jüdische Gelehrte über die »Übersetzerschule« von Toledo den von Arabern aus dem Griechischen übertragenen und somit geretteten Aristoteles nach Paris, in das größte Zentrum früher Gelehrsamkeit des lateinischen Westens.

Bald nach Auflösung des Kalifats von Córdoba 1031 begann der Abstieg der Juden im muslimischen Spanien, verschärft seit Beginn der systematischen Reconquista 1064: Innere Spannungen und Rivalitäten mündeten 1066 in ein erstes Massaker an Juden in Granada. Die Intervention der Almoraviden ab 1086 hielt die Reconquista noch einmal für über ein Jahrhundert auf. Aber als regionale Erneuerungsbewegung des Islam wandten sie sich in ihrem jungen Glaubenseifer mit gleicher Härte gegen Juden und Christen, so daß sich die Repression gegenüber Juden vor allem unter den Almohaden ab 1149 weiter verschärfte.

Solange ein gewisses Gleichgewicht zwischen muslimischen Mauren und Christen bestand – nicht-römisch-päpstlich geprägte Christen unter muslimischer Herrschaft (mozárabes), Muslims unter christlicher (mudéjares) –, konnten sich Juden auf beiden Seiten dem repressiven Druck durch den Übergang von der einen zur anderen Seite entziehen. So bot den Juden das Vorrücken der Reconquista die Chance, vor der muslimischen Repression im Süden durch Überwechseln zu den christlichen Königreichen in den

Norden auszuweichen. Dort wurden sie zunächst freundlich aufgenommen und wegen ihrer handwerklichen, kommerziellen und allgemein wissenschaftlichen Fähigkeiten hoch geschätzt. Daher errangen die Juden wieder eine glänzende Stellung in den expandierenden Staaten Kastilien, Aragon, Portugal. Beim Fortschreiten der Reconquista blieben sie in den von den Christen eroberten Städten unangefochten und erhielten eine Bestätigung ihrer vorhandenen Rechte.

Nachdem die vereinigten christlichen Königreiche die Almohaden 1212 bei Las Navas de Toloso entscheidend geschlagen hatten und die muslimische Herrschaft bis auf das Königreich Granada anschließend rasch zusammenbrach, entfielen wieder die politischen Rücksichten auf die vorher umworbenen Juden. Nach 1235 kam es in Aragon unter dem Einfluß der Dominikaner und beispielhafter Präzedenzfälle in Frankreich, später auch in Kastilien, zu ersten Restriktionen gegenüber den Juden.

*Die engere Vorgeschichte: »Conversos«, »limpieza de sangre«,
Inquisition (1391–1492)*

Allen Restriktionen zum Trotz hatten die Juden auf der Iberischen Halbinsel im Vergleich zur gesamten Judenheit die glänzendste Stellung. In der ritterlich-kriegerischen Reconquista-Gesellschaft stellten sie faktisch allein das städtische Bürgertum – Kaufleute, Handwerker, Ärzte, Gelehrte, Finanziers, Steuerpächter. Ihre Finanzkraft öffnete ihnen Einfluß am Hof; in den Städten spielten sie eine wichtige Rolle in der Mittel- und Oberschicht. Ihre einflußreiche Position im sensiblen Bereich der Stadtkultur und der modernen Finanz- und Wirtschaftssektoren setzte den seit dem jüdisch-griechischen Konflikt der Antike bekannten Mechanismus wieder in Gang: Ab 1391 erneuerten pogromartige Massaker gegen Juden, ausgehend von Toledo, im Rückgriff auf den westgotischen Präzedenzfall von 616 die Alternative Zwangstaufe oder Exil und schufen für die Juden, die sich der Zwangstaufe unterwarfen, die neue Situation der »Neu-Christen« oder »Conversos«.

»Neu-Christen« wurden, ob zu Recht oder zu Unrecht, von »Alt-Christen«, bald auch von solchen »Neu-Christen«, die es mit dem Übertritt zum Christentum ernst meinten und die Unsicherheit ihrer eigenen Position durch christlichen Übereifer abwehren wollten, beschuldigt, insgeheim und im Untergrund den jüdischen Glauben weiter zu praktizieren. Conversos wurden daher oft die schärfsten Verfolger ihrer ehemaligen jüdischen Religionsgenossen. Tomás de Torquemeda (1420–1498), der erste Groß-Inquisitor der spanischen Inquisition (1483–98), ist vielleicht das herausragendste Beispiel. Er leitete nicht nur die erste, besonders intensive Welle von Prozessen gegen Conversos, sondern drängte auch energisch auf die Eroberung Granadas wie auf die Vertreibung der Juden von 1492. Auch einige Exponenten der scharf antijüdischen Polemik innerhalb der spanischen Literatur der Frühen Neuzeit waren »Neu-Christen«.[6]

Nach den Massakern und Zwangstaufen von 1391 traten Conversos an die Stelle der durch Zwangstaufe und Auswanderung numerisch stark reduzierten Juden. Die Conversos assimilierten sich teilweise mehr oder minder rasch. Andere blieben in ihren alten Quartieren meist in Gruppen zusammen und behielten als Sub-Gesellschaft einige Merkmale ihrer früheren Religionsgemeinschaft bei – weithin die Endogamie, die Bewahrung einer eigenen Identität, irgendwo zwischen Juden- und Christentum. Bei ihnen dürfte das Phänomen des Krypto-Judaismus am ehesten anzutreffen gewesen sein. Als »Neu-Christen« waren sie von älteren Beschränkungen gegen die Juden befreit und nahmen rasch einen atemberaubenden Aufstieg in der spanischen Gesellschaft. Da sich reiche Conversos oft mit Adelsfamilien verbanden – bis in die höchsten Spitzen der Aristokratie und der königlichen Familie –, beeinflußten Conversos und Juden im späten 15. Jahrhundert tatsächlich weite Teile der spanischen Gesellschaft – die Städte allemal, die komplexeren und lukrativeren Sektoren der Wirtschaft, Finanzen und Steuern, sogar einen Teil des höheren Klerus. Die Zwangstaufen von 1391 hatten also den Alt-Christen nichts genutzt. In neuer Gestalt dominierten »Juden« – Religionsjuden oder getaufte Juden – nach zwei Generationen wieder über große Teile der Alt-Christen.

Innerkastilische Bürgerkriege brachten zusätzliche Spannungen. In Toledo provozierte eine königliche Sondersteuer einen Steueraufstand, der sich zum Pogrom gegen die Conversos steigerte (1449). Sie wurden gefoltert und wegen ihres (erpreßten) Bekenntnisses zum Judentum verbrannt. Anschließend erließ der Kommandant des Alcazar von Toledo, Pedro Sarmiento (ca. 1400 – 1464), ein besonderes Statut (»Sentencia-Estatuto«) gegen die Conversos mit seitdem berühmt-berüchtigten Bestimmungen über die »Blutreinheit« (»limpieza de sangre«): Von öffentlichen Ämtern wurde ausgeschlossen, wer bis zur dritten Generation auch nur einen jüdischen (oder maurischen) Vorfahren hatte.[7]

Schon bald nach seiner Gründung (1158/64) hatte der erste geistliche Ritterorden der Iberischen Halbinsel, der Calatrava-Orden, erstmals diese Regel für die Aufnahme in den Orden eingeführt, gemäß dem Reinheitsgebot des Adels, der gleichzeitig nachzuweisen war. Das Toledo-Statut von 1449 war von unten erzwungen, im Interesse alt-christlicher Adliger und Bürger, gegen die »Conversos«-Konkurrenz, gestützt auf städtische Unterschichten, die ohnehin überwiegend alt-christlich waren. Es wurde von Krone und Papst zwar sofort wieder aufgehoben und bekämpft. Trotzdem verbreitete sich das neue Prinzip im Laufe eines Jahrhunderts in Spanien, von Stadt zu Stadt, meist mit pogromartigen Volksaufständen gegen die Conversos verbunden und auch auf Ämter des höheren Klerus übergreifend: »Raza«, im Sinne von »reiner« Abstammung, wurde allmählich zumindest nominell das entscheidende Kriterium in der spanischen Gesellschaft.

Bald drängten militante Neu-Christen in »jüdischem Selbsthaß« auf die Wiedereinrichtung der alten päpstlichen Inquisition unter staatlicher Kontrolle zur besseren Unterscheidung von wahren und falschen Neu-Christen, die insgeheim Krypto-Juden geblieben waren. Die Prozesse der Inquisition ab 1483 waren ein prozeduraler Fortschritt gegenüber den pogromartigen Exzessen von unten, welche die Erzwingung der »limpieza de sangre« sonst zu begleiten pflegten. Aber auch so waren ihre Methoden hart, ihre sich oft jahrelang hinschleppenden Verfahren in ihren sozialen Konsequenzen verheerend: Wer auch immer mit der Inquisition in Berührung kam, galt, selbst wenn er überlebte, als gebrandmarkt, ebenso seine Nachfahren bis in die dritte und vierte Generation. Die Büßerhemden (»Sambenitos«) der Betroffenen hingen oft noch für Generationen ausgestellt in spanischen Kirchen.[8]

So hatte sich aus innerspanischen Konflikten innerhalb der Conversos sowie zwischen Alt- und Neu-Christen das neue Prinzip der »Blutreinheit« in der kastilisch-aragonesischen Gesellschaft, geringer in Portugal durchgesetzt. Mit der indirekten Überwachung der »limpieza de sangre« durch die Inquisition trugen Juden und ihre Converso-Nachfahren wieder die sozialen Kosten einer nationalen Einigung: Die Inquisition war die erste und lange auch einzige gesamtspanische Institution. Die Verfolgung der Conversos war noch immer religiös begründet. Aber das Prinzip der »Blutreinheit« hob die von Diskriminierung und Verfolgung befreiende Wirkung der Taufe auf und führte erstmals tatsächlich in der Praxis einen Proto-Rassismus ein, u. a. durch die Kategorie von (noch nicht so genannten) Halb-, Viertel- und Achteljuden. Die Assimilation wurde formal erst nach der dritten Generation akzeptiert, so daß sich das »Converso«-Problem für die spanische Gesellschaft eigentlich nach einem Jahrhundert hätte erledigen müssen. Tatsächlich entfaltete aber das Prinzip der »Blutreinheit« eine selbstzerstörerische Eigendynamik, die weit über den ohnehin schon langen Zeitraum von drei Generationen oder einem Jahrhundert reichte. Seine unbestimmt selektive Anwendung verstärkte sie noch, da Fälschungen, Rechtsunsicherheit und Verdächtigungen jeder Art um sich griffen.

Vertreibung aus Spanien und Portugal

Erst recht zusammen mit den Conversos bildeten die Juden noch immer einen mächtigen Faktor, der zusehends als Gefahr für die werdende nationale Einheit galt. Um die Conversos endgültig von den Juden zu trennen, ergriff die spanische Krone 1492 nach ihrem Triumph über Granada die radikalste Maßnahme – Vertreibung der Juden. Wie 1391 erneuerte sie die klassische Alternative Zwangstaufen oder Exil. Auch jetzt fiel die Befolgung des Edikts unter den Juden unterschiedlich aus: Ein Teil unterwarf sich, wurde also zu Conversos; andere gingen ins Exil, viele flohen nach Portugal, wo sie aber nur acht Monate bleiben durften. Auswanderer nach Nordafrika wurden teilweise mißhandelt, ausgeraubt oder in die Sklaverei verkauft, so daß einige, bettelarm, nach Spanien zurückkehrten und sich doch der Taufe unterwarfen. Der Sultan des Osmanischen Reiches lud spanische Juden in sein Reich ein, ähnlich wie dies 1349 Kasimir III. mit Juden aus Deutschland während der Großen Pest angeboten hatte. Bayazid II. konnte es nicht fassen, daß die spanischen Majestäten ihre produktivsten Untertanen selbst auswiesen.

Spanien wachte darüber, daß die Ausgewiesenen in christlichen Ländern keinen Unterschlupf fanden. Unter seinem Druck entschloß sich Portugal aus politischen Gründen (dynastische Heirat und Bündnis) nach anfänglichem Schwanken zu einer der Vertreibung analogen Maßnahme: Die portugiesischen Juden wurden –

ohne die Alternative der Auswanderung – in einer Blitz- und Massenaktion gewaltsam zum Taufbecken gezerrt. Strikte Ausreiseverbote sollten verhindern, daß sie sich mit ihren Kenntnissen und Reichtümern durch Flucht entzogen. Formal gab es nach 1497 keine Juden in Portugal mehr. Dafür handelte sich Portugal das noch massivere Problem der »Marranen« (= Schweine) ein – zwangsgetaufte Juden und ihre Nachfahren, die hinter der Fassade erzwungenen Christentums ihr Judentum fast offen weiter praktizierten.[9]

Für Spanien schien sich das Converso-Problem im Lauf der Generationen durch resignierende Assimilation trotzdem weitgehend zu lösen. Aber die Personalunion mit Portugal (1580–1640) – scheinbar der Höhepunkt spanischer Expansion – riß die langsam heilenden Wunden wieder auf, denn portugiesische »Marranen« strömten nun nach Spanien ein. So schleppte sich die innere Paralyse aus Zwangstaufen, »Blutreinheit«, Inquisition und Vertreibung nochmal um Jahrhunderte weiter: Portugal hob seine Blutreinheits-Gesetze erst 1773 auf; Spanien, nach einem steckengebliebenen Anlauf zu einer pragmatischen Handhabung (1623), formell erst im Laufe des 19. Jahrhunderts.

Das Opfer der iberischen Judenheit auf dem Altar angeblicher nationaler Einigung hatte für die weitere Entwicklung zum Rassismus dreifach langfristige Wirkungen – auf Spanien und Portugal; auf die Judenheit generell; auf den allmählich heranreifenden Proto-Rassismus in der Neuen wie in der Alten Welt.

Die Vertreibung der Juden aus Spanien machte Spanien äußerlich »judenrein«, wie es später im Jargon des deutschen NS-Rassismus hieß, aber nach innen vergiftete sich die spanische und portugiesische Gesellschaft selbst, durch eine Flut von Denunziationen, Prozessen, Exekutionen, durch generelle Unsicherheit. Die iberischen Nationen fügten sich zu Beginn ihres weltweiten Aufschwungs selbst die entscheidende innere Wunde zu, die teilweise ihre spätere Schwäche erklärt. Spanien und Portugal wurden erste moderne Beispiele für die katastrophalen Folgen des Einheits- und Reinheits-Wahns: die Selbstverstümmelung und -vergiftung ganzer Gesellschaften.

Die Flüchtlinge aus Spanien bildeten die Grundlage für sephardische Gemeinden, zunächst nur in muslimischen Ländern, vor allem im Osmanischen Reich. Sephardim zogen vor und nach der Eroberung durch die Osmanen im Jahre 1516 nach Palästina und verstärkten die sich dort allmählich wieder ansiedelnde jüdische Bevölkerung. In christlichen Ländern ließen sich nur (spanische) Conversos und (portugiesische) »Marranen« nieder, denen es durch Sondererlaubnis (Geschäfte, Pilgerfahrten) oder Flucht irgendwie gelungen war, Spanien bzw. Portugal zu verlassen. Erst lange nach der Reformation konnten sie sich wieder offen zum Judentum bekennen, in Hamburg 1612 und Holland 1615.

3. Die spanische Kolonialherrschaft: Die erste moderne Rassen- Kasten-Gesellschaft (1492–1826)

Das Umschlagen vom religiösen zum rassischen Anti-Judaismus zum modernen Rassismus im spätmittelalterlich-frühneuzeitlichen Spanien ist als Ausgangspunkt grundlegend für die weitere Entwicklung in den nationalen Hauptzentren des zur Weltherrschaft drängenden europäischen Machtzentrums. Mit dem Rückgang der machtpolitischen Bedeutung Spaniens seit dem Pyrenäenfrieden (1659) zugunsten der neuen See- und Kolonialmächte England, Frankreich und Holland schwand auch der initiierende Einfluß Spaniens für die Entwicklung zum modernen Rassismus. Jedoch lieferte Spanien mit der »limpieza de sangre« eine wesentliche Grundlage, wenn auch nicht für die Alte Welt, wo das Prinzip bald als Absonderlichkeit einer erstarrten und stagnierenden Gesellschaft eher belächelt wurde. In der Neuen Welt jedoch galt die »Blutreinheit«. Im spanischen Kolonialreich durften nur »reinblütige« Spanier bzw. ihre Nachfahren – als (weiße) »Kreolen« tunlichst »reinrassige« Nachfahren der Konquistadoren – öffentliche Ämter bekleiden. So kamen die Prinzipien des zuerst in der Alten Welt primär gegen Juden (sekundär gegen Moriskos) praktizierten Proto-Rassismus in die Neue Welt und wurden nun gegen die Masse der Indios, Mischlinge und die aus Afrika zwangsimportierten Sklaven (»indios y castas«) gewendet. Die »Blutreinheit« wurde zur elementaren Grundlage der ersten modernen Rassen-Kasten-Gesellschaft der Neuzeit, die ihrerseits die schwarz-weiße Dimension des modernen Rassismus prägte. Seit dem 17. Jahrhundert veränderte sich in Iberoamerika das Rassen-Kastenprinzip freilich in Richtung auf soziokulturelle Unterscheidungsmerkmale und nicht mehr primär ethnisch-»rassische«.

Stärker als das kleinere Portugal mit seinen 1,5 Millionen Einwohnern wirkte das größere und mächtigere Spanien bei der Errichtung seines riesigen Kolonialreiches stilprägend für die Kombination subtropischer agrarischer Kolonialprodukte (Zucker; Tabak) mit Silberbergbau (Mexiko, Peru), Zwangsarbeit für Indios (»mita«) und Sklaverei für Schwarze. Mit der Übertragung der »Blutreinheit« auf die Neue Welt stand auch ein Instrument zur Hierarchisierung der entstehenden neuen Rassen-Kasten-Gesellschaft aus der Alten Welt bereit.[10]

Indios und Indianer

Der Zusammenprall mit den technisch und zivilisatorisch weit überlegenen Europäern wurde für die Urbevölkerung Amerikas zur traumatischen Katastrophe. Indios und Indianer waren sozial wie politisch atomisiert, ihre Stämme und Ethnien untereinander verfeindet. Kulturell reichte die Spannweite in der Entwicklungshierarchie von Wilden über Barbaren bis zu Stufen der Zivilisation (Azteken, Mayas; Inka). Entsprechend dem enormen Zivilisationsgefälle konnten die Ureinwohner gegen die Europäer kaum effektiven Widerstand leisten. Die von den Reichsvölkern (Azteken, Inka) ausgebeuteten, als Schlachtopfer zur Besänftigung der erzürnten Götter zur Ader gelassenen Stämme halfen bereitwillig beim Sturz der verhaßten Zwangsherrschaft durch die Spanier. Die zivilisatorisch-technische Überlegenheit der Europäer war tatsächlich überwältigend. Ihre Ankunft erfüllte zudem alte Prophezeiungen, daß weiße Götter vom Osten über das Meer kommen und die Reiche der Azteken und der Inkas vernichten würden. Nun herrschten die weißen »Götter« tatsächlich über die demoralisierten Indios. Das Prinzip der Zwangsarbeit übernahmen die Spanier von den einheimischen Imperien, an deren Stelle sie sich als neue Herrscher setzten.

  Für Columbus waren die Indios der Karibischen Inseln geeignet als Sklaven, die er nach Spanien zu transportieren anbot. Der Plan zerschlug sich; ebenso scheiterten Versuche der Spanier, die Kariben auf Plantagen und in Bergwerken zu schwerer körperlicher Arbeit heranzuziehen. Die meisten waren Wilde, ohne die Kenntnis systematischer und länger anhaltender Arbeit und daher konstitutionell und psychisch unfähig zu der ihnen zugedachten Tätigkeit. Da sie rasch an den von den Europäern mitgeschleppten, ihnen unbekannten Krankheiten, in Massakern bei Verzweiflungsaufständen oder einfach unter den ihnen ungewohnten und verhaßten Lebens- und Arbeitsbedingungen starben, wurden bald schwarze Sklaven aus dem tropischen Afrika eingeführt, die bereits an systematische Arbeit, zumal in heißem und feuchtem Klima, gewohnt waren. Nur im zentralamerikanischen Hochplateau Mexikos, dem zentralamerikanischen Tiefland, Ecuador, Zentralkolumbien und in den Anden im heutigen Peru und Bolivien hatten sich Schwerpunkte intensiver Landwirtschaft herausgebildet. Dort hatten Bauern unter den Bedingungen der Zwangsarbeit und der aristokratischen Herrschaft die Grundlage für prä-columbische Hochkulturen geliefert. Mexiko und Peru wurden daher nach den Großen Antillen mit dem Schwerpunkt Kuba die Hauptzentren spanischer Kolonialherrschaft. In beiden fügte die Entdeckung reicher Silberminen 1548 und 1557 der agrarischen Basis schon früh eine vor-industrielle Dimension hinzu.

In der »Eingeborenenpolitik«, d. h. in der Behandlung der Indios, spiegelte sich die Spannung zwischen einer theoretischen Anerkennung der Indios als Menschen durch die Kirche und einer harten Ausbeutungs- und Herrschaftspraxis der Konquistadoren vor Ort wider. Wohlgemeinte Versuche der spanischen Zentralregierung zum Schutz der Indios vor allzu harter Ausbeutung stießen auf den erfolgreichen Widerstand der Konquistadoren. Der Konflikt zwischen den Konquistadoren und der weit vom Schuß residierenden Krone wurde zum Präzedenzfall für spätere analoge Spannungen zwischen einer wohlmeinenden, aber in den Augen der Kolonisten zu weichen, »unpraktischen« Zentrale im Mutterland und der Alltagspraxis im Interesse der Kolonisten: Die härtesten Rassisten waren oft Siedler und Kolonisten an der vordersten Ausbeutungsfront, wie später in Südafrika und Algerien. In den Mutterländern oder im zivilisierten Hinterland (z. B. den USA) entstanden dagegen Bewegungen zur Abschaffung der Sklaverei bzw. der Kolonialherrschaft.

Negersklaverei und Transatlantischer Sklavenhandel (1505–1888)

Die Spanier übertrugen das auf den Afrika vorgelagerten Inseln (Azoren, Madeira, Kanarische Inseln) schon im kleinen Maßstab erprobte Modell (Zuckerplantagen und Sklaverei) auf die Neue Welt, auch hier zunächst in geringerem Umfang. Außerhalb Mexikos und Perus bauten sie ihre subtropische Agrarproduktion für den expandierenden europäischen Markt (zunächst vor allem Zucker und Tabak) anstelle der weithin untauglichen Indios mit afrikanischen Sklaven auf. Der Teilungsvertrag von Tordesillas (1494) zwang die Spanier ab 1505, die Anlieferung schwarzer Sklaven aus Afrika den Portugiesen zu überlassen. Der Transatlantische Sklavenhandel veränderte mit einem wachsenden Strom schwarzer Sklaven – nach neuesten, realistischen Schätzungen kamen knapp zwölf Millionen Sklaven tatsächlich in der Neuen Welt an[11] – die ethnische (»rassische«) Zusammensetzung Amerikas. Zu den Indios traten zwangsimportierte Negersklaven als neue Unterschicht. Der neue Begriff »Negro«, seit 1516 überliefert, gewann rasch pejorative Bedeutung durch die faktische Gleichsetzung mit »Sklave«. Engländer und Franzosen übernahmen bei ihrer Expansion in die Neue Welt die vorgegebenen Strukturen und machten sie zur Grundlage ihrer je eigenen Kolonialgesellschaften.

Als moderne Variante der universalen Institutionen Sklaverei und Sklavenhandel und zugleich als Spezialform der allgemeinen Expansion Europas in Übersee sind der Transatlantische Sklavenhandel und die Sklaverei in der Neuen Welt aufs engste mit der Geburt des modernen Rassismus verknüpft: Der gewaltige soziale Abstand zwischen weißem Herrn und schwarzem Sklaven – bei gleichzeitigem engen Zusammenleben, vor allem im Herrenhaus der Plantage – brachte eine Mischbevölkerung hervor und ließ bei den weißen Herren den Impuls zur Errichtung sozialer Schranken entstehen, um ihre Exklusivität, Privilegien und Macht zu erhalten. Seit Edward Long (1774) diente der kulturelle Tiefstand von Negersklaven in der Neuen Welt als Standardargument für die angebliche Minderwertigkeit der Schwarzen.[12] So erklärt sich auch die Gleichsetzung von Schwarzen = Sklaven = Angehörige einer »minderwertigen« Rasse gegenüber der weißen »Herrenrasse«.

Allerdings ist ein schwerwiegender Unterschied zu beachten: Die Verachtung der Schwarzen trat bis zum 19. Jahrhundert nur in der Neuen Welt auf. An den Küsten Schwarzafrikas lernten europäische Kaufleute und Seefahrer unter den Bedingungen des Transatlantischen Sklavenhandels »Schwarze« als ebenbürtige Geschäftspartner kennen, zumal die politischen Autoritäten Afrikas stets eifersüchtig über Wahrung und Anerkennung ihrer Souveränität über dem Grund und Boden wachten, auf dem »ihre« Europäer Handelsforts und -niederlassungen gründeten. Der Unterschied zwischen Amerika und Afrika bestätigt die Bedeutung der Sklaverei für die Geburt des Rassismus.

Die spanische Kolonialgesellschaft: »Rassen« und Kasten

Die Spanier erlaubten 1514 ihren Landsleuten, Indios zu heiraten, ein Jahr später den Indios, Spanier zu heiraten. Der einheimische Indio-Adel wurde dem spanischen »hidalgo« gleichgestellt und tendierte zur kulturellen wie sozialen Assimilation. Dennoch errichtete die spanische Kolonialherrschaft durch die Übertragung der »limpieza de sangre« auf die Neue Welt gegenüber Mestizen und Schwarzen sowie deren Mischlingen mit Weißen eine neue soziale Barriere: Erstmals entstand im großen Ausmaß eine neue Rassen-Kasten-Gesellschaft auf der Grundlage äußerlicher, sofort ins Auge springender physischer Unterscheidungsmerkmale, die auch als Kriterien zur Festlegung der Stellung des Individuums in der Gesellschaft dienten. So bildeten sich elementare menschliche, soziale und geistige Praktiken heraus, die später zunächst Franzosen und Engländer theoretisch verarbeiten und systematisierten, ohne allerdings zu beachten, daß die meist uneheliche Abstammung der Mischlinge ein mindest ebenso starkes Kriterium zur Bestimmung ihrer Stellung in der Gesellschaft war.

Für die einzelnen Schichten benutzten die Spanier bald das Wort »casta« (Kaste), das ursprünglich die Portugiesen zur Umschreibung der Verhältnisse in Indien geprägt hatten. Die Spitze der Gesellschaftspyramide nahmen die wohlhabenden Weißen ein – Kolonialbeamte als Vertreter der spanischen Krone einerseits, »weiße« Kreolen als »rassenreine« Nachfahren der Konquistadoren gemäß dem Prinzip der »limpieza de sangre« andererseits. Beide Gruppen gerieten jedoch in wachsenden Konflikt miteinander, u. a. weil die Kreolen gegenüber Indios, Negersklaven und deren Mischlingen eine härtere Politik vertraten als die spanischen Kolonialbeamten. Ihre quasi-oligarchische Abschließung unterstrich seit 1524 die Verleihung von Adelsrechten an Spanier, die nach Hispaniola auswanderten.[13]

Der Konquistadoren-Kreolen-Elite nachgeordnet waren die weniger wohlhabenden Weißen, die den Sprung in die oberste Kaste nicht schafften. Ihr Bedürfnis zur Abgrenzung nach unten gegen die anders-»rassigen« Kasten war, geht man von der Psychologie moderner Einwanderungsgesellschaften aus, besonders stark. Sie drängten daher nachdrücklich auf die Abschließung gegenüber Mestizen und »Mulatten«, den ehelichen wie unehelichen Kindern weißer Einwanderer mit einheimischen Frauen oder Negersklavinnen.

So schoben sich allmählich neue Zwischen-Schichten (»castas«) aus Mischlingen unterschiedlicher Herkunft und unterschiedlichen Vermischungsgrades zwischen die untersten Kasten der einheimischen Indios und der importierten Negersklaven. Die Spanier kannten für jede denkbare Mischung – Indios mit Weißen oder Schwarzen, Schwarze mit Weißen usw. – Abstufungen gemäß der Hautfarbe, in den Bezeichnungen und im gesellschaftlichen Prestige: Die Grundeinteilung lieferte die simple Fraktionierung – Halb-, Viertel-, Achtelweiße (»mestizo«/»mulatto«; »cuartareno«, »octareno«) mit allen nur möglichen Variationen.[14] Auch diese Differenzierungen übernahmen später Engländer und Franzosen in ihren Rassen-Kasten-Gesellschaften, allerdings vereinfacht durch die Tatsache, daß Indios-Indianer meist ausgeschlossen blieben, so daß sich »quarteroon« und »octoroon« nur noch auf Mischlinge schwarz-weißer Herkunft bezog.

Innerhalb der Mischlingsbevölkerung bestimmte sich die Stellung in der Rassen-Kasten-Gesellschaft nach dem persönlichem Status (frei oder Sklave) und dem Helligkeitsgrad der Haut: Je höher der Anteil »weißen« »Blutes«, desto höher stand ein Mischling in der Gesellschaftspyramide, erst recht wenn er schon frei war. Im Unterschied zu Angloamerika waren in Hispanoamerika Mischlinge aufgrund der liberalen Freilassungspraxis meistens Freie. Auf Jamaika galt im 18. Jahrhundert die Regel, daß nach der dritten Generation, also nach dem Stadium des »Achtelnegers«, ein Individuum als »weiß« galt: In den spanischen Kolonien dürfte die Praxis ähnlich gewesen sein.

Auf der untersten Stufe standen, ungefähr gleichrangig, nichtadlige Indios und schwarze Sklaven, jeweils mit erheblichen sozialen Unterschieden. »Wilde« Indios auf der Stufe der Jäger und Sammler gehörten nur peripher zur Kolonialgesellschaft. Falls sie nicht ausstarben oder ohnehin in der Isolierung unzugänglicher Rückzugsgebiete lebten, gerieten sie nur passiv in die Kolonialgesellschaft. Grundsätzlich anders war die Lage der seßhaften Bauernbevölkerung in den alten prä-columbischen Zivilisations- und Machtzentren Mexiko und Peru. Sie erhielten immerhin 1514 grundsätzlich die Erlaubnis, Europäer zu heiraten. Es gab also kein Heiratsverbot für Indios, aber Mischlinge (»Mestizen«) galten weniger als »reinrassige« oder »reinblütige« Europäer bzw. »weiße« Kreolen.

Bei den afrikanischen Sklaven verwischten sich in der Sklaverei ethnische Unterschiede meist mehr oder weniger rasch. Erst als im 19. Jahrhundert große Teile eines Volkes als Sklaven nach Südamerika kamen – schon nicht mehr in die spanischen Kolonien, sondern ins inzwischen unabhängige Brasilien –, erhielten sich Volkscharakteristika, vor allem die der Yoruba aus dem heutigen Nigeria. Wichtiger wurde für die Schwarzen die Stellung innerhalb des Systems der Sklaverei. Wie seit den erkennbaren Anfängen der Sklaverei im Alten Orient, vor allem in der Antike, wurde der Unterschied zwischen Feld- und Haussklaven ausschlaggebend. Unter den Haussklaven überwogen schon nach einer Generation Mischlinge, mit besonderer historischer Dynamik in den frühen englischen Kolonien Nordamerikas, d. h. in den späteren USA. In Spanisch-Amerika wurden in Ländern mit gemäßigtem Klima die Nachfahren der Schwarzen so gut wie völlig absorbiert, weil dort nur Haussklaverei in beschränktem Umfang üblich war. Dagegen hielten sich Schwarze und ihre Nachfahren in subtropischen und tropischen Regionen, wo der Anbau agrarischer Plantagenprodukte mit Hilfe schwarzer Feldsklaven erfolgte.

4. Sklaverei in den amerikanischen Kolonien Englands und Frankreichs

Erst nach dem Niedergang Spaniens entfaltete das Modell der lateinamerikanischen Rassen-Kasten-Gesellschaft auf der Grundlage der Sklaverei in der Neuen Welt weiter nördlich seine eigentliche welthistorische Dynamik. Stilprägend wurden die französische und englische Variante des spanischen Vorbildes, zunächst auf den Westindischen Inseln, später auch im Süden des nordamerikanischen Kontinents. Nur von sekundärer Bedeutung waren kleinere Kolonialmächte – Holland und Dänemark, zeitweilig auch Schweden und Brandenburg.[15] Der Schwerpunkt der sich entfaltenden Rassenproblematik lag in den englischen Kolonien – aus denen sich die spätere Weltmacht USA herauslöste – vor allem im Verhältnis von Schwarzen zu Weißen, das zunächst durch die Institution der Sklaverei geprägt war.

Zu Beginn ihrer Expansion in Übersee tasteten sich England und Frankreich gegen die das Weltmonopol in Übersee beanspruchende Weltmacht Spanien und ihr ökonomisches Zentrum in der Karibik nur zögernd vor. Beide setzten sich zuerst 1623 gleichzeitig auf der kleinen Insel St. Christopher fest. England eröffnete die Inbesitznahme der ökonomisch lukrativen und daher begehrten Westindischen Inseln von der Peripherie her mit der Eroberung von Barbados (1625/27), während Frankreich im Krieg gegen Spanien im Rahmen des Dreißigjährigen Krieges 1635 Martinique und Guadeloupe eroberte. Mit dem Anbau von Zuckerrohr durch afrikanische Sklaven (1634 bzw. 1644) übernahmen die Engländer und Franzosen auch die spanische Rassen-Kasten-Gesellschaft. Den eigentlichen Durchbruch erzielten sie aber erst mit der Eroberung des erheblich größeren Jamaika 1655 bzw. des westlichen Teils der Insel Santo Domingo 1667, die erst durch den Frieden von Rijswyk 1697 anerkannt wurde.[16]

Die chaotischen Anfänge regulierten zuerst die Franzosen mit dem »Code Noir« (1685). Er wurde das Modell für die Engländer auf Barbados und ihrem »Slave-Code« von 1688, den später die englischen Kolonien auf dem Festland übernahmen. Die Fixierung und Regelung des Verhältnisses von Herren zu Sklaven brachte meistens eine Besserstellung für die Sklaven, durch größere relative Rationalität und Effizienz der Sklaverei als ökonomisches System. Die Parallele zu den rechtlich festgelegten, sozusagen ordentlichen Prozessen der spanischen Inquisition – im Gegensatz zu den vorausgegangenen spontan-anarchischen Gewaltausbrüchen der Straße von unten gegenüber Conversos – drängt sich in der Neuen Welt gegenüber schwarzen Sklaven auf.

Als englisch bzw. französisch modifizierte Fortsetzung der spanischen Rassen-Kasten-Gesellschaft wird die Sklaverei in den englischen und französischen Zuckerinseln der Karibik vor allem aus zwei Gründen wichtig: Im englischen Jamaika erfolgte mit Edward Longs *History of Jamaica* (1774) die erste stilprägende Formulierung des modernen Rassismus, die später vor allem auf die jungen USA ausstrahlte. Mit Aufständen (1831, 1865, 1938) leistete Jamaika bedeutsame realhistorische Beiträge zur Geschichte des Abolitionismus und der Kolonialreform im Britischen Kolonialreich. Darüber hinaus besaß die Sklaverei auf den englischen

Inseln Westindiens eine große Bedeutung für den nordamerikanischen Kontinent – als Modell für das Territorium, auf dem die USA entstanden, die ihrerseits stets mit der Rassenproblematik konfrontiert waren.

Verworrener ist der Beitrag des französischen Saint-Domingue, vor allem durch die großen Konflikte ab 1791, der 1804 in die Unabhängigkeit Haitis mündete.[17] Die anhaltenden Spannungen zwischen »Mulatten« und Schwarzen stürzten Haiti immer wieder in blutige Konflikte. Dennoch kam aus dem chaotischen Haiti die erste systematische Widerlegung des Rassismus, dazu von einem Autoren afro-westindischer Abstammung, von Anténor Firmin (1885).[18]

Die nordamerikanischen Kolonien

Das Verhältnis der englischen Kolonisten auf dem nordamerikanischen Kontinent entwickelte sich gemäß den universalen Mechanismen im Aufeinandertreffen von überlegenen »Zivilisierten« und materiell unterlegenen »Wilden« – die »Wilden« galten in der Praxis als so gut wie außerhalb der Menschheit stehend, ausgesetzt einem schier gnadenlosen Druck auf das Land durch die einströmenden und expandierenden Kolonisten. Frankreich dagegen kooperierte, schon mangels größerer weißer Siedlungskolonien (von Kanada abgesehen), viel stärker mit den einheimischen Indianerstämmen gegen die englischen Kolonialrivalen.

Von vornherein entwickelte sich die Sklaverei in den 13 nordamerikanischen Kolonien, aus denen sich 1776 durch Sezession die USA bildeten, entsprechend den ökonomischen und sozialen Bedingungen in außerordentlicher Vielfalt.[19] Wo immer Klima und geographische Beschaffenheiten den Anbau subtropischer Agrarprodukte wie Zuckerrohr und Tabak für den europäischen Markt erlaubten, folgte die entstehende Rassen-Kasten-Gesellschaft dem spanischen Modell, modifiziert durch die englische bzw. französische Vermittlungsstation Westindiens. Seit der Unabhängigkeit der USA, genauer: seit der neuen Verfassung von 1787, erwiesen sich die Südstaaten als der harte Kern des Sklavensystems. In den in der Mitte gelegenen Kolonien, vor allem in Maryland und Delaware, war die Sklaverei nicht so stark verbreitet wie im Süden. Im Norden, angefangen von Pennsylvania, hatte die Sklaverei insgesamt nur eine marginale Bedeutung; Sklaven waren im wesentlichen auf die Funktion von Knechten und Mägden in der traditionellen Agrargesellschaft Alt-Europas beschränkt. Die Emanzipation der Sklaven entwickelte sich daher zwischen 1770 und 1827 von Norden nach Süden, zunächst durch individuelle Freilassungen.

Die Sklaverei entstand seit der Ankunft der ersten Afrikaner in Jamestown, Virginia, im Jahre 1619 allmählich aus einer auf sie zunächst angewandten Rechtsinstitution, die der in England unbekannten Sklaverei am nächsten stand, der sog. »indentured labour«: Gebundene Arbeit auf Zeit, meistens nach biblischem Vorbild sieben Jahre für arme Weiße aus Europa, galt nun für Afrikaner, die so nach Ablauf der Vertragszeit frei wurden. Um die Zahl freier Afrikaner zu begrenzen, wurde die Vertragszeit bald verlängert, ab etwa 1650 schon auf Lebenszeit. Es folgte die Umkehrung der Vererbung des Status vom Vater auf die Mutter. Im englischen Recht bestimmte der Vater den Status des Kindes, bei Mischlingen im allgemeinen ein Weißer. Ab ca. 1660 galt umgekehrt der Status der Mutter, meist einer Schwarzen und Sklavin. Mithin wurden die meisten in der Sklaverei geborenen Farbigen automatisch Sklaven.[20] Die Institutionalisierung der Sklaverei im Laufe des 17. Jahrhunderts schrieb den Status der Sklaven auf der untersten Stufe der Gesellschaftspyramide fest, zunächst mit anfänglichen Unsicherheiten gegenüber Mischlingen (»Mulattos«). Durch die Gleichstellung mit Sachen, z. B. Werkzeugen, wurden Sklaven wie in der Antike zur Sache (»chattel«), zur Un-Person. Gegen Ende der Kolonialzeit hatte sich als Prinzip durchgesetzt: »Negro« ist prima facie ein Sklave: Jeder Farbige, ob »reinblütiger« »Neger« oder »Mulatte«, muß erst beweisen, daß er nicht Sklave ist.

Verteidiger der Sklaverei holten sich Argumente und Anschauungsmaterial für ihre These von der Minderwertigkeit der Schwarzen vornehmlich aus der Transatlantischen Sklaverei. Dagegen waren für Europäer Afrikaner in Afrika selbst sehr wohl Teil der Menschheit.[21] Von grundlegender sozialgeschichtlicher Bedeutung wurde der alte Unterschied zwischen Haus- und Feldsklaven: Hausklaven waren, neben schwarzen Konkubinen und Ammen im Herrenhaus, meist Mischlinge, hervorgegangen aus der Verbindung mit Angehörigen des »weißen« Herrenhauses. Dagegen dominierten auf den Plantagen unter den Feldsklaven Schwarze, verstärkt durch Neuankömmlinge aus Afrika. Da weiße Sklavenbesitzer ihre Mischlingskinder eher freiließen als Feldsklaven, meist spätestens testamentarisch nach ihrem Tode, erhielten die Mischlinge (»Mulatten«) mit besserer Ausbildung und Kenntnis der weißen Welt, oft auch ausgestattet mit Startkapital, einen Vorsprung gegenüber ihren auf dem Feld zurückgebliebenen schwarzen Vettern.

Die Konsequenzen waren folgenschwer: Freigelassene »Mulatten« etablierten sich als eigene relativ privilegierte, zumindest bessergestellte Zwischenschicht im Vergleich zu den schwarzen Feldsklaven, welche die Hauptlast der Sklaverei trugen. Die freigelassene Mischbevölkerung (»Free People of Color«, »Free Africans«) entfaltete später eine Eigendynamik zur Abschaffung der Sklaverei insgesamt, schon um gegen die dominierende Gleichung Neger = Sklave ihren prekären Status als Freie zu behaupten: Freie Afro-Amerikaner, fast immer Mischlinge, übernahmen daher nach 1787 eine lange Zeit oft übersehene Rolle im Abolitionismus, zunächst durch eigene moderne Organisationen zur Selbstverteidigung gegen den anhebenden weißen Rassismus.

5. Jüdische Existenz V:
Vollendung des Abstiegs im Ghetto (1492–1789)

Die Frühe Neuzeit vollendete für die Alte Welt die sich seit den Kreuzzügen verschärfende Degradierung der Juden von einer durch Privilegien geschützten Stellung kastenähnlichen Charakters zum faktischen Ausschluß aus der entstehenden »bürgerlichen Gesellschaft«, institutionalisiert im Ghetto. Gleichzeitig erhielt das Wort »Jude« im allgemeinen Sprachgebrauch eine pejorative Bedeutung quasi-rassistischen Charakters, so daß zuletzt selbst Juden auf weniger »belastete« Alternativen auswichen – »Israeliten«, »Staatsbürger mosaischen Glaubens«.

Die Verteilung der europäischen Judenheit: Aschkenasim-Sephardim

Mit der Vertreibung der Juden aus Spanien und Portugal waren den Juden drei Kernländer Westeuropas langfristig versperrt – England seit 1290, Frankreich seit 1394, die Iberische Halbinsel seit 1492 bzw. 1497. Da auch die skandinavischen Königreiche und das aufstrebende Großfürstentum Moskau ihre Gebiete von vornherein frei von Juden hielten, konzentrierten sich Juden im wesentlichen auf Deutschland, Italien, Ungarn und Polen. Die aus Deutschland vertriebenen Juden hießen Aschkenasim (d. h. die aus Deutschland stammenden). Spanische Juden (Sephardim, d. h. die aus Spanien stammenden) bzw. »Marranen« suchten nach ihrer Vertreibung teils im Mittelmeerraum Zuflucht, von Marokko bis zum Osmanischen Reich, nach der Eroberung Palästinas 1516 auch dort, vor allem in Galiläa. Durch ihre Anpassung an die Umwelt verschmolzen sie mit den schon länger im Orient lebenden Juden zu den Orientalischen Juden, assimilierten sich auch die meisten der (ohnehin nur wenigen) Aschkenasim, die vor Verfolgungen in Europa Zuflucht im Osmanischen Reich suchten.

Ins christliche Europa kamen »Marranen« zunächst als formale Christen, vor allem nach Holland seit ca. 1500, wo sie erst 1615 als jüdische Gemeinde auftraten und zugelassen wurden. Mit dem Sieg der Englischen Revolution wurden nach 1656 Sephardim-»Marranen« auch in England zugelassen. Grenzveränderungen durch expandierende Großmächte brachten mit Annexionen erstmals Juden wieder nach Frankreich (Metz, Teile des Elsaß, 1648) und Rußland (Smolensk, 1667), noch stärker mit den drei Teilungen Polens (1772, 1793, 1795). Die Zuwanderung von Sephardim-»Marranen« schuf Differenzen und Spannungen zwischen den beiden fortan wichtigsten Gruppierungen der Judenheit, den Aschkenasim und Sephardim, mit Auswirkungen bis ins moderne Israel.

Insgesamt spaltete sich die Entwicklung der Weltjudenheit vielleicht noch stärker denn je gemäß der sozioökonomischen Stellung der Gesellschaften und Länder auf, in denen Juden lebten: Im allgemeinen war sozioökonomisch die Lage der Sephardim zunächst besser als die der Aschkenasim, zu denen sie oft in ein gespanntes Verhältnis innerjüdischer Rivalität traten. Zu Beginn des frühneuzeitlichen Wirtschaftswachstums hatten sie einen erheblichen Anteil an der Entfaltung der neuen Wirtschaftskräfte. Mit dem ökonomischen Abstieg des Mittelmeerraumes und des Vorderen Orients als Folge der Verlagerung der großen Handelsströme vom Mittelmeer über den Atlantik im Verlauf der Frühen Neuzeit sanken auch die dort wohnenden Juden in die historische Marginalität ab. Wo Juden an der Entfaltung der modernen Wirtschaftskräfte partizipierten, taten sie es oft an initiierender und führender Stelle – »Marranen«-Sephardim in Holland, England und in der Neuen Welt iberischer Prägung in der Frühen Neuzeit; Aschkenasim auf dem Kontinent, vor allem in Deutschland, aber auch Rußland und Polen, seit dem Aufstieg der Industrie. Dennoch vollendete die Frühe Neuzeit in Europa zunächst den Abstieg der Juden seit dem Hochmittelalter.

Ghetto und weitere Marginalisierung

Parallel zum Machtanstieg Europas verschlechterte sich die Position der Juden in den ihnen verbliebenen Ländern. Das Hauptinstrument weiterer Degradierung wurde die Vollendung und Formalisierung des Ghettos ab 1516 durch immer rigorosere Handhabung der Diskriminierungsgesetze seit dem 4. Laterankonzil von 1215: Auch bei steigender Bevölkerungszahl durfte sich das Ghetto nicht weiter ausdehnen, so daß die Bevölkerungsdichte auf engstem Raum immer bedrängender wurde. Den allmählichen Abstieg der europäischen Judenheit in den wenigen Ländern, in denen sie noch zugelassen waren, illustriert der Unterschied zwischen mittelalterlichem Judenviertel (»Jewry«, »Juderia«, »Juiverie«, »Giudecca«, »Judengasse«, »Ulica Żydowska«) und frühneuzeitlichem Ghetto: Aus dem – in der mittelalterlich-ständischen Privilegienordnung – mit den Wohnquartieren anderer Gruppen gleichberechtigt privilegierten, im Prinzip offenen Wohnviertel meist wohlhabender jüdischer Fernkaufleute wurde das nach außen hermetisch abgeschlossene, chronisch überfüllte Ghetto, dessen Bevölkerung meistens verarmte, weil sie aus Konkurrenzgründen von normalen städtischen Berufen weitgehend ausgeschlossen war.

Reformation und Gegenreformation wirkten in dieselbe Richtung. Nur die Toleranz im unabhängigen und ökonomisch expandierenden Holland ab 1615 schaffte Erleichterung. Die Ausschließung der Juden aus größeren Städten und ganzen Territorien seit 1349 setzte sich fort. Den Anfang zur Ghettoisierung machte Venedig 1516 mit seinem namengebenden und stilprägenden Ghetto. Die von außen auferlegte Absonderung verfestigte in weiteren Jahrhunderten der erzwungenen Isolierung des Ghettos erst recht jüdische Eigenarten, äußere wie innere. 1638 hielt ein Rabbi aus Venedig in einer Apologie seines Volkes, mit der er hoffte, die christliche Mehrheit dazu zu veranlassen, »die Juden gut zu behandeln oder ihnen zumindest keinen Schaden zuzufügen«, seinem Volk zugute: »Sie sind darauf bedacht, ihre Rasse rein zu erhalten und bewahren sie vor jeder Vermischung.«[22]

Die Pfefferkorn-Reuchlin-Kontroverse (1507–1521)

Im Übergang zur Reformation gewinnt die nur Spezialisten bekannte Kontroverse zwischen Johannes Pfefferkorn und dem deutschen Humanisten Johannes Reuchlin (1470–1522) ihren besonderen Stellenwert, denn sie fügt sich gut in die hier entfalteten historischen Zusammenhänge ein[23]: Pfefferkorn, ein getaufter Jude mit dunklem, d. h. vorbestraftem Hintergrund, eröffnete 1507 in typischem Conversos-(»Renegaten«)-Übereifer eine antijüdische Polemik, im Bündnis mit Kölner Dominikanern. Er forderte u. a. die Vertreibung der Juden aus den letzten drei deutschen Städten mit jüdischen Gemeinden (Frankfurt/Main, Worms, Regensburg); das Verbot des Talmud und des Wuchers; die Verpflichtung der Juden zur Teilnahme an Predigten, die zur Bekehrung vorbereiten sollten; die Beschäftigung der Juden nur in den niedrigsten Tätigkeiten. Sein Vorstoß hatte 1509 den Teilerfolg, daß er die kaiserliche Erlaubnis erhielt, anstößige jüdische Literatur, die Bibel ausgenommen, zu beschlagnahmen.

Die Intervention einiger Reichsstände zugunsten der Juden führte zur Bildung einer Kommission, für die Reuchlin ein Gutachten gegen das Verbot des Talmud schrieb. Daran entzündete sich 1511 ein wilder Pamphletkrieg zwischen Pfefferkorn und Reuchlin, in dem auch andere Humanisten für Reuchlin eintraten, vor allem Erasmus von Rotterdam. Den Höhepunkt bildeten die vielzitierten *Dunkelmännerbriefe (Epistolae Obscurum Virorum)* einiger Humanisten, u. a. Ulrich von Huttens, eine bitterböse Satire gegen Pfefferkorn und seine Hintermänner, die Dominikaner. Die Humanisten siegten mit ihrem Plädoyer für Toleranz gegenüber den Juden, und im Gesamtergebnis trug die Kontroverse zur weiteren Diskreditierung der Amtskirche bei. Andererseits war die Kontroverse ein Symptom für das neue Interesse am Hebräischen und dem Alten Testament und bereitete auch so die Reformation geistig mit vor.

Nach diesem Auftakt hätte man Aufgeschlossenheit der Reformation gegenüber den Juden erwarten können. Ihre Haltung war jedoch ambivalent und von taktischen Gesichtspunkten bestimmt: In seinen Anfängen als Reformator hoffte Luther, die Juden durch verbales Entgegenkommen zum Christentum zu bekehren (1523). Nachdem diese Hoffnung enttäuscht war, schlug die ursprüngliche Abneigung an seinem Lebensende in bittere Haßtiraden gegen die Juden um (1545), die später die Nationalsozialisten genüßlich ausbeuteten.[24] Seine und anderer Reformatoren Polemik gegen den Wucher allgemein traf nach Lage der Dinge unvermeidlich die Juden, weil sie seit dem Mittelalter in das Geldgeschäft abgedrängt waren. Als Nachfahren der Patriarchen des Alten Testaments und des Volkes Gottes im Alten Bund zollten Luther und die Reformation den Juden einen begrenzten Respekt, aber mit ihrer Weigerung, zum Christentum überzutreten, zogen sie seinen Zorn auf sich. Im Endeffekt unterschied sich die Haltung der Reformation zu den Juden nur wenig von der altkirchlichen seit dem Mittelalter. Sie brachte weder eine Erleichterung noch eine sichtbare Verschlechterung der jüdischen Existenz. Die historische Langzeitwirkung ist vor allem in den Argumenten zu erblicken, die Luther später dem modernen Antisemitismus lieferte.

Auch die calvinistische Variante der Reformation ändert wenig an diesem Befund: Calvin kannte Juden nicht direkt, denn aus Nordostfrankreich, wo er als junger Mann lebte (Picardie) und studierte (Paris), waren die Juden seit 1394 vertrieben; aus Genf, wo er sein eigenes theokratisches Regime errichtete, seit 1491. Von den deutschen Reformatoren beeinflußte ihn besonders sein Freund Martin Bucer, der in Straßburg wirkte, vor allem auch mit seiner Betonung der ständigen Konkurrenz zwischen christlichen und jüdischen Kaufleuten.[25] Calvins theokratische Diktatur in Genf kommt noch am ehesten dem integral-jüdischen Ideal des Tempelstaats als »messianischem Ghetto« gleich, seine Prädestinationslehre mit ihrem rationalen Verhältnis zwischen Auserwähltheit durch Gott und sichtbarem (ökonomischen) Erfolg auf Erden steht vermutlich der jüdischen Lehre von Lohn und Strafe für gute bzw. schlechte Werke am nächsten.

Der Calvinismus und ihm benachbarte Sekten identifizierten sich als neues »auserwähltes Volk Gottes« noch intensiver als die lutherische Reformation mit dem Alten Testament. Calvinistische Theologen gehörten daher zu den führenden Hebräisten und Kennern des Alten Testaments. Aber wie Luther plädierten sie für die Bekehrung der Juden zum Christentum und tadelten sie heftig ob ihrer Weigerung, ihre Religion aufzugeben. Andererseits führte der neue Handelsstaat der Niederlande (Holland), in dem der Calvinismus als Staatsreligion dominierte, 1615 als erster das Prinzip allgemeiner Toleranz ein, das in erster Linie »Marranen«, also Sephardim, zugute kam. Für die ebenfalls calvinistischen Buren Südafrikas dagegen lieferte die angebliche Nachfolge des Volkes Israel die religiöse Begründung für die spätere Apartheid.

Bei alledem sah die Katholische Kirche seit der Reformation erst recht keine Veranlassung, ihre traditionell judenfeindliche Haltung aufzugeben oder auch nur zu revidieren. Im Gegenteil: Wegen Strömungen im Humanismus, die mit der Pfefferkorn-Reuchlin-Kontroverse jäh und dramatisch in die Öffentlichkeit eingedrungen waren, galten Juden und ihre Sympathisanten oft als Urheber der Reformation. Die Kirche und die katholischen Mächte setzten die Degradierung und Ausschließung der Juden aus der christlichen Gesellschaft fort. Im Kirchenstaat, dem weltlichen Herrschaftbereich des Papstes, waren die Päpste über die Jahrhunderte lässig in der Durchführung der eigenen Beschlüsse, vor allem durch Konzilien. Aber in seiner Hauptstadt Rom erzwang Papst Paul IV. 1555 nach seiner Wahl die sofortige Einschließung der Juden in einem Ghetto, das bis 1870 als Symbol für die judenfeindliche Politik der Kurie und alle negativen Züge des Ghettos bis in die Moderne hineinragte.

Konsequent schrieb das Trienter Konzil als Auftakt zur Gegenreformation 1563 antijüdische Beschlüsse der alten Kirche fort und transportierte auch auf katholischer Seite tradierte Vorurteile gegen die Juden in die Neuzeit. Die Päpste wandten sich zwar weiterhin gegen Exzesse, wie in der Frage der sog. Ritualmorde und Hostienschändungen sowie der spanischen Conversos, aber die mittlere Linie des Katholizismus blieb nicht minder judenfeindlich als die der Reformation: Seit dem 19. Jahrhundert waren christliche Volksparteien, katholische wie protestantische, durchweg antisemitisch: »Christlich-sozial« wurde identisch mit »antisemitisch«.

Die ukrainisch-polnische Katastrophe (1648–1654)

Genau 300 Jahre nach der Großen Pest von 1348/49 bahnte sich in der Ukraine und in Polen die nächste große Katastrophe der Judenheit seit der Vertreibung aus Spanien an: die Massaker beim Kosakenaufstand von Chmielnicki 1648/49, die sich im polnisch-russischen Krieg 1650–54 auf Weißrußland, Wolhynien bis nach Lemberg ausdehnten, ferner im schwedisch-polnischen Krieg von 1655–60 auch auf weitere Teile Polens. Über 100000 Juden wurden in wenigen Jahren Opfer der schlimmsten Judenmassaker vor dem deutschen »Holocaust«.[26]

Die polnischen Juden muß die Katastrophe wie ein Blitz aus heiterem Himmel getroffen haben. Diesen Eindruck erweckt das Ereignis auch heute noch in historischen Darstellungen, die sich nur auf die Geschichte der Juden oder des Antisemitismus konzentrieren. In weiteren historischen Zusammenhängen aber werden die inneren Mechanismen und die Logik der Prozesse, die bis zu den Massakern hinführten, schmerzhaft deutlich. Sie waren der härteste Schlag, der die Juden zwischen der Vertreibung aus Spanien und dem nationalsozialistischen »Holocaust« traf. Er kam diesmal nicht von innen, aus der polnischen Gesellschaft, sondern von außen – von Kosaken, Russen und Schweden (1656), das seit dem Mittelalter keine Juden zugelassen hatte.

Juden gab es in Polen seit den Anfängen seiner Staatlichkeit 960/66. Offensichtlich waren die ersten Juden Flüchtlinge aus dem Osten, die sich ca. 965 nach Zerschlagung des jüdischen Khasarenreichs durch die expandierende Kiewer Rus gerettet hatten. In größerer Zahl kamen Juden jedoch erst später aus dem Westen, als Flüchtlinge vor den Pogromen während der Großen Pest, eingeladen von Kasimir III. dem Großen. In dem 1386 entstandenen Großstaat Polen-Litauen hatten sie mit königlichen Privilegien eine zumindest äußerlich starke Stellung, die aber durch vorübergehende und zumindest örtliche Diskriminierung, Vertreibungen und Pogrome immer wieder erheblich eingeschränkt wurde, z. B. in der alten Hauptstadt Krakau.[27] Aus Litauen wurden Juden vorübergehend sogar zwischen 1495 und 1503 ganz vertrieben. In den Städten traten sie in Konkurrenz zum deutschen Element, auf dem Land waren sie Agenten der polnischen Krone und des polnischen Adels, gerade auch gegenüber nicht-polnischen, überwiegend orthodoxen Bauern im Osten. Mit der Erosion der Zentralgewalt der polnischen Krone schwand allmählich die Instanz, die am meisten daran interessiert war, die Juden zu schützen. Die Katastrophe der Juden, von der polnischen Ukraine bis nach Weißrußland, fiel zusammen mit dem Abstieg Polens nach außen und innen, hervorgerufen durch dasselbe Ereignis: Aus den Wirren des Chmielnicki-Aufstandes entstand 1652 das »liberum veto«, das die innere Paralyse und Regierungsunfähigkeit Polens besiegelte, mithin die engere Vorgeschichte der Teilungen Polens von 1772 bis 1795 einleitete.

Der Aufstand Chmielnickis und der unruhigen Grenzbevölkerung der Kosaken gegen Polen zugunsten des Anschlusses an das expandierende Großfürstentum Moskau wurde für die Polen und die sozial mit ihnen fast schon in Symbiose lebenden Juden zur doppelten Katastrophe: Die orthodoxen Kosaken und die mit ihnen verbündeten moskowitischen Glaubensbrüder schlachteten im Kampf gegen die lateinischen Ketzer, die katholischen Polen, zugleich ca. 100 000 Juden ab, denn mit der Vernichtung der Juden trafen sie auch die polnische Krone und den polnischen Adel. An den Massakern zeigt sich, wie Traditionen über Jahrhunderte in zerstörerischer Eigendynamik wirken können: Der jüdisch-griechische Konflikt der Antike hatte den klassischen antijüdischen Affekt der Griechen erzeugt, der sich in Byzanz institutionalisiert fortsetzte. Byzanz gab ihn als Anti-Judaismus an die Orthodoxie Rußlands weiter, die Juden in Rußland erst gar nicht zuließ. Schon mit der ersten Expansion des neuen russischen Machtzentrums Moskau kam es in den von Juden bewohnten Gebieten zu Massakern. Als erster offener und massiver Ausbruch eines slawischen Antisemitismus wurden sie Präzedenzfälle für die Zukunft. Der Judenschlächter Chmielnicki gilt noch heute als ukrainischer Nationalheld, der den Anschluß der Ukraine an Rußland herstellte, geehrt in Kiew mit einem Reiterdenkmal, ohne daß dort je die antijüdische Kehrseite erwähnt wird.

So schlug der Anti-Judaismus, vermittelt von Byzanz, in Rußland nach 1600 Jahren zu. Die soziale Komponente speiste sich aus dem Haß orthodoxer Bauern in der Ukraine und Weißrußland gegen ihre polnischen Grundherren und deren Agenten, die Juden. Gleichzeitig eröffnete der Kosakenaufstand, der die Massaker an den Juden ausgelöst hatte, und die ihm folgenden Kriege Polens gegen Rußland (1654–1667) und Schweden (1655–1660) den Abstieg Polens zum Machtvakuum. Am Ende standen die

Annexion von Smolensk 1667 und die drei Teilungen Polens von 1772 bis 1795, in denen die meisten Aschkenasim Alt-Polens nach Rußland kamen. Im Niedergang der seitdem sprichwörtlichen »polnischen Wirtschaft« versanken auch die Juden Polens in die chronische Armut des »Schtetle«, der kleinen Landstadt.

Als eine Reaktion auf die Massaker im Osten setzte erstmals eine begrenzte Westwanderung von Aschkenasim ein, die auf alteingesessene wie zugewanderte sephardische Juden stieß. Andererseits wurde Polen-Litauen endgültig für lange Zeit Zentrum jüdischer Geistigkeit, die den Schock von 1648/54 zu verarbeiten hatte. Die wichtigsten Reaktionen waren die Wiederbelebung der jüdischen Mystik (Kabbala), jetzt erstmals wieder mit einem Zentrum in Palästina – Safed (Galiläa) –, und das Wiederauftreten messianischer Strömungen, zuerst und am spektakulärsten unter Sabbatai Zwi (1665/66), der zwar im Osmanischen Reich nur einen kurzen kometenhaften Auftritt hatte, aber ein weites Echo in der gesamten Judenheit Europas auslöste. Im Vakuum nach dem Zusammenbruch der messianischen Volksbewegung Sabbatai Zwis polarisierten sich Extreme in der Judenheit: Zahlreichen Übertritten zum Christentum stand, vor allem in Polen, die Festigung der Orthodoxie unter den Aschkenasim als Hüterin der wahren Auslegung jüdischer Religion gegenüber.

Juden als Wirtschaftsfaktoren im Merkantilismus

In der der Industriellen Revolution vorausgehenden Phase des Merkantilismus spielten Juden eine durch die bisherige Entwicklung und ihre soziale Lage vorgezeichnete große Rolle. Im Reich wurden nach den Verheerungen des Dreißigjährigen Krieges (1618–1648) Juden zur Wiederankurbelung der Wirtschaft in den Städten wieder zugelassen. Die gezielte staatliche Wirtschaftsförderung des absoluten Staates brachte den »Hofjuden« hervor, ähnlich den jüdischen Finanziers im Kalifat und mittelalterlichen Spanien bis 1391. In ihrer exponierten Stellung als Exekutoren unpopulärer staatlicher Wirtschafts-, Finanz- und Steuerpolitik wurden sie vor allem in Deutschland zum Ziel antijüdischen Volkszorns. Am spektakulärsten war 1738 die Hinrichtung des Joseph Süß Oppenheimer in Württemberg, später ein beliebter Stoff antisemitischer Propaganda in Deutschland, bis hin zu dem NS-Propagandafilm »Jud Süß« (1940).

Im ökonomisch, politisch und sozial dynamischeren Westen hatten die Sephardim-»Marranen« einen großen Anteil an der Durchsetzung der neuen Wirtschaftsformen und ökonomischen Expansion, u. a. in Fortsetzung ihrer führenden Rolle bei der Westbewegung des Anbaus von Zuckerrohr, vom mittelalterlichen Ägypten über Zypern, den Afrika vorgelagerten Inselgruppen im Atlantik bis zur Karibik und nach Brasilien. Besondere Schwerpunkte wurden Holland, vor allem Amsterdam, und die Zuckerrohrplantagenwirtschaft der Neuen Welt; sekundär auch Hamburg (Zuckerhandel). In der Neuen Welt verband sich so der ältere Strang des Rassismus (Jüdische Frage) mit der neuen Problematik Schwarz-Weiß auf besonders spannungsreiche Weise: Als bedeutende Träger des Zuckeranbaus legten Juden mit die Grundlagen für die Negersklaverei in der Neuen Welt, aus der sich die Bedingungen für den modernen antinegriden Strang des Rassismus entfalteten.

Polarisierung durch Aufklärung

Die jüdische Variante der Aufklärung (Haskala), vertreten durch Moses Mendelssohn (1729–1784), verstärkte die anlaufende Polarisierung in der Judenheit seit dem Zusammenbruch des Messianismus à la Sabbatai Zwi: Der Wille zum Ausbruch aus der Enge des Ghettos implizierte bereits, noch vor der tatsächlich vollzogenen Emanzipation, die Bereitschaft zu weitgehender Assimilation, bis hin zur Konsequenz des Übertritts zum Christentum. Die Aneignung des damals fortschrittlichsten Teils westeuropäischer Kultur kündigte bereits die führende Position der Judenheit in Deutschland nach der Emanzipation an. Als Reaktion gegen die sichtbaren Folgen jüdischer Aufklärung verstärkte sich in ihrem damaligen Hort in Polen-Litauen die traditionelle jüdische Orthodoxie. Ihr stellte sich ab 1740 die Bewegung des Chassidismus als neue mystische Volksbewegung entgegen. Nach Konflikten zwischen beiden Richtungen vereinigten sie sich schließlich gegen die jüdische Aufklärung, wie sie namentlich Österreich in Galizien ab 1772 förderte. Wichtiger für die unmittelbare Zukunft wurde zunächst die Dynamik der Konsequenzen aus der Haskala und dem Drängen zur Assimilation, ermöglicht durch Französische Revolution und Judenemanzipation.

6. Theoretische Systematisierungen

Während sich im beginnenden Aufstieg Europas durch seine Expansion in Übersee die realhistorischen Grundlagen für den modernen euramerikanischen Rassismus bildeten – in der Alten Welt (Anti-Judaismus) wie in der Neuen (Sklaverei in der Rassen-Kasten-Gesellschaft) –, entfalteten sich die theoretische Reflexion und Systematisierung der neuen Informationen.[28]

Allgemeine Grundzüge

Der Schwerpunkt der theoretischen Diskussion lag zunächst in der Alten Welt, wo die neuen Kenntnisse in den Zentren der expandierenden See- und Kolonialmächte zusammenliefen.[29] So führten – nach Spanien – Frankreich und England, seit dem späten 17. Jahrhundert in scharfer Konkurrenz bei ihrer Expansion in Übersee, auch bei der Herausbildung des modernen Rassismus. Entsprechend dem realhistorischen Übergewicht der jüngeren westlichen Seemächte verlagerte sich der Schwerpunkt seit dem späten 17. Jahrhundert vor allem nach Frankreich und England.

Deutschland in seiner politischen Zersplitterung war nach Westen geistig weit geöffnet für französische und englische Einflüsse, seit der Personalunion England-Hannover (1714) akademisch institutionalisiert in der 1737 gegründeten Universität Göttingen. In Preußen entwickelte sich mit dem ostpreußischen Getreideexport nach England eine freihändlerische, prä-liberale Richtung, die an der Universität Königsberg einen akademischen Rückhalt fand, verkörpert von Immanuel Kant (mit schottischen Vorfahren). Gegen Ende der Formierungsperiode beteiligte sich daher auch Deutschland an der allgemein westeuropäischen Diskussion. Gleichwohl kündigte sich rückblickend, wenn auch damals noch nicht für die Zukunft zu erkennen, der spätere überragende Anteil Deutschlands am modernen Rassismus an. Allerdings erfolgte hier die Reflexion noch nicht in den politischen Zentren, sondern, der diffusen politischen Situation Deutschlands als relatives Machtvakuum im späten 18. Jahrhundert gemäß, in den zwei damals führenden deutschen Universitäten – in Göttingen mit seiner Betonung der modernen Naturwissenschaften und seiner Verbindung zu England, und in Königsberg, in der Person Kants, an der östlichsten Peripherie Preußens.

Die beginnende theoretische Reflexion über die Struktur der Menschheit hielt die beiden Hauptstränge des sich formierenden Rassismus noch weitgehend auseinander, den antijüdischen und den antinegriden, entsprechend den realhistorischen Lebensbedingungen in Europa und in Übersee. Zahlreiche Autoren stellten das kategoriale Rüstzeug für den späteren Rassismus bereit. Die Benutzung der Schlüsselkategorie »Rasse« stempelt jedoch noch niemanden automatisch zum »Rassisten«, wie eine rückwärts gewandte Projektion vom Standpunkt unserer historischen Erfahrung (Auschwitz, Apartheid) leicht suggerieren könnte: »Rasse« bezeichnete zunächst nur die empirisch unbestreitbare Erfahrung und Tatsache, daß es Groß-Gruppen unterschiedlich aussehender Menschen gab und gibt. Selbst die Bevorzugung der einen oder anderen »Rasse« aus ästhetischen Gründen, wie später bei Blumenbach, macht noch keinen subjektiv gewollten Rassismus. Erst die Behauptung biologisch konstanter, unveränderbarer »Rassen« mit unterschiedlichen geistigen und moralischen Wertigkeiten (»höher-«, »minderwertig«) wurde das entscheidende Kriterium für modernen Rassismus und ein Schlüsselargument zu seiner Propagierung. Bernier, Buffon, Linné, Kant und Blumenbach entwickelten ihre Systeme zur Klassifizierung und Hierarchisierung der Menschheit durchaus auch mit unterschiedlichen Stellungnahmen zur Sklaverei und Frage der Menschlichkeit von »Rassen« außerhalb Europas und unterhalb der inzwischen in der Welt tatsächlich vorherrschenden »Weißen«.

Rassenkonzepte (Beispiele)

Datum	Autor: Titel	»Rassen«-Anzahl	»Rassen«-Bezeichnungen
1666	*Georgius Hornius* (um 1620–1670): Arca Noae, sive historia imperiorum et regnorum a condita orbe ad nostra tempora	3	Japhetiten (Weiße), Semiten (Gelbe), Hamiten (Schwarze)
1684	*François Bernier* (1620–1688): Nouvelle Division de la Terre par les différentes	4–5	Europäer (auch Ägypter u. braunhäutige Inder), Afrikaner, Chinesen und Japaner, Lappen, (India-

Datum	Autor: Titel	»Rassen«-Anzahl	»Rassen«-Bezeichnungen
	éspèces ou races d'homme qui l'habitent		ner = dem Europäer nahe)
1735	Carl von Linné (1707–1778): Systema naturae	4	Europaeus albus (Weiße), Americanus rubesceus (Rote), Asiaticus luridus (Gelbe), Afer niger (Schwarze)
1774	Edward Long (1734–1813): History of Jamaica	3	genus homo: Europäer und Verwandte; Neger; Orang-Utan
1775	Johann Friedrich Blumenbach (1752–1840): De generis humanis varietate nativa	5	Kaukasier, Mongolen, Äthiopier, Amerikaner, Malayen
1775	Immanuel Kant (1724–1804): Von den verschiedenen Rassen der Menschen	4	Weiße, Neger, mongolische oder kalmückische Rasse, Hindu-Rasse
1785	Christian Meiners (1747–1810): Grundriß zur Geschichte der Menschheit	2	»helle schöne« Rasse, »dunkle häßliche« Rasse
1841	Auguste Comte (1798–1857): Cours de philosophie positive	3	Weiße, Gelbe, Schwarze
1849	Carl Gustav Carus (1798–1869): Über die ungleiche Befähigung der verschiedenen Menschenstämme für höhere geistige Entwicklung	4	Rasse des Morgenrots (Gelbe), Tagrasse (Weiße), Rasse der Dämmerung (Rote), Nachtrasse (Schwarz)
1853/55	Arthur Comte de Gobineau (1816–1882): L'essai sur l'inégalité des races humaines	3	Gelbe, Schwarze, Weiße
1860	Anders Retzius (1796–1860): Coup d'oeil sur l'état actuel de l'éthnologie au	2	dolicephal (Langschädligkeit), brachicephal (Kurzschädligkeit)

Datum	Autor: Titel	»Rassen«-Anzahl	»Rassen«-Bezeichnungen
	point de vue de la forme de crâne		
1894	Gustave Le Bon (1841–1931): Lois psychologiques de l'évolution des peuples	4	1. Primitivrassen (Pygmäen, austr. Ureinwohner); 2. niedere (dunklere der farbigen Menschengruppen); 3. mittlere Rassen (Chinesen, Mongolen, Semiten); 4. höhere Rassen (Indoeuropäer)
1925/27	Adolf Hitler (1889–1945): Mein Kampf	3	Kulturbegründer (Arier), Kulturträger, Kulturzerstörer

Antijüdische Stereotypen in Europa

Die Vertreibung der Juden und die sich anschließende Verfolgung der Conversos-»Neu-Christen« durch die Inquisition wurde in Spanien erstmals begleitet von einer antijüdischen Literatur, die den Boden für den Rassismus vorbereitete. Ihre Hauptexponenten waren seit den Pogromen und Zwangstaufen von 1391 »Neu-Christen«, die um ihren eigenen Status in der christlichen Gesellschaft bangten. Der spätmittelalterliche Hexen- und Teufelswahn seit dem späten 15. Jahrhundert ließ sich auf die Dämonisierung des Juden umbiegen, der in der Neuzeit als »Ewiger Jude« durch Volksbücher und Literatur geisterte. Shakespeares Shylock im Kaufmann von Venedig war zugleich Karikatur und verständnisvolle Schilderung der jüdischen Existenz.[30]

Die Gestalt des ewig wandernden Juden Ahasver spiegelte ein Stück sozialgeschichtlicher Realität wider – die Degradierung der Juden durch die Vertreibung aus den meisten Städten auf das flache Land und in die Kleinstädte, ihre kümmerliche Existenz als Hausierer, die gleichwohl damit eine wichtige Funktion in der beginnenden Erosion des erstarrten Zunftwesens hatten: den Vertrieb von außerzünftig hergestellten Konsumwaren zu konkurrenzlos niedrigen Preisen gegenüber denen der Zunftkartelle. Erst recht bestätigte der hohe Anteil deklassierter Juden an der Klein-Kriminalität (»Gaunersprache«), ähnlich wie die »Zigeuner«, negative volkstümliche Vorurteile. Am anderen Extrem des sozialen Spektrums förderten die (wenigen) reichen Hofjuden die weitverbreitete Vorstellung von den reichen Juden, welche die christliche Bevölkerung in Stadt und Land parasitär ausbeuteten. Reformation und Gegenreformation taten das Ihre, tiefsitzenden Vorurteilen religiöse Sanktion zu erteilen.

Position der Indios in der Menschheit

Die Entdeckung außereuropäischer Menschengruppen warf neues Licht auf den Schöpfungsbericht der Bibel. Bis ins 19. Jahrhundert hinein versuchten verschiedene Autoren, die Konsequenzen zu ziehen. Die Alternativen waren: Festhalten an der Monogenese oder Erklärung der anderen Gruppen durch Polygenese, meistens mit rassistischen Konsequenzen. Zum zentralen Punkt wurde die Diskussion über die Stellung der Indios im spanischen Kolonialreich, vor allem um die Frage, ob sie überhaupt Menschen seien und wie sie in die Menschheit einzuordnen wären.[31] Wie üblich gab es keine monolithische Einheitlichkeit der Auffassung, sondern gegensätzliche Positionen, die sich gegenüberstanden, zweimal sogar in Disputationen vor Karl V. als spanischem König. Beide Disputationen bestritt der Dominikaner Bartholomé de Las Casas (1474–1566) gegen den Bischof von Darien (Kolumbien), Juan Quevedo (gest. 1519), im Jahr 1519 und gegen Juan Ginés de Sepulveda (1490–1573) im Jahr 1550: Der Franziskaner Quevedo war zwar für die Freiheit der Indios und gegen ihre Versklavung, akzeptierte aber das »encomienda«-System quasi-feudalen Charakters als soziale Notwendigkeit. Sepulveda dehnte in der aristotelischen Tradition die inferiore Position der Barbaren als geborene Sklaven auf die Indios aus und rechtfertigte so die harte Ausbeutungspraxis der Konquistadoren gegenüber der seßhaften Indiobevölkerung in Mexiko und Peru. Ihre Position fand zwar theoretisch in der spanischen Kirche und bei der Krone kaum Anklang, so daß Sepulvedas Werke erst Jahrhunderte später veröffentlicht wurden, aber sie entsprach der Praxis vor Ort im spanischen Kolonialreich. Las Casas' Engagement für seine Missionskinder, die Indios, milderte daher in der Realität ihr hartes Los. Das von ihm befürwortete Ausweichen auf Negersklaven aus Afrika initiierte zwar nicht die Transatlantische Sklaverei, gab ihr aber, durchaus entgegen seiner idealistischen Absicht, eine scheinbar humanitäre Plausibilität – Schutz für die bedrohten Indios durch den Rückgriff auf die schwere körperliche Arbeit in den Tropen gewohnten Schwarzen.

Auf dem Kolonialboden Mexikos gab es im akademischen Milieu zwei Initiativen, welche die Anerkennung der Indios als vollwertige Menschen voraussetzten[32]: Der Franziskaner Bernardino Ribeirade de Sahagún (1500–1590) ließ als Missionar (seit 1529) vornehme neugetaufte mexikanische Christen in ihrer Muttersprache Aztekisch ihr Wissen über die gerade untergegangene altamerikanische Gesellschaft aufschreiben. In zwölf Bänden legten sie aus der Sicht der vormals herrschenden Azteken die Grundlage zur Ethnographie der Indios in Mexiko. Der Bericht wurde erst drei Jahrhunderte später veröffentlicht (1828/30).

Erstmals leisteten in der Neuen Welt spanische Missionare etwas, was später europäische Missionare für viele ihrer Missionsgebiete wiederholten, vor allem in Afrika: Sie schrieben, gewiß zum Zweck der effizienteren Missionierung, Lehrbücher und Grammatiken für Indio-Sprachen, fixierten sie somit als Sprachen überhaupt und bewahrten sie. Die frühen sprachwissenschaftlichen Bemühungen spanischer Missionare wurden akademisch institutionalisiert durch einen 1640 eingerichteten Lehrstuhl für mexikanische Sprachen an der Universität Mexiko. Sie liefen, zumindest indirekt und langfristig, auf die Anerkennung der Indios als im Prinzip gleichberechtigte Menschen hinaus: Interesse an schriftlicher Fixierung und grammatikalischer Systematisierung von Sprache impliziert die Zuerkennung zweier anthropologischer Konstanten seit dem Auftreten des homo sapiens sapiens – die Artikulation durch Sprache und die Fähigkeit zum abstrakten Denken. Allerdings blieben die ethnographischen wie sprachwissenschaftlichen Initiativen im kolonialspanischen Bereich ohne Ausstrahlung auf die Neue Welt außerhalb Spaniens: Ihre potentiell antirassistischen Implikationen blieben daher latent, buchstäblich akademisch. Als theoretisch denkbare Gegenpositionen zum Rassismus verpufften sie in der Weite Spanisch-Amerikas.

Im Zuge der naturwissenschaftlichen Klassifizierungen und der Tendenz zur anthropologischen Hierarchisierung spielte der ältere Begriff der »Großen Kette der Wesen«[33] eine zentrale Rolle. Die Einordnung des Menschen zwischen Gott und Tierreich bedeutete zugleich auch eine Definition des Menschen: Wer gehört zur Menschheit? Sklaven, Leibeigene, bis zum späten 18. Jahrhundert auch Frauen, zählten schon in Europa kaum noch zur Menschheit. Auf Grund unzureichender Kenntnisse galten Schwarze oft genug als Kreuzung zwischen Menschenaffen und schwarzen Frauen, bestenfalls als Übergang zwischen Affen und Menschen.[34]

Die Autorität der Bibel, die seit dem späten 17. Jahrhundert immer mehr schwand, wirkte sich zwiespältig aus: Einerseits dämpfte die Lehre von der Abstammung des Menschen von einem Ur-Paar (Adam und Eva) und der Gleichheit aller Menschen vor Gott den allmählich aufkommenden Proto-Rassismus. Andererseits erhielt jetzt erst die quasi-rassistische Auslegung der Verfluchung Hams durch Noah seit dem frühen jüdischen Exil (2./3. Jahrhundert) ihr volles Gewicht, weil Hams Nachkommen den Nachfahren Japhets (Weißen) und Sems (Semiten) zu dienen hätten, also als Sklaven. Seit der Frühen Neuzeit wurde Noahs Fluch ein Standardargument älterer Rassisten, zunächst bei der Verteidigung der Sklaverei.

Aus der Notwendigkeit, die Flut der neuen Kenntnisse, vor allem der rasch zunehmenden Reiseliteratur, zu systematisieren und zu strukturieren, ergab sich zwangsläufig die Tendenz zur Klassifizierung der Menschheit.[35] Die biblische Erzählung von Noahs Fluch gegen Hams Sohn Kanaan lieferte bereits einen Ansatz zur Unterteilung in drei Groß-Gruppen, die sich in älteren Entwürfen zur Gliederung der Menschheit auch teilweise in der Terminologie widerspiegelte – Noahs Söhne aus der Arche: Japhet, Sem, Ham. Noch ohne den neuen Schlüsselbegriff »Rasse« für die Groß-Gruppen der Menschheit folgte Georgius Hornius älteren Denkstrukturen, die sich auch noch im Titel bezeichnend ausdrückten – Arca Noae (1666), »Arche Noahs«. Seine Einteilung – Japhetiten (Weiße), Semiten (Gelbe), Hamiten (Schwarze) – lehnt sich noch in der Terminologie an das Alte Testament an, modifizierte aber der Sache nach ihre sonst üblicherweise gezogenen Konsequenzen: Als Nachfahren Sems galten die »Gelben«, später meist »Mongoliden« genannt.

Wenig später zog »Rasse« als wissenschaftlicher Schlüsselbegriff erstmals auch dem Wort nach in die weitere Vorgeschichte des Rassismus ein, eingeführt von dem französischen Arzt und Reisenden François Bernier (1620–1688). Bernier kannte Asien aus eigener Anschauung, er war u. a. neun Jahre lang als Arzt beim Groß-Monghul Aurangzeb, und wurde später ein Gewährsmann für die problematische Kategorie der »asiatischen Produktionsweise« bei Karl Marx.[36] Er schrieb in einer modernen Volks- und Literatursprache, dem Französischen, mit einem schon modern anmutenden Titel: *Nouvelle Division de la Terre par les différentes éspèces ou races d'homme qui l'habitent* (1684, »Neue Einteilung der Erde nach verschiedenen Arten oder Rassen des Menschen, die die Erde bewohnen«). Berniers Beitrag zur Geschichte des Rassismus ist ambivalent: Einerseits präzisierte er das längst eingebürgerte Wort »Rasse« aus dem eher vagen Bereich von Genealogie und Abstammung mit Anwendung auf Menschen und ihre Unterteilungen und übertrug das zur Klassifizierung von Tieren bereits benutzte Wort auch auf Menschen. Andererseits geschah das noch ohne wertende Abstufungen, ohne rassistische Absicht. Immerhin stellte er als erster eine naturwissenschaftlich gedachte Kategorie bereit, die sich ein knappes Jahrhundert später rassistisch auffüllte. Mit Bernier beginnt auch die verwirrende Geschichte der vielfältigen Unterteilungen und Terminologien – der Anzahl der »Rassen« und der Zuordnung phänotypischer Kriterien.[37] Er unterschied vier (oder fünf) »Rassen« – Europäer, einschließlich der Ägypter und braunhäutigen Inder; Afrikaner; Chinesen, Japaner und Lappen; und, mit etwas unklarem Status der Zuordnung, die Indianer-Indios, die als den Europäern nahestehend galten.

Der nächste größere Entwurf stammte wieder von einem Mediziner, dem Leibarzt des schwedischen Königs Carl v. Linné (1707–1778). Seine große Leistung in der modernen Wissenschaftsgeschichte ist verknüpft mit seiner Klassifizierung der Pflanzen- und Tierwelt in seinem Hauptwerk, *Systema naturae* (1735), das noch heute der Botanik und Zoologie zugrunde liegt. Das Element der Systematisierung und Klassifizierung springt bei Linné sofort ins Auge, zumal er selbst zielbewußt für die Sammlung von Material (Pflanzensamen) durch Reisende in Übersee sorgte, wobei auch ethnographische Informationen als wertvolle Zugabe anfielen.

Ganz im Sinne der »Großen Kette der Wesen« ordnete Linné – erstmals wieder seit Aristoteles – den Menschen in die Tierwelt ein, also in die Zoologie. Für Linné gab es vier »Rassen«: Europaeus albus (Weiße), Americanus rubesceus (Rote = Indianer), Asiaticus luridus (Gelbe), Afer niger (Schwarze; Afrikaner). Anschauungsmaterial für den »Weißen« bezog er offensichtlich nur aus einer engeren Heimat, denn seine Beschreibung des Europaeus albus nach zusätzlichen Kriterien (u. a. Körpergestalt, Temperament) läuft auf den später »nordisch« genannten Typ des Europäers hinaus. Erstmals ordnete Linné den Weißen positive, den Schwarzen negative Werte moralischer Art zu.

Der schottische Bischof und Philosoph des Rationalismus David Hume (1711–1776) kannte ebenfalls vier oder fünf Rassen. In seinen *Essays. Moral, Political and Literary* (zuerst 1741) fügte er der Auflage von 1753/54 eine Anmerkung an, die bereits wesentliche Argumente des späteren Rassismus gegen Schwarze konzentriert zusammenfaßte: Neger sind von Natur aus (»naturally«) den Weißen unterlegen (»inferior«); es gibt keine Zivilisation unter Negern; in den englischen Kolonien zeigen die Neger keine Spur höheren Geistes (»ingenuity«).[38] Jamaika, das Hume abschließend einmal ausdrücklich erwähnte, war damals ein Zentrum der britischen Sklaverei in Übersee. Der Zusammenhang von Sklaverei und Rassismus wird bei Hume erstmals unübersehbar. Mit ihm kündigt sich schon der spätere Rassismus an.

Zur selben Zeit wirkte in Frankreich die ältere Tradition der Monogenese in G.L.L. de Buffon (1707–1788) noch nach. Seine *Histoire naturelle de l'homme* (1749–1778) geht von der Einheit der Menschheit aus, die sich später vielfältig in »variétés« aufgefächert habe. Seine Ablehnung der »Rasse« als Kategorie zur Klassifizierung der Menschheit bot grundsätzlich, zumindest implizit, eine Alternative zu dem bald nach ihm sich bahnbrechenden Rassismus. Buffons »reichlich diffuse(r) Rassenbegriff«[39], vielfältig gebrochen durch die Betonung der Umwelt (Milieu), beeinflußte später den weniger präzisen und weniger harten »Rassenbegriff« in England, Frankreich und den USA.

Mit Kant (1724–1804) erreichte die neue anthropologische Diskussion auch Deutschland. Nach einem ersten Anlauf 1757 übernahm er schon im Titel den neuen »Racen«-Begriff (*Von den verschiedenen Racen der Menschen*, 1775). Kant unterschied Weiße, Neger, mongolische oder kalmükische Rasse und Hindu-

Rasse, noch immer ohne moralische, d. h. latent rassistische Bewertung. In Kant läuft die ältere Tradition seit Bernier aus.

Die andere Aufklärung: Voltaire

Mit Kant endete auch der Zweig der Aufklärung, der – in älteren Traditionen humanistischer und christlicher Herkunft – noch überwiegend ohne rassistische Absichten oder Implikationen argumentierte. Inzwischen hatte sich in der Neuen Welt die Negersklaverei als ökonomisches und soziales System so fest etabliert, daß das Anschauungsmaterial für die Schwarzen aus der Sklaverei in Amerika kam, wo inzwischen die Gleichung Neger = Sklave entstanden war. Daraus entstand die noch weitergehende Gleichung Negersklave = minderwertig (inferior), also auch Schwarz = inferior. Die europäische Aufklärung wirkte sich beim Entstehen des modernen Rassismus ambivalent aus: Ihre Betonung der Gleichheit – vor allem in der Französischen Revolution – zielte einerseits auf die Überwindung von Ungleichheiten zwischen den Menschen, sie lieferte daher auch Impulse zur Abschaffung von Sklaverei und Rassendiskriminierung.[40]

Die Wirkung dieses Prozesses läßt sich an dem Exponenten der Aufklärung zeigen, der meist als »progressiver« Aufklärer gilt: François Marie Arouét, genannt Voltaire (1694–1778). Wie Rousseau glaubte er, daß Neger von Natur aus den Europäern geistig unterlegen seien[41], fädelte sich also in das Webmuster des einsetzenden Rassismus gegenüber den Schwarzen ein. Noch massiver bereitete der große Aufklärer den kommenden Antisemitismus vor, jedenfalls für einen Teil der späteren europäischen Linken. Bei Voltaire findet sich, neben einigen verständnisvollen Passagen, überwiegend Haß und Verachtung für die Juden: Für ihn waren sie in ihrer (ob freiwilligen oder erzwungenen) Absonderung nur verstockte Anhänger des Aberglaubens und Überbleibsel des finsteren Mittelalters; mitten im »aufgeklärten« Europa. Auch wenn die Invektiven Voltaires fehlten, knüpften selbst spätere Befürworter einer Judenemanzipation an sie eine zentrale Bedingung – die Assimilation und die Aufgabe des Judentums als Volk und Religion.

IV. Zwischen Industrieller Revolution und Erstem Weltkrieg: Formierung und Aufstieg des Rassismus (1775–1914)

Um 1775 hatten real- und geistesgeschichtliche Faktoren Veränderungen im euramerikanischen Bewußtsein bewirkt, die sich als Beginn des Rassismus im engeren Sinn datieren lassen: Der Amerikanische Unabhängigkeitskrieg mündete ein Jahr später in die Gründung der USA, die als größtes Einwanderungs- und Industrieland der Geschichte ein Brennpunkt der Schwarz-Weiß-Problematik wurden. Zuvor hatte der Auftakt zum Abolitionismus (1772) Edward Long zu einem rassistischen Kapitel in seiner *History of Jamaica* (1774) provoziert. 1775 signalisierte Blumenbach den Übergang vom älteren zum neueren Rassenbegriff.

Während die allgemeinen historischen Rahmenbedingungen die realhistorischen Voraussetzungen für die Formierung und den Aufstieg des Rassismus bereitstellten, ging die theoretische Verarbeitung weiter, mit Gobineau (1853/55) und Darwin (1859) als tiefen Zäsuren. Der reale Rassismus in der Alten Welt blieb weiterhin der sich zum modernen Antisemitismus umwandelnde Anti-Judaismus. Sklavenemanzipation und Kolonialimperialismus brachten in Übersee den antinegriden Rassimus hervor, den die Euroamerikaner auch auf andere »farbige« »Rassen« übertrugen.

1. Historische Rahmenbedingungen

Zahlreiche allgemeine historische Voraussetzungen erklären den Durchbruch und Aufstieg des euramerikanischen Rassismus. Generell zusammenfassen lassen sie sich als zweite Phase der Expansion in Übersee, jetzt aber als euramerikanischen Aufstieg zur faktischen Weltherrschaft – vom Durchbruch der Industriellen Revolution bis zum Höhepunkt des Imperialismus vor 1914. Als einzelne wichtige Faktoren sind besonders zu nennen: die Industrielle Revolution, die Teilungen Polens, die Konstituierung der USA, der Abolitionismus und die Sklavenemanzipation, die Französische Revolution und die Judenemanzipation, der Nationalismus und Imperialismus. Auch jetzt bedingten und beeinflußten sich alle Faktoren gegenseitig.

Die Industrielle Revolution

Die Industrielle Revolution als qualitative wie quantitative Steigerung des Wirtschaftwachstums seit Europas Expansion in Übersee verbreiterte auch die Grundlagen für den modernen Rassismus. Rassismus ist wesentlich ein Produkt sich industrialisierender Gesellschaften – von den Sklavenplantagen in der Neuen Welt, die wichtige agrarische Rohstoffe für die beginnende industrielle Produktion erzeugten (Zuckerrohr, Baumwolle), bis zu den informellen schwarzen »Ghettos« in den Industriezentren der USA (neuerdings auch Englands), von der Apartheid der hochindustrialisierten Südafrikanischen Republik bis zu den deutschen Konzentrationslagern als Zwangsarbeits- und Vernichtungslagern vor allem für Juden, mit ihrem industrialisierten Genozid. In industriellen Wirtschaftskrisen fanden, ähnlich wie im Mittelalter, soziale Spannungen nach innen die Juden als Blitzableiter im rassistisch argumentierenden modernen Antisemitismus. Gleichzeitig drängten soziale Spannungen nach außen zur imperialistischen Expansion und mündeten in zwei Weltkriege.

Ferner entwickelte die stürmische Industrialisierung in Verbindung mit zwei weiteren Faktoren – der Masseneinwanderung aus Europa und den Konsequenzen aus der Sklavenemanzipation – eine zusätzliche Wirkung: Im 19. Jahrhundert kamen in die Neue Welt vor allem Angehörige europäischer Völker, die am unteren Ende der Entwicklungs- und Prestigeskala standen, vor allem Iren, Slawen, Italiener und Juden. Die Dynamik aller drei Faktoren zusammen verwandelten die Rassen-Kasten-Gesellschaft Amerikas auf der Basis agrarischer Sklaverei in die neue Rassen-Klassen-Gesellschaft auf industrieller Grundlage.

Auch gegenwärtig treten quasi-rassistische Spannungen in den Städten westlicher Industrieländer zwischen der einheimischen Bevölkerung und »Gastarbeitern« auf: vor allem Türken in der Bundesrepublik, Algerier in Frankreich, denen Afro-Amerikaner in den USA und Pakistani bzw. Westinder in England entsprechen. Analoge Konflikte laufen in vielen Entwicklungsländern unter dem Druck beginnender Industrialisierung ab.

Die Teilungen Polens (1772–1795)

Wesentliche Voraussetzungen für den späteren Antisemitismus fielen als unbeabsichtigte Nebenprodukte aus den Teilungen Polens ab. Der Niedergang der »Rzeczpospolita« hatte schon den relativen Rückhalt geschwächt, den die Juden an der ohnehin schwachen Krone und dem Adel hatten. Mit den Teilungen Polens kamen Juden ab 1772 in großer Zahl nach Westrußland und Österreich (Galizien), in geringem Umfang auch nach Preußen (Posen). Früher oder später erhob sich die Frage nach ihrer Einordnung in die sich unterschiedlich modernisierenden und industrialisierenden dynastischen Reiche, und es stellten sich unterschiedliche Antworten ein.

Stilprägend und mit großer historischer Fernwirkung wurde 1791 in Rußland die Errichtung des Rayon in den neuen, ehemals polnischen Gouvernements des Westens. Er wurde zum Ausgangspunkt für diskriminierende Maßnahmen gegen die Juden, die Rußland mit seinem Militärprotektorat auf den Balkan (Serbien, Moldau, Walachei, 1829–53) exportierte. Die verarmten, »unaufgeklärten« Massen orthodoxer »Ostjuden« verstärkten seit 1881 auf der Flucht vor Pogromen in Rußland den aufkommenden Antisemitismus im Westen und provozierten ab 1882 den Zionismus.

Die Gründung der USA (1776–1787)

Mit der Gründung der USA verselbständigte sich gleichsam die in den Kolonien angelegte Problematik zwischen Schwarz und Weiß. Der Konflikt zwischen Kolonisten und Mutterland entzündete sich u. a. an der Indianerpolitik: Die vorläufige Sperrung der Alleghanies-Linie für die weitere Besiedlung war von der Londoner Zentralregierung als Schutz für Indianer gedacht, verletzte aber elementare Interessen der Kolonisten an einer weitergehenden Expansion und verursachte materielle Verluste (Bodenspekulation). Der letzte Konflikt zwischen den jungen USA und der scheidenden englischen Kolonialmacht drehte sich in New York um die Herausgabe der ca. 20000 Negersklaven, die zu den Engländern übergewechselt waren und so die versprochene Freiheit erhalten hatten. Die Amerikaner forderten die Auslieferung der Exsklaven, was die Engländer ebenso wie die mit den USA verbündeten Franzosen ablehnten.

Der erste schwere innere Konflikt bei der Umwandlung der USA von der Konföderation zum Bundesstaat (Union, 1787) entzündete sich an der Sklaverei in den Südstaaten. Eine vielgliedrige Kompromißlösung überdeckte ihn nach außen nur zeitweilig, während der »Irrepressible Conflict« in Wirklichkeit bis zum Ausbruch des Bürgerkriegs 1861 weiterschwelte.[1] Mit der systematischen Verteidigung der Sklaverei durch Intellektuelle des Südens als Reaktion auf die Abolitionistenbewegung ab 1835 sowie mit der der Sklavenemanzipation folgenden Rassendiskriminierung wurden die USA eines der wichtigsten Zentren des modernen Rassismus, im Gegensatz zum sonstigen Freiheits- und Demokratiepathos der Integrationsideologie des »American Dream«. Als größte Einwanderungs- und Industriegesellschaft der Geschichte hatten sich die USA mit den daraus erwachsenden Problemen herumzuschlagen: Ihre hohen Werte galten, bis in die jüngste Vergangenheit, nur für die Weißen. Den Schwarzen blieben sie lange vorenthalten; vorübergehend kam es auch zu einer Abgrenzung von den »Gelben« aus China und Japan.

Abolitionismus und Sklavenemanzipation (1772/87–1888)

Seit der Abwehr der ersten Versuche zur Abschaffung der Sklaverei, also seit Beginn des Abolitionismus, fügten sich ältere Elemente des modernen Rassismus allmählich zu einem in sich geschlossenen System zusammen. Was vorher nur eher dumpf, inzwischen schon als Selbstverständlichkeit praktiziert worden war, trat nun in das helle Licht intellektueller Anstrengungen: Die Rechtfertigung der Sklaverei, das Mansfield-Urteil und die erste Stellungnahme Edward Longs von 1772 sowie Longs dreibändiges Werk *The History of Jamaica* (1774) bilden zusammen einen markanten Einschnitt. Wie Tocqueville aus seinen Beobachtungen in den Nord- und Südstaaten der USA schon 1835 erkannte, folgte der Sklavenemanzipation in den USA der Rassismus auf dem Fuß – Fortsetzung der sozialen Barriere zwischen »Weiß« und »Schwarz« mit anderen Mitteln. Der Norden war seit 1827 »sklavenfrei« geworden. Den Höhepunkt erreichte die um sich greifende Rassendiskriminierung nach der allgemeinen Sklavenemanzipation als Ergebnis des Amerikanischen Bürgerkriegs und, nach der Zwischenphase der vom Norden wohlgemeinten Reconstruction-Ära im Süden (1865–1877), mit dem Aufbau des »New

South« (1890–1910). Lynchen, »race riots« (ab 1863 in New York, 1866 in New Orleans) und Ku-Klux-Klan in den militärisch besiegten Südstaaten (ab 1865) traten an die Stelle staatlich regulierter Zwangsgewalt gegenüber den Sklaven. Auch in England zeigte sich dialektisch die rassistische Reaktion gegen Abolitionismus und Sklavenemanzipation, besonders kraß in Thomas Carlyles *The Nigger Question* (1849).

Die Französische Revolution und ihre Folgen: Emanzipation der Juden und Sklaven

Die Emanzipation der Juden in der Alten Welt seit 1790 und der Sklaven in der Neuen Welt seit 1794 bzw. 1834 verhalf dem modernen Rassismus zum Durchbruch: Die Abschaffung der Ghettos und die bürgerliche Gleichstellung der Juden in Europa durch die Französische Revolution und ihre Folgen erwartete als Gegenleistung die sich anschließende Assimilation der Juden an ihre jeweiligen »Wirtsvölker«. Schon im revolutionären Frankreich hatte sich die Kehrseite der Judenemanzipation drastisch gezeigt: gemäß dem Emanzipationsprogramm der Aufklärung und dem neuen Prinzip der »nation une et indivisible« die Aufhebung aller Privilegien für Individuen wie Korporationen. So verloren die jüdischen Gemeinden ihre traditionelle Autonomie in religiösen Fragen und zur Regelung interner Angelegenheiten zugunsten einer extremen Individualisierung und Atomisierung der jüdischen Existenz. Unter der Terrorherrschaft der Jakobiner 1794/95 erging es dem Judentum wie dem Christentum: Synagogen und religiöse Einrichtungen, vor allem Schulen, mußten schließen. Nach dem Sturz Robespierres durften die Synagogen zwar wieder öffnen, aber nach einem Jahrzehnt des unsicheren Übergangs ordnete Napoleon I., durchaus nicht aus Freundschaft zu den Juden, ihren Status neu (1806/08). Die Folge der Judenemanzipation war langfristig in jedem Fall der Antisemitismus: Die weitgehende Assimilation der Juden und die Weigerung ihres orthodoxen Flügels, sich anzupassen und den eigenen Glauben aufzugeben, provozierten im Fortgang der Industrialisierung den Antisemitismus, der sich im 19. Jahrhundert in verschiedenen Gesellschaften unterschiedlich ausdrückte.

Parallel wirkte die Sklavenemanzipation in der Neuen Welt, besonders katastrophal mit dem Sklavenaufstand in Saint-Domingue

1791, dessen Fortgang sich auf komplizierte Weise mit der erstmaligen Abschaffung der Sklaverei durch die Jakobiner auf dem Höhepunkt der Französischen Revolution 1794 verflocht. Die Wiedereinführung der Sklaverei durch Napoleon Bonaparte im Jahre 1802 und die Rückeroberung des faktisch autonomen Saint-Domingue unter Toussaint L'Ouverture provozierte zwar die Unabhängigkeit Haitis 1804 – Auftakt zur späteren Sklavenemanzipation und zum Abolitionismus in den USA –, aber auch chronisches Chaos auf dieser Insel, das bis zur Gegenwart reicht. Das Trauma des Sklavenaufstandes und der folgenden blutigen Konflikte wirkte auch auf die Alte Welt zurück, wo die Begeisterung für die Sklavenemanzipation in Abscheu vor den Schwarzen umschlug, zunächst in Frankreich selbst. Die Erschöpfung nach der ungeheuren Kraftanstrengung der Französischen Revolution und des napoleonischen Kaisertums ließ Frankreich gegen die Aufklärung und den Rationalismus reagieren und machte es besonders empfänglich für die romantischen Irrationalismen des beginnenden Rassismus.

Nationalismus

Der moderne Nationalismus verengte sich in Europa häufig zu einem nationalen »Rassismus«, durch Rückgriff auf unterschiedliche, angeblich überlegene Komponenten in der eigenen Geschichte.[2] Den Anfang hatte, mit revolutionären Wirkungen, Frankreich – parallel zur englischen Theorie des »Norman Yoke« des 17. Jahrhunderts – mit der Diskussion über die Stellung des französischen Adels gemacht. Zuerst hatte der französische Aristokrat Henri Graf de Boulainvilliers (1658–1722) in seinem posthum erschienenen Werk *Histoire de l'ancien gouvernement de France* (1727) die Existenz zweier Menschenrassen (»deux races d'hommes«) in Frankreich behauptet – der Adel, Nachfahren der erobernden Franken, und die Nachfahren der unterworfenen Gallier und Gallo-Romanen. Am Vorabend der Französischen Revolution konterte das aufsteigende Bürgertum, vertreten durch den Abbé Emmanuel Sieyès (1748–1836) in seiner berühmten Streitschrift *Was ist der Dritte Stand?* Seine Berufung auf die alten Gallier kombiniert er mit dem neuen Prinzip der Mehrheit.

Umgekehrt erlebte Deutschland, als Reaktion gegen die Französische Revolution und napoleonische Herrschaft, eine Teutomanie. Der deutsche Nationalismus nahm teilweise bereits einen rassistischen Charakter an, verengte aber »Rasse« auf Volk oder Nation. In Spanien hatte der Adel stets voll Stolz auf die Abstammung von den Westgoten gepocht. Die Reaktion gegen den Goten-Mythos zersplitterte sich hier regional: Im Nordwesten, Asturien und Galicien, griff man historisch auf die Kelten bzw. Kelt-Iberer zurück, im Baskenland auf die Iberer, während sich die Andalusier sogar auf Araber und Mauren beriefen.[3] In drei großen Nationen Europas wirkte sich so der historisierende Mythos eines »rassischen« Nationalismus ideologisch unterschiedlich aus – spaltend in Frankreich und Spanien, einigend in Deutschland. In Frankreich gehörte die Konfrontation von Franken und Kelten zum Umfeld der Französischen Revolution, in Deutschland wurde die Teutomanie schließlich ein Bestandteil des zweimaligen »Griffs nach der Weltmacht« mit seinen extremen Konsequenzen zweier Weltkriege und des »Holocaust«.

Die Romantik in ihren verschiedenen Varianten verstärkte nur noch diese Tendenz, u. a. durch den systematischen Rückgriff auf Sprache und Volksbräuche. So wurden schon tote (Hebräisch) oder fast ausgestorbene Sprachen (Gaelisch, Bretonisch; Baskisch) als Reaktion gegen den nivellierenden Zentralismus seit der Aufklärung künstlich neubelebt.

Ähnlich wie sich ältere Nationalstaaten, von Portugal bis England, mit der Ausschließung der Juden im Spätmittelalter nach innen und mit der Expansion in Übersee nach außen konstituiert hatten, wurde für die jüngeren Nationalbewegungen in Mittel-, Ost- und Südosteuropa der Antisemitismus früher oder später ein konstitutives Moment nach innen. Auch dort verengte sich der »National«-Rassenbegriff auf die eigene Nation und richtete sich gegen rivalisierende oder dominierende Nationen.[4] Einen Extremfall des quasi-rassistischen Nationalismus bietet der baskische Nationalismus. Mit seiner Theorie vom angeblichen »kollektiven Adel« des baskischen Volkes insgesamt beansprucht er für sich das Prinzip der »limpieza de sangre«, die am Anfang des frühneuzeitlichen Proto-Rassismus steht: Nur die Basken hätten seit der Reconquista ihr Volk »rein« von Juden und Mauren gehalten, im Gegensatz zum übrigen Spanien.[5]

In den älteren Nationalstaaten und einigen neueren (Italien, Deutschland) sowie in Rußland steigerte sich in der zweiten Hälfte des 19. Jahrhunderts die inzwischen traditionelle Expansion zum Imperialismus, der »höchsten Stufe« nicht so sehr des »Kapitalismus« (Lenin) als vielmehr der Expansion Europas in Übersee. Der Imperialismus, als Kombination von industrieller, politischer und geographischer Ausdehnung, stand unter dem Doppeldruck ökonomischen und demographischen Wachstums und schuf auch einen Teil der allgemeinen Rahmenbedingungen für den Ersten Weltkrieg. Als Reflex der gesteigerten Macht und des neuen Machtbewußtseins und zugleich zur Rechtfertigung des eigenen Weltherrschaftsanspruchs über andere Völker und »Rassen« der Erde stieg der Rassismus zur allgemeinen Ideologie der Kolonialmächte einschließlich Rußlands auf. Er fand analoge Verlängerungen in Japan und den USA gemäß ihrem Anteil an der imperialistischen Expansion, modifiziert durch unterschiedliche historische Voraussetzungen. Entsprechend fächerte sich der Rassismus in nationale Varianten auf, überwiegend gegen außereuropäische, angeblich minderwertige »Rassen« gerichtet, teilweise aber auch, von Frankreich über Deutschland bis Rußland, mit »nationalen« Varianten des Antisemitismus.

2. Theoretische Fundierung (1774/75–1853)

Während die atemberaubende Dynamik des »technischen Fortschritts« und der weitergehenden Expansion Europas in Übersee die materielle Überlegenheit der Euramerikaner ständig handgreiflich bestätigte und weiter ausbaute, brach der euramerikanische Rassismus als systematisierte ideologische Widerspiegelung dieser Überlegenheit durch. Erst jetzt beteiligte sich auch die Neue Welt, vor allem ihr künftig mächtigster Teil, die USA, an der theoretischen Formulierung. Aus der verwirrenden Fülle unterschiedlicher Theorieentwürfe kristallisiert sich vor allem die Einteilung der Menschheit in drei Rassen heraus – in Weiße, Gelbe, Schwarze.[6]

Neue Welt: Von Edward Long bis zur Sklavenemanzipation in den USA (1774–1865)

In der Neuen Welt erfolgte die erste Artikulation des noch immer nicht so genannten Rassismus in der damals ökonomisch wichtigsten englischen Kolonie, auf der Zuckerinsel Jamaika, als Reaktion auf die junge Abolitionismusbewegung seit dem Mansfield-Urteil in England, das 1772 die Sklaverei in England für ungesetzlich erklärte.[7] Edward Longs einschlägiges Kapitel im zweiten Band seiner dreibändigen *History of Jamaica* (1774)[8] wirkte epochemachend. Es bündelte ältere negative Stereotypen und Vorurteile gegen Afrikaner-Negriden zur rassistischen Degradierung der Schwarzen: Mitten in die eher landeskundliche denn historische Darstellung seiner Heimat Jamaika reihte Long mit einem großen Kapitel »Negroes« in Band II die »Neger« in die Naturordnung ein: Die Rassen-Kasten-Struktur der Plantagensklaverei Jamaikas prägte seine »Weltanschauung«, denn Long kannte »Neger« nur als Sklaven auf der untersten Stufe seiner Gesellschaft.

Long bezog »Rasse« auf Menschen und Affen: Er sah nur drei Arten (»species«) der Menschheit (»genus homo«) – Europäer und Verwandte, Neger und Orang-Utangs, einschließlich aller schwanzlosen Affen. Long vertrat die Polygenese, bestritt die Einheit der Menschheit bis zum Extrem und schloß die Schwarzen aus der Menschheit aus. Der eigene Augenschein widerlegte ihn jedoch ständig in einem zentralen Punkt: In seiner Heimat gab es Mischlinge (»Mulatten«) zwischen Weißen und Schwarzen. Andererseits behauptete er, Mischlinge seien steril, was zwar Unsinn war, sich aber vielleicht aus der ursprünglichen Bedeutung von »Mulatte« (Maultier, das tatsächlich steril ist) erklärt. Nachdrücklich betonte Long die animalische, tierhafte Natur der Schwarzen, strich umgekehrt »menschenähnliche« Züge der Menschenaffen heraus, um die Grenze zwischen Schwarzen und Tier zu verwischen. Seit dem Nachdruck im *Columbia Magazine* in den USA 1788 wurde dieses Kapitel Grundlage des nordamerikanischen anti-negriden Rassismus.[9]

Nach dem Aufstand in Jamaika 1831 und der ersten Phase der Sklavenemanzipation im Britischen Kolonialreich 1834 radikalisierte sich seit 1835 auch der Abolitionismus in den USA. Zur Verteidigung der Sklaverei entstand in den Südstaaten seitdem eine Literatur auf z.T. beachtlichem intellektuellen und literarischen

Niveau.[10] Die Hauptargumente waren: Sklaverei gab es schon immer, also ist sie gottgewollt. Afrikaner sind rassisch minderwertig und taugen, gemäß dem Fluch Noahs, nur als Sklaven. Die »Lohnsklaverei«, in der die Arbeiter des industriellen Norden leben, ist ohnehin viel schlimmer als die paternalistische Plantagensklaverei im agrarischen Süden.

Die Wirkung dieser Denkschule für die Formierung des Rassismus war um so größer, als sie sich ganz im Hauptstrom des aufkommenden modernen Rassismus bewegte. Zugleich verband sie ihre eloquente Verteidigung der Sklaverei mit einer Kritik des Kapitalismus in den Nordstaaten, die tatsächlich an den moralisch empfindlichsten Punkten der »Yankees« ansetzte: Eine halbe Generation vor Marx erfanden Intellektuelle aus den Südstaaten den Begriff der »Lohnsklaverei«. Nach dem Bürgerkrieg und der erzwungenen Aufhebung der Sklaverei durch den Norden setzte sich die Grundhaltung des Südens auf andere Weise fort: An die Stelle der Sentimentalisierung der Negersklaven durch *Uncle Tom's Cabin* (1852, dt. *Onkel Toms Hütte*) von Harriett Beecher Stowe (1811–1896), die in der Endphase des Abolitionismus eine enorme agitatorische Wirkung hatte, trat fast ein Jahrhundert später die Sentimentalisierung der im Bürgerkrieg unterlegenen weißen Südstaatler durch den Roman *Gone with the Wind* (1936, dt.: *Vom Winde verweht*) von Margret Mitchell (1900–1949); spätere Verfilmungen verstärkten nur noch diese Wirkung.

Alte Welt: Johann Friedrich Blumenbach bis Auguste Comte (1775–1849)

Am Übergang der Alten Welt zum modernen Rassismus steht im Wendejahr 1775 der Göttinger Anthropologe Blumenbach. Seine nicht rassistisch gedachte Unterteilung der Menschheit nahm eine Hierarchisierung der »Rassen« nach ästhetischen Gesichtspunkten vor, an deren Spitze selbstverständlich der Europäer stand. Andererseits focht Blumenbach leidenschaftlich gegen den Rassismus seiner Zeit.[11] Aber als historisch wirksamer erwies sich seine wertende Abstufung der Menschheit. Auf ihn geht die weitverbreitete Kategorie der »Kaukasier« zurück, die als Weiße Europäer und Semiten umfaßt, ferner Mongolen (Gelbe) und Äthiopier (Schwarze). Andererseits erfand Blumenbach als erster eine eigene »jüdische Rasse«.[12]

Sein Göttinger Kollege, der Philosoph Christoph Meiners (1747–1810), schrieb die erste Weltgeschichte vom Rassenstandpunkt aus und leitete den Rassismus der Alten Welt in aller Form ein: Sein *Grundriß der Geschichte der Menschheit* (1785) vertrat, wie er 1790 in einem Artikel präzisierte, die nach dem damaligen Forschungs- und Diskussionsstand scheinbar modernste und fortschrittlichste Position, die Polygenese – »ursprünglich verschiedene Menschenrassen« mit »erblichen und unauslöschlichen Merkmalen« (1790). Die Korrespondenz äußerlicher und innerer »erbliche(r) Merkmale von ganzen Völkern« erhob er zum Grundaxiom des modernen Rassismus, zumal er »Rassen« nach Werten hierarchisch abstufte – die Europäer, die Slawen ausgenommen, waren allen anderen Völkern in jeder Beziehung überlegen. Sein »Rassen«-Begriff ist im Gegensatz zu anderen durchaus realistischen Beobachtungen vage, zugleich dualistisch: Für ihn gab es nur eine »helle schöne« und eine »dunkle häßliche« »Rasse«. Er eröffnet die nationale Verengung des »Rassen«-Begriffs, zunächst nur durch den Ausschluß einer großen Gruppe, der Slawen, aus der herrschenden »Rasse«. Mit ihm beginnt die Angst vor der Vermischung von »edleren« und »unedleren« »Rassen« bis zur Entartung der »edleren« »Rassen«.

Andererseits kommt von Meiners die Unterscheidung in »Wilde« (Jäger und Fischer) und »Barbaren«, die er jedoch mit den Hirtennomaden identifiziert, ohne den Übergang vom Nomadentum zum Ackerbau zu berücksichtigen. Seinen rationalen Ansatz einer sozioökonomischen Erklärung von »Wilden« und – partiell auch – »Barbaren« zerstörte er selbst durch die Irrationalität seines exklusiven »Rassen«-Begriffs. Sein prägender Einfluß läßt sich daran ablesen, daß seine »Rassentheorie« »schon die wesentlichen Züge der späteren Theorie Gobineaus« enthält[13], die ihrerseits grundlegend für den euramerikanischen Rassismus wurde.

Der holländische Anatom Peter Camper (1722–1789) setzte die ästhetisierende Irrationalisierung fort. Er beanspruchte mit seiner Methode des Schädelvergleichs, »das körperlich Schöne« durch den Profilwinkel des menschlichen Antlitzes zu erfassen, und stellte eine Rangstufe der Wertigkeit her: Je steiler der Winkel vom Kinn bis zur Stirn, desto höherstehend die »Rasse«, vom Europäer über Kalmücken, Neger bis hinab zum Affen! Als ideal galt ein Winkel von 100° zwischen Vertikaler und Horizontaler, dem die Europäer mit durchschnittlich 97° am nächsten kamen. Johann

Kaspar Lavaters (1741–1801) einflußreiche *Physiognomie* (1781) wies in dieselbe Richtung, gefolgt von Jean-Joseph Vireys (1775–1846) *Histoire du genre humaine* (1798), die Meiners Formel explizit durchführte – »schöne und weiße« gegen »häßliche und schwarze« »Rassen«.

Die romantische Naturphilosophie als Reaktion gegen die überwiegend rationalistische Aufklärung und gegen die Französische Revolution trieb die irrationale Ästhetisierung oder ästhetisierende Irrationalisierung bis zum Exzess weiter: Lorenz Oken (1779–1815) vermengte seinen »Rassen«-Begriff mit der klassischen Elementenlehre: Die schwarze »Rasse« galt ihm als »irdisch« oder »affenartig«, die weiße als »menschlich« und mit dem Feuer korrelierend; Mongolen und Indianer wurden mit Luft bzw. Wasser verglichen. Daraus machte Henrik Steffens (1773–1845) in seiner zweibändigen *Anthropologie* (1822) mit dem neuen Kunstwort »Lei« für »Rasse« seine Unterteilung in vier »Leis« – der Erde (Neger), des Wassers (Indianer), der Luft (mongolische Asiaten) und des Lichts (Europäer). Eine andere Variante der irrationalen Naturphilosophie findet sich im »Rassen«-Schema von Carl Gustav Carus (1798–1868) in seinem Hauptwerk *Über die ungleiche Befähigung der verschiedenen Menschenstämme für höhere geistige Entwicklung* (1849). Er unterschied vier »Rassen« – des Morgenrots (Gelbe), Tagesrasse (Weiße), der Dämmerung (Rote), Nachtrasse (Schwarze). Die rassistische Hierarchisierung der Menschheit und Degradierung der nichtweißen »Rassen« war allen gemeinsam. Vergleichsweise nüchtern nimmt sich dagegen die Konzeption von Auguste Comte (1798–1857) aus, des Begründers der modernen Soziologie und des Positivismus. In seinem sechsbändigen *Cours de philosophie positive* (1830–1842) schloß er sich der Mehrheitsposition an – der Dreiteilung in Weißen, Gelbe und Schwarze.

Die Sprachendimension: Der Arier-Komplex

Die ungefähr parallel laufende Entdeckung der indoeuropäischen Sprachenfamilie fügte den »Rassen«-Merkmalen mit der Sprache eine neue Dimension hinzu: Geburt und Ausbreitung des Arier-Mythos, zuletzt der harte Kern des euramerikanischen Rassismus, illustrieren eindrucksvoll die enge Verzahnung von Real- und Geistesgeschichte.[14] Den Anfang machte, zunächst eher unscheinbar, am Ende des 18. Jahrhunderts die Entdeckung des Sanskrit für Europa durch die sich in Indien durchsetzende Kolonialmacht England. Zuvor hatte das große Prestige des reichen Indien – wie vorher die Faszination des wohlgeordneten Reichs der Mitte, China – zu Spekulationen über die Anfänge von Kultur und Zivilisation im unbekannten Indien verführt, zuletzt noch bei Herder.[15] Das Ausweichen auf Indien erlaubte es, die Fessel der biblischen, auf den Vorderen Orient beschränkten Erklärung über die Anfänge der Menschheit zu sprengen.

Die Entdeckung der Verwandtschaft zwischen dem Sanskrit, dem Gotischen und dem Keltischen durch den in Bengalen für die englische Ostindienkompanie tätigen englischen Dichter und Juristen Sir William Jones (1746–1794) eröffnete 1788 die Karriere des »Arischen Mythos«. Zunächst entthronte Sanskrit das Hebräische als Ur-Sprache der Menschheit. Erst eine Generation später lieferte der deutsche Sprachforscher Franz Bopp (1791–1867) ab 1816 den wissenschaftlichen Beweis für Jones' ebenso kühne wie richtige Hypothese. Der deutsche Romantiker Friedrich Schlegel (1772–1829) stützte nur auf Jones und sein eigenes Studium des Sanskrit die Behauptung, daß alle Kultur aus Indien komme. Dazu verquickte er die Sprache und Abstammung der Inder miteinander und provozierte die fatale In-Eins-Setzung von Sprache und »Rasse«: Alles stammte vom alten Indien – die Sprache, Mythologie, Architektur und Kultur der Alten Welt gingen von Indien und seiner Eroberungs- und Kolonisationsbewegung aus. Die Verwandtschaft des Sanskrit mit späteren indoeuropäischen oder indogermanischen Sprachen verleitete zu dem umstrittenen Umkehrschluß auf eine gemeinsame ethnische (»rassische«) Abstammung von einem »Urvolk«, über dessen Heimat sich die Gelehrten noch immer streiten.[16] Wie dem auch sei: Völker können, wie Individuen, ihre Sprache wechseln, ohne sich äußerlich, »rassisch« zu ändern. Sprache und »Rasse« können zusammenfallen, müssen es aber nicht.

Dennoch entbehrt Schlegels Sprachen-»Rassen«-Konfusion mit ihren verheerenden Folgen nicht einer gewissen Logik: Immerhin war Sanskrit die Kult- und Literatursprache der obersten, auf ihre »reine« »arische« Abstammung so stolzen Kaste des indischen Kastenwesens. Ihre Ahnen, die »weizenfarbenen« Arier, hatten die »schwarzen«, »breitnasigen« »dasa« als »Feinde« unterworfen, als »Sklaven« ausgebeutet und mit dem Heiratsverbot und der exklusiven Absonderung dem Kastenwesen eine proto-rassistische Grundlage gegeben.[17] Nach über zweitausendjähriger Erstarrung erweckten die siegreichen Eroberer Indiens aus dem fernen Nordwesten die in der Brahmanenideologie enthaltene historische Dynamik zu neuem Leben, wie der Kuß des Märchenprinzen Dornröschen aus seinem Jahrhundertschlaf: Auf ihrem Siegeslauf zur faktischen Weltherrschaft nahmen sich die »weißen« Euramerikaner »germanischer« Abstammung ihre »arischen« Urahnen zum großen Vorbild: Eroberung, Unterwerfung, Ausbeutung der »niederen« »farbigen« »Rassen«, jetzt auch Indiens mit seinem eigenen uralten Blut-, Rassen- und Kulturstolz, den die stürmische Expansion moderner Technik, Ökonomie und politisch-militärischer Übermacht zunächst nur überrollte.

Vergebens mochten sich einsichtige Pioniere der modernen vergleichenden Sprachwissenschaften, vor allem der in Oxford lehrende Deutsche Max Müller (1833–1900), allerdings erst nach dem deutsch-französischen Krieg von 1870/71, gegen die Gleichsetzung von indoeuropäischen Sprachen mit »arischer« »Rasse« stemmen[18]: Seit Gobineau (1853/55) dominierte der »arische Mythos« innerhalb des euramerikanischen Rassismus, bis zum Zweiten Weltkrieg auch in Frankreich, England und den USA. Die Wirkungen reichten tief in die liberale und progressive Intelligenz der Anglo-Sachsen und Nordamerikaner hinein, aber auch auf Teile der sozialistischen Linken in Frankreich vor 1900. Der »arische Mythos« wurde positiver Gegen-Mythos zum negativen »Mythos der jüdischen Rasse«, also auch des modernen Antisemitismus. Erst die beanspruchte Monopolisierung und Zuspitzung der Arier-Ideologie durch die Deutschen bei ihrem zweimaligen »Griff nach der Weltmacht« in beiden Weltkriegen zerbrach die »Rassen«-Solidarität der weißen Euramerikaner und zerstörte die realhistorischen wie ideologischen Grundlagen des »arischen Mythos«.

Eine weitere Konsequenz des »arischen Mythos« macht die vergleichende Synthese sichtbar: Bis zum Aufkommen des »arischen Mythos« hatten im sich formierenden Rassismus die Juden als eigene »Rasse« kaum eine Rolle gespielt. Die sprachwissenschaftlich immer wieder faszinierende Entdeckung der indoeuropäischen Sprachenfamilie setzte durch die Überstülpung einer neuen »Rasse« (der »arischen«, später verengt auf die »nordische«) entsprechende Erwägungen auch für andere Sprachgruppen frei, zunächst für die Semiten, später die »Hamiten« und Bantus. Auch hier zeigt sich eine denkwürdige Verquickung von historischer Realität und Ideologie des Rassismus: Die Identität von Sprache und ethnischer Abstammung (»Ras« im ursprünglichen Sinn) mochte für Semiten mehr gelten als für »Arier«, da die Semiten meistens aus der Arabischen Halbinsel kamen; aber auch bei ihnen fanden die üblichen Prozesse der ethnischen Vermischung, kulturellen Verbindung und sprachlichen Übertragung statt. Erst recht ungeklärt sind analoge Prozesse bei den hellhäutigen »Hamiten« und den schwarzen »Bantus«. Gesichert sind nur sprachliche Verwandtschaft und soziokulturelle Übereinstimmungen jeweils untereinander.

Für die Geschichte des Rassismus aber hatten die Abspaltung des »Arier«-Komplexes und seine rassistische Aufladung die verheerende Folge, daß nunmehr auch die Juden als eigene »Rasse« in die Vorstellungswelt des europäischen Rassismus einzogen, unbeschadet des eigenen Selbstverständnisses der Juden, das für sie schon schwierig genug zu definieren ist. Ein Abfallprodukt des »arischen Mythos« wurde der rassistisch argumentierende Antisemitismus als Ideologie und Reflex innerer Konflikte der europäischen Gesellschaft im Zeitalter der Industrialisierung, des Imperialismus und der Nationalismen.

Hegel und das Argument der Geschichtslosigkeit

Eines der wirkungsvollsten Argumente des euramerikanischen Rassismus war die angebliche Geschichtslosigkeit der außereuropäischen Kontinente, vor allem Afrikas, philosophisch geadelt durch eine berühmte Aussage in Hegels *Vorlesungen über die Philosophie der Weltgeschichte*.[19] Afrikaner und Afro-Amerikaner hatten an diesem rassistisch ausgebeuteten Vorwurf zu tragen und reagierten darauf oft durch eine energische Hinwendung zur eigenen Geschichte[20], bis hin zur romantisierenden Idealisierung.[21] Der quasi-rassistische Vorwurf der Geschichtslosigkeit traf bis ins 19. Jahrhundert auch zumindest die kleineren slawischen Völker ohne eigenen Staat und wurde selbst von Friedrich Engels erhoben.[22]

Für die außereuropäische Welt, vor allem für Afrika, wirft die »Geschichtslosigkeit« als Reflex zugespitzter Eurozentrik jedoch einige schwerwiegende Fragen auf, die sich nicht so einfach beantworten lassen. Den Schlüssel zur rationalen Beantwortung liefert die sorgfältige Unterscheidung zwischen verschiedenen Schichtungen des Geschichtsbegriffes: Geschehen in der Vergangenheit an sich, sozusagen als Rohmaterial der Geschichte; Kenntnis der Vergangenheit des Menschen und des von ihm verursachten Geschehens; systematische, ja wissenschaftliche Beschäftigung mit der Vergangenheit zur Vermehrung des Wissensstoffes durch die Geschichtswissenschaft wie zur gedanklichen Verarbeitung bis hin zur Geschichtsphilosophie. Im ersten, allerelementarsten Sinn, hat natürlich jede Gruppe von Menschen ihre Vergangenheit, also Geschichte.

Aber Hegel dachte, wie aus dem Zusammenhang seiner Vorlesung ersichtlich wird, überwiegend an die komplexeren Schichten des Geschichtsbegriffs – Wissen um Geschichte, wissenschaftliche Forschung und philosophische Reflexion. Für diese Bereiche hatte Hegel weitgehend recht: Abgesehen von China gab es zu seiner Zeit außerhalb der euramerikanischen Welt keine wissenschaftliche Kenntnis von Geschichte, noch nicht einmal der eigenen Vergangenheit, allenfalls nur fragmentarisierte Erinnerungen, ohne gesicherte Chronologie oder systematische Einordnung in übergreifende Zusammenhänge. Erst seit der Expansion Europas in Übersee entstand in den außereuropäischen Kontinenten (immer China ausgenommen) das Wissen um die eigene Geschichte mit der Sicherung, der Wiederentdeckung vorhandener schriftlicher Quellen und ihrer systematischen Erschließung durch euramerikanische Forscher. Asiatische und afrikanische Nationalisten bezogen die Kenntnisse über die Geschichte ihrer Völker, auf die sie sich so emphatisch gegen den euramerikanischen Rassismus beriefen, aus Forschungsergebnissen euramerikanischer Gelehrter; sie mußten sich, wenn sie dieses Wissen erweitern wollten, notwendig westlicher Methoden bedienen. Hier tut sich für alle ein Dilemma auf, die Geschichte in der einen oder anderen Richtung agitatorisch ausbeuten wollen: Der Primat westlicher Wissenschaft für die Erforschung der außereuropäischen Geschichte gibt noch kein Recht zu euramerikanischer Arroganz gegenüber »geschichtslosen« und daher »minderwertigen« »Rassen«. Andererseits führt wissenschaftshistorisch kein Weg an diesem Primat vorbei.

Mit der dogmatisierten weitgehenden Gleichsetzung von Sprache und »Rasse« geriet die Definition von »Rasse« vollends zur spekulativen Willkür: »Rassen«-Theorien wucherten zu einem Chaos sich überschneidender und widersprechender Systeme, da fast jeder Autor seine eigenen Kriterien und Definitionen von »Rasse« hatte.[23] Allen gemeinsam wurde allmählich die Gleichsetzung von »höheren Rassen« mit den Europäern-Weißen oder Untergruppen (»Ariern«, Germanen) in Abgrenzung von den »Farbigen« (Schwarzen, Mongoliden, Indern) einerseits, den Juden – als Vorbereitung des modernen Antisemitismus – andererseits. Die Messungen von Gesichtsprofilwinkeln (Camper) und die Schädelmessungen zur Errechnung des Inhalts und seiner Formen trieben das Prinzip »wissenschaftlicher« Klassifizierungen und Messungen bis zum leeren Selbstzweck weiter. Die Unterscheidung zwischen Dolicephalie und Brachycephalie seit Broca stiftete nur weitere Verwirrung.

Der Systematisierung der neuen Ideen über »Rasse« diente die neue Wissenschaft der Anthropologie, die auf Jahrzehnte kaum viel mehr als wissenschaftlich verschleierter Rassismus war.[24] In ihr flossen verschiedene Aspekte zusammen, wurden miteinander kombiniert und angereichert – Schädelmessung, Gesichtswinkelmessung, Aufteilung der Menschheit in »Rassen« nach einer Fülle von Kategorien. Von hier war bis zur systematischen Rassenkunde nur noch ein Schritt.

3. Gobineau und Sozialdarwinismus (1853/55–1914)

Vorbereitet durch Spencer, erreichte der moderne Rassismus mit Gobineau und den Wirkungen Darwins eine neue Qualität.[25] Anschließend entfaltete sich der Imperialismus nach außen, während nach innen der Rassismus mit dem Antisemitismus neuen Auftrieb erhielt. In den USA setzte sich, nach der Übergangsphase der »Reconstruction« des Südens (1865–1877), der der Sklavenemanzipation folgende Rassismus als Segregation im Norden und Süden durch, in den europäischen Kolonien als »Colour Bar«. Zugleich regten sich bereits erste Proteste der Betroffenen, der Afro-Amerikaner und frühen afrikanischen Nationalisten einerseits, der Juden andererseits.

Gleichzeitig vermittelten neue Wissenschaften – Geologie, Archäologie, systematische Vorgeschichte – realistischere Vorstellungen von den Zeiträumen, in denen sich die Evolution, die Herausbildung der Menschheit und die Ausdifferenzierung der großen Menschheits-Gruppen bewegten. Die Entdeckung des Neandertalers 1856 eröffnete erst die Erforschung des Altmenschen. Seitdem ging die Tendenz zurück, »niedere Rassen« aus der Menschheit auszuschließen, da nun die Grenzen zwischen höchsten Primaten (Orang-Utan), Altmenschen und »primitiven« Gruppen der Neumenschen deutlicher wurden.

Die Rassenlehre Gobineaus

Der französische Diplomat Arthur de Gobineau (1816–1882) bündelte bisher diffuse und widersprüchliche Ideen des noch jungen Rassismus seit Meiners in seinem grundlegenden zweibändigen Werk *Essai sur l'inégalité des races humaines* (1853/55). Seine Wirkung liegt weniger in der Originalität neuer Ideen als in der Zusammenfassung und – scheinbar überzeugenden – Systematisierung disparater Elemente.[26] Gobineau wurde einer der einflußreichsten Exponenten des seinem Höhepunkt zustrebenden Rassismus. Obwohl Gobineau noch nicht offen antisemitische Positionen vertrat, verband er erstmals die bisher weitgehend getrennten Hauptstränge des Rassismus – den Anti-Judaismus kurz vor seiner Metamorphose zum modernen Antisemitismus und den Anti-Negrismus.

In seiner Synthese erzeugten widersprüchliche Faktoren die erstaunlichsten Diskrepanzen: Angetreten mit dem damals modernsten Rüstzeug der Anthropologie und Physiologie, folgte er als Katholik noch immer in groben Zügen dem Schöpfungsbericht der Genesis, ließ jedoch als Reflex der damals modischen »Indomanie« (Poliakov) die Menschheit in Nordasien entstehen, wo sie sich in die aus der Genesis bekannten Stämme Ham, Sem und Japhet geteilt hätte. Sein theoretisches Bekenntnis zur Monogenese der Bibel und der Kirche löste sich in der Praxis zur Polygenese auf, da er auf einen »Urmenschen«, den »Adamiten«, zurückgriff und die Anfänge der Schwarzen und Gelben auf Afrika bzw. Asien hypothetisch verlegte. Obwohl er die Hierarchisierung der »Rassen« in »höhere« (weiße) und »niedrigere« (gelbe, schwarze) fortschrieb, war er keineswegs nur antinegrid oder antisemitisch.

Er gestand den Schwarzen wie den Juden durchaus beachtliche Fähigkeiten zu, selbst wenn er die Weißen (Berber, Semiten, Araber) eindeutig vorzog. Unter den Weißen seien die Arier die eigentlichen Schöpfer jeder höheren Kultur, aber nur so lange sie sich »rein« hielten.

Gobineau war geradezu besessen von der »Reinheit« und Vermischung von »Rassen«: Zwar könnten Vermischung neue, höhere Rassen hervorbringen, aber wenn sie ihren Status erreicht hätten, müßten sie unvermischt, »rein« bleiben. Alles andere sei Degeneration, führe zum »Rassentod«, zum Aussterben der Menschheit selbst. Auch die Arier und Germanen hätten sich nach ihrem Siegeslauf nicht von der tödlichen Rassenvermischung freigehalten. Am wenigsten hätten sich noch die Deutschen vermischt, obwohl auch sie zum Objekt seiner ätzenden Kritik wurden. Gobineau provozierte mit seinem Pessimismus, der das langfristige Unterliegen der »edleren« Rassen gegenüber den »minderwertigen« vorhersagte, später einen voluntaristischen Aktivismus als Flucht nach vorn, um den Untergang doch noch zu vermeiden. Systematisiert führte er später zur »Rassenhygiene«, bewußten Selektion und Manipulation zur »Rettung« der »höheren« Rasse und Vernichtung »minderwertiger« Rassen.

Gobineaus Wirkung war enorm – zunächst nicht in Frankreich, sondern, wie ihm Tocqueville brieflich vorausgesagt hatte, in Deutschland[27], aber auch in England und den USA. Gobineau stellte den Rassismus erstmals auf eine breite, scheinbar wissenschaftlich gesicherte Grundlage. »Rassenlehre« wurde fortan, unter welchem Namen auch immer, akademisch salonfähig. In Deutschland eröffneten das antisemitische Engagement Richard Wagners in seinen *Bayreuther Blättern* (ab 1878), die »Gobineau-Gesellschaft« (1894) und der »Alldeutsche Verband« ab 1902 der »Rassenlehre« ein breites gesellschaftliches Feld.[28] Trotz Differenzen im Detail wurde fast ein halbes Jahrhundert später Richard Wagners Schwiegersohn, der englische Publizist Houston Stewart Chamberlain, Gobineaus Nachfolger. Erst der neue sozialdarwinistische Determinismus ermöglichte Gobineaus Rezeption in seinem Heimatland Frankreich, bei den revolutionären Extremen auf der Rechten wie der Linken.[29]

*Darwin und der Sozialdarwinismus: »Selektion« und »Kampf
ums Dasein«*

Die nächste Stufe einer pseudo-wissenschaftlichen Fundierung erhielt der Rassismus durch die neue Evolutionslehre von Charles Darwin (1809–1892) in seinem epochemachende Werk *The Origins of Species by Natural Selection* (1859). Wie der vollständige Titel – hier in deutscher Übersetzung: *Die Entstehung der Arten im Tier- und Pflanzenreich durch natürliche Zuchtwahl, oder Erhaltung der vervollkommneten Rassen im Kampfe ums Dasein* – anzeigt, konzentrierte sich Darwin ganz auf Zoologie und Botanik, mit nur seltenen Seitenblicken auf den Menschen. Der »Kampf ums Dasein« entstehe aus dem Prinzip, »daß jedes organisches Wesen sich auf natürliche Weise in dem Grade vermehre, daß, wenn es nicht durch Zerstörung litte, die Erde bald von der Nachkommenschaft eines einzigen Paares bedeckt sein würde«. Immerhin übertrug er »die Lehre von Malthus in verstärkter Kraft ... auf das gesamte Tier- und Pflanzenreich« (S. 75) und erleichterte so die spätere Rückübertragung seiner Lehre auf den Menschen. An einer Stelle erwähnt Darwin die Polygenese, blieb aber so vage, daß schwer zu entscheiden ist, ob er sich auf die vorher besprochenen »Pflanzen- und Tierrassen« bezieht oder auf den Menschen und seine »Rassen«.[30]

Erst später äußert sich Darwin zur Abstammung des Menschen[31], auch jetzt primär als Biologe. Im Kapitel »Über die Menschenrassen« wendet er sich eindeutig gegen die These der Polygenese, daß die Menschenrassen schon eine »Art« seien, also getrennt die Menschwerdung mehrfach vollzogen hätten. Menschenrassen sind daher, biologisch gesehen, für ihn Unterarten (II, S. 412), wie die Biologie heute allgemein auch lehrt. Zuletzt aber – in der Konfrontation zwischen der Abstammung des Menschen »von einer niedrig organisierten Form« oder auch von »Wilden« einerseits und dem Stolz auf die erreichte Zivilisationshöhe andererseits – öffnet er sich rassistischen Konsequenzen: Die verschiedenen »Rassen in zahlreichen Charakteren« (II, S. 426) wiesen offenbar auf »Rasseneigenschaften« hin, wie es später hieß. Das Prinzip der »geschlechtlichen Zuchtwahl«, übertragen auf den Menschen und verbunden mit dem »Kampf ums Dasein«, solle zum Verzicht auf die Ehe führen, wenn »beide Geschlechter ... in einem bedeutenderen Grade körperlich oder geistig geringer sind« (II, S. 427): »Alle, die nicht die Armut von ihren Kindern fernzuhalten wissen, sollten die Ehe vermeiden; denn Armut ist nicht nur ein großes Übel an und für sich, sondern sie strebt auch dahin, sich zu vergrößern, indem sie sorglos zur Ehe schreitet.«

Unter Berufung auf seinen Vetter Galton gab Darwin selbst den Weg zu der von diesem begründeten »Eugenik« ebenso frei wie zur sozialdarwinistischen Interpretation seiner Evolutionslehre. So wurde die Übertragung der von Darwin entdeckten Mechanismen der »natürlichen Auslese« und des »Überlebens des Tüchtigsten« von der Biologie auf den Menschen um so leichter und naheliegender: Sie erfolgte, vorbereitet durch Herbert Spencers (1820–1903) *Kampf ums Dasein* (1863), von Anhängern der diversen Rassentheorien ebenso wie von Exponenten des sich mit der Industriellen Revolution entfaltenden Sozialismus.

Die Übertragung der Darwinschen Prinzipien auf die Gesellschaft machte den Sozialdarwinismus[32] zu einer mächtigen geistig-politischen Grundströmung in Europa und Nordamerika. Sie verband sich mühelos mit dem weiter aufsteigenden Rassismus: In Abschwächung der von Darwin stärker betonten Umweltfaktoren und der entsprechend größeren Hervorhebung des Erbfaktors erschienen nunmehr »Rassen« als Träger des »Kampfes ums Dasein«. Die »Tüchtigsten«, denen Darwins Prinzip der »Selektion« Überleben und Dominanz verhieß, waren natürlich Angehörige der »weißen« oder »arischen« »Rasse«, zu denen auch große Wissenschaftler wie Darwin selbst zählten. So gab Darwins Lehre dem Rassismus mit der Behauptung »höherer« und »niederer« »Rassen« eine naturwissenschaftliche Weihe. Bei dem rapide steigenden Prestige, das den Naturwissenschaften in der Industrialisierung zufiel und sie geradezu zur modernen Ersatzreligion stilisierte, gewann die naturwissenschaftliche Begründung des Rassismus durch die Biologie zusätzliches Gewicht. Jedoch entwickelte der Sozialdarwinismus »nationale« Varianten, da er sich vortrefflich dazu eignete, auch die nationalstaatliche Konkurrenz unter den Mächten Europas, bald auch als »Kampf ums Dasein« in Übersee, ideologisch zu verkleiden. So lassen sich, über allgemeine Konsequenzen hinaus, »nationale« Richtungen des Sozialdarwinismus unterscheiden, die sich in ihren Beiträgen rasch und nachhaltig gegenseitig beeinflußten.

Eine der wichtigsten Konsequenzen aus Darwins Theorien, kombiniert mit Gobineaus menschheitspessimistischer Angst vor der Degenerierung und dem »Rassentod«, war die Entstehung eines neuen Zweigs des Rassismus, die »Rassenhygiene« oder Erbgesundheitslehre (Eugenik), gleichsam als angewandter Rassismus: Wenn »minderwertige« Elemente eine »Rasse« oder ein Volk schwächen, müssen sie benannt, notfalls durch »Selektion« ausgesondert werden. Und was »minderwertig« war, bestimmten die Exponenten des Rassismus. Konstruktive Bemühungen um die Hebung der »Volksgesundheit« verbanden sich mit älteren und neueren Varianten der Almosentätigkeit für die Armen, nun aber konzentriert in den wachsenden Industriezentren: Kirchliche wie freie Wohlfahrtsverbände, Sozial- und Gesundheitsreformer, Gewerkschaften und andere Organisationen der Arbeiterbewegung bemühten sich insgesamt erfolgreich um die Verbesserung der Lebens- und Arbeitsbedingungen der unteren Schichten und damit auch der »Volksgesundheit« im weitesten Sinne.[33] Die deutsche Sozialgesetzgebung seit Bismarck ab 1881, die später auch in anderen Ländern modellhaft wirkte, nahm sich dieser Problematik ebenfalls an, wenn sie auch in Zielen und Mitteln einer anderen Logik folgten. Aber auch sie argumentierte bereits mit der Notwendigkeit einer Sanierung nach innen, um im Wettbewerb der Nationen nach außen besser bestehen zu können. Sozialgesetze wurden ein Stück Bewährung im politischen »Kampf ums Dasein« nach innen (gegen den Sozialismus) und nach außen.

Die Eugenik ging jedoch über die an sich moralisch unanfechtbare staatliche Sozialpolitik im Interesse von »Volkswohlfahrt« und »Volksgesundheit« weit hinaus: Als Gefahr für die »rassische« »Gesundheit« des Volkes galten nicht nur unheilbar und erblich Kranke des eigenen Volkes, sondern auch Angehörige anderer »Rassen«, die per definitionem »minderwertig« waren. Der Erfinder der Eugenik war Francis Galton (1822–1911), ein Vetter Darwins. Er betonte den Primat der Erbanlagen des Menschen in seinem Hauptwerk *Hereditary Genius* (1869) und versuchte, England zur Basis der organisierten Eugenik zu machen, hatte aber nur beschränkten Erfolg. Den eigentlichen Durchbruch erzielte er in Deutschland nach der Reichsgründung, jedoch mit einer folgenschweren Verschiebung der Akzente: Galton war kein Antisemit. In seiner Vorstellung konnten auch begabte Juden in die englische Nation eintreten. Die deutsche Eugenik aber nahm rasch den fortan »rassisch« argumentierenden Antisemitismus auf: Juden – assimiliert, getauft oder orthodox – avancierten in Zeiten industrieller Krisen zu »Parasiten«. Im nationalen »Kampf ums Dasein« auf globaler Ebene des Industrialismus und Imperialismus schwächten sie angeblich die nationale »Einheit« und »rassische« »Reinheit«.

Seither verquickte sich die »Rassenhygiene« mit verschiedenen Formen des Rassismus. Bis zum Ersten Weltkrieg, der den »Kampf ums Dasein« erstmals auf globaler Ebene ausfocht, blieb Eugenik weitgehend auf das Niveau des Theoretisierens, allenfalls Agitierens vor begrenztem Publikum verbannt. Das war aber auch die Phase, in der die Exponenten und Exekutoren des deutschen Rassismus aufwuchsen.

Houston Stewart Chamberlain

Aus der Flut von Autoren und Schriften, die den Rassismus in der einen oder anderen Form propagierten, ist ein Name hervorzuheben: Houston Stewart Chamberlain (1855–1927). Ähnlich wie ein knappes halbes Jahrhundert vor ihm Gobineau faßte Chamberlain Strömungen seiner Zeit zusammen und gab ihnen, gestützt auf eine äußerlich imponierende Belesenheit, einen literarisch bestechenden Ausdruck. Chamberlain, Sohn eines englischen Admirals, Wahldeutscher, Schwiegersohn und glühender Verehrer Richard Wagners, schrieb eine Art philosophische Weltgeschichte, systematisiert unter dem Gesichtspunkt der ihn allein interessierenden »Rassen«-Frage und voll subjektiver Werturteile, die er oft hinter Zitaten von Autoritäten versteckte.[34] Er hatte drei große Zwangsvorstellungen[35] – negative (»Rom«, »Juda«) und positive (»Arier«, genauer »Germanen«, die abgekürzt bei ihm standen für »Kelto-Slawo-Teutonen«). Sein Rassismus ist eine moderne, nach rechts säkularisierte Variante des Dualismus: »Rom« und »Juda« vertreten das Prinzip des »Bösen«, »Arier« oder »Germanen« das »Gute«, das sich im Kampf gegen das »Böse« mit allen Mitteln durchsetzen soll. »Die Germanen als Schöpfer einer neuen Kultur« sollen sich die Erde unterwerfen. »Neger« sind eine »untergeordnete, minderwertige, in sich selbst kulturunfähige Menschenunterart«.[36] »Juda« macht den »Germanen« die legitime Weltherrschaft streitig, indem es selbst die Weltherrschaft anstrebt. Zugleich erhob Chamberlain den Rassismus ins Mystisch-Spekulative, indem er neue Kategorien wie »Rassenbewußtsein« und »Rassenseele« erfand.

Chamberlains Wirkung war überwältigend, nicht nur in seiner Wahlheimat Deutschland.[37] Kaiser Wilhelm II. äußerte sich in Briefen an Chamberlain enthusiastisch. Zu Beginn der deutschen »Weltpolitik« schien Chamberlains Botschaft von der künftigen Weltherrschaft der »Germanen« der deutschen Seelenlage adäquaten Ausdruck zu geben. Der NS-Rassismus berief sich später immer wieder begeistert auf ihn, und er wurde ein intellektueller Schutzpatron des »Dritten Reiches«. Auch im englischsprachigen Bereich fand Chamberlain bis 1914 ein überaus positives Echo, sogar in den Kreisen der liberal-sozialistischen Linken (H.G. Wells, George Bernard Shaw). In Frankreich verzögerte sich die Rezeption Chamberlains bis zum Ausbruch des Ersten Weltkrieges, der sie dann aber verhinderte.

Rassismus als Rechtfertigungsideologie des Imperialismus

Die letzte Phase der euramerikanischen Expansion in Form des Imperialismus verfestigte die Vorstellung von der Überlegenheit der »weißen Rasse«:[38] Die »White Man's Burden« galt als Pflicht der Weißen, die niederen »Rassen« (»the lesser breeds«) durch Kolonialherrschaft zu »zivilisieren«, d. h. in die sich industrialisierende Staatenwelt einzubeziehen. Seither konzentrierte sich der Rassismus nach außen auf die »farbigen« »Rassen«, während nach innen der Antisemitismus zur »nationalen« Kampfideologie aufstieg. Gleichzeitig spaltete sich der Imperialismus nach innen durch die Rivalität der ihn konstituierenden Mächte, zu denen nach 1894 auch Japan und nach 1898 die USA stießen. Je nach der historischen Situation der Mächte schwankten daher »nationale« Sozialdarwinismen mit ihrer Grundstimmung im allgemeinen »Kampf ums Dasein« zwischen Optimismus und Pessimismus.

In Frankreich war die Grundstimmung nach dem »Debakel« des deutsch-französischen Kriegs 1870/71 überwiegend pessimistisch-defensiv, zumal angesichts des eigenen ökonomischen Zurückbleibens gegenüber dem traditionellen Hauptrivalen England und dem jüngsten Rivalen auf dem Kontinent, Deutschland. Hinzu kam die demographische Stagnation, während die Bevölkerungszahlen überall in Europa anstiegen. Das viktorianische England auf dem Höhepunkt seiner Weltstellung besaß zunächst einen optimistischen Grundzug, der sich aber zur Jahrhundertwende gegenüber der aufkommenden industriellen und imperialistischen

Konkurrenz nach außen sowie der Arbeiterbewegung nach innen defensiv und tendenziell pessimistisch färbte.[39] Deutschland entfaltete nach der Reichsgründung 1871 in atemberaubender Dynamik eine industrielle und demographische Expansion, modifiziert durch die »Große Depression« und ihre Folgen zwischen 1873 und 1895, die auch die anderen Staaten trafen. Bald nach der Entfaltung der deutschen »Weltpolitik« um die Jahrhundertwende senkte sich aber auch auf das deutsche Nationalgemüt wachsender Pessimismus, da nun die Konsequenzen der »Weltpolitik« dämmerten – Konflikte mit »einer Welt von Feinden«, letztlich ein »Weltkrieg«. Gleichzeitig wuchs die Angst vor dem demographisch noch rascher wachsenden Koloß Rußland im Osten, der seinerseits zwischen dem Glauben an die Erlösermission von Slawen und Orthodoxen einerseits, der Angst vor der ökonomisch-sozialen Rückständigkeit und Revolution andererseits schwankte.

Englands Aufstieg zum größten Überseeimperium der Weltgeschichte und der parallele Aufstieg der USA zur stärksten Industriemacht mit imperialistischen Tendenzen schlugen sich in der Vorstellung nieder, daß unter den Weißen die Engländer und Amerikaner wegen ihrer gemeinsamen germanischen Abstammung eine Spitzenstellung einnähmen. Die besondere Verbundenheit Englands mit seinen weißen Dominien und den USA erzeugte daher eine Variante des weißen Rassismus im Zeitalter des Imperialismus, den »Anglo-Saxonism«.[40] Allerdings wurde Englands sozialdarwinistischer Imperialismus modifiziert und gemildert durch liberale und parlamentarische Strukturen sowie die philanthropischen Traditionen, u. a. der Quäker, vor allem seit dem Abolitionismus. In den USA drückte sich der Sozialdarwinismus Gobineauscher Prägung in der Einwanderungspolitik aus, die tunlichst versuchte, das weiße Element zu fördern und das »germanische« (britische, deutsche, skandinavische) gegenüber Italienern, Slawen und Juden durch eine rassistische Quotengesetzgebung, die bis heute gültig ist, zu bevorzugen.

Theoretisch galt zwar weiterhin die Solidarität der weißen »Herrenrasse« nach außen gegenüber den Fluten der »farbigen Rassen« als oberstes Gebot, wie im Schlagwort von der »Gelben Gefahr« deutlich wird.[41] Praktisch aber zerstörte die Konkurrenz der imperialistischen Mächte untereinander genau diese Solidarität und eröffnete den »farbigen Rassen« die Chance, die weiße Weltherrschaft abzuschütteln. Zwar erst nach dem Ersten Weltkrieg publiziert, aber die Vorkriegshaltung reflektierend, stilisierte der Amerikaner Lothrop Stoddard die Konstellation seiner Zeit zum Aufstand gegen die Zivilisation schlechthin – *The Revolt Against Civilization. The Rising of Color against White Supremacy* (1920). Und Oswald Spenglers (1880–1936) berühmter *Untergang des Abendlandes* (1918) setzte die »weißen Herrenvölker« mit dem »Abendland« gleich, dessen Macht im Ersten Weltkrieg tatsächlich zerfiel.

Sozialdarwinismus und Sozialismus

Selbst die mächtigste Gegenkraft zum Imperialismus, der Sozialismus, konnte sich dem Sog der Sozialdarwinismus nicht ganz entziehen. Die europäischen Sozialisten reflektierten, trotz ihrer theoretisch internationalistischen Ideologie, die Überlegenheitskomplexe ihrer Gesellschaften. Rassistische Gedanken gegen »Farbige« wie gegen Juden lassen sich daher ebenso im Sozialismus finden. Da sich beide Hauptformen des Rassismus nunmehr immer stärker miteinander verbanden, ist an dieser Stelle ein Blick auf das Verhältnis des Sozialismus zum Antisemitismus angebracht. Gerade hier ist die sorgfältige Unterscheidung zwischen assimilierten und gläubigen (»gesetzestreuen«) Juden besonders wichtig.

Für einen Teil der in die Welt hinausdrängenden Juden war der Sozialismus ein Stück säkularisierter Ersatz für das verlorengegangene »messianische Ghetto«: Er bot Aussicht auf Hilfe zur Integration in die »Welt«, später auch Schutz vor ihrem Antisemitismus. Obwohl Juden teilweise führende Positionen in der sozialistischen Bewegung einnahmen – Moses Heß, Marx, Lassalle –, gerieten sie doch in die Dialektik des Klassenkonfliktes: Andere Juden waren führend in der Industrialisierung als Unternehmer und Bankiers, und damit geborene Klassenfeinde. Der Frühsozialist Pierre Joseph Proudhon (1809–1865) (»Eigentum ist Diebstahl«) machte als erster Sozialist die Juden als Klassenfeind aus, als »Quelle allen Übels«, als »Feind der Menschheit«, eine »verstockte, höllische Rasse«, die er am liebsten »nach Asien« zurückschickte oder – ausrotten wollte.[42] Sein Antisemitismus war Teil einer generellen Xenophobie, ebenso wie die des »utopischen« Frühsozialisten François Fourier (1772–1837), der Proudhon offensichtlich in diesem Punkt beeinflußte.

Nach diesem furiosen Auftakt partizipierte die französische Linke am allgemeinen Antisemitismus, von dem sie sich erst im Dreyfus-Skandal weitgehend trennte. Damals bereitete sich aus der partiellen Überlappung von extremen Rechten und extremen Linken Frankreichs jene brisante Mischung vor, die sich nach dem Ersten Weltkrieg im italienischen Faschismus und deutschen Nationalsozialismus explosiv entlud: »Nationalismus + Sozialismus = Faschismus«. Ein rassistisch aufgeladener Antisemitismus diente beiden Extremen als Integrations- und Mobilisierungsideologie für die von der Industrialisierung desorientierten Massen. Schon der sozialistische Flügel des französischen Antisemitismus vereinigte wesentliche Ingredienzien des deutschen nationalsozialistischen Antisemitismus – der Jude als Klassen- und Rassenfeind der »arischen Rasse«; der angebliche Wille der Juden zur Weltherrschaft; die uralten Beschuldigungen des Ritualmords und der Hostienschändung.[43]

In Deutschland polemisierten Marx und Lassalle gegen das Judentum, ganz im Stil der »Conversos«, die gegen ihre früheren Religionsgenossen ankämpften, ohne daß beide jedoch als Antisemiten gelten sollten.[44] Marx' Jugendschrift *Zur Judenfrage* (1843/44) war ein Teil der Debatte über die Judenemanzipation, bewegte sich also noch im Vorfeld des späteren Antisemitismus. Als atheistischer »Converso« jüdischer Abstammung war Marx für die bürgerliche Gleichstellung der Juden durch die Abschaffung des Judentums als *Religion*. Friedrich Engels (1820–1898) wandte sich von vornherein gegen den Antisemitismus, ebenso August Bebel (1840–1913), für den der Antisemitismus der »Sozialismus der dummen Kerle« war. Aber auch in der deutschen Sozialdemokratie gab es eine fremdenfeindliche Unterströmung, die sich früh in dem Berliner Philosophen Eugen Dühring (1833–1921) äußerte. Er definierte Juden als »Unter-« bzw. »Gegenmenschen«.[45] Schon zuvor hatte Engels' Polemik (Anti-Dühring, 1878) Dühring praktisch aus der Sozialdemokratie vertrieben, die sich seitdem vom Antisemitismus abgrenzte.[46] Im Kaiserreich stritt sie gegen den praktizierten Rassismus in den deutschen Kolonien und für die prinzipielle Anerkennung der Afrikaner als gleichberechtigte Menschen.[47]

Die meisten Juden, die in der deutschen und österreichischen Sozialdemokratie aktiv waren, traten für die Integration und Assimilation der Juden und damit gleichzeitig gegen den Zionismus ein. Karl Kautsky (1854–1939) faßte die vorherrschende Position in der SPD kurz vor dem Ausbruch des Ersten Weltkriegs zusammen[48]: Er lehnte alle Rassentheorien ab, u. a. unter Verweis auf den österreichischen Soziologen Friedrich Hertz (1878–1964) und unter ausführlicher Zitierung des österreichischen Anthropologen Felix v. Luschan (1854–1929) auf dem »Universal Races Congress« in London 1911. Erst recht verurteilte er scharf den Antisemitismus. Andererseits forderte Kautsky als Konsequenz der von ihm begrüßten Judenemanzipation die totale Assimilation und, ganz im Sinne von Marx, die »Auflösung des Judentums«, womit er, wie aus dem Zusammenhang ersichtlich, die integrale Orthodoxie in ihrer Abgeschlossenheit von der Welt meinte. Juden als Element des Kulturfortschritts könnten sich nur außerhalb des Ghettos entfalten: »Sicher bedeutet die Befreiung des Judentums um so eher seine Auflösung, je gründlicher sie vollzogen wird. ... Wir sind nicht völlig aus dem Mittelalter heraus, solange das Judentum noch unter uns existiert. Je eher es verschwindet, desto besser für die Gesellschaft und für die Juden selbst.« Und am sichersten werde es mit dem Sieg des Sozialismus unter den Bedingungen vollkommener Gleichheit verschwinden.

Darüber hinaus läßt sich der Sozialismus bzw. Marxismus auch als auf Klassenkonflikte übertragener Sozialdarwinismus verstehen: Die »bessere« und »stärkere« Klasse, das Proletariat, setzt sich gegenüber den älteren, mithin schwächeren und lebensuntüchtigeren Klassen durch, die auf dem vielzitierten Müllhaufen der Geschichte landen: Die Weltrevolution wird zum Weltgericht. Die links-säkularisierten Variante des traditionellen apokalyptisch-chiliastischen Dualismus und Fundamentalismus proklamiert: »Auf zum letzten Gefecht« –, jene Zeile im Kampflied der »Internationalen« wird zum Armageddon der jüdisch-christlichen Apokalypse, und Engels selbst nahm in seiner Grabesrede 1883 für seinen toten Freund Marx in Anspruch, er habe das für die Gesellschaft geleistet, was Darwin für die Natur getan habe.

In England gar wurde Galtons »Rassenhygiene« – sozialistisch gewendet von Charles Pearson (1857–1936) gegen »Juden und Iren« – zum Ansatzpunkt für die sozialreformerische »Fabian Society« um H.G. Wells (1866–1946), George Bernhard Shaw (1856–1950) und Sidney Webb (1859–1947). Webb wollte »einer weiteren Verschlechterung der Rassensubstanz, ja dem Selbstmord der Rasse« vorbeugen.[49] Seine sozialistische Utopie mündete »in der Weltherrschaft der angelsächsischen Rasse« (Koch).

In diesen Zusammenhang fügt sich auch Shaws Drama *Man and Superman* (1903), aus dem der Einfluß von Friedrich Nietzsche (1844–1900) und dessen Ideen vom »Übermenschen« spricht. Vielleicht bewahrte nur die Eruption des deutschen Rassismus den eigenartigen Fabian-Rassen-Sozialismus Englands vor verheerenden welthistorischen Wirkungen.

Pan-Bewegungen

Wieder andere Varianten des Imperialismus zeigten sich in den Pan-Bewegungen, die latent oder offen, implizit oder explizit auch rassistische Tendenzen entwickelten; in chronologischer Reihenfolge: Panslawismus, Alldeutsche (Pan-Germans), Panafrikanismus, Panturanismus; in abnehmender Reihenfolge rassistischer Elemente: Alldeutsche, Panturanismus, Panslawismus, Panafrikanismus. Bis auf den Panafrikanismus waren sie auch Träger eines eigenen quasi-nationalen, imperialistischen Expansionismus, der eine politische Sprengkraft gegenüber anderen Staaten entwickelte. Der Panafrikanismus war hingegen primär eine antikoloniale Befreiungsideologie, der nur in einem – aber wichtigen – Nebenzweig Ansätze zu einem schwarzen Gegenrassismus hervorbrachte (Garveyismus). Erst nach dem Ersten Weltkrieg traten Panarabismus und Panislamismus in charakteristischer Spannung untereinander hinzu, zunehmend mit antisemitischen Positionen.

Alle Pan-Bewegungen betonten, mit unterschiedlicher Intensität, die Bedeutung von gemeinsamer Abstammung (»Ras« im ursprünglichen Sinn). Sie enthielten daher stärkere oder schwächere Komponenten eines Rassismus. Die stärkste unmittelbare historische Wirkung hatten die Alldeutschen (als einer der Vorläufer des Nationalsozialismus) und der Panslawismus.[50] Während die Alldeutschen stärker deutschvölkisch argumentierten, betonte der Panslawismus eher quasi-religiöse Elemente: Die Orthodoxie und das unverbrauchte, historisch noch junge Slawentum würden der Welt die Erlösung bringen, die vom industriell verseuchten und dekadenten Westen bedroht sei.

Mit geradezu rassistischem Überlegenheitsanspruch gegenüber anderen Völkern trat der Panturanismus[51] an und setzte ihn in eine assimilatorische Politik im Osmanischen Reich gegen die nichttürkischen Minderheiten um. Er weitete sich nach dem Ersten Weltkrieg und gegen Ende des Osmanischen Reiches zu einer Pan-Bewegung aus, die alle Turkvölker bis hin nach Zentralasien in einem Staat vereinigen wollte. In der Türkischen Republik drückt sich der ideologische Überlegenheitsanspruch u. a. in der Leugnung und Repression anderer Minderheiten aus, vor allem der Armenier, Kurden und Araber.

4. Jüdische Existenz VI:
Jüdische Frage und Antisemitismus zwischen Emanzipation und Erstem Weltkrieg

Vor allem in der Alten Welt entstand aus der Judenemanzipation mit geradezu brutaler Folgerichtigkeit die Jüdische Frage (auch: »Judenfrage«) und trat in ihr modernes Stadium. Zur traditionellen Frage: Wer ist Jude? (für Juden wie Nicht-Juden) kam die Zwischenfrage hinzu: Wie sollen sich Juden bzw. Nicht-Juden auf die neue Situation einstellen? Nach zwei Seiten entfaltete sich ein ganzes Spektrum möglicher Antworten – Assimilation, sogar Übertritt zum Christentum einerseits, rigoroses Festhalten an der Orthodoxie andererseits. Entsprechend reichen die Varianten nicht-jüdischer Reaktionen vom Eintreten für völlige Gleichberechtigung der Juden bis zur Forderung nach ihrer neuerlichen Absonderung, ja Eliminierung. Viele Juden reagierten gegen Ende des letzten Jahrhunderts auf das sich abzeichnende Scheitern der Assimilation durch freiwillige Auswanderung aus Europa in die USA. Teilweise wandten sie sich dem Zionismus zu.

Judenemanzipation und Auflösung der Ghettos im Westen nach 1791, die Bildung des Rayon 1791 und die Diskriminierung in Rußland bilden so mit zahlreichen Zwischenpositionen die beiden Gegenpole. In diesem Rahmen entfalteten sich auch in der Alten Welt aus der Judenemanzipation die der Sklavenemanzipation in Übersee entsprechenden Konsequenzen – der moderne Rassismus hier als sich zunehmend rassistisch artikulierender Antisemitismus mit dem zuerst in Deutschland 1879 geprägten Kampfbegriff. So war Antisemitismus ein (fast) gemeineuropäisches Phänomen, von Frankreich bis Rußland.

Die Industrialisierung gab den Juden neuen Spielraum. Mit Krisen und sozialen Umbrüchen provozierte sie aber auch Konkurrenz- und »Überfremdungs«-Ängste im kontinentalen Bürgertum sowie Klassenhaß beim Industrieproletariat gegen jüdische »Kapitalisten« und Unternehmer. Ähnlich wie im Mittelalter seit den Kreuzzügen verschlechterte sich die Lage der Juden in Teilen Europas unter dem Druck einer wachsenden und sich radikalisierenden antisemitischen »Bewegung«, seit dem späten 19. Jahrhundert zunächst in Ost- und Südosteuropa, erst nach dem Ersten Weltkrieg auch mit Rückwirkungen auf Mitteleuropa.

Juden zwischen Ghetto und Assimilation ab 1791

Selbst der sich liberalisierende Westen hatte die Judenemanzipation nur unter dem aus der Aufklärung stammenden Vorbehalt gewährt, daß sich anschließend die individuell emanzipierten Juden assimilieren müßten. Auflösung der Judenheit und des Judentums als einer Volksgruppe und Religionsgemeinschaft durch die kollektive Selbstpreisgabe war explizit oder implizit die Bedingung für Emanzipation.[52] Die europäische Judenheit fächerte sich im Zuge der bürgerlichen Gleichstellung auf, in verschiedenen nationalen Gesellschaften in unterschiedlichem Maße: Einerseits gaben sich viele emanzipierte Juden der Dynamik der Assimilation hin, die ihr enormes intellektuelles Potential in den meisten modernen Lebensbereichen freisetzte (Wirtschaft, Kunst, Wissenschaft, freie Berufe), bis hin zu der extremen Konsequenz des Übertritts zum Christentum. Andererseits sah die jüdische Orthodoxie die modernisierende Aufstiegsassimilation mit Sorge, weil sie als letzte Konsequenz die freiwillige Selbstauslöschung des Judentums in Europa nach sich zog. Gegenüber der Säkularisierung hielt die fundamentalistische Orthodoxie an der Gleichsetzung von Religion, Gesellschaft und Volk für Judentum und Judenheit fest.[53]

Schwerpunkt der Judenheit wurde seit seinen Reformen, die unter dem direkten wie indirekten Einfluß der Französischen Revolution zustande gekommen waren, das sich rasch industrialisierende Deutschland. Mit der sich anbahnenden deutsch-jüdischen Kultursymbiose im Rahmen der allgemeinen deutschen Kultur-, Wissenschafts- und Wirtschaftsentwicklung stiegen die weitgehend assimilierten Juden, ob getauft oder nicht, mehr oder weniger rasch zur (relativ) glänzendsten Stellung in der Neuzeit auf – bis zur Katastrophe zwischen 1933 und 1945.[54]

Zeitlich parallel entluden sich Spannungen aus dem Niedergang des Osmanischen Reiches⁵⁵ gegen die schwächsten Teile der osmanischen Gesellschaft, die Juden. Erst die oligarchische Erstarrung, dann die Auflösung der »millet«-Struktur unter dem Druck der anlaufenden Industrialisierung und westlicher Ideen, vor allem des Nationalismus, politisierten und nationalisierten die bisher überwiegend religiös definierten Gemeinschaften. Davon waren am spätesten oder wenigsten die Juden (meist Sephardim) betroffen. In den sich allmählich national umpolenden internen Konflikten gerieten die jüdischen Gemeinden in Vorderasien jedoch in das Kreuzfeuer blutiger Eruptionen zwischen Muslims, Drusen und Christen (Maroniten). Beginnend mit der Damaskus-Affäre 1840 und dem ersten Bürgerkrieg im Libanon 1860/61, griff die antijüdische Diskriminierung auch auf die Donaufürstentümer über, die formal noch bis 1877/78 zum Osmanischen Reich gehörten, aber im Einzugsbereich des russischen Antisemitismus lagen: Die Juden erhielten dort 1830 bzw. 1866 den Status von rechtlosen »Fremden«.⁵⁶

Die Ablehnung der Assimilation durch den Antisemitismus

Seit der Emanzipation tat sich für die Juden ein unentrinnbares Dilemma auf: Was auch immer sie taten, sie zogen sich die Feindschaft ihrer europäischen »Wirtsvölker« zu. Diese sahen die Juden immer mehr als »ungebetene Gäste« an, als Konkurrenten in dem sich entfaltenden Industrialisierungsprozeß, zuletzt als »Parasiten«. Verweigerten die Juden die Assimilation, bestätigten sie nur das alte Bild der »störrischen« und »uneinsichtigen« Juden. Warfen sie sich in die Assimilierung, geriet ihnen die geforderte Anpassung zum Vorwurf der »Infiltrierung«, der »Zersetzung«, gar der besonders hinterlistigen und raffinierten Tarnung ihres Strebens nach Vorherrschaft.

Die Judenemanzipation führte im allgemeinen dazu, daß die Juden neue »bürgerliche« Namen annehmen mußten. Was ursprünglich als Schritt zur Integration gedacht war, erwies sich später als Diskriminierung: Die neuen Namen, meist deutscher Herkunft, hatten eine ihnen eigentümliche Struktur, die umgekehrt ihre Träger als Juden auswiesen. Mit dem steigenden Antisemitismus verwarfen seit 1898 die deutschen Behörden alle Anträge auf Namensänderung von Juden, die so feindselige Diskriminierung im Alltag und in ihrem Fortkommen überspielen wollten.⁵⁷

Die im europäischen Mittelalter seit den Kreuzzügen vorherrschenden Mechanismen wiederholten sich, nun auf der materiellen Grundlage der Industrialisierung. Wie in Spanien 1391 und 1492 erlosch für getaufte Juden die ausgleichende Kraft der Taufe. Für rassisch argumentierende Antisemiten blieb ein Jude stets Jude, weil seine Sonderstellung »im Blut« liege. Getaufte und noch so assimilierte Juden wurden zu modernen »Conversos«, mit den gleichen Konsequenzen wie im spätmittelalterlich-frühneuzeitlichen Spanien: Der Wahn der »Blutreinheit« spaltete die Gesellschaft und setzte die Lawine des Antisemitismus in Bewegung – vom Salon- und Broschürenantisemitismus bis zum »Holocaust«.

Der Antisemitismus formierte sich zunehmend als moderner christlicher oder unterschiedlich (nach extrem rechts bzw. extrem links) säkularisierter Fundamentalismus mit endzeitlichen, eschatologischen Erwartungen: Endkampf (»Armageddon«; »auf zum letzten Gefecht«) gegen drohenden »Rassentod« durch nivellierendes Vermischen aller »Rassen« bei der Rechten, Aufbruch zum sozialistischen Zukunftsstaat als irdischem »Neuen Jerusalem« bei der Linken. Für diesen modern gewandeten apokalyptisch-chiliastischen Fundamentalismus, ob säkularisiert oder nicht, spielten Juden zusehends eine negativ besetzte Rolle durch Dämonisierung – mehr auf der rechten, weniger auf der linken Seite des politischen Spektrums.

Eine verheerende Wirkung hatte die Fälschung der sog. *Protokolle der Weisen von Zion*, deren Ursprünge teilweise noch im Dunkeln liegen.[58] Sie erfolgte offensichtlich noch in Paris, nach dem Ersten Zionistenkongreß in Basel 1897, zielte aber auf das zaristische Rußland, wo sie zu Beginn der ersten russischen Revolution von der antisemitischen extremen Rechten als Agitationsmaterial zu den ersten Dumawahlen 1906 und zur Inszenierung weiterer Pogrome veröffentlicht wurden. Die *Protokolle der Weisen von Zion* faßten ältere Vorstellungen vom angeblichen jüdischen Weltherrschaftsstreben, wie sie zuletzt Chamberlain literarisch 1899 effektvoll vorgelegt hatte, zusammen und spitzten sie zu einer regelrechten jüdischen Verschwörung gegen die übrige Welt zu. Eines der besonders markanten Details ist die Behauptung, Juden ließen die damals neuen Untergrundbahnen bauen, um später mit der Drohung, den Sitz der Regierung in den Hauptstädten von den Tunnels aus in die Luft zu sprengen, ihre Forderungen durchsetzen zu können. Im Mai 1987 tauchte die analoge Beschuldigung – wie üblich gegen die Juden gerichtet – in Moskau wieder auf, vorgetragen von einer rechtsextrem-superpatriotischen Bewegung.

Rußland und Panslawismus: Rayon und Pogrome (1791–1905)

Durch die Teilungen Polens zwischen 1772 und 1795 erhielt das bisher im Prinzip »judenfreie« Rußland entgegen seiner Absicht die meisten der früher polnischen Juden, in der Regel verarmt und orthodox. Im Rayon schuf Rußland in seinen neuen Westgebieten seit 1791 eine Art territoriales Groß-Ghetto mit diskriminierenden Gesetzen, die auch für Juden galten, wo immer sie außerhalb des Rayon ausnahmsweise zugelassen wurden (z. B. in Moskau und St. Petersburg). Die Juden behielten ihren Status als Fremde (»inorodcy« = Fremdstämmige), es sei denn, sie ließen sich russisch-orthodox taufen. Trotzdem assimilierte sich ein Teil der Juden durch Säkularisierung und Annahme der russischen Kultur. Auf der Grundlage des Rayon entwickelte sich die russische Variante des Antisemitismus[59], der mit dem Panslawismus verschmolz und so auch auf kleinere Nationalismen unter russischer Vorherrschaft überging (Serbien, Rumänien).

Wie üblich trafen auch im alten Rußland allgemeine wie spezifisch russische und jüdische Faktoren zusammen[59a]. Seit Katharina der Großen (1762–1797) versuchten die Zaren bis 1881, das Reformprogramm der europäischen Aufklärung wenigstens in einem Kernpunkt zu erfüllen: die Gleichstellung aller Untertanen vor der Krone durch Beseitigung von Sonderstellungen und Privilegien. Für die Juden hätte am Ende die Gleichberechtigung durch Assimilation und Preisgabe ihres Judentums stehen sollen. Schon die ersten Anläufe zur dafür notwendigen Judenemanzipation blieben jedoch stecken, so daß sich Maßnahmen zur Beseitigung der jüdischen Sonderstellung für die Betroffenen erst recht als blanke Repression und Diskriminierung ausnahmen, zumal der traditionelle Anti-Judaismus der griechisch-byzantinischen Orthodoxie und der sich entwickelnde gemeinslawische Antisemitismus sie ideologisch überhöhten.

Andererseits ist die zaristische Repressionspolitik gegen die Juden durchaus im Rahmen der Unterdrückung anderer Minderheiten (z. B. orthodoxer Alt-Gläubiger) zu sehen: Die zaristische

Autokratie traf mit ihrer Härte fast alle Untertanen ähnlich, wenn auch aus unterschiedlichen Motiven – Russen wie Nichtrussen, Orthodoxe wie Andersgläubige, eben auch die Juden. Zuletzt aber ging die jüdische Frage als ein zentraler Faktor in die Gesamtkrise des Ancien Régime ein und komplizierte den Gärungsprozeß im zaristischen Vielvölkerreich. Im Umbruch zwischen Autokratie, einsetzender Industrialisierung und Revolution spaltete die Stellung zur jüdischen Frage alle wesentlichen politischen Kräfte, links wie rechts, und trug somit zur weiteren Auflösung und Paralyse Rußlands bei. Verarmte jüdische Massen in den Dörfern und Kleinstädten des Rayons, jüdische Proletarier in der neuen Industrie und eine neue jüdische Intelligenzschicht trieben auf jüdischer Seite die soziale Gärung voran.

Selbst die Narodniki waren antisemitisch. Für sie verband sich der »Beginn ihrer populistischen Agrarrevolution mit antijüdischen Unruhen«.[60] Da sich ein Teil der assimilierten jüdischen Intelligenzija der Revolution (Narodniki, Sozialdemokratie, Sozialrevolutionäre, Bolschewiki) anschloß, um mit dem Sieg der internationalistischen Revolution auch die jüdische Frage für Rußland zu lösen, verquickten sich der Kampf gegen die Revolution und die Repression gegenüber den Juden: Der russische Antisemitismus erhielt weiteren Auftrieb, erst recht mit den Pogromen seit der Ermordung des Reform-Zaren Alexander II. 1881. Die Judenverfolgung wurde nun offen ein Instrument zur Ablenkung von inneren, vorrevolutionären Spannungen – auf den Punkt gebracht von Innenminister Plewhe: »Die Revolution im Blut der Juden ersäufen!« Umgekehrt wurde durch die Unterdrückung der Anteil der Juden an den revolutionären Parteien erhöht. Ihre Anwort auf die Repression und die Pogrome fanden sie mit (bewaffnetem) »Selbstschutz und Revolution« (H.D. Löwe).

Eine Reaktion der Juden auf das Scheitern der Assimilation in Rußland bestand in einer nationaljüdischen Antwort auf die jüdische Frage – der gezielten Auswanderung nach Palästina ab 1882/97.[61] Der Konflikt zwischen der revolutionären Bewegung in Rußland, geführt von den Bolschewiki unter Lenin, und dem sich parallel formierenden Zionismus setzte sich nach 1956 auf staatlicher Ebene zwischen dem neugegründeten Israel und den kommunistischen Staaten fort. Pogrome im russischen Ancien Régime trieben immer neue Wellen jüdischer Emigranten in den Westen, zum größten Teil auf den amerikanischen Kontinent, vor allem in die USA. Pogrome und Zionismus spalteten auch die das »messianische Ghetto« verlassende sozialistische Linke: Zwischen den Juden auf seiten der Bolschewiki und den Zionisten stand der 1897 gegründete »Algmeyner Yidisher Arbeter Bund in Lite, Polyn und Rusland« (abgekürzt: »Bund«) als ein Zusammenschluß jüdischer Sozialisten. Die Mehrheit des »Bundes« schloß sich 1921 den Bolschewiki an.

Die historischen Konsequenzen der neuen jüdischen Westwanderung aus Rußland waren katastrophal: Die Aschkenasim (»Ostjuden«) aus Rußland – arm und orthodox – provozierten Spannungen im Verhältnis zu den alteingesessenen Juden Mittel- und Westeuropas. Hier entwickelte sich gleichsam ein innerjüdischer Antisemitismus, gemäß dem realistischen Wort Herzls: »Jeder Jude hat seinen Ostjuden.« Die alteingesessenen Juden befürchteten genau das, was eintrat: Die einströmenden »Ostjuden« gaben, und wenn nur auf dem Weg nach Amerika, in weiten Teilen Europas dem beginnenden zentral- und westeuropäischen Antisemitismus nach 1881 eine Massenbasis. Der Antisemitismus schwoll zu wahren Volksbewegungen an, mit nationalen Varianten in den verschiedenen Ländern. Nur ein geringer Prozentsatz der aus Rußland flüchtenden Juden wählte den Weg nach Süden, über Odessa und das Schwarze Meer nach Palästina. Die vom entstehenden Zionismus propagierte Lösung der jüdischen Frage – die jüdische Kolonisation – wiederum legte die historischen Grundlagen zum inzwischen chronischen Nahostkonflikt.

Frankreich: Von der Judenemanzipation zum Dreyfus-Skandal
(1791–1906)

Die Schwierigkeiten, die aus der Judenemanzipation hervorgingen, lassen sich besonders gut an Frankreich ablesen, dem Mutterland von Aufklärung, Französischer Revolution und Judenemanzipation. Auch hier stellten sich dieselben Mechanismen ein wie im übrigen Europa, die schon in den Debatten der Nationalversammlung über die Judenemanzipation zu Tage getreten waren. Die Emanzipation erfolgte in zwei Etappen – für die Sephardim 1790 und für die Aschkenasim im Elsaß und in Metz 1791. Napoleon I. stellte die Juden 1807, angesichts ihrer zögerlichen Haltung gegenüber der Assimilation, brutal vor die Alternative Assimilation oder Repression. Die Juden fügten sich, und die Assimilation verlief zunächst scheinbar problemlos. Im Vorfeld des Antisemitismus legten jedoch französische Sozialisten die Grundlage zu einem populistischen Antisemitismus von links.[62] Nach dem großen Debakel von 1870/71 brach in der Dritten Republik schließlich die französische Variante des beginnenden gemeineuropäischen Antisemitismus durch.[63] Zusätzlich angeheizt wurde er durch die üblichen Ingredienzen: durch einen »national« begrenzten Rassismus (Keltismus), der sich vornehmlich gegen die »germanischen« Deutschen, in zweiter Linie auch gegen die angelsächsischen Engländer (»perfides Albion«) richtete; durch die Strukturkrise der anlaufenden Industrialisierung; durch den Imperialismus mit rassistischer Wendung nach außen.

Im verwirrenden Bäumchen-wechsel-dich-Spiel zwischen »revolutionären Rechten« (Sternhell) und revolutionären Linken entwickelte sich ein virulenter Antisemitismus, repräsentiert vom revolutionären Sozialisten Edouard-Adolphe Drumont (1844–1917): Sein Erfolgsbuch *La France Juive* (1886ff.), seine *Ligue Anti-Sémitique* (1889) und seine Zeitung *La Libre Parole* (1892) gaben dem französischen Antisemitismus eine breite gesellschaftliche Basis. Sein ideologischer Spagat zwischen extrem links und extrem rechts stand jedoch mit seinem Antisemitismus durchaus in der Tradition von Proudhon und Fourier und leitete zu einem bürgerlichen Antisemitismus als Pendant zum älteren sozialistischen Antisemitismus seit Proudhon über.[64]

Finanz- und Korruptionsskandale, welche die Dritte Republik erschütterten, vor allem der Panama-Skandal 1889, gaben dem französischen Antisemitismus immer wieder neue Nahrung bis hin zum Dreyfus-Skandal (1894–1899). Der jüdische Hauptmann im französischen Generalstab Alfred Dreyfus (1859–1935) wurde 1894 zu Unrecht mit Hilfe gefälschter Unterlagen der Spionage zugunsten Deutschlands zur Deportation auf die »Teufelsinsel« in Französisch-Guayana verurteilt. Der dramatische Appell Emile Zolas »J'accuse« von 1898 und der Druck von Republikanern und Sozialisten erzwang die Wiedereröffnung des Verfahrens, in dem Dreyfus 1899 zwar erneut für schuldig befunden und zu nur noch zehn Jahren Gefängnis verurteilt, anschließend aber begnadigt wurde. Erst 1906 wurde das zweite Urteil vom Kassationshof aufgehoben, der Dreyfus voll rehabilitierte. Im Zuge dieser Ereignisse, die sich zu einem ideologischen Ringen und innenpolitischen Machtkampf ausweiteten, löste sich die sozialistische Linke weitgehend vom Antisemitismus, der fortan ein Monopol der Rechten blieb. Die »Action Française« (1896–1939), die intellektuelle Organisation der Anti-Dreyfusards, wurde zum Kristallisationskern proto-faschistischer bis faschistischer Strömungen in Frankreich und ein »respektabler« Flügel des französischen Antisemitismus. Er erhielt seine Chance erst nach der Besetzung Frankreichs 1940, im Vichy-Regime und der Kollaboration im Zweiten Weltkrieg. Andererseits war der französische Antisemitismus mit dem Dreyfus-Skandal für Herzl der letzte und entscheidende Anstoß zur Herausbildung der national-jüdischen Antwort auf die Judenfrage: Zionismus und Gründung des »Judenstaates«.

Antisemitismus in mittleren und kleineren Nationen

Im Vorfeld und Schatten des expandierenden Rußlands nahmen die meist slawischen Nationalismen den russisch gefärbten Antisemitismus auf, vor allem die Donaufürstentümer Moldau und Walachei sowie Serbien als Folge aus dem russischen Militärprotektorat von 1829 bis 1854. Rußland hinterließ nach seinem Abzug eine gesetzlich verankerte antijüdische Diskriminierung, die erst auf dem Berliner Kongreß 1878 auf westliches Drängen, aber mit hinhaltendem Widerstand Rußlands[65] als Voraussetzung zur Erlangung der Souveränität Rumäniens, Serbiens und Montenegros aufgehoben wurde. In Rumänien, wo Aschkenasim von Norden, Sephardim von Süden zusammenkamen, wurde die bürgerliche Gleichstellung für die Juden nicht vollzogen, so daß sich hier im Vergleich zu anderen kleineren Nationalismen der heftigste Antisemitismus ausbildete.

Da die Nationalismen meist in wirrer Gemengelage mit- und gegeneinander lebten, hatten die Juden oft die Wahl, sich dem einen oder anderen Nationalismus zu assimilieren, spürten aber auch die verheerenden Folgen: Die Juden galten vielfach als verkappte Verbündete des jeweiligen nationalen Rivalen. Das nationale Dilemma verschärfte sich zum sozialen Antagonismus, wenn sich die Juden, wie in ihrer Lage nur zu verständlich, sich der jeweils sozial, ökonomisch und kulturell dominierenden Nation anschlossen, z. B. den Polen in Galizien. Damit zogen sie sich in Ostgalizien den Haß der ruthenischen, d. h. westukrainischen Bauern zu, ohne den polnischen Antisemitismus auch nur um ein Jota mildern zu können.

Gleichzeitig entwickelte Kongreßpolen seine eigene Variante des Antisemitismus, der in Spannung zu der ebenfalls durchbrechenden Assimilation eines Teils der Juden stand.[66] Schon 1862 hatte die russische Regierung im Gefolge der Reformen seit der Bauernbefreiung die Beschränkungen für Juden weitgehend aufgehoben. Aber erst nach der Niederschlagung des letzten polnischen Aufstandes von 1863/64 folgte 1868 die formelle Judenemanzipation in Kongreßpolen, um wie bei der Befreiung der Leibeigenen dem polnischen Adel die sozioökonomische Basis durch Emanzipation der Juden zu entziehen.[67] Tatsächlich begann nun der polnische Antisemitismus: Das Programm der »Organischen Arbeit« – die Schaffung einer ökonomisch-sozialen Grundlage für die spätere nationale Unabhängigkeit u. a. durch die Industrialisierung – nun auch in Kongreßpolen führte zur klassischen Konkurrenzsituation des Anti-Judaismus bzw. Antisemitismus: Die Schlachta, der Kleinadel, drängte in die Stadt und in die moderne Wirtschaft. Er wandelte sich durch die Industrialisierung zum modernen Bürgertum um, traf aber auf die schon seit Jahrhunderten eingesessenen Juden, die ebenfalls in der Industrialisierung einen Ausweg aus ihrer Misere suchten. Im Gefolge der Pogrome in Rußland von 1881 nach der Ermordung Alexanders II. kam es auch in Warschau Weihnachten 1881 zu einem schweren Pogrom. Der oft herausragende Anteil von Juden an der beginnenden Industrialisierung (z. B. an der Textilindustrie in Lodz, generell auch an der Zuckerrübenindustrie) zeigte auch hier seine Antisemitismus provozierende Wirkung im nur zögernd entstehenden polnischen Bürgertum und im stärker wachsenden Industrieproletariat.

Am massivsten war der polnische Antisemitismus bei der Rechten, den Nationaldemokraten unter dem prorussischen und antideutschen Roman Dmowski (1864–1939). Eine ihrer Hochburgen lag in Posen. Dort hatte nach 1832 die »Organische Arbeit« ihren Ausgang genommen, hatte sich das Polentum, in der Abwehr der preußischen Ostmarken- und Germanisierungspolitik (von deutscher Seite schon mit rassistischen Untertönen geführt)[68], erfolgreich behauptet und als eigene bürgerliche Mittelklasse etabliert. Aber wegen der Rivalität zwischen der 1893 im Exil gegründeten nationalpolnischen »Polnischen Sozialistischen Partei« (PPS) unter Jósef Pilsudski (1867–1935), der internationalistisch, d. h. orthodox-marxistischen »Sozialdemokratischen Partei des Königreichs Polen und Litauen« (SDKPiL) sowie den jüdischen Sozialisten des »Bunds« gerieten auch Teile der polnischen Linken in eine ambivalente Position gegenüber den Juden.

Parallel zum nationaljüdisch-zionistischen Konflikt mit den Bolschewiki in Rußland verstärkte in der polnischen Linken die Rivalität zwischen dem nationalen Sozialismus der PPS und der internationalistisch, später an den Bolschewiki orientierten und angelehnten SDKPiL unter vorwiegend jüdischer Führung (Leo Jogiches, Rosa Luxemburg u. a.) den sozusagen »normalen« Antisemitismus auf der polnischen Rechten, vor allem in der »Nationaldemokratie«.

Eine eigene nationale Variante stellt der ungarische Antisemitismus dar. Wegen des starken deutschen kulturellen Einflusses, vermittelt über Österreich, verbindet er den überwiegend slawisch-ost-südosteuropäischen und deutsch-mitteleuropäischen Antisemitismus. Sein Ausgangspunkt ist die Fast-Unabhängigkeit Ungarns seit dem Ausgleich und der faktischen Teilung des bisherigen Kaiserstaats Österreichs zur Doppelmonarchie Österreich-Ungarn 1867. Ein Jahrhunderte niedergehaltener, jetzt überbordender ungarischer Nationalismus richtete sich gegen alle nationalen Minderheiten in Großungarn und versuchte sie, durch massive Assimilierung möglichst rasch repressiv zu magyarisieren – Slowaken, Rumänen, Kroaten, Serben, Deutsche und Juden. So ist der Ausgleich, der die Konfrontation mit den Südslawen Ungarns bis hin zum Attentat von Sarajevo 1914 provozierte und eskalierte[69], auch historischer Ausgangspunkt für den ungarischen Antisemitismus in der Donaumonarchie.

Wieder andere Aspekte weist der schon stärker von den lange dominierenden Deutschen geprägte Antisemitismus in Böhmen und Mähren, der späteren Tschechoslowakei, auf. Mit Prag besaß Böhmen eine der ältesten kontinuierlich existierenden jüdischen Gemeinden in Europa überhaupt. Im 19. Jahrhundert hatten Juden die Wahl, sich der deutschen oder tschechischen Seite zu assimilieren. Mit der entsprechenden »nationalen« Aufspaltung gerieten die Juden aber zwischen die Mahlsteine beider Nationalismen, die jeweils die Juden als Agenten der nationalen Gegenseite denunzierten. Der Antisemitismus unter den Deutschen, vor allem in den Randgebieten (später Sudetenland genannt), folgte der Entwicklung in Österreich und im Reich. Der tschechische Antisemitismus verlief parallel zur philorussischen Haltung, der sentimentalen Vorliebe der westlichsten Westslawen für das weit entfernte und ihnen weithin unbekannte Rußland. Tschechische Antisemiten steuerten zum gemeineuropäischen Antisemitismus eine frühe antijüdische Wirtschaftsboykottbewegung bei (»Jeder bei seinen eigenen« Leuten kaufen), der deutschböhmische Antisemitismus die stilprägende Verbindung von »Nationalismus« und »Sozialismus«, die durch die 1918 gegründete »Deutsche Nationalsozialistische Arbeiterpartei« aufgegriffen wurde.

Antisemitismus in Mitteleuropa

Zwischen Frankreich und Rußland hat der Antisemitismus im deutsch-dominierten Mitteleuropa historisch eine Schlüsselbedeutung, weil aus ihm nach dem Ersten Weltkrieg der Genozid-Antisemitismus des »Dritten Reichs« hervorging. Seit seinem Auftakt in Ungarn mit dem Ausgleich von 1867 entwickelte sich eine Art großdeutscher Antisemitismus in Österreich und Deutschland ungefähr parallel, mit vielen sachlichen und personellen Berührungspunkten. Nach einer Anlaufphase, in der Österreich wegen des hohen Anteils von Juden in Galizien eine initiierende Führungsrolle zufiel, gingen Schwergewicht und Führung auf das mächtigere und dynamischere Deutschland über. Die Verschiebung wird äußerlich symbolisiert im Überwechseln des damals unbekannten jungen Antisemiten Adolf Hitler von Wien nach München im Jahre 1912, ein Wechsel, dessen historische Bedeutung erst im nachhinein zu erkennen ist.

Österreich hatte mit der Ersten Teilung Polens 1772 einen beträchtlichen Anteil jüdischer Bevölkerung erhalten, die noch ärmer war als jene in Rußland; sie stand auf dem untersten Niveau in der europäischen Judenheit. Seit den Josephinischen Reformen begann nach 1781 ihre schrittweise Einbeziehung in die sich entfaltende bürgerliche Gesellschaft, u. a. durch zwangsweise Übernahme deutscher Namen, die Juden galizischer Abstammung noch heute so deutlich erkennbar machen. Im Nationalitätenkampf zwischen Polen und Ukrainern reklamierten die Polen die Juden für sich, um die numerische Mehrheit gegenüber den Ukrainern zu gewinnen, ohne die Juden jedoch als gleichberechtigt zu behandeln. Erst mit der in Österreich spät einsetzenden Industrialisierung und zeitlich parallel zum in Rußland ab 1881 offen ausbrechenden Antisemitismus löste sich die faktisch auch nach der formalen Emanzipation noch lange anhaltende Ghettosituation in den verarmten Dörfern und Landstädtchen Galiziens auf. Auf der Flucht vor der Armut und dem virulenten slawischen Antisemitismus, dem polnischen und ukrainischen, strömten galizische Juden vorzugsweise nach Wien. Dort provozierten sie einen massiven Antisemitismus, angeführt von den christlich-sozialen Agitatoren und Kommunalpolitikern Georg Ritter v. Schönerer (1842–1921) und Karl Lueger (1844–1910). Die Christlich-Sozialen waren groß- und alldeutsch, gegen slawische Minderheiten, vor allem gegen die Tschechen, antirömisch (»Los-von-Rom«-Bewegung), antimarxistisch und antisemitisch. Wien wurde um 1900 zum großen Versuchslabor des Antisemitismus, mit enormen Rückwirkungen auf das Deutsche Kaiserreich.[70]

Das sich rasch industrialisierende und modernisierende Deutschland gab seinen emanzipierten und fast völlig gleichberechtigten Juden im 19. Jahrhundert am stärksten die Möglichkeit, am allgemeinen Wirtschafts- und Kulturaufschwung teilzuhaben. Andererseits entwickelte sich hinter der scheinbar glatten Fassade wilhelminischer Rechtsstaatlichkeit und relativer Liberalität gegenüber den Juden die mörderischste Variante des modernen Antisemitismus, anfangs noch im großdeutschen Verbund mit Österreich.[71]

Die theoretische und agitatorische Verarbeitung

Das »Volk der Dichter und Denker« nahm die theoretische Verarbeitung des Antisemitismus als intellektuelle Grundlage für die Agitation und Praxis des kommenden Antisemitismus besonders ernst. In der Musik, auf einem Gebiet, in dem die Deutschen des 19. Jahrhunderts besonders hervorragten, kündigte Richard Wagners Aufsatz *Das Judentum in der Musik* (1850), der erst 1869 unter seinem eigenen Namen veröffentlicht wurde, erstmals den späteren Antisemitismus an.[72] Wagners hohes Ansehen als Komponist machte den Antisemitismus durch seinen Bayreuther Kreis und die ab 1878 von ihm herausgegebenen *Bayreuther Blätter* früh salonfähig.

1878 begann auch die Agitation des Hofpredigers Stoecker in Berlin, gleichzeitig tobte der Antisemitismusstreit zwischen Heinrich v. Treitschke und Theodor Mommsen.[73] Der Exsozialist Eugen Dühring, der Antisemit Wilhelm Marr, der 1879 das neue

Schlüsselwort »Antisemit« einführte, und Theodor Fritsch mit seinem *Antisemiten-Catechismus* (1887), in späteren Auflagen als *Handbuch der Judenfrage* publiziert (1942: 47. Auflage, 264.-271. Tausend!), legten philosophische und agitatorische Grundlagen für den neuen Antisemitismus. Auf einem hohen Niveau der Belesenheit jüngster einschlägiger Literatur auf vielen Gebieten leistete H. St. Chamberlain in seinen *Grundlagen des 19. Jahrhunderts* eine für weite Teile des gebildeten Bürgertums bestechende Zusammenfassung des modernen Rassismus. Mit seinem pantheistischen Monismus steuerte der Biologe Ernst Haeckel (1834–1919) seinen naturwissenschaftlich fundierten Beitrag zum Rassismus bei, in dem auch der Antisemitismus Platz hatte.[74] Die Rassenhygiene entstand zwar in England, fand aber den stärksten Widerhall in Deutschland, wo erst jetzt die posthume Rezeption Gobineaus anlief. Eine zunehmend deutschnationale protestantische Theologie griff auf den antijüdischen Luther zurück, der allmählich Eingang in die antisemitische Agitation fand.

5. Rassismus in Übersee

Im Zuge der weitergehenden Expansion Europas in Übersee, zuletzt während ihres höchsten Stadiums im Imperialismus, entfaltete sich auch in Übersee der moderne Rassismus, blieb allerdings dort meist auf den antinegriden Strang beschränkt. Den Anfang machten die USA im Gefolge der Sklavenemanzipation. Vor allem in den tropischen Kolonien Europas (mit besonderer, erst später erkennbarer Zuspitzung in Südafrika) findet sich die strukturelle Analogie in der »Rassenschranke« (»Colour Bar«) zwischen »Weißen« und »Eingeborenen«. Aber auch in »Symbolländern« des beginnenden afrikanischen Nationalismus zeigte sich die Problematik des Rassismus, gleichsam spiegelbildlich zum dominierenden »weißen« euramerikanischen Rassismus.

USA: Rassendiskriminierung und »race riots«

Mit ihrem Aufstieg zur künftig stärksten Industrie- und Weltmacht wurden die USA auch der Schwerpunkt des Rassismus in Übersee. Wie Tocqueville schon früh hellsichtig vorausgesagt hatte, folgte der Sklavenemanzipation die Rassendiskriminierung auf dem Fuß – im Norden abgeschlossen mit dem Verbot der Sklaverei im Staat New York 1827, im Süden seit der Aufhebung der Sklaverei am Ende des Bürgerkrieges 1863/65. Die freigesetzten Afro-Amerikaner blieben weitgehend sich selbst überlassen oder waren dem sich institutionalisierenden Druck ausgesetzt, sich in der auf Mobilität angelegten Industriegesellschaft tunlichst auf den untersten Rängen zu halten. Im Gegensatz zur Praxis der Engländer auf den Westindischen Inseln blieb in den USA ein Mischling ein »Farbiger«, also »Neger«, solange er noch einen erkennbaren negriden Einschlag, noch einen Tropfen »Negerblut« »in seinen Adern« hatte.[75] Anders ausgedrückt: Als sich die Sklavenemanzipation nicht mehr länger vermeiden ließ, versuchten die herrschenden Weißen, die Dynamik der neuen Rassen-Klassen-Gesellschaft im Zuge der Industrialisierung auf die Weißen zu beschränken. Dagegen sollten Afro-Amerikaner, Indianer, Japaner, Chinesen, anfangs auch Juden, in den Ghettos der Rassen-Kasten-Gesellschaft aus der Zeit der Sklaverei eingesperrt bleiben. Das war der tiefere Sinn der sonst schwer verständlichen Rassendiskriminierung nach dem Sieg der mit dem Bürgerkrieg so teuer erkauften Sklavenemanzipation.

Umgekehrt zielte die Logik der Integrationisten unter den Afro-Amerikanern genau darauf, die künstliche Teilung der amerikanischen Gesellschaft in eine Rassen-Klassen-Beziehung für die herrschende Mehrheit der Weißen und eine Rassen-Kasten-Beziehung für die Afro-Amerikaner (und andere »farbige« Minderheiten) aufzuheben. Ihnen ging es um die volle Einbeziehung zumindest der eigenen Minderheit in die Aufstiegsdynamik der Industriegesellschaft. »Rasse« blieb zwar immer noch wichtig für die Festlegung des Platzes, den das Individuum in der Gesellschaft einnahm, aber nicht mehr im Rahmen von starren, kaum übersteigbaren Schranken von Kasten, sondern von diffusen, relativ durchlässigen Grenzen.

In sozialgeschichtlicher Perspektive erweisen sich die zu ihrer Zeit so heftig umstrittenen Positionen von Booker T. Washington (1856–1915) und W.E. Du Bois (1868–1963) nachträglich als taktische Varianten auf dem Weg zu ihrem grundsätzlich gleichen Ziel, erklärbar aus der unterschiedlichen Ausgangslage und Lebenssituation beider Kontrahenten und ihrer sozialen Klientel: Washington, noch auf einer Plantage des Südens als Sklave geboren, nahm die Rassendiskriminierung kurzfristig hin, wollte sie aber langfristig und indirekt dadurch überwinden, daß sich die Afro-Amerikaner von unten in den Industrialisierungsprozeß einfädelten, vor allem durch Berufsschulen und gründliche handwerkliche Ausbildung. Sein »Tuskegee Normal Institute« (1881) in Alabama war geradezu die afro-amerikanische Variante der ein halbes Jahrhundert zuvor in den polnischen Teilungsgebieten angelaufenen Strategie der »Organischen Arbeit« als Alternative zu den gescheiterten Aufständen. Du Bois dagegen kam aus dem Norden, so hellhäutig, daß er fast als Weißer hätte gelten können (»pass for White«), und war der Exponent der »Talented Tenth«, einer urbanisierten farbigen Intelligenz.

Im Laufe des 19. Jahrhunderts überzog sich der »liberale« Norden mit einem Netz diskriminierender Maßnahmen gegen die Afro-Amerikaner; nach dem Experimentier- und Übergangsstadium der »Reconstruction« zwischen 1865 und 1877 auch der Süden. Zunächst breitete sich die Diskriminierung von Norden nach Süden aus, beginnend in Tennessee, einem nördlichen Südstaat, mit dem Ku-Klux-Klan ab 1865 zur gezielten Terrorisierung der formal emanzipierten Afro-Amerikaner. Später setzte sich vom äußersten Süden aus, beginnend in Mississippi, ab 1890 die Tendenz zur verfassungsrechtlichen Absicherung und Sanktionierung der Rassendiskriminierung durch und vollendete sich 1910 im »New South«: Bis nach dem Zweiten Weltkrieg waren in 30 der damals 48 Staaten der USA Heirat und freie Liebe zwischen Weißen und Farbigen durch Gesetz verboten, in den meisten übrigen Staaten, wie schon zur Zeit Tocquevilles, als »Rassenschande« gesellschaftlich geächtet.[76] Die lokale, »spontane« oder halböffentlich organisierte Exekution der erzwungenen Segregation und Diskriminierung in »race riots« (kollektive Ermordung von Afro-Amerikanern) – die schwersten ereigneten sich in New Orleans 1866 und 1900, Atlanta 1906, Springfield, Illinois 1908 – und Lynchen (individuelle Ermordung) verstärkten durch willkürlichen Terror die rechtlich-institutionelle Diskriminierung.[77] In Funktion und Erscheinungsbild sind »race riots« und Lynchen[78] in den USA mit den antijüdischen Pogromen im zaristischen Rußland zu vergleichen, der kommenden Gegenweltmacht zur kommenden Weltmacht USA.

Allem Freiheits- und Gleichheitspathos zum Trotz bildeten an der Ostküste der USA die ersten Einwanderer seit der Gründung von Jamestown 1607 und dem Eintreffen der »Mayflower« 1620 eine sozialaristokratische Oberschicht – White, Anglo-Saxon, Protestant (WASP). Sie hielt die in die Neue Welt als Sklaven importierten Afrikaner und ihre Nachfahren gewaltsam auf der untersten Stufe der Gesellschaft fest, erst durch Sklaverei, dann durch Rassendiskriminierung. Die WASP-Oberschicht wehrte sich, oft mit quasi-rassistischen Argumenten, gegen den sozialen Aufstieg der einströmenden späteren Einwanderermassen, die innerhalb der überwiegend weißen Gesellschaft meist ganz unten anfangen mußten, obwohl sie sozial immer noch über den Afro-Amerikanern standen. Mit ihrer ähnlichen kulturellen und ethnischen Herkunft integrierten sich Deutsche und Skandinavier schneller. Iren, Slawen, Juden, Italiener, Japaner und Chinesen forderten einerseits Gleichheit mit den alteingewanderten Weißen, fügten sich andererseits in vorgegebene Institutionen und Mechanismen der Rassendiskriminierung gegen die Schwarzen.

Wo die Konkurrenz um Arbeitsplätze zwischen Neueingewanderten und alteingesessenen Afro-Amerikanern entbrannte, kam es schon früh zu gewaltsamen Konflikten. Den Anfang machten 1863 blutige Konflikte in New York, als sich neueingewanderte Iren im Bürgerkrieg weigerten, die Wehrpflicht zu erfüllen und statt dessen den ersten »race riot« in New York gegen Afro-Amerikaner inszenierten. Im größten Einwanderungsland der Weltgeschichte trafen die Auswirkungen des Wandels von der agrarischen Rassen-Kasten-Sklavengesellschaft zu der sich industrialisierenden und demokratisierenden Rassen-Klassen-Gesellschaft die Afro-Amerikaner als permanentes Subproletariat am härtesten, nur sekundär und vorübergehend auch Juden. Andererseits war ein liberaler, assimiliert-säkularisierter Flügel der amerikanischen Judenheit zuletzt bereit, den Afro-Afrikanern im Kampf um Überwindung der Rassendiskriminierung durch finanzielles und publizistisches Engagement beizustehen.

Kolonialherrschaft und Rassenschranke

Parallel zur Vollendung der europäischen Kolonialherrschaft ersetzte in den neuen Kolonien die »Colour Bar« rassistischer Ausprägung das ältere Zusammenleben von Europäern mit afrikanischen Frauen und ihren gemeinsamen Nachfahren in den Kaufmannsniederlassungen und den sich an sie anlehnenden Siedlungen (»towns«) der Afrikaner: Fortschritte der Tropenmedizin ermöglichten seit ca. 1850 das Überleben weißer Frauen in den Tropen, so daß »rein« weiße Familien möglich wurden. Die aus den USA über England selbst in das traditionell liberale Britische Empire einströmende Rassendiskriminierung erhob um 1900 den Rassismus endgültig zur Rechtfertigungsideologie »rassisch bedingter«, »weißer«, europäischer Überlegenheit. Andere Kolonialmächte ahmten den stilprägenden englischen Imperialismus nach, Frankreich in seinen Kolonien nur modifiziert und teilweise verdeckt durch die kulturelle »assimilation« und seine »mission civilisatrice«.

Die Zuspitzung in Südafrika

Mehrere Faktoren kamen zusammen, um eine spezifische Zuspitzung des modernen Rassismus – die Apartheid in Südafrika – herbeizuführen.[79] Zu Beginn der europäischen Expansion in Übersee repräsentierte die Kapkolonie seit ihrer Gründung 1652 scheinbar nur eine Variante des europäisch-afrikanischen Zusammenlebens, in der anfänglichen Isolierung mit Frauen von San (»Buschmännern«) und Khoi-khoi (»Hottentotten«). So hatten die ursprünglich niederländischen Einwanderer (Buren) in den ersten Generationen einen Einschlag afrikanischen »Blutes«. Erst später wurden Mischlinge als »Farbige« (»Coloured«) oder »Bastards« von der fortan nur noch weißen Gesellschaft ausgesondert, die mit der Ideologie besonders extremer »Blutreinheit« ihre eigenen dunklen Anfänge, gleichsam als psychische Kompensation, verdrängte.

Als Reaktion auf die Abschaffung der Sklaverei im Jahre 1834 und die liberale, auf die rechtliche Gleichstellung von Weißen und Afrikanern drängende »Eingeborenenpolitik« Englands mündete die Sezession des Großen Trecks (1835–37) in burische Staatsgründungen und schuf damit den staatlichen Rahmen für die spätere Apartheid: 1853 und 1854 entstanden die Burenrepubliken Oranje-Freistaat und Transvaal. Ideologisch formierte sich jetzt erst ein zum Extrem zugespitzter, alttestamentarisch und calvinistisch stilisierter Prädestinations- und Auserwähltheitsglaube: die Buren, das neue Volk Israel – nur sie waren »Menschen«, im Unterschied zu den »Geschöpfen« Afrikas, denen sie das Heil bringen würden. Den »Kanaanitern« Südafrikas gegenüber waren auch die Methoden Joshuas religiös sanktioniert, zumal mit dem

Noah-Fluch über Ham und seine Nachfahren als zusätzliche religiöse Sanktionierung.

Ihre trotz selbstgewählter Isolierung fortdauernde kulturell-materielle Anbindung an die expandierende euramerikanische Weltzivilisation gab den Buren die militärische Überlegenheit gegenüber den sozioökonomisch sonst gar nicht so unterlegenen Hauptrivalen, den Wanderbauern der Bantus auf ihrer nun jahrhundertealten Expansion nach Süden.[80] Den entscheidenden materiellen Durchbruch brachte die – in der Weltgeschichte einmalige – Industrialisierung Südafrikas auf der Grundlage von Diamanten (1867) und Gold (1886): Auch in Südafrika wurde Rassismus ein Phänomen der sich industrialisierenden Gesellschaft. Wie in den USA ein Jahrhundert zuvor begann die Diskriminierung im Rahmen der Kirche, aus der sich ab 1886 unter Protest unabhängige afrikanische Kirchen lösten.

Die militärische Niederlage im Burenkrieg (1899–1902) wandelten die Buren im Frieden von Vereeniging (1902) in einen politischen Sieg um: Die Buren gewannen die innere Autonomie, freie Hand gegenüber den Afrikanern und die faktische Ausdehnung ihrer Herrschaft auf die inzwischen teilweise britisch-geprägte Kapprovinz sowie das von vornherein englische Natal. Die Südafrikanische Union 1910 ebnete den Weg zum konsequenten Ausbau der weißen Vorherrschaft (»baaskap«) über die Afrikaner. Die Verdrängung der Afrikaner vom Boden als freie Landbesitzer und ihre Einweisung in kleine und nur marginal fruchtbare »Reservate« durch das »Lands Act« (1913) schufen zugleich die territoriale Basis der heutigen »Bantustans« als Enklaven scheinsouveräner, in Wirklichkeit von Südafrika abhängiger schwarzer Staaten. Gleichzeitig provozierte das »Lands Act« schon im Vorfeld den sich allmählich organisierenden modernen afrikanischen Widerstand. So entstand – nach indischem Vorbild (»Congress«) – der zunächst gewaltlos inspirierte »South African Native Congress« (1912), der spätere »African National Congress« (ANC).

Afrikanische Symbolländer:
Haiti, Sierra Leone, Liberia, Äthiopien

Auch die Symbolländer des sich allmählich formierenden Protests von Afro-Amerikanern und Afrikanern gegen den euramerikanischen Rassismus konnten sich nicht den komplexen Mechanismen des Rassismus entziehen. Sierra Leone, Haiti und Liberia bildeten, als Nebenprodukte der europäischen Expansion und der transatlantischen Sklaverei samt deren Abschaffung, ihrerseits hierarchisierte neue Gesellschaften heraus. An ihrer Spitze standen Schwarze (Sierra Leone) bzw. Mischlinge (Haiti, Liberia) über einheimischen Afrikanern (Sierra Leone, Liberia) bzw. den schwarzen Nachfahren der Feldsklaven – jeweils mit quasi-rassistischen Attituden gegenüber den »Eingeborenen« bzw. »Schwarzen«.

In Sierra Leone wuchsen in drei Wellen aus England bzw. der Neuen Welt (USA, Kanada, Jamaika) kommende ehemalige Sklaven sowie »Liberated Africans« zu einer neuen Oligarchie zusammen, den »Creoles«.[81] Christianisiert und modernisiert, drängten sie auf eine Ausweitung der europäischen Kolonialherrschaft und stiegen zu einer quasi-aristokratischen Führungsschicht gegenüber den »heidnischen«, »tribalen« Afrikanern im »Protektorat«, dem Hinterland Sierra Leones auf. Nach der Abschaffung der Sklaverei im Britischen Empire 1838 dehnten sie sich entlang der westafrikanischen Küste von Gambia bis Kamerun aus, also fast im Einzugsbereich des Transatlantischen Sklavenhandels. Die »Sierra Leoneans«[82] initiierten und beschleunigten die Europäisierung und Modernisierung Westafrikas, ähnlich wie aus Brasilien nach Afrika zurückkehrende Exsklaven, die »Brazilians«.

Liberia, nach dem Muster Sierra Leones von Südstaatlern aus den USA 1821 gegründet, um den Druck auf Abschaffung der Sklaverei im Süden durch »freiwillige« Rücksiedlung freigelassener Sklaven zu mildern[83], entwickelte sich von vornherein mit quasi-kolonialen, quasi-rassistischen Strukturen[84]: Eine kleine Minderheit meist hellhäutiger Mischlinge aus den USA, verstärkt um ca. 5000 von der amerikanischen Marine befreite Sklaven, die sich auf dem Weg von Afrika über den Atlantik nach Amerika befanden, herrschte mit Unterstützung der USA über die »Eingeborenen«. Die regierende Oligarchie fühlte sich nicht als Afrikaner, sondern als »Americo-Liberianer«. Da sich die führenden Gruppen in Sierra Leone und Liberia »rassisch« unterschieden (vor allem Schwarze in Sierra Leone, überwiegend »Mischlinge« in Liberia) beweisen sie nebenbei, daß die Gründe ihrer Überlegenheit nicht in geheimnisvollen Kräften des »Blutes« zu suchen sind, sondern in ihrer historischen Entwicklung, angelehnt an die in der Welt herrschende »weiße« euramerikanische Industriezivilisation.

Auf Haiti hatten die chaotischen Zuckungen, ausgelöst vom

Sklavenaufstand im Gefolge der Französischen Revolution von 1791, mit der Unabhängigkeit 1804 nur die oberste, die weiße Spitze der weißen Rassen-Kasten-Gesellschaft weggesprengt.[85] Seit der formalen Unabhängigkeit Haitis setzten sich blutige und wirre Konflikte fort, meist zwischen »Mulatten« und Schwarzen, die im Grunde bis zum Sturz der Diktatur Duvalier 1985 und den blutigen Konflikten der Gegenwart andauern. Immerhin kamen aus dem politisch sonst so chaotischen und sozialökonomisch so regressiven Haiti zwei historisch bedeutsame Initiativen: Auf dem Tiefpunkt der Unabhängigkeitsbewegung in den spanischen Kolonien gewährte das gerade unabhängig gewordene Haiti Simon Bolivar (1783–1830) materielle und finanzielle Hilfe für die Rückkehr aufs Festland nur gegen das Versprechen, nach seinem Sieg die Sklaverei abzuschaffen (1815). 70 Jahre später kam aus Haiti die bis dahin umfassendste und intellektuell reifste Widerlegung des Rassismus durch den zeitweiligen Außenminister Haitis, Anténor Firmin.[86]

Äthiopien, mit den Amharen als dem ursprünglich aus Südarabien (Jemen) eingewandertem Reichsvolk, hatte sich als christliche koptische Gesellschaft gegenüber dem Islam in Afrika über die Jahrhunderte mehr schlecht als recht behauptet, seit dem rettenden Eingreifen der Portugiesen 1541 jahrhundertelang nur in feudaler Zersplitterung.[87] Kurz vor dem europäischen »Scramble for Africa« setzte Äthiopien, nach einer neuerlichen politischen Zusammenfassung 1855 unter Theodoros II., zur eigenen imperialen Expansion an, die sein Territorium verdoppelte. Die Amharen betrachteten sich kaum als Afrikaner, sondern legten einen quasi-rassistischen Stolz auf ihre außer-afrikanische Abstammung an den Tag, der sich als eine Art imperialistische und rassistische Herrschaft über Muslims, »Heiden« und generell Schwarze ausdrückte: Sklaverei, Zwangsbekehrung und Zwangsassimilation lösten die entsprechenden Ressentiments bei den Betroffenen aus.

Dennoch wurde Äthiopien zum panafrikanischen Symbolland mit seinem Sieg über Italien bei Adua 1896. Aber die unterschiedliche Behandlung gefangener Italiener und ihrer muslimischen Kolonialtruppen aus Eritrea auf dem Schlachtfeld von Adua legte die Grundlage zum gegenwärtigen Konflikt zwischen Äthiopien und Eritrea: Die Italiener wurden nach den Regeln des Völker- und Kriegsrechts korrekt behandelt, die Eritreaner auf der Stelle massakriert. Erst die spätere Niederlage Äthiopiens gegenüber dem faschistischen Italien 1936 machte für einen Teil der Aktivisten unter den Panafrikanern das historische Mißverständnis schmerzhaft deutlich: Bei seinem Eintreffen im Londoner Exil weigerte sich Haile Selassie, die solidarische Begrüßung eines panafrikanischen Empfangskomitees entgegenzunehmen, eben weil er sich als Amhare, nicht als Afrikaner fühlte. Nur weil die Kaprizen der Geschichte seine Vorfahren nach Afrika verschlagen hatten, war er in seinem Selbstverständnis kein Afrikaner, sondern betrachtete sich der »Rasse«, der Abstammung nach den Schwarzen überlegen. Sein früherer Fürstentitel »Ras« (aus dem Arabischen »Ras«) verweist, in diesem Fall durch verschlungene welthistorische Querverbindungen, noch einmal auf die Verwurzelung von »Rasse« im Adels- und Abstammungsstolz.

Der indische und chinesische Faktor: Kulis als Quasi-Kaste

In einigen subtropischen oder tropischen Gebieten – in Mauritius, Australien und Britisch-Guyana – wurden nach der Aufhebung der Sklaverei von 1834/38 Kontraktarbeiter nach dem älteren Modell der »indentured labour« eingesetzt, die vor allem aus Indien (Kulis), Polynesien (»Kanaken«) und China kamen. Große historische Fernwirkung hatte die Anwerbung indischer Kulis in Natal für den dort 1860 einsetzenden Anbau von Zuckerrohr.[88] Die Kulis erhielten ihren Namen von einem indischen Stamm, der als eine der niederen Kasten rangierte. Nach der Beendigung ihrer Kontraktzeit blieben die meisten Inder im Land und etablierten sich als neue Mittelschicht zwischen Europäern und Afrikanern, als Kleinhändler und Handwerker. Mit wachsender Modernisierung und zunehmendem Wohlstand zog diese indische Gemeinschaft auch Inder aus höheren Kasten an, z. B. Gandhi (1893), der aus einer Kaufmannskaste stammte und als Anwalt von 1893 bis 1914 in Natal lebte. Von Natal aus verbreiteten sich die Inder auf ganz Südafrika, ferner auf Britisch-Ostafrika. Analog fanden sich indische Kulis jeweils für den Anbau von Zuckerrohr auf Mauritius, den Fidschi-Inseln und in Britisch-Guyana.

An ihrer ambivalenten Zwischensituation entzündeten sich nach dem Zweiten Weltkrieg Rassenkonflikte zwischen Afrikanern und Indern, die in ihrer sozialen Stellung und Funktion mit den Juden in Gesellschaften an der Schwelle zur Modernisierung vergleichbar sind. Schon vor dem Ersten Weltkrieg provozierten Versuche der englischen Kolonisten in Natal, Inder durch Diskriminierung auf das Niveau der Afrikaner zu drücken, den gewaltlosen Widerstand des von Gandhi 1894 gegründeten »Natal Indian National Congress«, der später das Modell der frühen politischen Organisationen in Süd- und Ostafrika wurde: Die ersten politischen Parteien der Afrikaner hatten alle »Congress« im Titel. Andererseits demonstrieren die Inder Afrikas die spannungsreiche Relativität von Kasten und sozialem Aufstieg: In Afrika gehören sie als Kaufleute, Anwälte, Ärzte und Ingenieure zur modernen Mittel- oder Oberschicht und wurden als »fremdes« Element deshalb auch aus Uganda vertrieben. Kommen dieselben Afro-Inder aber nach Indien, gehören sie zu den untersten Kasten und werden entsprechend behandelt, auch von Angehörigen der höherstehenden Kasten, die mit ihrem modernen Lebensstandard unter den Afro-Indern rangieren.

Ähnlich wie die indischen »Kulis« in Natal wurden chinesische Kontraktarbeiter, nach indischem Vorbild ebenfalls »Kulis« genannt, ab 1843 in subtropischen und tropischen Gebieten vor allem beim Anbau von Zuckerrohr eingesetzt, in Mauritius, Peru, Bourbon Isle, Kuba, Australien und Britisch-Westindien.[89] Mit den großen Goldfunden (»gold rush«) kamen sie 1849 auch als Goldwäscher nach Australien und Kalifornien. Sie provozierten ab 1852 eine antichinesische Gesetzgebung, die in Australien in die »White Australia«-Politik einmündete.[90] Mit weißen Strafgefangenen gelangten auch schwarze aus Großbritannien und seinen Kolonien ab 1788 nach Australien. Sie konnten sich dort ohne weitere Diskriminierung bewegen, und ihre Nachfahren gingen spurlos in der überwiegend weißen Bevölkerung auf.[91]

In die USA kamen Chinesen über den Pazifik, zunächst nach Kalifornien – das Land der großen Goldfunde – und zum Bau der großen Eisenbahnen. Um die Jahrhundertwende wurden für die USA chinesische und japanische Einwanderer die leibhaftige Konkretisierung des »weißen« Schreckensrufs von der »Gelben Gefahr«, auf die das herrschende weiße Amerika mit einem gegen »Gelbe« gerichteten Rassismus reagierte.[92] Während sich, wie üblich, ein großer Teil der chinesischen und japanischen Einwanderer früher oder später sprachlich und kulturell als Amerikaner integrierte, behauptete sich in den »Chinatowns« der großen Städte, vor allem in New York und San Francisco, bis heute ein Kern chinesischer Lebensart und Kultur.

6. Weiße Gegenpositionen zum Rassismus

Da es zu allen theoretischen und praktischen Positionen zumindest eine denkbare Alternative gibt, stellt sich die Frage nach einer weißen Gegenposition zum Rassismus. Theoretisch wären der biblische Schöpfungsbericht und der Glaube an die Gleichheit der Menschen vor Gott die Antwort gewesen. Aber sie wäre buchstäblich zu weit hergeholt gewesen und erstickte in der praktischen Realität der großen Religionen, die sich vom Alten Testament ableiten – Judentum, Christentum, Islam. Die jüdische Lehre vom »heiligen« und »auserwählten Volk«, gar noch im »messianischen Ghetto«, warf tiefe Gräben zwischen sich und der »feindlichen« Welt auf, der Talmud interpretierte die Geschichte von Noahs Fluch gegen die Schwarzen rassistisch: Schwarze sind zur ewigen Sklaverei geboren. Christentum und Islam schleppten diese Interpretation mit. Der christliche Anti-Judaismus lieferte den Urgrund für den christlichen Antisemitismus katholischer, orthodoxer und protestantischer Prägung.

Aufklärung, Nationalismus und Sozialismus boten auch keine wirkliche Alternative, da sie zumindest ambivalent in der doppelten »Rassen«-Frage waren. So blieben zunächst nur einzelne Stimmen, Individuen, die aus christlicher Gesinnung, allgemeinem Humanismus und mit schlichtem gesunden Menschenverstand punktuell zusammengenommen eine theoretische Gegenposition zum euramerikanischen Rassismus erkennen lassen. Zwar gingen sie im mächtigen Strom der Rassentheorien und -praktiken lange Zeit unter. Dennoch lohnt es sich, sie zur Kenntnis zu nehmen und in weitere historische Zusammenhänge einzuordnen.

Eine kleine Gruppe – repräsentiert vor allem durch Benezet, Blumenbach und Niebuhr – hatte früh eine begrenzte Wirkung auf den rational und historisch argumentierenden Flügel farbig-schwarzer Autoren des 19. und frühen 20. Jahrhunderts. Der farbig-schwarze Protest prallte zwar am euramerikanischen Rassismus ab, doch bewahrte der rationale Flügel einer literarischen Tradition unter Afro-Amerikanern und Afrikanern die Erinnerung an ihre wenigen, sonst völlig verdrängten weißen Gewährsmänner. Dem Verfasser steht nicht an zu bekennen, daß er selbst von der imponierenden historisch-rationalen Denkweise der farbig-schwarzen Frontstellung gegen den Rassismus für sein eigenes Denken viel gelernt hat, als er sie, in einem anderen Arbeitszusammenhang[93], 1964 im düsteren und konfliktgeladenen Harlem zuerst kennenlernte. Seine eigenen Vorstellungen von der Bedeutung der Kontakte und des Austauschs in der Geschichte verdankt er weitgehend diesen in euramerikanischen Augen »dahergelaufenen«, »halbgebildeten« »Negern«, soeben der Sklaverei entronnenen Autodidakten. Aber sie bewiesen die Haltlosigkeit des Rassismus mit plausiblen Argumenten schon zu einer Zeit, als die Crème »weißer« Gelehrter den vergiftenden Unsinn verbreitete, der teilweise noch heute in euramerikanischen Hirnen herumspukt. Um so wichtiger wird es, wenigstens an dieser Stelle ihren sonst weithin ignorierten Beitrag zur notwendigen Überwindung des Rassismus zu nützen.

Bei dieser Gelegenheit lassen sich auch die sonst isolierten Gedanken von zwei bedeutenden Autoren in die Umrisse einer Gegenposition zum Rassismus einordnen, selbst wenn sie kaum ein Echo in der »Rassen«-Frage fanden – Johann Gottfried Herder und Alexis de Tocqueville. All diesen frühen Bemühungen ist ein Faktor gemeinsam – das Fehlen der antijüdisch-antisemitischen Komponente. Sie konzentrierten sich ganz auf die Schwarz-Weiß-Problematik innerhalb des allgemeinen Rassismus. Erst um 1900 kristallisierte sich aus dem Widerspruch gegen Ungereimtheiten der Rassentheorien eine wissenschaftlich fundierte Gegenposition zum Rassismus heraus, die sich nach zwei Weltkriegen im Westen allmählich durchsetze. Als Abschluß dieses kurzen Überblicks fügt sich daher der »First Universal Races Congress« gut ein: Er wollte 1911 in London mit einer weltumspannenden Geste des guten Willens die Gräben überbrücken helfen, die der euramerikanische Rassismus kurz vor seinem Höhepunkt aufgeworfen hatte.

Frühe weiße Bezugspersonen

Die Quellen, auf die sich später afro-amerikanische und afrikanische Autoren beriefen, sind quantitativ eher dürftig. Am Anfang steht der Spätaufklärer und Frühabolitionist Anthony Benezet (1713–1784). Er entstammte einer hugenottischen Familie, die nach dem Edikt von Nantes (1685) Frankreich vorübergehend verlassen hatte. Er selbst wurde aber in Frankreich geboren. Benezet ging nach Amerika, schloß sich den Quäkern in Philadelphia an und leitete dort die erste Schule, die Quäker 1750 für Freigelassene und deren Kinder eingerichtet hatten. Im Geiste des sich anbahnenden philanthropischen Abolitionismus der Quäker beschäftigte sich Benezet intensiv mit den afrikanischen Ursprüngen seiner Schüler. Ohne selbst in Afrika gewesen zu sein, schrieb er 1762 eine Art Landeskunde der westafrikanischen Küste, verknüpft mit einer frühen Polemik gegen den transatlantischen Sklavenhandel.[94]

Schon vor 1775 muß unter Weißen das Vorurteil weit verbreitet gewesen sein, Afrikaner seien permanent »inferior«, denn Benezet spürte die Notwendigkeit, dagegen anzugehen. Er tat es mit dem einfachen Verweis auf das, was wir heute die historische Dynamik zivilisatorischen Wandels nennen würden, in einer Art historischen Relativitätstheorie: Auch die Vorfahren der Europäer waren einst »Barbaren«, so Briten und Germanen zur Zeit Caesars und Tacitus'. Sie hätten sich aber durch friedlichen Handel und Wandel zivilisiert. Das ist eigentlich schon alles. Aber später variierten farbig-schwarze Autoren diesen einen Hinweis, meistens ohne Quellenangabe.

Der Göttinger Anthropologe Johann Friedrich Blumenbach steht mit seinem »Rassen«-Begriff (1775) zwar formal an der Grenze zum späteren Rassismus, inhaltlich gehört er aber zur antirassistischen Gruppierung. Vor allem verteidigte er die Schwarzen gegen den in seiner Zeit aufkommenden Vorwurf der Inferiorität. Er eröffnete 1799 mit einer Liste knapper Biogramme über Afrikaner, die ihren Weg in der europäischen Gesellschaft gemacht hatten, eine unter Afro-Amerikanern später beliebte Literaturgattung. In bester Aufklärungstradition übte Blumenbach auf die sich im 19. Jahrhundert nur zögernd formierende antirassistische Position im Westen einen starken Einfluß aus, der es verdient, über die enge anthropologische Literatur hinaus, stärker ins allgemeine historische Bewußtsein gehoben zu werden.

Ausgehend von Blumenbach, erweiterte der französische Abolitionist Abbé Henri Grégoire (1750–1831) das neue Genre der Neger-Biographien[95], die danach die wichtigste Quelle für schwarze Abolitionisten und Vorkämpfer gegen den Rassismus wurden. Eine andere Dimension des historischen Wandels eröffnete der deutsche Althistoriker Barthold Georg Niebuhr (1776–1831). Ihm verdankten die frühen farbig-schwarzen Autoren die Idee vom Wandern der Kulturzentren – Altägypten, das klassische Griechenland, Rom und das moderne Europa: Zivilisation hat nichts mit angeblich im »Blut« angeborener »Überlegenheit« irgendeiner »Rasse« zu tun, sondern mit den Kontakten und dem Austausch zur Entfaltung von Begabungen durch die Verarbeitung von außen kommender Anregungen. Der französische Orientreisende C.-F. Volney (1757–1820) lieferte die Zuordnung Altägyptens als afrikanisch-negride Kulturleistung[96] noch vor der modernen Ägyptologie auf einer denkbar schmalen empirischen Basis. Deswegen eignet sich Volneys Idee auch besonders zur Dogmatisierung bis hin zu einem schwarzen Gegenrassismus, der sozusagen die ganze Weltgeschichte schwarz einfärbt.[97]

Johann Gottfried Herder (1744–1803) hatte, an der Schwelle von der Aufklärung zur deutschen Klassik und Romantik, einen enormen Einfluß auf den romantischen Nationalismus, vor allem der als geschichtslos verachteten Slawen. Ähnlich wie der Spätaufklärer, Forschungsreisende und spätere Mainzer Jakobiner Johann Georg Forster (1754–1794) protestierte er gegen die schematisierende Einteilung der Menschheit durch Meiners und betonte die individuelle, historische Eigenart eines jeden Volkes. In seinem Hauptwerk *Ideen zur Philosophie der Geschichte der Menschheit* (1784/91) erörterte Herder zwar eingangs die Ähnlichkeit zwischen Menschen und Menschenaffen, zog dann aber strikt die vom polygenetischen Flügel der Aufklärung verwischte Grenze zwischen Tier und Mensch. Ohne ihn beim Namen zu nennen, polemisierte er gegen den englischen Polygenisten Lord Monboddo (1714–1799), der 1773 den Orang-Utang als »Bruder der Menschheit« begrüßt hatte. Der protestantische Theologe Herder betonte nachdrücklich die biblische Tradition – Einheit der Menschheit:

»Du aber, Mensch, ehre dich selbst! Weder der Pongo, noch der Longanimus ist dein Bruder; wohl aber der Amerikaner, der Neger. Ihn also sollst du nicht unterdrücken, nicht morden, nicht stehlen (d. h. nicht versklaven; I.G.); denn er ist ein Mensch wie du bist; mit dem Affen darfst du keine Brüderschaft eingehen.«[98]

Herders Bekenntnis zur Einheit der Menschheit und gegen die Sklaverei mündete konsequent in die Ablehnung des damals neuen Schlüsselbegriffs »Rasse« als »unedel«, da er gleichzeitig für Tiere und Menschen galt. Seinen aufgeklärten und humanistischen Widerwillen schon gegen das Wort »Rasse« teilte Herder mit der deutschen Klassik, die fast ohne es auskam.[99] Dagegen förderte Herders Volksgeistlehre, die jedem Volk grundsätzlich die gleiche

Wertigkeit zusprach, indirekt, und durchaus im Widerspruch zu seiner Absicht, einen exklusiven Nationalismus. Die Politisierung und Nationalisierung seiner Volksgeistlehre ließ seinen noblen Humanismus verpuffen, der zu einer antirassistischen Gegenposition hätte führen können.

Vollends als erratischer Block, quer zum sich entfaltenden Rassismus, erweist sich rückblickend der große französische Historiker, Soziologe und Politiker Alexis de Tocqueville (1805–1859). In seinem politologisch-soziologischen Hauptwerk *De la Démocratie en Amérique* (1835/40) und seinem historischen Werk *L'Ancien Régime et la Révolution* (1856) hinterließ er zwar keinen umfassenden Entwurf zur Weltgeschichte oder Anthropologie, schon gar nicht zur »Rassen«-Problematik. Aber der erste Band von *De la Democratie en Amérique* liefert mit dem letzten Kapitel – »Quelques considérations sur l'état actuel et l'avenir probable des trois races qui habitent le territoire des États-Unis« – eine umfassende Analyse der drei »Rassen« in den USA.[100] Sie ist noch heute in ihrer Prägnanz unübertroffen und mit ihren realistischen Prognosen so aktuell wie eh und je. Den Kern bildet der Teil »Stellung der schwarzen Rasse in den Vereinigten Staaten; Gefahren ihrer Anwesenheit für die Weißen«.[101]

Für Tocqueville sind die Indianer als Wilde zum Aussterben verurteilt – Opfer der permanenten Expansion der weißen Kolonisten. Die drei Rassen sieht er deutlich gegeneinander abgestuft – die Weißen als herrschende »Rasse«, unter ihnen die Schwarzen, gefolgt von den Indianern. Der Abstand zwischen den Weißen und den übrigen ist so groß, daß er sich fragte, ob der Europäer den »Menschen der anderen Rassen das ist, was der Mensch als solcher für die Tiere bedeutet?«

In seiner Analyse unterscheidet Tocqueville sorgfältig zwischen antiker und zeitgenössischer Sklaverei: In der Antike hatten Sklaven ungefähr dieselbe Hautfarbe wie ihre Herren, so daß ihre Freilassung keine schwerwiegenden Probleme für die soziale Integration aufwarf. Die moderne Sklaverei schreibt jedoch durch die schwarze Hautfarbe der afrikanischen Sklaven Rassenunterschiede fest: Sklaverei erzeugt Verachtung für den Sklaven, die sich nach der Sklavenemanzipation fortsetzt, weil die schwarze Haut auch den Freien als ehemaligen Sklaven verrät. Im Gefolge der Freiheit für die Sklaven breitet sich die Rassendiskriminierung aus, wie Tocqueville in den Nordstaaten beobachten konnte, die schon vor seinem Amerikaaufenthalt (1830/31) die Sklaverei abgeschafft hatten. Entsprechend realistisch fiel seine Prognose für die Südstaaten aus – Rassendiskriminierung nach der früher oder später unausweichlichen Sklavenemanzipation, verquickt mit inneren Konflikten bis hin zum Bürgerkrieg. Erst recht nach der Aufhebung der Sklaverei sind noch drei Vorurteile zu beseitigen, »die viel unangreifbarer und viel zäher sind als die Sklaverei: das Herrenvorurteil, das Rassenvorurteil und endlich das Vorurteil der Weißen.«

Tocqueville verurteilte die moderne Sklaverei explizit, ihre verheerenden Folgen – Rassendiskriminierung – zumindest implizit, schilderte die Leiden der von der weißen Einwanderergesellschaft unterdrückten »Rassen« so voller Mit-Leiden, daß sich seine Position heute als antirassistisch umschreiben läßt. Ihre Rationalität verhinderte ein nachträgliches Verdrehen in ihr Gegenteil. Dafür verurteilte ihre Punktualität sie dazu, weitgehend ignoriert und wirkungslos zu bleiben, obwohl Tocqueville die Verquickung von Sklaverei und den in ihr eingebauten Verachtungsmechanismus in noch heute gültiger Form ausführlich analysiert hat, in kritischer Distanz zum euramerikanischen Rassismus.

Grundlegung einer antirassistischen Gegenposition

Nur allmählich lief in Europa und Amerika die Formulierung einer Gegenposition zum Rassismus an, im wesentlichen um 1900. Wissenschaftler verschiedener Disziplinen aus mehreren Ländern leisteten Beiträge, die theoretisch den Rassismus widerlegten, an seiner Praxis jedoch nichts änderten. Einen isolierten Anfang setzte in Deutschland der Marburger Philosophieprofessor Theodor Waitz (1821–1864). Gegen Gobineau führte er im Wissenschaftsbereich die These ein, daß alle Völker grundsätzlich zur Zivilisation gleichermaßen befähigt seien, während sich unterschiedliche Entwicklungen aus sekundären Faktoren, u. a. Kommunikation und Austausch, erklärten (1859/64).[102] Er vertrat damit ähnliche Positionen wie Benezet und Niebuhr. Der irische Apotheker John Grattan (geb. 1800) und der französische Anthropologe Paul Topinard (1830–1911) bestritten schon 1858 bzw. 1885 dem Versuch die Berechtigung, vom Messen des Schädelinhalts einzelner Individuen auf die intellektuellen Fähigkeiten ganzer »Rassen« zu schließen zu wollen.[103]

Auf dem Höhepunkt des euramerikanischen Imperialismus häuften sich die kritischen Gegenstimmen[104]: Der Engländer William D. Babington (gest. 1893) verwarf in seinem 1895 posthum erschienen Hauptwerk die Rassentheorie insgesamt, namentlich die »Rassenintelligenz« zur Charakterisierung ganzer Völker. Der französische Philosoph und Psychologe Alfred Fouillée (1838–1912) attackierte die Lehre der Schädelmessung und bestritt jeden wissenschaftlichen Wert der Unterscheidung von Lang- und Kurzschädeln. Er durchschaute auch die ideologische Funktion des Rassismus – die Rechtfertigung des »Rassenkrieges« als Mittel zur Durchsetzung des Stärkeren gegen den Schwächeren (1895). Der amerikanische Anthropologe William Z. Ripley (1867–1941) ging zwar noch von geistigen Unterschieden zwischen »Rassen« aus, bezweifelte jedoch ebenfalls den wissenschaftlichen Wert der Kraniologie und griff 1895 generell den arischen Mythos einschließlich der angeblichen Überlegenheit der teutonischen, der »nordischen« »Rasse« an. 1906 übte der belgische Arzt Emile Houzé eine vernichtende Kritik an den herrschenden Rassentheorien, ihren Methoden und »Ergebnissen«.

Eine unmittelbare Wirkung auf afro-amerikanische Rassismuskritiker hatte erst der aus Deutschland stammende amerikanische Anthropologe Franz Boas (1858–1942) mit seinem generellen Plädoyer gegen den Rassismus.[105] Einen ersten Hinweis auf die mittelalterlichen Reiche des westlichen Sudan – Ghana, Mali und Songhai – gab er 1906 in einem Vortrag in Atlanta (1906), den W.E.B. Du Bois tief beeindruckt aufnahm. Seit 1913 figurieren die westafrikanischen Reiche als Kronzeugen gegen die Behauptung von der angeblichen Geschichtslosigkeit Afrikas.

Zuvor hatten sozialdemokratische Gelehrte bzw. Theoretiker in Deutschland umfassende Widerlegungen des Rassismus veröffentlicht, wenn sie auch politisch folgenlos blieben: Der Soziologe Hertz arbeitete die wichtigsten Widersprüche zwischen den gängigen Rassentheorien heraus, gestützt auf die Ergebnisse einer kritisch gewordenen Wissenschaft.[106] Besonders betonte er die Diskrepanz zwischen dem statischen Rassenbegriff Gobineaus und dem dynamischen Evolutions-Rassimus des Sozialdarwinismus. Die zweite Hälfte seines heute noch lehrreichen Buches ist eine ebenso detaillierte wie erfrischende Polemik gegen Chamberlain. Auf Hertz stützte sich Karl Kautsky in seiner umfangreichen Broschüre *Rasse und Judentum* (1914), in der er die große Bedeutung sozioökonomischer Faktoren für die Entwicklung und Stellung von »Rassen« in der Geschichte hervorhob.

Allmählich legte eine rational und human argumentierende Wissenschaft unter einem im besten Sinn internationalen Horizont die Grundlage für eine umfassendere Widerlegung des Rassismus, die erst nach den Katastrophen der beiden Weltkriege breiteres Echo fand und als Aufgabe noch immer aktuell bleibt.

Der »First Universal Races Congress« von 1911

Eine Art emotionaler Zusammenfassung diffuser Ansätze zur Überwindung des euramerikanischen Rassismus bot der »First Universal Races Congress« als Geste des guten Willens. Die Initiative kam aus pazifistisch-humanitären Kreisen, die sich in der »International Union of Ethical Societies« unter dem Vorsitz des New Yorker jüdisch-amerikanischen Sozialreformers Felix Adler (1851–1933) zusammengeschlossen hatten. Ihr Hauptorganisator war der Deutsche Gustav Spiller, der auch den Konferenzbericht herausgab.[107] Die Anregung zu dem Kongreß soll angeblich auf W.E.B. Du Bois zurückgehen. Immerhin war der Hauptfinanzier der amerikanische Philanthrop John E. Milholland (1860–1925), der auch die ein Jahr zuvor gegründete »National Association for the Advancement of Colored People« (NAACP) finanziell entscheidend unterstützte.

Der Kongreß sollte alle »Rassen« umspannen; tatsächlich überwogen Vertreter aus Europa und den USA. Aus Deutschland waren allein 81 Namen im vielköpfigen Kongreßvorstand und als Sympathisanten genannt, ohne daß klar ist, wer von ihnen tatsächlich nach London kam. Nichteuropäische Länder waren schwach vertreten, am stärksten noch Indien. Unter ihnen war Mohandas K. Gandhi (1869–1948), damals noch Rechtsanwalt in Johannesburg und politischer Führer der indischen Minderheit in Südafrika, die sich nur gegen ihre Gleichstellung mit den Afrikanern durch die heraufziehende Apartheid wandte. Von den Afro-Amerikanern nahm Du Bois teil; vom afrikanischen Kontinent kamen drei Vertreter aus Südafrika, einer aus Westafrika, der Baptistenpfarrer Mojala Agbebi (1860–1917) aus dem heutigen Nigeria.

Insgesamt lieferte der Kongreß einen detaillierten Überblick über die »Rassen«-Problematik seiner Zeit unter globalen und liberalen Gesichtspunkten. Der Präsident des Kongresses, Lord Weardale, betonte in seiner Eröffnungsrede die Bedeutung der »Rasse« (»im breitesten landläufigen Sinn«) in der Weltgeschichte als tiefere Ursache für Kriege und Konflikte, von erobernder Unterwerfung und Versklavung in »frühester Zeit« bis zu den Kriegen der Moderne. Gegenüber der bisherigen Vorherrschaft der Weißen sah er als wichtigstes Phänomen der vergangenen zwanzig Jahre den beginnenden Aufstieg Japans als »Vorläufer« für ein ähnliches Erwachen Chinas. Als Konsequenz sah Weardale die grundsätzliche Gleichheit der »sog. weißen Rasse und der sog. farbigen Rassen« als »Menschen und Brüder« (VIIf.).

Offenbar um die zu erwartende Heterogenität der Auffassungen etwas zu bündeln, hatten die Organisatoren des Kongresses den Referenten einen Fragebogen zugesandt, den Spiller in seinem Referat als Anhang, unter Verwertung der vorgegebenen Formulierungen positiv beantwortete. Seine Schlußfolgerungen stimmen weitgehend mit den vom Verfasser in diesem Buch vertretenen Positionen überein: Es gibt keine Korrespondenz von physischen und geistigen Merkmalen der »Rassen«; der gegenwärtige Status einer »Rasse« erlaubt keine Rückschlüsse auf ihre »eingeborenen« (»innate«) oder vererbten Fähigkeiten; Unterschiede zwischen »Rassen« sind historisch erklärbar; es existieren keine von Natur aus »überlegenen« (»superior«) oder »minderwertigen« (»inferior«) »Rassen«; geistig-moralische Unterschiede lassen sich besser durch Unterschiede des Zivilisationsniveaus als durch »Rassen« erklären (38f.). Dem sozio-kulturellen Ansatz entsprach auch die inhaltliche Hauptuntergliederung der Referate – »Conditions of Progress«, »Special Problems in Inter-Racial Economics«, »The Modern Conscience in Relation to Racial Questions«, »Positive Suggestions for Promoting Inter-Racial Friendliness«.

Dennoch prallten mitunter sehr konträre Ansichten aufeinander. Spiller selbst warb in seinem Referat für die grundsätzliche »Gleichheit der Rassen« als eine Voraussetzung für den Weltfrieden und propagierte sogar eine Weltregierung. Einer seiner Vorredner, der Berliner Anthropologe Felix v. Luschan, bekannte sich aber trotzig zum »Kampf ums Dasein«: Kriege seien nicht abzuschaffen, Rassenschranken würden nicht fallen, Antagonismen zwischen Rassen und Nationen würden bleiben, weil sonst die Menschheit einer Herde von Schafen gleiche: »Si vis pacem, para bellum«, was jedoch – mitten in der 2. Marokkokrise – kein Plädoyer für einen Krieg zwischen England und Deutschland sein solle

(S. 23 f.). Entsprechend konnte ein Referent die Situation der »Mestizen« in Brasilien realistisch analysieren und sie gegen rassistische Vorurteile in Schutz nehmen, ehe er zuletzt doch in eigene rassistische Vorurteile gegenüber »Schwarze« zurückfiel.[108]

Du Bois gab einen nüchternen Überblick über die Lage der Afro-Amerikaner in den USA (»The Negro Race in the United States«), John T. Jabuvu (1859–1921), einer der gemäßigten Sprecher der Schwarzen Südafrikas, über die »Native Races of South Africa«, allerdings mit einer Idealisierung der traditionellen afrikanischen Gesellschaft. Jabuvu beklagte die Ausbeutung seiner Landsleute durch die Europäer und wünschte sich die Gründung eines College für Afrikaner, das im Ersten Weltkrieg 1916 mit dem Fort Hare College auch Wirklichkeit wurde. Agbebi versuchte, seinem überwiegend weißen Publikum die Vorzüge der traditionellen afrikanischen Gesellschaft näherzubringen, u. a. durch den Vergleich mit angeblich europäischen Gebräuchen. In Wirklichkeit unterstrich er nur die kulturelle Distanz, wenn er Menschenopfer und Kannibalismus als religiöse Sublimierungen zu erklären versuchte, aber selbst bekannte, unter jüngst zum Christentum übergetretenen ehemaligen Kannibalen im Niger-Delta beschleiche ihn beim Abendmahl ein merkwürdiges Gefühl, wenn er die Formel gegenüber seiner Gemeinde wiederholte: »Nehmt, dies ist mein Leib«, und »dies ist mein Blut«.[109]

Darüber hinaus waren die Vorträge eher Monologe eines allgemeinen guten Willens, ohne eine Diskussion der unterschiedlichen Positionen oder gar ihrer Konsequenzen. Problematisch war der einzige Beitrag zur jüdischen Frage von einem jüdischen Referenten, weil er die ambivalente Übernahme des »Rassen«-Begriffs auch durch Juden illustriert.[110] Typisch war ein überschwenglicher »Hymnus an die Völker«, von Du Bois verfaßt und öffentlich vorgetragen. Die geplante Fortsetzung mit einem Zweiten Kongreß 1915 fiel dem Ersten Weltkrieg zum Opfer. Aber als Symptom für eine, wenn auch unverbindlich gebliebene konstruktive Antwort auf den euramerikanischen Rassismus bleibt der »First Universal Races Congress« denkwürdig genug.

7. Die ersten Reaktionen von Afrikanern und Afro-Amerikanern (1787–1914)

Seit dem späten 18. Jahrhundert protestierten Schwarze gegen den euramerikanischen Rassismus, unterstützt von wenigen internen Kritikern des Rassismus in Europa und den USA. Zuerst regten sich in den USA die jüngsten Opfer des »weißen« Rassismus, erst ein Jahrhundert später schuf die europäische Kolonialherrschaft entsprechende Voraussetzungen auch in Afrika. Parallel zur Emanzipation und zum modernen Antisemitismus meldeten sich als Betroffene in Europa auch die Juden zu Wort, zuletzt politisch durch den Zionismus als nationaljüdische Antwort auf das Scheitern der Assimilation in Rußland nach 1881 und die Krise des Dreyfus-Skandals in Frankreich ab 1894.

Die sozialgeschichtliche Ausgangslage in England, den USA und der Karibik

Den Protest der vom anti-negriden Rassismus Betroffenen eröffneten im späten 18. Jahrhundert afrikanische Exsklaven in England, die noch aus Afrika stammten. In den USA entsprachen ihnen die freien »Farbigen« (»Free Persons of Color«), ehemalige Haussklaven mit schwarzen Müttern und weißen Vätern aus dem Herrenhaus. Beide Gruppen beteiligten sich beiderseits des Atlantiks aktiv am Abolitionismus.

Ort und Zeitpunkt erklären sich aus allgemein historischen Mechanismen: England war seit dem Frieden von Utrecht 1713 am massivsten im transatlantischen Sklavenhandel engagiert und stieg zur führenden See-, Handels-, Finanz-, Kolonial- und Wirtschaftsmacht auf. Dem Durchbruch der Industrialisierung folgte hier zuerst die Wende gegen den Sklavenhandel und die Sklaverei, der Abolitionismus seit dem Mansfield-Urteil von 1772. Die erste Organisationswelle des Abolitionismus fiel 1787 zeitlich zusammen mit der Gründung der Union und dem Protest von Farbigen gegen die Diskriminierung sogar in der weißen Kirche des kleinen Mannes, der Methodisten. Daß alle drei Vorgänge gleichzeitig in Philadelphia stattfanden, ist kein Zufall: Philadelphia war damals die größte Stadt der USA (bis 1789) und Sitz der Verfassunggebenden Versammlung (1787). Als eine Gründung der Quäker, die zuerst die eigenen Sklaven freiließen, die allgemeine Sklavenemanzipation propagierten und den Kern des frühen Abolitionismus bildeten, wies es lange die größte Konzentration freier Afro-Amerikaner auf. Bis zum Aufstieg von Marcus Garvey in Harlem ab 1916 war es daher die heimliche Hauptstadt der Afro-Amerikaner in den USA. So widmete der erste farbige studierte Historiker und Soziologe, W.E.B. Du Bois, die erste soziologische Untersuchung über Afro-Amerikaner, *The Philadelphia Negro* (1899), den Afro-Amerikanern Phildelphias.

Das Verbot der Heirat und der freien Liebe zwischen Schwarzen und Weißen galt zwar offiziell in den englischen Kolonien seit dem späten 17. Jahrhundert, aber in der Praxis spielte sich eine halbgeduldete Form des Zusammenlebens »in der Sünde« ein, deren Verdrängung einiges von den Komplexen der amerikanischen Kollektivseele erklärt: Üblich war eine »Zweitfamilie«, die der weiße Plantagenbesitzer im Herrenhaus oder am Ende der Plantage mit einer schwarzen Sklavin unterhielt. Die Kinder wurden Haussklaven und erhielten früher oder später die Freiheit, zumindest aber deren Kinder. Ehemalige Haussklaven und deren Nachfahren stellten 1787 das Gros der »Free Persons of Color«, die nun auf volle Gleichberechtigung drängten. Anders als spätere Liberale überließen die Quäker die Emanzipierten nicht einfach ihrem Schicksal, sondern kümmerten sich um sie, z. B. errichteten sie 1750 die erste Schule in Philadelphia unter Leitung von Anthony Benezet. Mit dieser und anderen Maßnahmen ebneten sie den freien Afro-Amerikanern den Weg von der persönlichen Freiheit zur wirtschaftlichen Eigenständigkeit und sozialen Integration.

In der Karibik dagegen eliminierte die Sklavenbefreiung, wie schon von Tocqueville 1835 vorausgesagt[111], nur die oberste Schicht der Rassen-Kasten-Gesellschaft, die Weißen: in blutigen Konflikten auf Haiti zwischen 1794 und 1804, insgesamt friedlich in den Kolonien Englands zwischen 1834 und 1838 und Frankreichs 1848. Die Wirtschaft stagnierte, da der Rohrzucker gleichzeitig unter den Druck der Zuckerrübe in Europa geriet. Erhalten blieb in der Karibik die Einteilung der Gesellschaft nach »Rassen« – nur daß jetzt meist »Mulatten« an der Spitze der Gesellschaft standen.

Als kolonialer Ableger Englands boten die USA dank ihrer demokratischen Struktur den Afro-Amerikanern den größten Freiraum
zur Vertretung ihrer Interessen. Die Führung hatten bis zum Auftreten Marcus Garveys zwischen 1916 und 1923 Mischlinge inne.
Den Anspruch auf Gleichberechtigung mit ihren weißen Halb-
brüdern und Vettern verbanden sie mit der Forderung, die Ideale
der amerikanischen Demokratie auch auf sie und ihre schwarzen
Halbbrüder und Vettern, die Feldsklaven, auszudehnen.

Am Anfang stand 1787 die Sezession freier »Farbiger« als Reaktion gegen Diskriminierung in der Methodistenkirche Philadel-
phias. Unter dem farbigen Prediger Richard Allen (1760–1831)
gründeten sie eine provisorische Organisation, die »Free African
Society«. Sie wurde 1794 Keimzelle der »Mother Bethel Church«,
der ersten unabhängigen Negerkirche, und 1816 der »African Methodist Episcopal Church« (AME) mit Richard Allen als erstem
Bischof. In ähnlichen Prozessen bildete sich in New York – aus
einer örtlichen Kirchengründung im Jahr 1796 – 1820 die »African
Methodist Episcopal Zion Church« (AMEZ), die stets in Konkurrenz zur AME stand, weil der soziale Einzugsbereich beider Kirchen der gleiche war: Reichbebilderte Selbstdarstellungen der
Geschichte von AME und AMEZ zeigen als führende Persönlichkeiten (Bischöfe, Pfarrer, Delegierte) nur Mischlinge. Mit Sicher-
heit war ihre Mitgliedschaft entsprechend zusammengesetzt. Sie
fühlten sich als Amerikaner, blieben sich aber des afrikanischen
Ursprungs ihrer Mütter bewußt, schon weil der weiße Rassismus
sie stets daran erinnerte.

Die beiden unabhängigen »African Methodist Episcopal«-Kir-
chen, ergänzt durch farbige Baptisten mit dem Schwerpunkt im
Süden, schufen den ersten Rahmen für moderne Organisationen
der Afro-Amerikaner. Ihre Pfarrer und Bischöfe waren Sprecher
ihrer Gemeinden, gerade in den ihren Status berührenden Fragen
der Sklaverei und Rassendiskriminierung. Die unabhängigen Negerkirchen brachten eine erste intellektuelle Führungsschicht hervor, später auch eigene Colleges und Universitäten. In ihnen
wuchs seit dem späten 19. Jahrhundert allmählich eine neue, akademisch gebildete Führungsschicht (»Talented Tenth«, W.E.B. Du
Bois) heran: Farbige Pfarrer waren die frühen Autoren, die den
ungleichen Kampf mit dem Rassismus aufnahmen.

Aus Philadelphia kam 1817 unter Richard Allens Führung der stärkste Protest gegen das Liberia-Projekt, das Spannungen im System der Sklaverei nach außen ableiten sollte. Der Protest institutionalisierte sich ab 1830 – anfangs immer noch unter Richard Allen – im »Negro Convention Movement«, mit jährlich in Philadelphia tagenden Konferenzen. Somit eröffnete noch Richard Allen die zweite Phase des organisierten Abolitionismus: Erst die hartnäckige Kritik der »Negro Convention« löste den weißen philanthropischen Flügel aus der Unterstützung für Liberia und reaktivierte ihn für den Kampf gegen Sklaverei und Sklavenhandel. Zugleich begann eine erste Phase der Politisierung unter den Afro-Amerikanern.

Der großen Krise des amerikanischen Bürgerkrieges, die mit der Sklavenemanzipation endete, folgten Jahrzehnte der Neuorientierung in komplizierten Entwicklungen – »Reconstruction« (1865–1877); Rassendiskriminierung in Nord und Süd; Vollendung des »New South« (1890–1910) als Fortsetzung der Sklaven-Rassen-Kasten-Gesellschaft mit anderen Mitteln; Wellen pogromartiger Gewalt gegen Afro-Amerikaner: individuelle (Lynchen) und kollektive (»race riots«) Gewaltakte. Auf dem Höhepunkt des Rassismus antworteten die Afro-Amerikaner mit der zweiten Organisationsphase ihrer Geschichte, beginnend 1910 mit der Gründung der ältesten, noch heute aktiven Bürgerrechtsorganisation, der »National Association for the Advancement of Colored People« (NAACP), finanziell unterstützt von jüdischen Liberalen.

Positionen farbiger Autoren beiderseits des Atlantiks

Schon zur Sicherung ihrer prekären Freiheit waren die freien Afro-Amerikaner an der Abwehr der Gleichung »Neger« (d. h. Schwarze und Mischlinge aller Schattierungen) = Sklave existentiell interessiert. Daher engagierten sich freie ehemalige Haussklaven und ihre Nachfahren für die Abschaffung von Sklaverei und Sklavenhandel, nach der Emanzipation auch gegen den heraufziehenden Rassismus. Seit dem späten 18. Jahrhundert erhoben Autoren, die als Autodidakten keine formale Schulbildung hatten, den Anspruch auf grundsätzliche Gleichberechtigung für Afro-Amerikaner und Afrikaner. Während sich der euramerikanische Rassismus formierte, entfalteten sie einen imposanten Ansatz zu einer ebenso rationalen wie humanen Antwort auf den Rassismus, die sich noch immer als Grundlage zur Bewältigung der Problematik anbietet: Grundsätzlich haben die Angehörigen aller »Rassen« gleiche Begabung, unterscheiden sich aber in den Chancen zur Entfaltung der individuellen Talente. Überragende Bedeutung haben Kulturkontakte bzw. ihr Gegenteil, die Isolierung, vor allem in Schwarzafrika. Vom rational argumentierenden Flügel lassen sich zwei andere Gruppen unterscheiden. Eine hielt sich an den Rahmen des biblischen Schöpfungsberichts; eine andere trieb geradezu in einen schwarzen Gegenrassismus.

Die literarischen Bemühungen eröffneten in England Ottobah Cugoano (geb. um 1757) aus dem Fantiland, dem heutigen Ghana, und Olaudah Equianoh (ca. 1745–1797) aus dem Iboland, dem heutigen Nigeria. Cugoano sagte 1787 der Sklaverei den apokalyptischen Zusammenbruch und Gottes Zorn voraus. Zwei Jahre später griff Equianoh (d. i. Gustavus Vassa) erstmals Benezets Argument auf: Afrikaner sind nicht minderwertig, sondern von der Sklaverei erniedrigt. Auch Europäer waren einst unzivilisiert, ohne deswegen heute als minderwertig zu gelten.[112]

Nach dem isolierten Vorpreschen afrikanischer Exsklaven in England in den Jahren 1787 und 1789 dauerte es fast fünfzig Jahre, bis sich in den USA die soziale Emanzipation seit dem Aufbruch in die kirchliche Unabhängigkeit seit 1787 auswirkte. Die ersten afro-amerikanischen Autoren waren Pfarrer der neuen unabhängigen Negerkirchen und aktive Abolitionisten. Seit 1837 erschienen ihre Schriften, die ihren Gemeinden Mut gegen den weißen Rassismus machen sollten. Ihre Argumente kombinierten biblische mit historischen Kategorien: Auch die alten Griechen waren vor ihrer kulturellen Beeinflussung durch Altägypten »eine Rasse von Wilden« (Hosea Easton, 1837). Erstmals tauchte die Frage nach den historischen Gründen für die nicht geleugnete zivilisatorische Rückständigkeit Afrikas auf, kamen ökonomische Gründe für die Sklaverei in der Neuen Welt zur Sprache (James W.C. Pennington, 1841). Entschieden wies Pennington das Dogma der »rassischen« Minderwertigkeit zurück, reklamierte Afrika (Altägypten) als Ausgangszentrum der Hochkultur und bekannte sich zum Glauben an die prinzipiell gleiche Verteilung von Begabungen unter den Angehörigen verschiedener »Rassen«.

Alexander Crummell (1822–1898), zwanzig Jahre lang Missionar in Liberia, betonte 1862 die Universalität der Sklaverei und setzte sie mit der Leibeigenschaft in Polen und Rußland gleich, ohne daß deshalb Polen und Russen zur Sklaverei verdammt seien. Als neues historisches Argument führte er die Isolierung Schwarzafrikas seit der Austrocknung der Sahara ein, ergänzt durch Niebuhrs Idee, Kulturfortschritte seien nur durch Kontakte möglich.

William W. Brown (1815–1884) war ein führender Abolitionist und der erste Afro-Amerikaner, der sich als Autodidakt an eine respektable Darstellung der Geschichte seiner Gruppe wagte: *The Rising Son: Or, the Antecedents and Advancements of the Colored Race* (1874). In einem anderen Werk[113] verknüpfte er 1863 – mitten im Amerikanischen Bürgerkrieg – das Vorurteil »rassischer« Minderwertigkeit gegen Schwarze mit ihrem Sklavenstatus in der Neuen Welt. Den Weißen bestritt er das Recht, sich über die Schwarzen zu erheben, »da sie sie so lange selbst erniedrigt haben«: Nicht immer galt der Neger als inferior, sondern einst habe er »an der Spitze von Wissenschaft und Literatur gestanden«. Es folgt die Reklamierung Altägyptens und Äthiopiens (Kusch) als afrikanische Kulturmächte. Brown zitiert erstmals genüßlich Klagen Caesars und Ciceros über die mindere Qualität britischer Sklaven – später ein ironisches Standardthema aufmüpfiger Afrikaner in Britisch-Westafrika. Anschließend fand er zur wohl eindrucksvollsten, noch heute lehrreichen Aussage über die zentrale Bedeutung des Kulturkontaktes:

Unterschiede zwischen »Rassen« gehen in Wirklichkeit auf unterschiedliche sozioökonomische Entwicklungen zurück: »Noch nie gab es ein Volk, das sich, nur auf sich gestellt und aus eigenen, noch so mächtigen Antrieben heraus, aus Barbarei und Verachtung zum Niveau der Zivilisation und der Anerkennung heraufgearbeitet hätte. Nichts liegt an der Rasse oder im Blut, in Hautfarbe oder Aussehen, das der einen oder anderen Rasse die Fähigkeit zum Fortschritt verleihen würde. Der Geist, sich selbst von Kindheit an überlassen, ohne Kultur, bleibt ein unbeschriebenes Blatt. Kenntnisse werden nicht angeboren. Entwicklung macht den Menschen. Wie die Griechen, Römer und Juden ihr Wissen von den Ägyptern vor 3000 Jahren bezogen, so müssen die Schwarzen in diesem Land (d. h. in den USA; I.G.) entsprechend aufsteigen. Wie man von einander lernt, so lernt ein Volk von einem anderen. Kultur wird übertragen, von einer Region zur anderen... Obwohl die Schwarzen in diesem Kontinent vom Weißen Mann unterdrückt werden, steigen sie schon rasch in der Entfaltung ihrer geistigen Fähigkeiten und beweisen ihren gleichen Rang in der Bruderschaft des Menschen.«[114]

Edward Wilmot Blyden (1832–1912) stammte von den damals dänischen Virgin-Inseln, wirkte als Geistlicher aber meist in Westafrika (Liberia, Sierra Leone). In seiner Geschichtsauffassung war er ambivalent, geprägt vom »Dilemma of Acceptance and Rejection«.[115] Er argumentierte teils rational-historisch, teils romantisierend bis hin zu einem schwarzen Gegenrassismus. Hier interessiert nur die rationale Komponente: Seine Erklärung für die kulturelle Rückständigkeit Schwarzafrikas ist in sich plausibel – die zivilisierten Äthiopier seien bei ihrem tieferen Eindringen ins Innere Schwarzafrikas zivilisatorisch degeneriert, allerdings von der Schönheit zur Barbarei. Richtig daran ist, daß die Kraft der kulturellen Ausstrahlung eines Kulturzentrums bis an die barbarische Peripherie mit der Entfernung abnimmt. Blydens Gleichsetzung von Zivilisation mit Schönheit, Barbarei mit Häßlichkeit – im Aussehen – spiegelt jedoch die Übernahme ästhetisierender Kriterien der Weißen wider. Afrikas soziale und kulturelle Stagnation erklärte Blyden mit der »Isolierung vom fortschrittlichen Teil der Menschheit« und den verheerenden Wirkungen des Sklavenhandels, der einheimische Ansätze zu einer modernen ökonomischen Entwicklung abschnitt.

Erst kurz vor dem Ersten Weltkrieg griffen afro-amerikanische Autoren die Thematik wieder auf, jetzt in einer neuen Phase des politischen Selbstbewußtseins. Der Journalist William H. Ferris (1874–1941), der sich aktiv in den internen Kontroversen afroamerikanischer »Innenpolitik« engagierte, gab 1913 einen historischen Überblick mit panafrikanischer Perspektive. Unter seinen weißen Gewährsmännern nannte er erstmals Franz Boas. Ferris betonte unter Verwertung der inzwischen traditionellen historischen Argumente den negriden Charakter der alten Äthiopier, von denen Altägypten erst die Keime zur Zivilisation erhalten hätte. Ein Jahr später betonte umgekehrt George W. Ellis (1875–1919) die Funktion Altägyptens als Kulturzentrum, dessen Ausstrahlung weit nach Schwarzafrika hineinreichte.

Auch für Afrika greift die sozialgeschichtliche Erklärung der Voraussetzungen für den Protest der Betroffenen gegen den euramerikanischen Rassismus tief in die Zusammenhänge von Sklavenhandel und Mischlingen: Da weiße Frauen an der Westküste Afrikas beim ungenügenden Stand von Hygiene und Medizin bis zur Mitte des 19. Jahrhunderts in den Tropen besonders rasch starben, waren Europäer an der Küste auf einheimische Frauen angewiesen, mit denen sie in afrikanischen Ehen zusammenlebten; das gilt von den Portugiesen bis zu den Engländern.[116] Die Kinder aus diesen Verbindungen bildeten ein Mischlingselement, das sich teils wieder an die mütterliche Gesellschaft assimilierte, teils eine eigene Identität bewahrte, mit je »nationalen« (portugiesischen, französischen, englischen, dänischen, holländischen) Varianten: Bezugsperson war der prestigeträchtige weiße Vorfahre, so daß sich schon im präkolonialen Afrika eine Prestigehierarchie aufbaute: An der Spitze stand, wie in der Neuen Welt, der Weiße, für die Mischlinge buchstäblich ein Übervater, gefolgt von Mischlingen und Schwarzen. Am untersten Ende standen »Wilde« – Kannibalen, Buschmänner, Pygmäen –, die ihrerseits von den Schwarzen teilweise wie Tiere behandelt wurden. Mischlinge wurden im doppelten Sinn Agenten der Europäisierung: durch die Christianisierung sowie durch die Rezeption moderner Zivilisationstechniken, zuletzt auch der europäischen Kolonialherrschaft, da deren Expansion ihnen ein erweitertes Tätigkeitsfeld bot, z. B. als Kaufleute ebenso wie in der europäischen Kolonialverwaltung. Einige kamen nach Europa, wo sie sich moderne Bildung aneigneten und für ihre »Rassen«-Genossen Partei ergriffen.[117]

Hinzu kamen Afrikaner, die auf anderen Wegen zur kulturellen Europäisierung und Modernisierung gefunden hatten. In Sierra Leone wanderten nach den aus England 1787 angesiedelten Exsklaven weitere Gruppen ein: Sklaven aus den USA, die 1783 mit den Engländern abgezogen waren und in Kanada (Nova Scotia) eine Zwischenbleibe gefunden hatten; 1792 die »Nova Scotians«, 1799 ehemalige aufständische »Maroons« aus Jamaika, die ebenfalls über Nova Scotia in Sierra Leone eintrafen. Zuletzt kamen afrikanische Exsklaven, die seit dem Verbot des Sklavenhandels durch England 1807 von der englischen Flotte vor der westafrikanischen Küste befreit und seit 1808 in Sierra Leone angesiedelt wurden.[118] Soweit sie nicht schon Muslims waren, wurden die »Recaptives« oder »Liberated Africans« meist Christen und erlernten moderne Berufe. Nach dem Verbot der Sklaverei im Britischen Empire (1834/38) wanderte ein Teil auf der Suche nach ihrer ursprünglichen Heimat ab 1839 an der westafrikanischen Küste entlang und ließ sich als »Sierra Leoneans« (auch: »Saros«) nieder, ergänzt durch ähnliche Rückwanderer aus der Karibik und Brasilien (»Brazilians«).

In Sierra Leone, jener Kolonie neuen Typs für Schwarze, wuchsen diese Gruppen rasch zu einer neuen Schicht zusammen, den quasi-bürgerlich-aristokratischen »Creoles«[119], die bald auch über eigene höhere Bildungsstätten verfügten. In ihrer ambivalenten Wirkung demonstrierten die »Creoles« den Primat sozioökonomischer Entwicklung gegenüber »rassischen« Faktoren: Den Weißen bewiesen sie ihre Lernfähigkeit. Und wenn der aus den Südstaaten stammende Verteidiger der Sklaverei in den USA, John C. Calhoun (1782–1850), einmal behauptete, er sei bereit, die Neger als Menschen anzuerkennen, wenn er auch nur einen Schwarzen mit Verständnis für die griechische Sprache antreffe[120], so legten die »Creoles« und »Sierra Leoneans« großen Wert auf die klassische Bildung an ihren Schulen: Das Beste war ihnen gerade gut genug.

Gegenüber einheimischen Afrikanern jedoch, den »raw natives« des »Hinterlandes« oder des »Busches«, bezog die »neue Klasse« mit ihrem Zivilisationsvorsprung eine quasi-rassistische Stellung der »Überlegenheit«. Die Gemeinsamkeit schwarzer Hautfarbe zählte nichts angesichts der Unterschiede im Lebensstandard und Kulturgefälle: Die »neue Klasse« oder Oligarchie verachtete die »Unzivilisierten« als »savages«, als »Wilde«. Noch krasser war die Arroganz der »Americo-Liberianer«, der Rücksiedler aus den USA, in Liberia. Sie wuchsen rasch in die Position einer parasitären Fremdherrschaft gegenüber den »Eingeborenen«, die ihre Diktatur gewaltsam 1980 stürzten und die Diktatur der Mischlings-Oligarchie die Militärdiktatur eines Schwarzen ersetzten.[121]

Die gesellschaftliche und kulturelle Distanz der akkulturierten Afrikaner zu den »Eingeborenen« unterstrich umgekehrt ihren Anspruch auf Gleichheit mit den Europäern, von denen die »neue Klasse« oft die Familiennamen hatte – von weißen Vätern (Mischlinge aus den Handelsniederlassungen), von europäischen Missionaren, die »Liberated Africans« getauft hatten, oder von europäischen Gouverneuren, in deren Amtszeit sie getauft worden waren (z. B. die große Familie der Macaulays in Sierra Leone, später auch in Nigeria), oder von ehemaligen Sklavenherren in der Neuen Welt, z. B. Washington. Im liberalen Britisch-Westafrika fand die europäisierte neue Elite die größten Entfaltungsmöglichkeiten.

Gegen Ende des 19. Jahrhunderts ging auch hier die Rassenschranke (»Colour Bar«) herunter. Zwei Entwicklungen kamen zusammen: Die Fortschritte der Tropenmedizin und der allgemeinen Hygiene ermöglichten es europäischen Frauen, in den Tropen zu überleben, so daß europäische Kaufleute, Verwaltungsbeamte und Missionare ihre weißen Frauen nach Afrika mitbringen konnten, die das vorher übliche Zusammenleben mit afrikanischen Frauen nicht mehr duldeten. Gleichzeitig brach der allgemeine euramerikanische Rassismus auf dem Höhepunkt des Imperialismus durch, vor allem mit seiner staatlich-gesellschaftlichen Institutionalisierung in den Südstaaten der USA (»New South«) und in der beginnenden, obwohl noch nicht so genannten Apartheid im südlichen Afrika. Die Folgen stellten sich prompt ein: Afrikaner, ob sie Mischlinge waren oder nicht, erhielten keine freiwerdenden Stellen mehr in der Kolonialverwaltung und der christlichen Mission. Die modernisierten Afrikaner fühlten sich von ihrem weißen Übervater abgewiesen, auf Afrika zurückgeworfen und begannen, sich teilweise mit dem Erbe ihrer afrikanischen Mütter zu identifizieren. Für den sich von nun an regenden afrikanischen Nationalismus war das um 1900 häufige Ablegen europäischer Familiennamen und die Übernahme afrikanischer Namen, vor allem an der Goldküste, nur ein äußeres Symbol.

Der organisierte Protest in Afrika: Nationalismus und früher Panafrikanismus

Nach denselben Mechanismen wie bei der Sezession afro-amerikanischer Kirchen in den USA entwickelte sich ungefähr ein Jahrhundert später unter vergleichbaren Bedingungen der afrikanische Proto-Nationalismus in der Endphase der kolonialen Aufteilung Afrikas. Die Hauptbrennpunkte waren Britisch-Westafrika, vor allem die Goldküste (Ghana) und die Küstenbereiche des späteren Nigeria, sowie Südafrika. Auch hier entwickelte sich eine erste afrikanische Eigenständigkeit in modernen Formen als Protest gegen die Rassendiskriminierung, zunächst im Raum der Kirche. Ein neues Moment war die Missionstätigkeit afro-amerikanischer Kirchen aus den USA (AME, AMEZ), die auf dem Höhepunkt des Imperialismus durchaus ambivalente Wirkungen hatte. In dem noch relativ liberalsten aller Kolonialreiche, dem Britischen, konnten Afrikaner eigene Zeitungen und Zeitschriften veröffentlichen. Gegen die drohende Gefahr, den Boden an europäische Gesellschaften zu verlieren, gründeten Afrikaner 1898 an der Goldküste die erste moderne politische Organisation der Afrikaner, die »Aborigines Rights Protection Society«, die sich an die Methodistenkirche anlehnte.

Am Anfang der Entwicklung in Südafrika stand, wie in Philadelphia 1787, 1886 die Sezession afrikanischer Christen als Protest gegen die beginnende Rassentrennung im neugegründeten Johannesburg, das die Industrialisierung Südafrikas auf der Basis des neuentdeckten Goldes am Witwatersrand einleitete. Erste unabhängige afrikanische Kirchen bildeten – auch unter dem Einfluß afro-amerikanischer unabhängiger Kirchen, vor allem der AMEZ und ihrer Mission – die Bewegung des »Äthiopianismus«, eines christlich gewendeten Proto-Nationalismus, der sich anfangs nur im kirchlichen Raum bewegte.[122] Das neue Selbstbewußtsein der Afrikaner drückte sich nach der Bildung der Südafrikanischen Union 1910 in der Gründung des ANC gegen die Vertreibung freier Afrikaner vom größten Teil ihres Landes durch das »Lands Act« 1913 aus.

Analoge Prozesse spielten sich auch in der traditionell liberalen Atmosphäre Britisch-Westafrikas und unter den klimatischen Bedingungen der Tropen ab, die eine Flächensiedlung weißer Kolonisten ohnehin nicht zuließen. Die Schwerpunkte der Gärung lagen im südlichen Nigeria, zunächst nur im Yorubaland, und an der südlichen Goldküste, dem heutigen Ghana. Wieder kamen die entscheidenden Schritte gegen den weißen Rassismus aus dem kirchlichen Raum.

Auf dem Höhepunkt des euramerikanischen Imperialismus regten sich – Anfänge der Bürgerrechtsbewegung in den USA und den afrikanischen Proto-Nationalismus überwölbend – frühe Versuche zu panafrikanischen Organisationsformen. Die ersten Träger waren Angehörige einer sich allmählich herausbildenden modernen Intelligenz aus Westindien (Trinidad, Jamaika), den USA, Schwarze, die langfristig in England lebten, und Afrikaner aus

Afrika selbst, zunächst aus dem britischen Kolonialreich. Insbesondere Mitglieder der schwarzen Diaspora griffen auf ein idealisiertes Afrikabild zurück, das zum Ersatz für die in der Neuen Welt ihnen durch den Rassismus vorenthaltende positive kollektive Identifizierung mit der eigenen Gesellschaft wurde. Der Panafrikanismus orientierte sich am Vorbild anderer Pan-Bewegungen seiner Zeit. Führend wurde der bedeutendste Intellektuelle der Afro-Amerikaner, W.E.B. Du Bois, der u. a. von 1896 bis 1898 in Berlin studierte und damals aufmerksam die Anfänge der Alldeutschen beobachtete. Der Panafrikanismus als schwarze Pan-Bewegung richtete sich zunächst auf Schwarzafrika und die Gebiete der schwarzen Diaspora in der Neuen Welt.

Die Nagelprobe: »Back-to-Africa« in Afrika

Die »Creoles« in Sierra Leone und »Sierra Leoneans« sowie die »Americo-Liberianer« entfalteten in nur einer Generation ihren quasi-rassistischen Überlegenheitskomplex gegenüber den »zurückgebliebenen« afrikanischen »Brüdern«. Erst recht verschärfte sich die Problematik mit einer freiwilligen »Rückkehr« von Afro-Amerikanern, hatten sie doch ihr ganzes Leben in einer industrialisierten Gesellschaft verbracht. Für vollakkulturierte Afro-Amerikaner war die zivilisatorische Distanz zum romantisch idealisierten Afrika noch viel größer. Schon Richard Allen hatte bei seinem Protest gegen das Liberia-Projekt (1817) nichts gegen eine freiwillige Rückwanderung nach Afrika einzuwenden, sondern verurteilte nur die erzwungene Abschiebung ins »wilde Afrika«: Afro-Amerikaner partizipierten allen Bedrückungen zum Trotz am Wohlstand der kommenden reichsten Gesellschaft der Weltgeschichte und wollten ihren Lebensstandard nicht durch die Rückkehr nach Afrika gefährden. Deshalb fand der Appell des »Back-to-Africa« insgesamt nur wenig Resonanz, zumal nach dem Amerikanischen Bürgerkrieg, der mit der Sklavenemanzipation scheinbar den ärgsten Repressionsdruck von den Afro-Amerikanern genommen hatte.

Auf der Flucht vor dem verschärften Post-Emanzipations-Rassismus (Lynchen, »race riots«) suchten Afro-Amerikaner aus Oklahoma 1913/14 dennoch ihr Heil in Afrika.[123] Bei ihrer Ankunft an der Goldküste 1915 ernüchterte sie die Konfrontation mit der Realität jäh und schockartig: Sie waren eben Amerikaner, keine

Afrikaner. Unterschiede im Lebensstandard und in den Lebensgewohnheiten zählten mehr als eine sentimentale »Rassen«-Solidarität. Wer nicht bei nächster Gelegenheit in die USA heimkehrte, schloß sich in einer abgesonderten Siedlung zusammen, wie eine Kaste in einem freiwilligen Ghetto. Die nach Afrika »heimkehrenden« Afro-Amerikaner fühlten sich den Afrikanern zivilisatorisch überlegen und verhielten sich wie »Weiße«. »Rasse« und Hautfarbe spielten keine Rolle.

Positionen afrikanischer Autoren

Erst in der Epoche des viktorianischen Liberalismus griffen auch afrikanische Autoren in die Debatte um die Stellung Afrikas in der Welt ein. James Africanus B. Horton (1835–1883) war ein führender Repräsentant der Kreolen Sierra Leones und stieg als Militärarzt im Dienste der britischen Kolonialverwaltung auf.[124] Er machte sich mit landeskundlichen und botanischen Arbeiten einen Namen, äußerte sich aber auch zur Gegenwart und Zukunft Afrikas. Schon 1870 forderte er die Industrialisierung Afrikas: Westeuropa habe seine Kultur von Rom bezogen und über ein Jahrtausend zur Erreichung seines modernen Kulturniveaus gebraucht. Afrika könne Gleiches erreichen, aber rascher, wenn auch unter schmerzhaften Umstellungsprozessen. Damit schlug Horton ein Lieblingsthema afrikanischer Entwicklungsstrategen an, die – nach dem Vorbild Japans, später auch der Sowjetunion – sich immer kürzere Fristen für die Gleichberechtigung Afrikas durch gezielte Modernisierung setzten.

Die Überwindung des Rassismus durch eine Modernisierung Afrikas zieht sich als roter Faden durch spätere Stellungnahmen. So nahm der Bau von Eisenbahnen in Afrika schon seit 1851 einen zentralen Platz in den politischen Tagträumen farbig-schwarzer Autoren ein. Die Konzeption erinnert wieder an die polnische »Organische Arbeit«. In Afrika wäre diese Entwicklungsstrategie jedoch auf einen ganzen Kontinent anzuwenden, seit der europäischen Kolonialherrschaft auch zur Erringung der Souveränität Afrikas in der modernen Industriewelt.

Der wichtigste literarische Beitrag stammt von John E. Casely-Hayford (1866–1930), einem bedeutenden Vertreter der Methodisten-»Mulatten«-Elite der Goldküste. Sein Hauptwerk ist eine Mischung von politischer Utopie und afrikanischem Bildungsroman mit dem programmatischen Titel *Ethiopia Unbound* (1911).[125] Sein Hauptthema war in der Nachfolge Hortons die Modernisierung Afrikas durch Industrialisierung, verbunden mit einem ausgedehnten Eisenbahnbau zur Herausbildung einer »African Nationality«. Bewundertes Vorbild war Japan, dessen spektakulärer Sieg über Rußland 1904/5 auf Afrika und Asien elektrisierend wirkte: Innerhalb einer Generation hatte eine »farbige« Nation durch ihre zeitraffende Evolution den Entwicklungsrückstand gegenüber Europa aufgeholt und sogar eine weiße Großmacht geschlagen. Zwischen den beiden Weltkriegen reduzierten afrikanische Nationalisten in ihrer Ungeduld die Zeitspanne: der Nigerianer Lapido Solanke (1884–1958) 1926/27 auf 25 Jahre, J.B. Danquah, der führende Politiker der Goldküste seiner Zeit (1895–1965), für sein Land 1943 gar auf zehn Jahre. Richtig an den sonst rührend unrealistischen Utopien ist die Einsicht in die sozioökonomische Fundierung des Rassismus: Hat Afrika erst einmal dasselbe Entwicklungsniveau erreicht wie Europa, entfällt ein großer Teil der Gründe für die rassistische Geringschätzung der Afrikaner.

Eine publizistische Zusammenfassung der verschiedenen Strömungen – mit einem weiten Horizont, der auch Asien umfaßte – leistete die *African Times and Orient Review.* Sie erschien in den Jahren 1912 bis 1914 und von 1917 bis 1920 in London und wurde von dem aus dem Sudan stammenden Mohammed Ali Duse (1867–1944) herausgegeben.[126] Duse hatte das kulturelle Rahmenprogramm des »First Universal Races Congress« in London (1911) geleitet und verwaltete dessen publizistisches Erbe, finanziell gestützt von Afrikanern aus Britisch-Westafrika. Er konzipierte die *African Times and Orient Review* als »panorientalische, panafrikanische Zeitschrift am Sitz des Britischen Empire, die die Ziele, Wünsche und Absichten der schwarzen, braunen und gelben Rasse – innerhalb wie außerhalb des Empire – vor dem Thron Caesars vertritt«.[127] Ihr afro-asiatischer Horizont machte sie nach Themen, Mitarbeitern und Lesern noch vor dem Ersten Weltkrieg zu einem Vorläufer der Bandung-Bewegung. Andererseits verweisen die Mitarbeit von Weißen und die Verbindung zum »Universal Races Congress« auf tastende Bestrebungen zur Überwindung des Rassismus überhaupt.[128]

Auf der Grundlage größerer organisatorischer und intellektueller Komplexität bildeten sich vor der Jahrhundertwende umfassendere Widerlegungen des euramerikanischen Rassismus durch Betroffene selbst heraus. Die Autoren formulieren ihren hohen intellektuellen Anspruch bereits in programmatischen Titeln. Der ältere Beitrag aus dem Jahre 1885 kommt aus dem instabilen Haiti, das inzwischen zu einem Machtvakuum gegenüber den USA abgesunken war. Der zweitälteste Beitrag stammt aus London, dem Zentrum des Britischen Empire und des imperialistischen Systems, mit einem Maximum an sozialen Kontakten zwischen Afrikanern und Afro-Amerikanern, intellektuellen Anregungen und geistiger Freiheit in der damaligen Welt überhaupt. Du Bois schließlich kombinierte in seiner Herkunft das hellhäutige »Mulatten«-Element aus Haiti mit dem schwarzen aus den Nordstaaten der USA (Massachusetts).

Anténor Firmin (1850–1911) war haitianischer Schriftsteller und Diplomat. Als Außenminister Haitis verhandelte er 1891 mit dem amerikanischen Gesandten, Frederick Douglass (1817–1895), über die Errichtung eines Marinestützpunktes für die USA in der Mole von Saint Nicolas, wo einst Columbus gelandet war. Douglass war einer der bedeutendsten Führer der Afro-Amerikaner, der sich nach der Abschaffung der Sklaverei mit dem amerikanischen Imperialismus voll identifizierte. Firmins Werk[129] ist nicht mehr und nicht weniger als ein Anti-Gobineau. Schon der Titel – *De l'Égalité des Races Humaines* – macht die beabsichtigte Gegenposition klar. Gegenüber den inzwischen festgefügten Topoi der afro-amerikanischen Literaturtradition – den Beiträgen Altägyptens und Äthiopiens zur Weltkultur, euphemistisch jetzt ausgedehnt auch auf Haiti – bringt Firmin im Hauptteil seines Buches wenig Neues. Aber in seinen Schlußbetrachtungen wirft er nach dem Unterkapitel »Die Theorien und ihre ideologischen Konsequenzen« bedenkenswerte Fragen auf: Die Gleichheit der Rassen zieht die Gleichheit aller Menschen und auch das Verschwinden der Klassenunterschiede nach sich. Die Lehre von der Ungleichheit ist eine mächtige Waffe zur Hierarchisierung der Menschheit. Anschließend kommentiert er Gobineaus These, in der Weltgeschichte gebe es nur zwei Perioden, von denen die zweite »unweigerlich zum Untergang« führe, mit der Frage: »Ist das nicht das

Zeichen eines kranken Geistes?«. Und er fährt mit dem Pathos eines Schiller fort: »Alle Menschen sind Brüder. Das sind goldene Worte.«

Trotzdem sieht Firmin reale Unterschiede in der Menschheit, aber erklärt sie aus dem unterschiedlichen Entwicklungsniveau »zivilisierter« und »barbarischer« Gesellschaften. Deshalb verwirft er die animalischen, biologischen Dogmen des Rassismus, ferner den Begriff »Rasse« wegen der implizierten »fatalité biologique et naturelle«, erst recht die Begriffe »höhere« und »niedere« »Rasse«. Abschließend bekennt sich Firmin optimistisch zu einer großen Zukunft für Afrika und Schwarze: Auf der Bühne der Weltgeschichte kommen und gehen Völker und »Rassen« mit wechselnden Rollen. Die Schwarzen müßten nur die Fackel, die sie einst am Nil Altägyptens und Äthiopiens entzündet hätten, neu ergreifen, um den zivilisatorischen Rückstand gegenüber den Weißen rasch aufzuholen.

Theophilus E. Samuel Scholes (gest. um 1930) stammte aus Jamaika und studierte Medizin in dem von Afrikanern bevorzugten Edinburgh, das damals die beste medizinische Fakultät Großbritanniens hatte. Als Missionar war er von 1889 bis 1899 im Kongo und in Südnigeria tätig und lebte seitdem als freier Schriftsteller in London. In drei Büchern widmete er sich der Widerlegung des Dogmas von angeblich »höheren« und »niederen« »Rassen«, zuerst 1899 in einer Polemik gegen den englischen Imperialismus.[130] Ausführlich entfaltete er die historische Dynamik des Zivilisationsprozesses: Auch ohne Kontakt mit Europa hätten die afrikanischen Stämme das Niveau der alten Römer vor dem Hellenismus erreicht, während zur Zeit Altägyptens die »fortgeschrittenste Nation von heute« damals in Bedingungen lebte, »die genau denen ähnelten, in denen sich heute die meisten afrikanischen Stämme befinden«.

Ausführlicher behandelte er diese Problematik in seinem zweibändigen Hauptwerk[131]: Die »farblosen« Rassen waren nicht immer »fortschrittlich«, die farbigen nicht immer »unfortschrittlich«: Tacitus, Caesar und Polybios hätten über Germanen und Kelten dasselbe geschrieben, was »wir heute über den Inder, Chinesen, Afrikaner und Australneger lesen«. Kulturkontakte seien die wahren Gründe für das Entstehen von Zivilisation. Die wahren Unterschiede bestünden nicht zwischen »Rassen«, sondern zwischen »Gemeinschaften« und Nationen, »denn die Unterschiede zwischen Rasse und Rasse sind nur scheinbar«. Im zweiten Band detailliert Scholes seine Kritik am Britischen Empire. Das eigentliche Übel sieht er in der Nachgiebigkeit des an sich liberalen Mutterlandes gegenüber den Einflüssen aus seinen Siedlungskolonien in Afrika und den Südstaaten der USA, die daher die neue anglo-amerikanische Freundschaft auf antinegrider Rassensolidarität begründeten. Die beherrschten farbigen Rassen des Empire würden sich dagegen wehren und so den moralischen Untergang des Empire vorbereiten. Sie würden eine kommende große Krise zur Rebellion nutzen, es sei denn, »radikale Reformen«, die Umwandlung des weißen Empire in eine gleichberechtigte Gemeinschaft für Völker verschiedener »Rassen«, könnten noch rechtzeitig die Entfremdung überwinden. Die kommende große Krise war der Erste Weltkrieg.

Zwar erst ein Jahr nach dem Ausbruch des Ersten Weltkrieges erschienen, spiegelt der wichtigste Beitrag von Du Bois zu dieser Problematik, *The Negro* (1915), inhaltlich noch ganz die geistige Situation der Vorkriegszeit wider. 25 Jahre später erweiterte Du Bois das schmale Bändchen zu einem stattlichen Band[132]: Er bewegte sich voll auf der Höhe der damaligen internationalen Wissenschaft, hatte selbst an den zwei besten Universitäten seiner Zeit, Harvard und Berlin, Soziologie und Geschichte studiert. Angeregt von Franz Boas, behandelte er ohne Romantisierung die ältere Geschichte Afrikas, soweit sie sich damals abzuzeichnen begann, und ordnete die Entwicklung der Afro-Amerikaner in einen noch heute lesenswerten historischen Überblick ein. Du Bois brachte die reifste Formel für das Standard-Argument, daß Afrika mit Altägypten und Äthiopien schon einmal an der Spitze des Kulturfortschritts gestanden habe. Noch heute bedenkenswert ist die Art, in der er den für Afro-Amerikaner inzwischen traditionellen Anspruch auf gesellschaftliche Gleichberechtigung auf moderne Begriffe brachte. Sein Beitrag gewinnt zusätzlich an Gewicht, weil Du Bois nicht nur der bedeutendste moderne Intellektuelle der Afro-Amerikaner war, sondern auch als Pionier des Panafrikanismus nach dem Zweiten Weltkrieg in der Phase der Dekolonisation große politische Wirkung erzielte.[133]

8. Jüdische Existenz VII:
Erste Reaktionen auf den modernen Antisemitismus
(1837–1914)

Später als der afro-amerikanische und afrikanische Protest artikulierte sich die jüdische Reaktion gegen die in der Alten Welt nach der Emanzipation langsamer heraufziehende neue Form der Diskriminierung. Die interne Spannung zwischen Assimilation und Festhalten am Judentum war sicher ein tieferer innerer Grund für die zeitlich spätere Formierung der Juden als eigenständiger Faktor zur Verteidigung ihrer Interessen.[134] Als Antwort auf den modernen Antisemitismus wurde auch die Reaktion bei einem Teil der Juden im modernen Verständnis politischer: Der Zionismus kann als jüdischer Nationalismus gelten.

Auch auf die Judenheit wirkte die Industrialisierung ambivalent: Die oft initiierende und führende Position von Juden im modernen Wirtschaftsprozeß seit der Judenemanzipation[135], symbolisiert im Aufstieg der Rothschilds aus den obskuren Anfängen der Frankfurter Judengasse, förderte einerseits die soziale Integration durch Assimilation. Gleichzeitig gewann die Judenheit verstärkt finanzielle Mittel zur Erfüllung der im Judentum (wie im Islam und älteren, noch nicht säkularisierten Christentum) religiös so wichtigen Pflicht der Wohltätigkeit und der praktischen Solidarität der reicheren mit den ärmeren Juden. Vor allem im Heiligen Land (»Jischuw«) hatte die finanzielle Hilfe für bedürftige Juden später langfristige politische Folgen. Andererseits erzeugte die jüdische Selbsthilfe bei antisemitischen Agitatoren die Zwangsvorstellung vom angeblichen Streben des »Weltjudentums« nach der Weltherrschaft, und die aktive Teilnahme vieler Juden an der Industrialisierung mobilisierte im europäischen Bürger- und Bauerntum sowie in Teilen der Arbeiterschaft die bekannten Neid- und Angstkomplexe, die den modernen Antisemitismus speisen.

Alarmierend und aktivierend für Juden wirkten immer wieder dramatische Ereignisse – Übergriffe, Verfolgungen, zuletzt auch Pogrome – gegen Juden seit der sog. »Damaskus-Affäre« von 1840: In der Spannung der Zweiten Orientalischen Krise (1839–1841) signalisierte das Zusammenwirken von christlichem (Maroniten) und muslimischem Anti-Judaismus mit dem Rückfall in die mittelalterliche Anklage des Ritualmordes erstmals die neue Qualität von Konflikten, die aus der Orientalischen Frage und dem

Niedergang des Osmanischen Reiches gegen die Juden erwuchsen. Seit der Konstituierung des (bis 1877/78 nur autonomen) rumänischen Nationalstaats wurde die aus dem russischen Militärprotektorat (1829–1854) übernommene Diskriminierung gegen Juden ein Dauerthema jüdischer Sorgen. Nach der Ermordung Zar Alexanders II. 1881 waren Pogrome und verschärfte Diskriminierung in Rußland sowie der Dreyfus-Skandal in Frankreich weitere Herausforderungen, denen gegenüber sich der beginnende Antisemitismus in Ungarn seit 1867, in Österreich und Deutschland seit 1878 zunächst noch vergleichsweise milde ausnahm. Die Geburt des Zionismus 1882 und 1897 als nationaljüdische Reaktion auf den Antisemitismus im Osten und Westen markiert die entscheidende Zäsur in der Formulierung jüdischer Antworten auf die Jüdische Frage seit der Judenemanzipation.

Die Verteidigung jüdischer Interessen ab 1837

Entsprechend der allgemeinen Desorientierung und Verwirrung der Judenheit seit der Emanzipation und in der Industrialisierung war ihre Reaktion uneinheitlich, diffus und fand erst allmählich den Weg zu modernen Organisationen, die teilweise an ältere jüdische Organisationsformen anknüpften. Generell spiegelte die neuzeitliche Judenheit die ganze Breite des politischen Spektrums ihrer Zeit wider, von »Rechts« bis »Links«. Da sich ihre Assimilation im Rahmen der modernen europäisch-amerikanischen Nationen vollzog, artikulierten und organisierten sich Juden zunächst jeweils im nationalen Rahmen. Andererseits wirkte sich die pejorative Degradierung des Begriffs »Jude« seit der Neuzeit dahingehend aus, daß ein Teil der Juden auf den scheinbar neutraleren Begriff »Israeliten« auswich.

Die *Allgemeine Zeitung des Judenthums* in Leipzig 1837 gegründet, hatte den charakteristischen Untertitel »Ein unpartheiisches Organ für alles jüdische Interesse in Betreff von Politik, Religion, Literatur, Geschichte, Sprachkunde und Belletristik«. Sie kündigte schon durch ihre weite Verbreitung in Österreich, Holland und Osteuropa die kommende Bedeutung Deutschlands und der Judenheit in Deutschland bis 1933 an. Der *Allgemeinen Zeitung* folgten später weitere Organe, die unterschiedliche Strömungen im Judentum vertraten, selbstverständlich auch in anderen Ländern. Dramatische Ereignisse seit der Damaskus-Affäre wiesen auf die Notwendigkeit zur Verteidigung jüdischer Interessen hin. Wortführer und Finanziers wurden im Industrialisierungsprozeß reich gewordene Juden: Neben den Rothschilds, die meist eher diskret arbeiteten, waren am bekanntesten Sir Moses Montefiore (1784–1885) und der aus Österreich stammende Baron Maurice de Hirsch (1831–1896). Montefiore kam aus der sephardischen Judenheit Englands und war der bekannteste jüdische Philanthrop des 19. Jahrhunderts. An der Spitze einer jüdischen Delegation intervenierte er in Kairo bei Mohamed Ali, der 1839 Syrien im Konflikt mit dem Sultan besetzt hatte, und forderte die Freilassung der in Damaskus fälschlich angeklagten und verhafteten Juden. Hirsch wurde mit dem Eisenbahnbau im Osmanischen Reich und auf dem Balkan reich und spendete großzügig für jüdische Wohlfahrts- und Siedlungsprojekte in Palästina.

Aus lokalen Wohlfahrtsinitiativen erwuchsen in verschiedenen Ländern nationale Organisationen, die auch über die Landesgrenzen hinausgriffen. Von vornherein übernationalen Charakter hatte die 1843 in New York gegründete Hilfs- und Wohlfahrtsorganisation »B'nei Brith« (»Söhne des Bundes«), die heute die größte und bedeutendste aller derartigen Gruppierungen ist. Historisch wichtig wurde die »Alliance Israélite Universelle« (1860) mit Sitz in Paris.[136] Sie kombinierte in zahlreichen Ländern eine vielfältige Wohlfahrtstätigkeit mit dem Aufbau eines modernen Bildungswesens für ärmere Juden. Ihr generelles Eintreten für jüdische Interessen, wo immer sie durch den heraufziehenden Antisemitismus bedroht oder angegriffen waren, z. B. in Rumänien und Serbien, machte die »Alliance« zu einer politisch-diplomatischen Lobby zur Verteidigung jüdischer Interessen in der Zeit vor dem Zionismus.

Die Jüdische Frage auf dem Berliner Kongreß 1878

Unmittelbar vor Ausbruch des politischen Antisemitismus und dem Beginn des Zionismus bündelte 1878 der Berliner Kongreß, der an sich zur Beilegung der Großen Orientkrise von 1875 bis 1878 und zur Vermeidung eines drohenden Krieges der europäischen Mächte einberufen worden war, nebenbei auf internationaler Ebene zentrale Aspekte der Jüdischen Frage: Menschenrechte für die Juden und den Anspruch auf einen eigenen Staat[137]. Jüdische Organisationen, vor allem die »Alliance«, bildeten ein Komitee, das Bismarck, den Präsidenten des Berliner Kongresses, in einer Petition bat, die diskriminierenden Gesetze und Bestimmungen vor allem in Serbien und Rumänien seit der Zeit des russischen Militärprotektorats wieder aufzuheben. Der Verbindungsmann vor Ort war Bismarcks Hausbankier Gerson v. Bleichröder, der u. a. einst die geheimen Kredite bei den deutschen Rothschilds zur Finanzierung der preußischen Kriege gegen Dänemark (1864) und Österreich (1866) vermittelt hatte.[138]

Gegen den Druck der übrigen Großmächte versuchte der russische Kanzler Gortschakow, die Diskriminierung der Juden seit Errichtung des Rayon im Jahre 1791 zu verteidigen, mit Worten, die bereits den offenen russischen Antisemitismus nach der Ermordung Zar Alexanders II. nur drei Jahre später ankündigten.[139] Auch in Deutschland zeichnete sich die antisemitische Zukunft ab: Anfang 1878 eröffnete Hofprediger Adolf Stoecker mit seiner »Christlich-Sozialen Arbeiterpartei« die antisemitische Agitation in Berlin, um die Arbeiterschaft vom Sozialismus fernzuhalten. Bismarck trat zwar auf dem Berliner Kongreß im Namen Deutschlands für die Gleichberechtigung aller Religionen ein und wandte sich gegen die Verweigerung gleicher Rechte für Juden in Rußland. Aber der zweite deutsche Delegierte, Fürst von Hohenlohe, 1894 bis 1900 zweiter Nachfolger Bismarcks als Reichskanzler, schrieb in sein Tagebuch harte antisemitische Äußerungen über Benjamin Disraeli (Lord Beaconsfield), einen (getauften) Juden aus der sephardischen Judenheit Englands. Und der inoffizielle Protokollant Bismarcks, wahrscheinlich Bismarcks ältester notorisch antisemitischer Sohn Herbert, amüsierte sich während einer Rede Disraelis am Rande der Niederschrift mit dem Üben im Zeichnen von Judennasen. Im Endergebnis machten die Großmächte die Gewährung der Souveränität an Rumänien, Serbien und Montenegro von der Aufhebung jeglicher Diskriminierung und der Gleichstellung aller Religionen abhängig; Rumänien entzog sich jedoch später der Durchführung dieser völkerrechtlichen Auflagen.

Am Rande des Berliner Kongresses schlug eine vom Kongreß sicher nicht ernst genommene Eingabe ein weiteres Thema der Zukunft an: Eine Gruppe von Juden aus Breslau bat, unter Bezugnahme auf die von dem führenden Antisemiten Ungarns im ungarischen Reichstag vorgeschlagene Gründung eines jüdischen Staates in Palästina, den Kongreß um die Unterstützung dieses Projektes. Der autonome Staat in Palästina sollte nach diesem Plan unter dem Kollektivschutz der Großmächte stehen. Daraus wurde damals noch nichts, aber nur drei Jahre später provozierte nach der Ermordung des Zaren der staatlich geförderte Antisemitismus in Rußland eine breitere nationaljüdische Reaktion, den Zionismus.

Der »Jischuw« im Heiligen Land vor dem Zionismus

Juden hatten sich in Palästina, in ihrem Heiligen Land, als Minderheit stets behauptet. Seit Beginn der Neuzeit hatte der »Jischuw«, die jüdische Gemeinde in Palästina, seine Schwerpunkte in Jerusalem und Galilea sowie in drei anderen »heiligen« Städten der Juden – in Hebron, Safed und Tiberias. Sie wurden jeweils verstärkt durch Flüchtlinge, die nach großen Katastrophen in der Diaspora ihre alte Heimat verließen – die Sephardim nach der Eroberung Palästinas durch die Osmanen 1516, die Aschkenasim in kleinen Gruppen seit den ukrainisch-polnischen Massakern nach 1648. Sephardische und aschkenasische Juden lebten in getrennten Gemeinden und in permanenter Rivalität, u. a. auch im Streit um die Spenden aus der Diaspora. Die »Chalukka«, Teil der traditionellen jüdischen Wohltätigkeit, wurde zur wichtigsten finanziellen Grundlage für die meisten Juden in Palästina, ähnlich wie die christliche Minderheit in Palästina mit Spenden von außen unterstützt wurde, teilweise mit Aufwendungen für christliche Araber-Missionen.

Seit der Mitte des 18. Jahrhunderts verstärkten Chassidim aus Rußland bzw. Polen die im Heiligen Land lebenden »Chalukka«-Juden. Sie kamen aus rein religiösen Gründen: Für sie war die größte Nähe zum Berg Zion in Jerusalem ausschlaggebend, wo das Jüngste Gericht abgehalten würde, um bei der Auferstehung der Seelen möglichst rasch vor dem höchsten Richter erscheinen zu können. Sie verstärkten so die politisch quietistische, völlig weltabgewandte, nur dem Erscheinen des Messias am Ende aller Tage zugewandte fundamentalistische Orthodoxie des »messianischen Ghettos«, ohne Anteil an den politischen Ereignissen zu nehmen. Seit 1870 entstanden erste jüdische landwirtschaftliche Siedlungen in Palästina, die zunächst kein übergreifendes politisches Konzept besaßen.

Pogrome in Rußland nach der Ermordung Alexanders II. und der Dreyfus-Skandal in Frankreich provozierten den Zionismus als nationaljüdische Reaktion gegen den gewalttätigen modernen Antisemitismus und das Scheitern der Assimilation in Ost und West. Eine Übergangsform von der religiös-unpolitischen Einwanderung in Erez Israel zum bewußt politisch agierenden Zionismus war die 1882 entstandene Bewegung »Hibbat Zion« (»Zionsliebe«). Sie fand ihre wirksamste Formulierung in Leon Pinskers Schrift *Autoemanzipation* (1882): Da der Antisemitismus chronisch sei, müßten sich Juden zu ihrem Schutz als eigene Nation auf eigenem Territorium organisieren (nicht unbedingt in Palästina), um als Nation unter Nationen die Gleichberechtigung zu erringen. »Autoemanzipation« von unten werde die von oben gewährte Emanzipation durch eigene Anstrengungen zur sozialen Realität machen. Trotz Pinskers anfänglichem Vorbehalt eröffnete »Hibbat Zion« die systematische jüdische Besiedlung oder Kolonisation Palästinas, die erste »Alijah«. Die meisten Siedler stammten aus Rußland, finanziell unterstützt wurde das Projekt von jüdischen Philanthropen aus dem Westen, u. a. von Baron Edmund de Rothschild und Baron Hirsch.

Der Beginn des Dreyfus-Skandals schließlich trieb Theodor Herzl, der bisher ein Exponent der Assimilation gewesen war, in dieselbe Richtung des politischen Zionismus. Der Berg Zion – mit dem Grab Davids (der religiösen Tradition nach) als pars pro toto für Jerusalem, das wieder als pars pro toto für »Erez Israel« stand – wurde namensgebend für den Zionismus.[140] Die neue Bewegung erhielt ihr programmatisches Fundament durch Herzls Broschüre *Der Judenstaat* (1896), organisatorische Gestalt mit der 1897 auf dem 1. Zionistenkongreß in Basel gegründeten »Zionistischen Weltorganisation« und dem Basler Programm von 1897. Herzl, der Pinskers vorausgegangene Initiative nicht kannte, erhob zunächst den Vorbehalt, der »Judenstaat« müsse nicht unbedingt in Palästina liegen. Zeitweilig favorisierte er die von England vorgeschlagene Lösung einer jüdischen Siedlung in Uganda, bis der Zionistenkongreß von 1903 das Uganda-Projekt endgültig verwarf. Der politische Zionismus hatte dieselbe soziale Basis wie vor ihm »Hibbat Zion«: Die meisten Siedler kamen aus Rußland, die vor dem gewalttätigen Antisemitismus flohen, aber die Führer und die

Finanzen kamen überwiegend aus dem Westen, vor allem aus Deutschland und deutschsprachigen Ländern, so daß Deutsch offizielle Verhandlungssprache auf den Zionistenkongressen war – bis 1933.

Der Zionismus war eine moderne und modernisierende Siedlungs- und Kolonisationsbewegung, die durchaus in Zusammenhang mit dem gleichzeitigen europäischen Nationalismus und Kolonialimperialismus zu sehen ist: Juden kamen aus dem Westen, mit westlicher Technik, westlichen Methoden und Finanzen, um in dem seit dem Ende der Kreuzzüge 1291 von den Mamluken verwüsteten und vernachlässigten Land durch »Kolonisation« wieder eine neue »Heimstätte« für die verfolgten Juden zu gründen. »Das Volk ohne Land« (die Juden) sollte im »Land ohne Volk« seine neue Heimat finden. Araber galten praktisch als nichtexistent – Herzl glaubte tatsächlich, Palästina sei, abgesehen von Juden und arabischen Christen in den wenigen und kleinen Städten, menschenleer. An diesem historischen Mißverständnis entzündete sich mit dem Zusammenstoß zweier Nationalismen und ihrem ungeteilten Anspruch auf dasselbe Land allmählich der Nahostkonflikt, der nach dem Ersten Weltkrieg in sein erstes akutes Stadium trat. Das Ziel eines jüdischen Nationalstaates in Palästina, im Basler Programm diplomatisch-taktisch zurückhaltend mit »nationaler Heimstätte« umschrieben, ließ sich aber nur in dem Machtvakuum realisieren, das der Untergang des Osmanischen Reiches hinterlassen hatte. Außerdem war die Hilfe mindestens einer Großmacht nötig.

V. Der Rassismus in der Zwischenkriegszeit

Der Erste Weltkrieg bildete im komplizierten Zusammenwirken mit anderen zentralen historischen Faktoren auch für die Entwicklung des sich verstärkenden Rassismus eine tiefe Zäsur. Jetzt erst verschmolzen seine bisher weitgehend voneinander getrennten Hauptstränge, vielleicht als Folge der wachsenden Integrierung und Verflechtung durch die weiter expandierende und sich intensivierende Industrialisierung. Diese Verschmelzung war in Europa mehr ideologisch-agitatorischer Natur, da hier der direkte Kontakt mit Juden noch immer bei weitem überwog. In Übersee blieb es bei der Praxis der Rassenschranken, da Euramerikaner (»Weiße«) in ihrer Herrschaft über »farbige Rassen« in engem Kontakt mit außereuropäischen Völkern standen.

1. Historische Rahmenbedingungen

Beide Weltkriege waren – zentriert um Deutschland und auf der materiellen Basis der durch sie weiter vorangetriebenen Industrialisierung – globale Konflikte aller Groß- und Weltmächte. Neue Nationalismen, verschärft durch die Folgen der Weltwirtschaftskrise seit 1929, operierten teilweise mit quasi-rassistischen Argumenten. Der Erste Weltkrieg sog ältere und sekundäre Konfliktpotentiale in sich auf, brachte sie zur Explosion und löste neue Spannungen aus, die sich teilweise erst im Zweiten Weltkrieg entluden. Gleichzeitig verschärfte oder modifizierte er ältere »Rassen«-Konflikte durch den neuen Nationalismus, erst in Europa, nach 1945 auch in der »Dritten Welt«. Zentrale historische Faktoren nach 1914 (Oktoberrevolution, Faschismus, Weltwirtschaftskrise) waren Folgewirkungen des Ersten Weltkriegs. Er bereitete mit der Niederlage von 1918 den Aufstieg und Durchbruch des Rassismus in Deutschland vor. Die nationale Erbitterung u. a. gegen Juden und Slawen machte seither den Antisemitismus in Deutschland gesellschaftsfähig: Juden waren wieder einmal die bequemsten Sündenböcke in Krisenzeiten.

In den USA ebnete der Erste Weltkrieg den Aufstieg Marcus Garveys zum ersten bedeutenden schwarzen Führer der Afro-Amerikaner. Gleichzeitig bestärkte das Pathos des Kampfes für die Demokratie dort viele Afro-Amerikaner in ihrem Kampf gegen den Rassismus nach innen und provozierte den ersten blutigen »Heißen Sommer« 1919. Das Machtvakuum nach dem Untergang des Osmanischen Reiches setzte den Nahostkonflikt frei, der zur Zeit besonders explosive Formen annimmt.

Ähnlich wie vor 1914 die Polen mit einem ihrer Dichter das Stoßgebet zum Himmel gesendet hatten: »O Herr, gib uns den großen Krieg!« – den Krieg zwischen den drei Teilungsmächten, der ihnen die Chance zur nationalen Wiedergeburt eröffnen sollte –, sah im August 1914 Mohamed Ali Duse, ein führender Sprecher des jungen afrikanischen Proto-Nationalismus, den Ausbruch des Ersten Weltkrieges als großen Krieg der kolonialen Teilungsmächte: Am Ende seien Sieger und Besiegte so erschöpft, daß vermutlich »die nicht-europäischen Rassen von der Katastrophe Europas profitieren werden«. In der Tat leitete die Erschütterung der europäischen Kolonialherrschaft durch den Ersten Weltkrieg die Dekolonisation nach dem Zweiten Weltkrieg ein.

Ferner öffnete der Erste Weltkrieg den Weg zu drei praktischen Antworten auf die Jüdische Frage, die schon zuvor als theoretische Entwürfe zur Diskussion gestanden hatten: In Rußland bzw. der neuen UdSSR gab die Oktoberrevolution den Weg frei zur Erzwingung der totalen Assimilierung durch Modernisierung und Russifizierung im sozialistisch-kommunistischen Staat. Sie war zugleich in diesem Punkt konsequente Erfüllung der Aufklärung und Französischen Revolution einerseits, des Antisemitismus im zaristischen Ancien Régime andererseits, wenn auch bolschewistisch modifiziert. Das Deutschland des »Dritten Reiches« betrieb die »Endlösung« der Jüdischen Frage durch staatlichen Massenmord, als extremste Erfüllung des deutsch-völkischen Antisemitismus seit Fichte. Als Reaktion auf beide Varianten des Antisemitismus erhielt die nationaljüdische Lösung des Zionismus durch die Gründung eines modernen Staates Israel – auf der völkerrechtlichen Grundlage der Balfour-Deklaration von 1917 und des britischen Völkerbundsmandats über Palästina 1920 – einen entscheidenden Auftrieb. Fortan entwickelte sich die jüdische Existenz stärker denn je zuvor im Dreiecksverhältnis von erzwungener Assimilation, Vertreibung und Massenmord sowie Separation durch Rückzug auf den eigenen jüdischen Staat.

Die »Geburt des Kommunismus aus dem Kriege« (Lenin) gab

der schon älteren Debatte zwischen Bolschewiki und Zionisten eine neue Wendung. Im Russischen Bürgerkrieg verübten »Weiße« Pogrome gegen Juden und provozierten eine neue Welle jüdischer Einwanderung nach Palästina (3. Alijah), während später die Sowjets mit Hilfe säkularisierter Juden das Judentum als Religion verfolgten. Die anfänglich überproportionale Beteiligung von Juden an der Führungsschicht der Bolschewiki machte zudem für Antisemiten die These von der »jüdisch-bolschewistischen Weltverschwörung« plausibel, mit der vor allem der nationalsozialistische Rassismus arbeitete. Durch seine Unterstützung nationaler Bewegungen in Asien und Afrika als Teil der Weltrevolution gab sich der russische Kommunismus ein über die »Rassen« hinausweisendes internationalistisches Image, während er seinen großrussisch-europäischen Charakter nie aufgab.

Der Zusammenbruch der Mittelmächte Ende 1918 in Folgerevolutionen zur russischen Oktoberrevolution von 1917 war nur eine »normale« Reaktion von Gesellschaften auf schwere militärische Niederlagen. Dennoch deutete die extreme Rechte in Deutschland die Novemberrevolution 1918 als »Dolchstoß in den Rücken« der angeblich siegreichen Front, ausgeführt von Kommunisten, Sozialisten, Juden und Pazifisten. Die starke Beteiligung jüdischer Intellektueller an den extremen Ausschlägen der Revolution, den Räterepubliken in Bayern und Ungarn 1919, gab ähnlich wie zuvor in Rußland dem Antisemitismus zusätzlichen Antrieb. Der Haß auf Juden und »Novemberverbrecher« war, neben dem Haß auf »Versailles«, eines der frühesten und wirkungsvollsten Standardargumente Hitlers in seiner Agitation gegen die Weimarer Republik.

Der Kampf gegen die Autokratie der Mittelmächte und für die Demokratie in der Endphase des Ersten Weltkriegs, die Oktoberrevolution sowie der Zusammenbruch der dynastischen Großreiche und Monarchien setzten zwischen Deutschland, Rußland und der Türkei, aber auch in früheren Territorien des Osmanischen Reichs im Südosten (den arabischen Ländern) und Nordosten (unter Armeniern und Kurden) Nationalbewegungen frei. Nachfolgestaaten in Ostmittel- und Südosteuropa sowie die neue Türkei schleppten Strukturen und innere Probleme der untergegangenen Großreiche mit sich fort, jetzt aber vervielfacht, modifiziert und in kleinerem Maßstab. Der assimilierende Zentralismus eines neuen Staatsvolkes mit anfangs demokratischem Anspruch gemäß dem französisch-jakobinischen Prinzip der »nation une et indivisible« richtete sich gegen nationale Minderheiten, die zusammen oft an die numerische Mehrheit heranreichten, unter ihnen auch die Juden. Wie einst die älteren Nationalmonarchien Westeuropas im Spätmittelalter durch die Ausweisung der Juden definierten sich auch nach dem Ersten Weltkrieg die meisten neuen Nationalstaaten Mittel- und Osteuropas nach innen z.T. mit Hilfe des Antisemitismus, um so stärker, je dominierender die extreme Rechte bis hin zum Faschismus wurde.

Die neue Türkische Republik kehrte die Toleranz des »millet«-Systems im Osmanischen Reich zu einem militanten pantürkischen Chauvinismus quasi-rassistischer Art in ihr Gegenteil um. Er traf besonders Armenier und Kurden, nach der Annexion des Sandschak Alexandrette 1938 auch die arabische Mehrheit: Die Türkei weigert sich seitdem hartnäckig, die Existenz nichttürkischer Minderheiten überhaupt nur anzuerkennen, geschweige ihnen besondere Rechte einzuräumen wie z.B. Kulturautonomie oder die Benutzung der eigenen Sprache.

Die arabischen Länder wurden nach 1919 nicht zu souveränen Staaten, hatten teilweise aber Autonomierechte erhalten (Irak, Transjordanien, Ägypten; Syrien, Libanon). Ihr Antikolonialismus machte die Araber zu natürlichen Verbündeten des Faschismus bzw. Nationalsozialismus gegen den gemeinsamen Feind, den englischen bzw. französischen Kolonialismus. Besonders England exponierte sich ab 1920 durch das Völkerbundsmandat über Palästina, das dem sich entfaltenden Zionismus einen völkerrechtlich anerkannten vorstaatlichen Rahmen bot. Mit den ersten Konflikten zwischen Juden und Arabern seit 1919 trat der Nahostkonflikt in ein neues Stadium.

Auf den finanziellen Kraftakt des Ersten Weltkriegs reagierten die meisten Gesellschaften nach einem kurzen, aber hektischen Nachkriegsboom mit einer schon ab 1914 zu konstatierenden Inflation, die früher oder später durchbrach. Am härtesten traf die Inflation die Verliererstaaten, von diesen wieder am schärfsten Deutschland bis 1923. Das populäre Ressentiment gegen Kriegs- und Inflationsgewinnler richtete sich besonders massiv gegen die Juden und verstärkte ältere Argumentationsmuster des mittlerweile gesellschaftsfähig gewordenen Antisemitismus. Die analoge Wirkung verschärfte sich mit den politischen Folgen der Weltwirtschaftskrise seit 1929, die fast überall auch schwere politische

Krisen auslöste oder verschlimmerte: In Deutschland eskalierte die Krise mit dem Zusammenbruch der Weimarer Republik und der Errichtung des »Dritten Reiches«. In den USA beendete die Weltwirtschaftskrise mit der allgemeinen Prosperität auch die relative Subprosperität der Afro-Amerikaner, symbolisiert im Aufstieg Harlems zum kulturellen Mittelpunkt (»Harlem Renaissance«, »New Negro«) und im weltweiten Siegeszug des Jazz, der umgekehrt extremen Rassisten als Zeichen der »Verniggerung« galt. Der Verfall der Rohstoffpreise im Zuge der Weltwirtschaftskrise provozierte in zahlreichen Kolonien Unruhen, die vor allem in Britisch-Westafrika Vorboten der nationalen Emanzipation nach dem Zweiten Weltkrieg wurden.[1]

Chronologisch und äußerlich als Reaktion gegen den Kommunismus und die Einbeziehung der Sozialdemokratie in den modernen Verfassungs- und Sozialstaat seit 1918 entstanden der Faschismus in Italien und der Nationalsozialismus in Deutschland. Faschistische Bewegungen in anderen Ländern gelangten von sich aus nie zur Macht, nur in der Extremsituation des Zweiten Weltkriegs unter deutscher Besatzung oder Vorherrschaft.[2] Trotz aller ideologischen Affinität und der politischen Allianz (Achse Berlin-Rom seit 1936) ist jedoch ein erheblicher Unterschied nicht zu übersehen: Der italienische Faschismus war, in der Tradition der relativen Toleranz Italiens gegenüber den Juden seit dem Mittelalter, nicht antisemitisch. Dagegen trieb der Nationalsozialismus nach der »Machtergreifung« den bis 1914 noch relativ gemäßigten deutschen Antisemitismus in einem welthistorisch einzigartigen Amoklauf mit der »Endlösung« zur extremsten Konsequenz weiter – zum industrialisiert perfektionierten Massenmord.

2. Jüdische Existenz VIII: Der Antisemitismus in der Zwischenkriegszeit

Nach dem Ersten Weltkrieg fächerte sich in Europa der Antisemitismus mit dem Durchbruch der Nationalismen in den neuen oder vergrößerten Nachfolgestaaten noch stärker auf.[3] Vor allem im wiedererstandenen Polen schlug der inzwischen traditionelle Mechanismus in der Austragung innerer und äußerer Folgekonflikte nach dem Ersten Weltkrieg und der Staatsgründung in bekannter Weise durch: Wieder wurden die Spannungen auf die schwächsten

Teile der Gesellschaft abgelenkt, auf Ukrainer und Juden. Beide hatten keinen eigenen nationalen Staat, der helfend oder mildernd für sie hätte intervenieren können, z. B. durch den Völkerbund. Als Reflex des handgreiflichen polnischen Antisemitismus bestand die 4. Alijah jüdisch-zionistischer Einwanderung nach Palästina von 1924 bis 1928 zur Hälfte aus polnischen Juden.

In den Nachkriegswirren erhielt der Antisemitismus zusätzliche Nahrung mit der Gründung der polnischen KP, die überwiegend von Juden geleitet wurde. Jüdische Kommunisten machten sich so dreifach als angeblich national unzuverlässige Elemente verdächtig – als Kommunisten, als Partei des doppelt verhaßten Sowjetrußland und als Juden. Im Polen der Zwischenkriegszeit herrschte ein handfester Antisemitismus. Ein Schlaglicht wirft die Ermordung des ersten gewählten Staatspräsidenten, Gabriel Narutowicz (1865–1922), in einer antisemitisch aufgeheizten Atmosphäre: Narutowicz war assimilierter Jude und mit Stimmen der Linken wie der jüdischen Abgeordneten des Sejm gewählt worden.[4] Nach dem Nichtangriffsvertrag mit Deutschland von 1934 verschärfte sich der staatlich geförderte Antisemitismus in Polen noch weiter. So entzog z. B. 1938 die polnische Regierung ca. 17000 in Deutschland lebenden polnischen Juden die Staatsangehörigkeit und weigerte sich, sie nach ihrer Ausweisung aus Deutschland in Polen wieder aufzunehmen. Sie mußten monatelang in einem Art Niemandsland zwischen Deutschland und Polen unter unwürdigen Bedingungen kampieren. Die Folgen waren verheerend – u. a. das Attentat des polnischen Juden Herschel Grynspan auf den deutschen Botschaftsrat von Rath in Paris, das als Vorwand zur »Reichskristallnacht« im November 1938 diente.

Der Sieg der Oktoverrevolution in Rußland löste keineswegs, wie zuvor naiv behauptet oder gehofft, die Jüdische Frage im Sozialismus von selbst. Juden hatten den Sturz des zaristischen Pogrom-Regimes zwar begrüßt, an den revolutionären und sozialistischen Strömungen waren sie überproportional beteiligt. Säkularisierte, assimilierte Juden waren in eigenen jüdischen sozialistischen Parteien organisiert, von denen der »Bund« meist im Rahmen der russischen Sozialdemokratie agierte. Ferner waren sie in der revolutionären Sozialdemokratie vertreten, am stärksten auf dem linken Flügel der Menschewiki. Selbst bei den Bolschewiki hatten sie führende Positionen – von 21 Mitgliedern ihres ZK nach der Oktoberrevolution galten fünf als Juden, zu denen noch ein

»Halbjude« (»Kamenew«) kam: Alle waren extrem säkularisierte und assimilierte Juden, besonders Trotzki. Da sich nach der Oktoberrevolution die zaristische Bürokratie den neuen Herren meist verweigerte, füllten oft Juden das Vakuum und leisteten so einen auch von Lenin gewürdigten herausragenden Beitrag zum Sieg der Bolschewiki. Vor allem in der neuen Geheimpolizei der Bolschewiki, der Tscheka, war der Anteil von Juden (aber auch von Letten) sehr hoch. Die weitgehende Identifizierung der Juden mit der Revolution heizte umgekehrt im Russischen Bürgerkrieg erst recht Pogrome der »Weißen« gegen Juden an, wo immer die »Weißen« dazu Gelegenheit hatten. Mit ihrer Industrialisierungs- und Modernisierungsstrategie und ihrem Atheismus betrieben die Bolschewiki die möglichst rasche Integrierung des sperrigen Elements der Juden in die neue sozialistische Ordnung und ihre kulturelle Assimilierung an das Großrussentum.

Besonders komplex und folgenschwer war die Entwicklung in der Ukraine: Die sozialistisch-menschewikische Rada (1917/18) mochte den Antisemitismus nicht zügeln, weil sie um ihre Basis im ukrainischen Nationalismus fürchtete. Der offene Antisemitismus des Skoropadski-Regimes 1918 und des ihm folgenden Direktoriums unter Simon Petljura trieb selbst orthodoxe Juden aus Verzweiflung über die Massenmorde auf die Seite der Bolschewiki, zumal die »Weißen« und Polen ähnliche Pogrome verübten.

In der Sowjetunion war der Antisemitismus zwar offiziell verpönt, aber in der Praxis wirkte die Sowjetpolitik genau in diese Richtung: Der Kommunismus als radikaler Erbe der Aufklärung und der Französischen Revolution, besonders der jakobinischen Tradition, wollte endlich die Gleichheit herstellen, an der das Zarenregime gescheitert war, stieß aber auf dieselbe Konsequenz: Gleichstellung war nur durch Repression des Judentums zu erzwingen, zunächst mit Hilfe linksassimilierter und säkularisierter Juden innerhalb der Bolschewiki (»Jevsektsija«). So geriet die Praxis des neuen Sowjetregimes in diesem Punkt zur intensiven Fortsetzung des russischen Antisemitismus unter dem Zarismus. Der Atheismus traf das Judentum besonders hart, u. a. wurden jüdische und zionistische Kultureinrichtungen (Schulen, Bibliotheken) zerschlagen. Nach der anfänglichen Verweigerung einer eigenen jüdischen Nationalität innerhalb der formal als Konföderation selbständiger Nationalstaaten gegliederten Sowjetunion erhielten die Juden 1928 eine begrenzte Autonomie in Birobidzhan, die mit der Auflösung der nationalen, also auch der jüdischen Sektionen der Partei 1934 ihr Ende fand.[5]

Wie in Polen wurde der Antisemitismus auch in anderen Nachfolgestaaten virulent, vor allem in Rumänien, Ungarn und Österreich. Der österreichische Antisemitismus war weithin identisch mit der großdeutschen Grundstimmung und ist daher in Parallele zum Antisemitismus in Deutschland sehen. In der ČSR wurden die Juden, wie schon vor 1914, zwischen den rivalisierenden Tschechen und Deutschen in ihrer Assimilation erst recht »national« gespalten und zwischen dem tschechischen und deutschen Antisemitismus zerrieben.

In Frankreich blieb der Antisemitismus im wesentlichen ein Monopol der Rechten, vor allem getragen durch die seit dem Dreyfus-Skandal aktive »Action Française«. Die Polarisierung zwischen Rechts und Links seit der Volksfrontregierung (1936–1938), die anfänglich der jüdische Sozialist Léon Blum führte, gab dem Antisemitismus der Rechten neuen Auftrieb, politisch zugespitzt zum weitverbreiteten Schlagwort: »Lieber Hitler als Blum!« Auch jetzt blieb Algerien in seinem quasi-kolonialen Status das bedeutendste Agitations- und Aktionsfeld des französischen Antisemitismus, erst recht in der Vichy-Periode zwischen 1940 und 1944, modifiziert sogar fortgesetzt nach der Besetzung Algeriens durch die USA und die Truppen des Freien Frankreichs unter De Gaulle.

3. Rassismus in den USA und in Afrika

Rassenkonflikte und Anfänge der Bürgerrechtsbewegung in den USA

Auch in den USA trieb der Erste Weltkrieg die Entwicklung weiter. Die Gründung des NAACP 1910 hatte den Afro-Amerikaner ein neues, sich rasch politisierendes Selbstbewußtsein gegeben. Die große Rüstungs- und Industriekonjunktur für die USA ab 1915 förderte noch einmal die Industrialisierung im Norden und verstärkte die 1900 begonnene Binnenwanderung von Afro-Amerikanern aus dem Süden zur »Great Migration«. Dort wuchsen allmählich die selbstironisch so genannten schwarzen »Ghettos«, vor allem in New York (New Harlem) und Chicago (South Side).[6] In Zeiten der Rezession und Depression litten Afro-Amerikaner unter Entlassung und Arbeitslosigkeit am längsten und massivsten: »The last to be hired, the first to be fired.« Die Erfahrung des Kriegseinsatzes in Frankreich machte die Rassendiskriminierung im eigenen Land nach dem Kriegsende um so schmerzhafter deutlich: Im amerikanischen Expeditionskorps herrschte Segregation und Diskriminierung, während Frankreich sehr viel toleranter gegenüber seinen afrikanischen Kolonialtruppen war. Wegen der ökonomischen Spannungen, sozialen Unruhen und ideologischen Wirren der unmittelbaren Nachkriegszeit begehrten im Norden afro-amerikanische Kriegsveteranen gegen die vielfältige Diskriminierung auf. Ihre »Aufsässigkeit« provozierte eine Welle von »race riots« in zahlreichen Städten der USA im Sommer 1919, dem ersten »Heißen Sommer«, wie es seit 1964 hieß. Der »Red Summer« von 1919 erhielt seinen Namen nicht aus ideologischen Gründen, sondern wegen des vielen Blutes, das damals in amerikanischen Städten floß. Auch der Ku-Klux-Klan, die private Terrororganisation des weißen Südens gegen die Afro-Amerikaner, wurde wieder aktiv.[7]

In den neuen »Ghettos« der Afro-Amerikaner hielten sich weiße Juden oft am längsten als Geschäftsinhaber und Vermieter, die in den rasch zu Slums verkommenen Wohnvierteln mit überhöhten Preisen und Mieten dem Rassenkonflikt eine zusätzliche soziale und Klassendimension gaben: Die einzigen Weißen, mit denen Afro-Amerikaner oft noch unmittelbaren Kontakt hatten, dazu in der für sie negativen Funktion als Ausbeuter ihres Elends, waren meist Juden. Ein dumpfer Antisemitismus unter Afro-Amerikanern war die Folge, als zwar nur sekundäre, aber für die Thematik des Rassismus besonders spannungsreiche Erscheinung.[8] Sie wird weiter kompliziert durch die Tatsache, daß unter den weißen Unterstützern der Bürgerrechtsbewegung jüdische Liberale mit ihrem finanziellen und persönlichen Engagement überwogen. Andererseits erwuchsen aus »Harlem Renaissance« und der literarischen Bewegung des »New Negro« ein neues, auch kulturelles Selbstbewußtsein der Afro-Amerikaner.

Schwarzer Gegenrassismus: Garveyismus und »Négritude«

Die verschärfte Krise nach dem Ersten Weltkrieg verwandelte den bisherigen Anspruch der Afro-Amerikaner auf soziale Gleichberechtigung und Integration in die »weiße« amerikanische Industriegesellschaft im Zuge des Garveyismus teilweise in einen schwarzen Gegenrassismus. Sozial zog Garvey explizit Konsequenzen, die seine Vorgänger bisher nur theoretisch und implizit angedeutet hatten – die Aufspaltung der Afro-Amerikaner in »Farbige« und »Schwarze«, die Preisgabe der Integration als Ziel, statt dessen die freiwillige Separation der »Schwarzen« in den USA sowie die »Rückwanderung nach Afrika«.

Garvey bündelte nur ideologisch Tendenzen, die sich seit dem 19. Jahrhundert unter afro-amerikanischen Autoren angekündigt hatten: Er setzte dem weißen Rassismus der Euramerikaner einen schwarzen Gegenrassismus der Afro-Amerikaner entgegen, auch im Namen der sich noch nicht artikulierenden Afrikaner. Den ihnen durch die Sklaverei und den Imperialismus eingeimpften Minderwertigkeitskomplex gegenüber den herrschenden Weißen suchten sie durch einen gigantischen schwarzen Überwertigkeitskomplex zu kompensieren. Seit 1844 fanden sich immer wieder Autoren, die im Schwarz-Weiß-Verfahren die ganze Weltgeschichte schwarz »anstrichen«, jetzt aber positiv gewendet, wie ein Negativabziehbild des weißen Rassismus[9]: Die Antike, von Ägypten bis Rom, beruhe eigentlich auf afrikanischer Basis, alle bedeutenden Persönlichkeiten dieser Zeit stammten von Afrikanern ab. Hamiten und ihre Nachfahren seien die eigentlichen Schöpfer aller Kultur. Rassenvermischung und Integration heute komme dem Eingeständnis gleich, daß die »schwarze Rasse« minderen Ranges sei. Erforderlich sei ein eigener Rassenstolz der Schwarzen, wie ihn ähnlich Casely-Hayford in Britisch-West-Afrika forderte.

Seit dem Ersten Weltkrieg faßte Garvey solche Ideen zusammen und systematisierte sie. Nach seinem Scheitern lieferte – erstmals für frankophone Afro-Westinder und Afrikaner – in Paris die literarische Bewegung der »Négritude« ein Gegenstück, allerdings anspruchsvoller und elitärer. Nach dem Zweiten Weltkrieg fand sie u. a. eine kulturpolitische Fortsetzung in der Zeitschrift und dem Verlag »Présence Africaine«. Dort entdeckte für die frankophonen Afro-Westinder und Afrikaner Cheikh Anta Diop unter großem Eklat die afrikanische Dimension Altägyptens[10], obwohl die Reklamierung Altägyptens als afrikanische Kulturleistung schon seit über einem Jahrhundert zum Standard-Repertoire seiner anglophonen Brüder gehörte.[11]

Aus der Tradition der »Présence Africaine« und unter Berufung auf Diop setzte der erste afrikanische Historiker, der sich an eine einbändige Gesamtgeschichte Afrikas heranwagte, diese irrationale Tradition teilweise fort: Joseph Ki-Zerbo aus Burkina Faso (dem früheren Obervolta), der bekannteste frankophone Historiker aus Afrika, der auch an herausragender Stelle an der UNESCO-Geschichte Afrikas mitarbeitet.[12] Abgesehen von sonstigen wissenschaftlichen Schwächen – besonders bei der Behandlung der Geschichte des anglophonen Afrikas – verfährt er für die Vorgeschichte seit dem Auftreten der ersten Menschen in Afrika, später des Cro-Magnon-Menschen, gemäß der skizzierten Schwarz-Weiß-Negativ-Methode: Die ältere Menschheit war schwarz. Altägypten behandelt er teilweise so, als ob es eine moderne Ägyptologie nicht gebe.[13] Die ältere Menschheitsgeschichte schildert Ki-Zerbo im Rahmen eines kruden Negro-Sozialdarwinismus.[14]

In der Nachkriegskrise seit 1916 gab der Garveyismus, ausgehend von Harlem, der inneren Gärung eine zusätzlich verschärfende und polarisierende Wendung: Garvey war der erste bedeutende Schwarze unter den Afro-Amerikanern. Er appellierte offen an »Rassen«-Gefühle der Schwarzen, die als Nachkommen der Feldsklaven noch immer auf der untersten Stelle der amerikanischen Sozial- und Prestigehierarchie standen: Zugleich provozierte er die relativ privilegierten Mischlinge (»Mulatten«), die als von Weißen korrumpierte Zwischenschicht nur »misleaders« des »Negro« seien.

Marcus Aurelius Garvey (1887–1940) stammte aus Jamaika.[15] Innere Unrast trieb ihn nach Zentralamerika und ins nördliche Südamerika, wo er die elende Lage seiner Rassengenossen studierte und in ephemeren Zeitschriften kommentierte. In London arbeitete er von 1912 bis 1914 in Mohammed Duses *African Times and Orient Review* als Redaktionsbote, konnte dort 1913 bereits einen Artikel veröffentlichen, der seinen späteren imperialen Panafrikanismus ankündigte – *The British West Indies in the Mirror of Civilization. History Making by Colonial Negroes* (1913): Die Einwohner der Westindischen Inseln (d. h. Schwarze) würden eine »zerstreute Rasse« vereinigen und »vor Ablauf vieler Jahrhunderte ein Reich gründen, über dem die Sonne ebensowenig untergeht wie heute über dem Reich des Nordens«.

Kurz vor Kriegsausbruch 1914 kehrte Garvey ins heimatliche Jamaika zurück und gründete sofort eine eigene Organisation mit universalem Anspruch, die offenbar seine imperialen Ambitionen erfüllen sollte, die »Universal Negro Improvement and Conservation Association and African Communities League« (UNIA). Als Bewunderer des kurz zuvor gestorbenen Booker T. Washington und seiner Politik des pragmatischen Arrangements mit der Rassensegregation kam Garvey 1916 nach Harlem. Dort sah er die Chance, die ihm die Umbruchsituation Harlems als anfängliches Kulturzentrum, später als »Ghetto« der Afro-Amerikaner in der Krise der Kriegs- und Nachkriegsjahre bot, um seine weitgespannten Pläne zu verwirklichen. So machte er Harlem zur Ausgangsbasis für seinen erträumten »Staat im Staate«, als ein schwarzmessianisches »Ghetto«, dessen »schwarzer Zionismus« seine Erfüllung in Schwarzafrika finden sollte.

Als Schwarzer (»vollblütiger Neger« in der älteren Terminologie) aus Jamaika war Garvey im Torso der alten Rassen-Kasten-Gesellschaft seit der Sklaverei aufgewachsen, die nach 1838 mit der Sklavenemanzipation ihre weiße Spitze (ausgenommen das weiße Establishment der Kolonialregierung) verloren hatte. Garveys Ressentiment gegen die in der einheimischen Bevölkerung dominierenden »Mulatten« Jamaikas übertrug er – ähnlich wie zuvor Blyden, der vor allem in Liberia gewirkt hatte – nun auf die Mischlinge in den USA. Deren Vertreter hielten Garvey kritisch entgegen, daß seine Übertragung zu Unrecht erfolge, weil die Verhältnisse in den USA ganz anders als in seiner westindischen Heimat seien.

Die Kritik erscheint auf den ersten Blick berechtigt, aber bei genauerer Betrachtung zeigt sich eine komplexere Realität, die Garvey zumindest teilweise recht gab. Immerhin bestand ein gravierender Unterschied in der Sozialstruktur: Die Westindischen Inseln hatten – auch nach der Emanzipation – noch immer ihre nunmehr petrifizierte, um die »weiße« Spitze amputierte Rassen-Kasten-Gesellschaft. Nach Ende des Emanzipationsprozesses in den USA, der im Norden und Süden zusammen fast ein Jahrhundert – von 1770 bis 1865 – in Anspruch genommen hatte, blieben die Schwarzen in einer geteilten Einwanderergesellschaft auf die untere Hälfte der ehemaligen Rassen-Kasten-, jetzt Rassen-Klassen-Gesellschaft verbannt.[16] Innerhalb der Afro-Amerikaner hatten aber Mischlinge (»Mulatten«) tatsächlich – als Nachfahren der Haussklaven – eine gehobene Position gegenüber den Schwarzen, den Feldsklaven und ihren Nachfahren inne, selbst wenn es ihnen gar nicht bewußt gewesen sein mag. Die Integrationspolitik der Mischlinge lief darauf hinaus, die Dynamik der industriellen Rassen-Klassen-Gesellschaft für die Weißen nunmehr auch auf die Afro-Amerikaner auszuweiten: Individueller und kollektiver Aufstieg (»Fortschritt«) der Afro-Amerikaner und damit gleichberechtigte Teilhabe an der Industrialisierung sollten die Diskriminierung und damit den Rassismus überwinden. Daß die Mischlinge mit ihrem Startvorsprung seit den Tagen der Haussklaverei einen immensen Vorteil in der freien Konkurrenzgesellschaft des Industrialismus gegenüber den Schwarzen hatten, war offensichtlich.

Garveys Protest riß den rhetorischen Vorhang vor diesem Sachverhalt erstmals vor aller Augen auf, zum Mißvergnügen der Mischlinge, die sich stets als Sprecher und Interessenverwalter *aller* Afro-Amerikaner, »Mulatten« wie Schwarze, fühlten. Garveys Appell an ein schwarzes Rassengefühl und dessen Organisierung in einer schwarzen freiwilligen Apartheid spaltete die Afro-Amerikaner und gefährdete das Integrationskonzept der hellhäutigen »Mulatten«-Elite. Daraus erklärte sich die heftige Opposition der traditionell integrationistischen Führerschicht der Afro-Amerikaner (angeführt u. a. von Du Bois) gegen Garvey und sein Programm einer schwarzen separaten Identität. Die Du Bois-Garvey-Kontroverse wirft daher auch ein instruktives Licht auf die »Rassenfrage« aus afro-amerikanischer Sicht.

Garveys »Black Zionism« orientierte sich an der nationaljüdischen Bewegung des Zionismus und, wie jüngste Forschungen belegen, bis ins Detail an der irisch-republikanischen Nationalbewegung und ihrem radikalen Flügel unter De Valera.[17] Sein schwarzer Gegenrassismus kulminierte in der Forderung nach Realisierung einer schon älteren Sehnsucht des »Back to Africa« sowie in der Übernahme ideologischer Versatzstücke des Kommunismus und Faschismus, des modernen Industrialismus und eines synthetischen, romantisierten Neofeudalismus. In seinem extremen ideologisch-geistigen Eklektizismus ging er bis zur taktischen Zusammenarbeit mit den weißen Segregationisten der Südstaaten, um Afro-Amerikaner zur Rückkehr nach Afrika zu treiben. Seine Behauptung, er sei der erste Faschist und Mussolini habe ihn nur kopiert, ist daher ernster zu nehmen als bisher.[18] Garveys Bewegung zog heterogene Kräfte an, die nach dem raschen Zerfall seiner Organisation ab 1927 teils nach rechts drifteten, z. B. als Vorstufe der »Black Muslims«[19], teils nach links zur KP. Auf jeden Fall vermittelte Garvey den Afro-Amerikanern in den USA trotz seinem organisatorisch-politischen Scheitern ein neues politisches Bewußtsein. Seine oft maßlose Polemik gegen die Kolonialmächte, die sein »Back to Africa«-Projekt über Liberia blockierten und damit sein Scheitern einleiteten, fanden ein erstaunlich weites Echo im kolonialen Afrika. Seine früheren Anhänger und ihre Wirkungen bildeten daher einen Flügel des Panafrikanismus (Akzikwe, Nkrumah).[20]

Die »Négritude« unter frankophonen Afro-Westindern und Afrikanern – Gegenstück zum anglophonen Garveyismus und weitere Variante des schwarzen Gegenrassismus – war esoterischer, romantischer und kultureller und in ihren Ausdrucksformen anfangs kaum politisch. Ihre Hauptträger waren der Westinder Aimé Césaire (geb. 1913) und der Afrikaner Léopold Senghor (geb. 1906). Beide kamen aus Rassen-Kasten-Gesellschaften aus der Zeit von Sklaverei und Sklavenhandel: Césaire aus Martinique, d. h. grundsätzlich aus demselben Milieu wie Garvey, nur frankophon variiert. Senghor stammte aus den alten französischen Siedlungen am Senegal, die mit Frankreichs Teilnahme am Transatlantischen Sklavenhandel entstanden waren, der frankophonen Version der europäisch-afrikanischen Mischsiedlungen. Unterhalb der weißen Minderheit hatten ebenfalls »Mulatten« (»métis«) die kulturelle und soziale Führung in der nichteuropäischen Bevölkerung gewonnen. Durch die Abschaffung der Sklaverei und die Zuerkennung politischer Rechte mit lokaler Autonomie und einer direkten Vertretung in der Nationalversammlung in Paris 1848 wurden die alten senegalesischen Hafenstädte Prunkstücke der bewußten »assimilation« und der französischen »mission civilisatrice« mit Hilfe des Kolonialimperialismus, zugleich auch der relativen Rassentoleranz Frankreichs.[21] Seit der Wahl des Schwarzen Blaise Diagne (1872–1934) im Jahre 1914 zum Deputierten für Senegal – Blaise hatte bereits seinen Wahlkampf auf der Linie schwarzer Identität gegen die »Mulatten« geführt – repräsentierten erstmals Schwarze die nichteuropäische Bevölkerung dieser historischen Städte. Sie bewegte sich zunächst immer noch im Rahmen der französischen Assimilationspolitik, die eine Diskriminierung der Schwarzen in der Praxis jedoch nicht ausschloß.

Die neue Verherrlichung des »Schwarzen« an sich liest sich vordergründig nur als Abgrenzung von den »Weißen«. Aber als Unterton schwingt mit dem Lob auf das »reine Blut« (»pur sang«, Senghor[22]) implizit auch die Abgrenzung gegen »Mulatten« mit. Die »Négritude«-Bewegung war eine Zuspitzung geistiger und politischer Bewegungen, die sich – vergleichbar der bedeutenden Rolle Londons als Zentrum afrikanischer, afro-amerikanischer und afro-westindischer Elemente – zwischen beiden Weltkriegen vor allem in Paris unter analogen frankophonen Elementen abspielten: Kriegsveteranen stellten das Gros. Diagne hatte als Regierungskommissar 1917/18 die massive Rekrutierungskampagne von Senegalschützen organisiert, die noch an der Westfront zum Einsatz kamen. Bei der Besetzung des Rhein- und Ruhrgebiets durch Frankreich 1921 und 1923 reizten sie (neben marokkanischen Kolonialtruppen) den deutschen Rassismus bis aufs Blut (»Schwarze Schmach«).

Nach dem Kriegsende blieben viele afrikanische Kriegsveteranen in Frankreich. Hinzu kamen afrikanische Studenten, die dank der französischen Assimilationspolitik leichteren Zutritt zu Universitäten hatten, ferner ehemalige Seeleute, vor allem in den Hafenstädten Marseille und Bordeaux. Politisch gerieten diese Gruppen mehr oder weniger in den Einzugsbereich der KPF, waren aber auch beeinflußt von Strömungen jenseits des Atlantiks, vor allem von der »Harlem Renaissance« des »New Negro« mit Jazz, »Negro Spirituals« und der Betonung des Schwarzen als Eigenwert. Wichtig wurde die verstärkte Hinwendung zur Ethnologie durch den haitianischen Soziologen und Diplomaten Jean Price-Mars (1876–1969). Er entstammte einer afro-amerikanischen Familie, die im 19. Jahrhundert nach Haiti ausgewandert war. Als Reaktion auf den Schock der Besetzung Haitis von 1915 bis 1935 durch amerikanische Marineinfanterie griff die desorientierte haitianische Intelligenz auf das afrikanische Erbe Haitis zurück, z. B. auf den Voodoo-Kult, und erhob es zu einer eigenständigen Kultur. Seine ethnologischen Studien *Ainsi parla l'Oncle* (1928) gab dieser Tendenz eine wissenschaftliche Grundlage und übte eine tiefe Wirkung auf die frankophone schwarze Intelligenz auch in Frankreich aus.

Als Sprecher der frankophonen Studentengeneration aus Westindien und Westafrika in Frankreich im letzten Jahrzehnt vor dem Ausbruch des Zweiten Weltkriegs bewegten sich Césaire und Senghor ideologisch in einem breiten Spektrum von Sympathien für den Kommunismus über Zustimmung zu Kernsätzen von Gobineau bis zur Begeisterung für die deutsche Romantik und den Faschismus. Schon der »New Negro« hatte die Hinwendung zum wiederentdeckten Afrika inmitten einer als feindlich empfundenen weißen Industriewelt gefeiert. Seit 1929 kultivierte die »Négritude« dieselben Werte. In den intellektuellen Salons von Paris nahmen sie aus dem Gemisch widerstreitender Ideen vor allem spätromantische, völkische Ideen auf und verarbeiteten sie zur Verherrlichung alles Schwarzen schlechthin, gleichsam zu einem schwarzen Blut- und Bodenkult. Ihr schwarzer Gegenrassismus diente ebenso wie derjenige Garveys dazu, den durch Sklaverei und Kolonialismus eingeimpften Minderwertigkeitskomplex der Schwarzen durch einen eigenen Überwertigkeitskomplex zu kompensieren. Allerdings war er harmlos und nicht aggressiv, gesättigt mit europäischer Kultur, bei Senghor vor allem mit deutscher Romantik und Goethe.

Kolonialherrschaft und früher Nationalismus in Afrika

Insgesamt ließ der Erste Weltkrieg die Vorherrschaft europäischer Kolonialmächte und ihre besondere Variante des kolonialen Rassismus in Afrika äußerlich unberührt. Ausgehend von Südafrika und parallel zur faktischen Apartheid, verstärkte sich sogar noch der Versuch, klimatisch geeignete Gebiete zu »White Man's Country« zu machen. Von Südafrika, Angola und Moçambique sowie von Deutsch-Ostafrika (Tanganjika) aus reichte die Bewegung bis nach Kenia, ins Hochland der Kikuyu, das »weiß« werden sollte. Den Kampf um den Boden bestritten die Weißen mit rassistischen Argumenten. Umgekehrt wurden »südafrikanische Verhältnisse« zum abschreckenden Modell für den sich von Britisch-Westafrika aus formierenden afrikanischen Nationalismus. Die weiße Siedlerbewegung als Höhepunkt direkter, den afrikanischen Boden für weiße Kolonisten beanspruchenden Herrschaft wurde auf dem Hochland von Kenia aufgehalten: Die katastrophalen Folgen eines Widerstands der Kikuyu voraussehend, entschied 1923 die britische Regierung in London, daß das Hochland Kenias nicht »White Man's Country« werden sollte. Es bedurfte freilich erst des Mau-Mau-Aufstandes im Rahmen der allgemeinen Dekolonisation nach dem Zweiten Weltkrieg, damit diese Grundsatzentscheidung politische Realität wurde.

So verstärkte die weiße Siedlungsbewegung dialektisch die historische Gegenkraft, den aus dem liberalen Britisch-Westafrika stammenden afrikanischen Nationalismus. Die politische Organisierung des beginnenden afrikanischen Nationalismus hatte ihre Hauptbasis zunächst in Britisch-Westafrika. Dort nutzten Repräsentanten der aus verschiedenen Wurzeln (»Mulatten«, Mission, Exsklaven aus England und Amerika) zusammengewachsenen Schicht akkulturierter Afrikaner 1920 die Chance des Ersten Weltkriegs zur Gründung des »National Congress of British West Africa« unter der geistigen Führung von Casely-Hayford.[23] Er begnügte sich mit der bescheidenen Forderung nach Autonomie, über die nach dem Zweiten Weltkrieg jüngere Nationalisten hinausdrängten. Casely-Hayford stand mit Du Bois und Garvey in Kontakt, aber nach seinem Tod 1930 schlief der »Congress« faktisch ein.

Garvey wirkte auf die sich modernisierende Elite Afrikas stärker, als sein äußeres Scheitern in den USA vermuten läßt. Einige der dynamischsten Vertreter der nächsten Generation – Nnamdi Azikiwe (geb. 1904) und Kwame Nkrumah (1909–1972) – gerieten spätestens während ihres Studiums in den USA an afro-amerikanischen Universitäten unter seinen Einfluß. Selbst einer der Lehrer Nkrumahs im neu gegründeten Achimota College bei Accra, der sanftmütige James E. K. Aggrey (1875–1927), träumte davon, in seiner unvollendeten Dissertation zu beweisen, daß auch Afrika große Reiche wie Europa gehabt hatte. Die Zugehörigkeit zum liberalen Britischen Empire gab dem jungen afrikanischen Nationalismus mehr Möglichkeiten zur Artikulation und Organisation als jede andere Kolonialmacht, sogar in Britisch-Ostafrika, wo die Anfänge des afrikanischen Nationalismus gegenüber Britisch-Westafrika um eine Generation zurücklagen.

4. Brennpunkte Südafrika und Algerien

Neben der wichtigsten Vorentscheidung im Hochland von Kenia, deren historische Konsequenzen aber erst eine Generation später sichtbar wurden, bauten sich nach dem Ersten Weltkrieg im Schwebezustand zwischen schon erschütterter Kolonialherrschaft und sich erst vorbereitender Dekolonisation nach dem Zweiten Weltkrieg an drei Stellen besonders explosive Spannungen auf: in

Südafrika, Algerien und Palästina. Überall bahnten sich schwere Konflikte an, die erst nach 1945 sichtbar wurden und teilweise noch heute weiterschwelen. Der Rassismus äußerte sich als Ideologie der Konfliktparteien in vielfältig variierten und gebrochenen Formen. In jedem Fall gerieten Juden zwischen die Fronten von Kolonialismus und nationalen Befreiungsbewegungen.

Die Formierung der Apartheid in Südafrika

In Südafrika beschleunigte der Erste Weltkrieg die Tendenz zur Unabhängigkeit, aber nur zugunsten der herrschenden weißen Minderheit, die schon 1910 mit der Gründung der Südafrikanischen Union die innere Autonomie erhalten hatte. Gerade auf Druck Südafrikas setzte sich die faktische Souveränitätserklärung der weißen Dominien Englands zwischen 1926 und 1931 durch. Mit der Übertragung Deutsch-Südwestafrikas als Völkerbundsmandat erweiterte sich 1920 die heterogene weiße Führungsschicht (Buren, Engländer; Juden) noch um deutsche Kolonisten und verstärkte so das weiße rassistische Element. Im kolonialen Einwanderungsland Südafrika identifizierten sich die nach 1881 aus Osteuropa einwandernden Juden als »Weiße« überwiegend mit der sich entfaltenden Apartheid auf der Grundlage der Industrialisierung, an der sie einen aktiven Anteil hatten.

Die südafrikanische Kolonialgesellschaft war eine Variante der Rassen-Kasten-Gesellschaft der Sklaverei. Die calvinistischen Buren waren in ihrem Großen Treck in die Sezession und staatliche Unabhängigkeit mit ihren wichtigsten ökonomischen Instrumenten – Ochsen und Sklaven – aufgebrochen, um der Sklavenemanzipation und der liberalen Behandlung der Afrikaner durch die britische Kolonialmacht zu entgehen.[24] Mit ihrem alttestamentarischen Glauben an als von Gott »auserwähltes« Volk sind sie ein klassisches Beispiel für den Konflikt zwischen harter Siedlermentalität vor Ort und der eher liberalen Zentralregierung im Mutterland.

Seit Beginn der Industrialisierung versuchten die Buren, ihre Rassen-Kasten-Gesellschaft der Sklaverei gewaltsam durch die erst später so genannte Apartheid zu konservieren. Die militärische Niederlage gegen England im Burenkrieg (1899–1902) wandelten sie in einen politischen Sieg um, da sie durch die Gründung der Südafrikanischen Union einen erweiterten Einzugsbereich und freie Hand gegenüber den Afrikanern erhielten. Die Parallele zum »New South« in den USA nach der »Reconstruction«-Periode liegt auf der Hand. Es gehört zu den superben Ironien der jüngsten Weltgeschichte, daß die liberale und fortschrittliche Öffentlichkeit in ihrer sentimentalen Sympathie für das »tapfere kleine Volk« der Buren in den Fängen des übermächtigen englischen Imperialismus[25] völlig blind für die den Betroffenen damals schon erkennbaren Folgen der sich anbahnenden Apartheid war.

Mit der Verdrängung der Afrikaner vom Land als freie Eigentümer durch das »Lands Act« 1912/13 eröffneten die Buren den Kampf um den Boden. Durch die Errichtung von Reservaten nach amerikanischem Vorbild für Indianer erzwangen sie die räumliche Trennung von schwarzer und weißer Bevölkerung auf dem flachen Land. In den Städten und Industriezentren wurden die schwarzen Arbeiter bewußt nur für die gröbsten, niedrigsten und gefährlichsten Arbeiten als fluktuierende Wander- und Kontraktarbeiter auf ein Jahr eingestellt, in großen Arbeitslagern (»compounds«) zusammengepfercht – ohne Frauen und unter Bedingungen, die eher modernen Zwangsarbeitslagern glichen. Afrikaner sollten nicht in den industriellen Prozeß hineinwachsen oder gar seßhaft werden, sondern vielmehr als leicht manipulierbare, halbnomadisierende und wieder abschiebbare billige Arbeitskräfte im Status einer Kaste rechtloser Fremder verbannt bleiben. Im Vergleich dazu waren die Sklavenplantagen der Neuen Welt, in denen Sklaven eigene Familien gründen konnten, noch relativ human, wenn auch der ökonomisch erzwungene Aufenthalt in den »compounds« meist nur ein Jahr dauerte. Die Beibehaltung der aus der Zeit der Sklaverei stammenden Paßgesetze, die die Freizügigkeit der Afrikaner beschränkten und kontrollierten, ist nur ein Element der Kontinuität von der Sklaverei zur Apartheid.

Mit der Industrialisierung bildete sich ein weißes Industrieproletariat, das politisch weitgehend von der englisch geprägten Labour Party und der KP organisiert wurde. Entgegen ihrer internationalistischen Ideologie drängten Labour Party und KP als Repräsentanten der »armen« Weißen am unteren Ende der weißen Herrschaftspyramide auf die Ausschließung der Schwarzen von den besseren Stellen in der entstehenden Industrie. Nach dem blutigen Generalstreik am Witwatersrand 1922 erzwang die weiße Arbeiterschaft in der Koalition der überwiegend burischen Nationalisten mit der überwiegend englisch geprägten Labour Party 1924 das »Job Reservation Act«, das industrielle Gegenstück zum agrarischen »Lands Act«. Die heraufziehende Apartheid erhielt nunmehr auch eine industrielle Massenbasis. Die linken Arbeiterparteien rüttelten nicht an der industriellen Rassen-Kasten-Gesellschaft, sondern setzten ihren Platz über den Schwarzen durch[26]: Das Industrieproletariat der »armen Weißen« grenzte sich als unterste Subkaste der herrschenden weißen Gesamtkaste von den rechtlosen Afrikanern ab, u. a. mit der Parole des »White South Africa«. Dieser Vorgang war bisher einmalig in der Weltgeschichte: Das »Job Reservation Act« von 1924 vollendete eine Rassen-Kasten-Gesellschaft auf der Basis der Industrialisierung.

Gegenüber dem weißen sozialistisch-kommunistischen Arbeiter-Rassismus versuchte Clements Kadalie (1896–1951) aus Nyassaland, dem heutigen Malawi, mit seiner kurzlebigen Gewerkschaft »Industrial and Commercial Workers' Union of Africa« (ICU, 1920–1929) das schwarze Industrieproletariat zu organisieren. Zeitlich verliefen diese Bestrebungen parallel zum Garveyismus in den USA, ohne aber dessen allumfassenden, eklektischen und schwarz-rassistischen Anspruch zu vertreten.[27] Kadalie scheiterte u. a. an den südafrikanischen Kommunisten, die seine Gewerkschaft zu beherrschen suchten und sie so spalteten und diskreditierten.

In der Weltwirtschaftskrise übernahm die KP den ANC und wandelte ihn allmählich von einem nach dem Scheitern des Widerstandes gegen das »Lands Act« resignierenden Honoratioren-Club zu einer Kaderpartei mit wachsendem Massenanhang um, in dem die formale Führung nach außen bei Schwarzafrikanern blieb.[28] Da die zahlenmäßig kleine KP Südafrikas überwiegend aus osteuropäischen, meist litauischen Juden bestand, entstand in Südafrika eine weitere Variante jüdischer Existenz, denn aus dieser Konstellation erklärt sich eine Art Antisemitismus radikaler Panafrikanisten nach dem Zweiten Weltkrieg, die sich wegen dieser kommunistischen Lenkung aus dem Hintergrund seit 1959 vom ANC trennten.

Algerien zwischen französischem Antisemitismus und arabischem Nationalismus

In Algerien entfaltete sich eine nationale Unabhängigkeitsbewegung nur zögernd, da die Annexion durch Frankreich 1848 und die offizielle Politik der Assimilation allen Bewohnern politische und soziale Gleichberechtigung verhieß. Die französische Siedlergesellschaft, die sich im 19. Jahrhundert nach der Eroberung Algeriens die besten Böden zum Anbau von Wein angeeignet hatte, behandelte jedoch Araber und Berber mit einem rassistischen Hochmut kolonialen Charakters. Die sephardischen Juden identifizierten sich mit den Europäern. Sie erhielten erst im »Debakel« von 1870 die vollständige Emanzipation durch die Verleihung der Bürgerrechte. Als Kehrseite wurden sie sofort Zielscheibe des französischen Antisemitismus, der sich in Algerien in Boykotts und gewalttätigen Ausschreitungen gegen Juden offener und extremer austobte als im französischen Mutterland. Ab 1881 folgten Pogrome, Plünderungen jüdischer Geschäfte, Zerstörung und Entweihung von Synagogen und Thorarollen[29]. Auf dem Höhepunkt des Dreyfus-Skandals gewann die antisemitische Partei vorübergehend das Mandat für die Abgeordnetenkammer und das Bürgermeisteramt von Algier (1898–1902). Hitlers Sieg in Deutschland 1933 begrüßten die Antisemiten in Algerien freudig und veranstalteten 1934 ein Massaker an Juden in Constantine. In der Vichy-Periode traf die algerischen Juden die volle Wucht antisemitischer Gesetze und Maßnahmen, sogar noch nach der Befreiung Algeriens im November 1942.

Zwischen den Weltkriegen konnte die soziale Komponente der französischen Assimilationspolitik die seit dem Zweiten Weltkrieg primäre Konfliktfront der Muslims (Araber, Berber) gegen die französische Kolonialmacht noch verdecken. Messali Hadj begann seine Agitation unter algerischen Arbeitern in Frankreich mit dem »Étoile Nordafricain« (1927–1936) als Frontorganisation der KPF. Erst mit der Lösung Messali Hadjs von der KPF zu Beginn der Volksfrontperiode regten sich die Anfänge einer algerischen nationalen Unabhängigkeitsbewegung. Die Juden standen unglücklich zwischen den sich formierenden Fronten: Die Mehrheit identifizierte sich mit der herrschenden Kolonialoligarchie, eine kleine Minderheit engagierte sich in der algerischen KP, die ihrerseits zwischen Mutterland und algerischem Nationalismus unsicher lavierte.

5. Jüdische Existenz IX: Die Lage in Palästina

In Palästina hatten die jüdisch-zionistischen Siedler ebenfalls eine ambivalente Stellung: Einerseits waren sie auf der Flucht vor dem mörderischen modernen Antisemitismus nach Palästina gekommen. Andererseits fühlten sie sich als Vorhut westlicher Zivilisation und materieller Überlegenheit. Zunächst stützten sie sich auf die dominierende Kolonialmacht England. Im Zusammenprall zwischen jüdisch-zionistischem und sich nur zögernd formierendem arabisch-palästinensischem Nationalismus erhielt der Rassismus neue Aspekte, vor allem der Antisemitismus in altem wie neuem Gewand.

Auf der Grundlage der vorangegangenen jüdisch-zionistischen Besiedlung seit 1882 schufen die Balfour-Deklaration von 1917 und das britisches Völkerbundsmandat 1920 den politischen und völkerrechtlichen Rahmen für eine provisorische Staatlichkeit der Juden in Palästina, von dem 1922 Transjordanien abgetrennt wurde. Ihre politische und soziale Repräsentation wurde die »Jewish Agency«, jedenfalls für alle, die eine eigene Staatsgründung bejahten. Sofort kam es zu Spannungen zwischen dem »alten« und »neuen« »Jischuw«. Schon im Vorfeld der jüdischen Staatsgründung erhob sich wieder der alte Konflikt zwischen streng orthodoxen Fundamentalisten und säkularisierten Juden. Die nun schon eingesessenen »Chalukka«-Juden, verstärkt durch Gleichgesinnte aus Europa (»Agudat Israel«), warteten in ihrem »messianischen Ghetto« auf den Messias und verwarfen jede politische Aktivität als von der Religion verbotenen Vorgriff auf das Kommen des Messias. Ihre Hochburg fanden die integralen Fundamentalisten in dem 1873 gegründeten Jerusalemer Stadtteil Mea Shearim. Dagegen standen – und stehen bis heute – säkularisierte Juden, die oft ganz pragmatisch nur in Palästina ein Asyl vor dem radikalisierten Antisemitismus suchten, vor allem seit dem Sieg des Nationalsozialismus in Deutschland.

So elend und verzweifelt die Lage der Juden nach europäischem Standard auch war – dank ihrem europäischen Hintergrund (Kenntnissen, Finanzen, Aufstiegswillen) waren sie den Arabern Palästinas materiell, organisatorisch und politisch noch immer weit überlegen. Abgesehen von den Beduinen bestand die arabische Bevölkerung zunächst nur aus armen Fellachen auf dem Boden türkischer Großgrundbesitzer, die ihr oft marginales Land

(Wüste, Sümpfe) als »absentee landlords« an das zionistische Kolonisationswerk verkauften, und aus Arabern in den wenigen, kleinen Städten. Mit dem Wachstum von Bevölkerung und Ökonomie als Folge der zionistischen Kolonisation wanderten Araber aus umliegenden Ländern ein, um die neuen und wachsenden Arbeitschancen wahrzunehmen. Sozial und politisch aber waren sie zersplittert und desorganisiert. Sie konnten nur auf den Islam zurückgreifen, der auf die Konfrontation mit der modernen Welt in Gestalt der europäischen Juden völlig unvorbereitet war. So bedienten sich die Araber des ebenfalls aus Europa stammenden Antisemitismus, vor allem in der nationalsozialistischen Version. Der parallel zu den Juden anwachsende arabische Bevölkerungsteil war daher politisch unzulänglich organisiert und geführt, unfähig, sich mit der jüdisch-zionistischen Siedlung konstruktiv auseinanderzusetzen. Der Großmufti von Jerusalem, geistlich-politischer Führer der Araber, suchte daher in Hitlers Deutschland Hilfe und verschärfte so den Konflikt zwischen Juden und Arabern um das von beiden als Ganzes beanspruchte Land.[30]

Allerdings machte es auch die zionistische Bewegung mit der quasi-religiösen Begründung ihres Anspruchs auf das Land (»Erez Israel«) und dem weiteren Anspruch, einen exklusiv jüdischen Nationalstaat zu gründen, schwer, eine tragfähige Kompromißlösung zu finden. Die sog. Kulturzionisten um Martin Buber, die für einen gemeinsamen arabisch-jüdischen Staat plädierten, waren und blieben nur eine kleine Minderheit.

Seit dem Scheitern einer Verständigung zwischen Chaim Weizmann und König Faisal 1919 eskalierte daher der Konflikt ständig, geschürt von Extremisten auf beiden Seiten. Der anschwellende Strom jüdischer Flüchtlinge aus Europa, seit 1933 aus Deutschland, seit 1938 auch aus Österreich und der ČSR, verstärkte die jüdische Minderheit. Als Reaktion auf den arabischen Aufstand von 1936 bis 1939 provozierte die Absicht der britischen Regierung, die Zahl der jüdischen Einwanderer künftig zu drosseln, die Terroraktivität illegaler, zionistischer Untergrundorganisationen (»Stern«, »Irgun Zvai Leumi«) gegen die Mandatsbehörden, die der Zweite Weltkrieg nur vorübergehend stillegte, bis sich der Sieg der Alliierten abzeichnete. Daß sich in diesen Spannungen und Konflikten zumindest bei einem Teil der Juden Überlegenheits- und Haßkomplexe quasi-rassistischer Art bildeten, war nach Lage der Dinge und aufgrund historischer Erfahrungen nicht auszuschließen und trug zur weiteren Verschärfung der Entwicklung bei.

VI. Die Zuspitzung des Rassismus in Deutschland: Vom »Griff nach der Weltmacht« zum »Holocaust«

In Deutschland steigerte sich der allgemeine euramerikanische Rassismus so sehr, daß er in einem Jahrzehnt alles bisher Dagewesene bei weitem überflügelte. Seit dem Bekanntwerden des »Holocaust«, symbolisiert durch Auschwitz, stellt sich immer wieder die für Deutsche wie Juden besonders quälende Frage nach den Ursachen. Die Spannung zwischen der Einzigartigkeit des absoluten Weltverbrechens Auschwitz im Rahmen des Weltverbrechens Zweiter Weltkrieg und dem Verlangen des Menschen, das an sich Unfaßbare doch begreifen zu wollen, zwingt zur historischen Einordnung: Obwohl Auschwitz alle bisherigen Maßstäbe sprengt, steht es am Ende einer langen Kette komplizierter Entwicklungen. Aus dem Axiom von der Einheit der Menschheit und des historischen Prozesses folgt die Anwendung der gleichen Maßstäbe: Mord bleibt Mord, erst recht Massenmord Massenmord, Völkermord oder Genozid Völkermord.

Die Vernichtung der europäischen Judenheit im Machtbereich des »Dritten Reichs« ist in letzter Zeit so oft und ausführlich dargestellt worden, daß an dieser Stelle mehr als summarische, aber historisch einordnende Verweise auf dieses quälendste aller Kapitel nicht nötig sind.[1]

1. Historische Rahmenbedingungen

Allgemeine Mechanismen der Weltgeschichte sind der Schlüssel für einen tastenden Versuch einer rationalen Erklärung, die kein Jota von der moralischen Verantwortung für das Geschehene wegnimmt und daher auch nicht unzulässig moralisch relativiert oder gar bagatellisiert.[2] Hier sind nur die für Deutschland wirksamen Besonderheiten innerhalb des euramerikanischen Rassismus zu nennen.

Seit der Judenemanzipation in Deutschland im Gefolge der Französischen Revolution und der Napoleonischen Eroberungen (1792–1813) bot Deutschland in seiner außerordentlichen Dynamik für fast ein Jahrhundert die besten Möglichkeiten zur Entfaltung der aus den Fesseln des Ghettos befreiten Juden. Obwohl die Gleichberechtigung unvollständig war und Diskriminierungen, besonders im Vergleich mit England und Frankreich, blieben, integrierten sich Juden in den allgemeinen Wirtschafts- und Bevölkerungsaufstieg Deutschlands und nahmen einen prominenten Anteil an Deutschlands glänzender Stellung in Kultur und Wissenschaft, Technik und Wirtschaft. Als der junge Mendelssohn in Weimar vor dem alten Goethe als musikalischer Wunderknabe konzertierte, hatte längst eine deutsch-jüdische Kultursymbiose begonnen, die beide Seiten bereicherte.[3] In der Stadt mit dem höchsten jüdischen Bevölkerungsanteil, Frankfurt am Main, waren Juden als großzügige Stifter gleichzeitig weithin auch Träger des Kulturlebens.

Der hohe Anteil von Juden – assimilierten, säkularisierten wie religiös-liberalen – an den freien Berufen gab zugleich der Judenheit in Deutschland ein großes Gewicht innerhalb der europäischen Judenheit insgesamt, obwohl allmählich die Mehrheit durch Mischehen oder Übertritt zum Christentum dem religiösen Judentum weithin verlorenging. Deutschland war auch die Hochburg der jüdischen Assimilation an ihre europäische Umgebung. Die deutsche Sprache stieg zum führenden Medium der internationalen Kommunikation unter Juden auf. Die frühen zionistischen Programmschriften, Pinkers *Autoemanzipation* (1882) und Herzls *Judenstaat* (1896), erschienen – selbstverständlich – auf Deutsch, ebenso wie das Zentralorgan der Zionistischen Bewegung *Die Welt*. Die offizielle Verhandlungssprache der Zionistischen Kongresse war Deutsch – bis 1933. Deutschland wurde zum großen finanziellen und personellen Rückhalt für die Führung des Zionismus. Umgekehrt lieferte der deutsche Antisemitismus mit seiner »Endlösung« dialektisch auch elementare Voraussetzungen für die Gründung des »Judenstaats« (Herzl) Israel. Die hohe Wertschätzung der deutschen klassischen Kultur durch die Juden, selbst nach dem »Holocaust«, ist einer der bewegendsten Aspekte in der Geschichte des Rassismus. Andererseits erklärt die glänzende Stellung der Juden in Deutschland den besonders rabiaten Umschlag bis zum »Holocaust«, aber auch die Unerbittlichkeit, mit der seitdem viele Juden Deutschland betrachten und beurteilen.

Die massive Einwanderung von Juden aus Rußland (»Ostjuden«) seit den Pogromen ab 1881 wirkte sich auf die deutsche Judenheit ambivalent aus: Einerseits verstärkten die »Ostjuden« numerisch die durch das Absinken der Geburtenzahl, die Mischehen und den Übertritt zum Christentum in ihrer physischen Existenz bedrohte Judenheit in Deutschland, zugleich auch den orthodoxen, assimilationsunwilligen Kern des religiösen Judentums. 1933 gab es in Deutschland ca. 500000 gläubige Juden, darunter 109000 ohne deutsche Staatsangehörigkeit, also »Ostjuden«, sowie 380000 Deutsche christlicher Konfession »jüdischer Abstammung«.[4] Aus den Zahlen spricht eine starke Tendenz zur Assimilation: Es gab nur noch wenig mehr gläubige Juden als zum Christentum Konvertierte und ihre sich der jüdischen Abstammung erinnernde Nachfahren. Da die meist wohlhabenden deutschen Juden schon vor 1914 als eine der ersten Gruppen in Deutschland zur Zweikinderehe der modernen Industriegesellschaft übergingen[5], bewahrten nur noch die kinderreichen orthodoxen, sonst aber ungeliebten »Ostjuden« die deutsche Judenheit vor dem langfristigen Aufgehen in der deutschen Gesellschaft.

Andererseits provozierten die meist armen Neuankömmlinge Spannungen in Verhältnis zu den meist assimilierten, wirtschaftlich und kulturell höherstehenden einheimischen Juden (Herzl: »Jeder Jude hat seinen Ostjuden«). Die »Ostjuden« gaben dem gerade aufkommenden Antisemitismus – wie in Österreich – zusätzlichen Auftrieb, weil sie äußerlich in die antisemitischen Klischeebilder hineinpaßten. Sprecher der verfolgten osteuropäischen Juden dagegen kritisierten die etablierten deutschen Juden, daß ihr Engagement am Zionismus kaum viel mehr bezwecken sollte als das möglichst rasche Abschieben lästiger »Ostjuden« aus Deutschland, um dort ihre eigene, relativ privilegierte Position durch den neuen Antisemitismus nicht zu gefährden.

Deutschlands »Griff nach der Weltmacht«

Die allgemeinste deutsche Voraussetzung für den »Holocaust« ist der zweifache Griff des Deutschen Reiches »nach der Weltmacht«

im Ersten und Zweiten Weltkrieg. Deutschlands zweimaliger Anlauf zur Erzwingung einer Weltmachtposition, in deren weiterer Konsequenz eine deutsche Weltherrschaft gelegen hätte, läßt sich in historischen Perspektiven ebenfalls rational erklären: Im Zuge der Expansion von Bevölkerung, ökonomischem Potential und militärischer Macht hatte sich im Laufe des 19. Jahrhunderts in der Mitte Europas – traditionell seit fast 700 Jahren ein relatives Machtvakuum – ein modernes Machtpotential zusammengeballt, wie es die Welt bisher noch nicht gekannt hatte. Auf der Grundlage einer ebenfalls bis dahin einmaligen Kultur- und Wissenschaftsexplosion seit der deutschen Klassik im damals politisch fragmentierten, ökonomisch unterentwickelten »Deutschland« hatten die Auswirkungen der Französischen Revolution, der Napoleonischen Expansion und der beginnenden Industrialisierung Reform- und allgemeine Wachstumsprozesse ausgelöst, die rasch eine atemberaubende Eigendynamik entfalteten. Die Reichsgründung von 1871 war die logische Folge und Zwischenetappe in der dynamischen Expansion Deutschlands. Als neues Machtzentrum in Europa drängte Deutschland nach 1871 auf weitere Expansion, wie dies bisher alle neue Machtzentren in der Weltgeschichte vor ihm getan hatten. Es sah sich aber – auch da einmalig in der Weltgeschichte – statt wie üblich nicht an die Peripherie eines schon bestehenden Machtzentrums plaziert, sondern in die Mitte.[6] Von hier aus wurde die weitere weltpolitische Expansion Deutschlands selbstmörderisch, ob in Übersee im Zuge seiner »Weltpolitik« ab 1896/98 oder nach Südosten über Österreich-Ungarn und den Balkan ins Osmanische Reich. Der Erste Weltkrieg war in einem antagonistischen Staatensystem die kaum vermeidbare Folge. Erst das Eingreifen der potentiellen Weltmacht USA entschied 1917/18 über den Kriegsausgang.

Trotz der Niederlage und Revolution, den Territorialverlusten und üblichen Folgekosten eines verlorenen großen Krieges (Inflation, Wirtschaftskrise, soziale Konflikte) behielt die Weimarer Republik das Potential einer europäischen Großmacht. Als einen der Hauptschuldigen für die deutsche Niederlage gegen die »Weltkoalition« von 1914/18 machte der rasch radikalisierte deutsche Antisemitismus die Juden aus, erst recht seit der allgemeinen Weltwirtschaftskrise von 1929, die in Deutschland politisch besonders katastrophal wirkte. Der Wille zur Revanche und zum Wiederaufstieg, zumindest zur Größe von 1914, verdichtete sich zum zweiten »Griff nach der Weltmacht« Deutschlands innerhalb einer Generation, der – ebenso konsequent wie 1914 – zu einem neuen Weltkrieg führte. Die deutschen Kraftanstrengungen waren noch gewaltiger und gewaltsamer und richteten sich nach innen auf die Herstellung der angeblich notwendigen Einheit als Voraussetzung für die geplante kriegerische Expansion nach außen. So wurden die Herrschaft des Nationalsozialismus und der von ihm entfesselte Zweite Weltkrieg die wichtigsten historischen Voraussetzungen für den singulären Massenmord an den Juden.

Deutschland und der »Holocaust«

Beim Anlegen gleicher Maßstäbe an das Weltphänomen Rassismus zeigt sich auch für den deutschen Fall die Wirksamkeit der schon früher umrissenen historischen Mechanismen: Der Rassismus ist meist der Ausdruck einer (tatsächlichen oder eingebildeten) Überlegenheit einer Gesellschaft, die Ideologie einer expandierenden Macht oder das Produkt einer schweren Krise. Wo Juden die (relativ) glänzendste Stellung in einer mächtigen Gesellschaft innehatten, traf sie die nächste große Katastrophe.

Nach 1933 steigerte sich Deutschland, im Einklang mit seiner sonstigen Dynamik, von einem bis dahin relativ niedrigen Niveau des Antisemitismus und Rassismus in eine geradezu schwindelerregende Höhe von Exzessen. Im Blitztempo durcheilte es Jahrhunderte rassistischer Praxis und überbot sie alle mit Auschwitz – von den mittelalterlichen Judenverfolgungen bis zu den Pogromen in Rußland. Das »Dritte Reich« machte die Judenemanzipation rückgängig und hob sogar die Assimilation durch die Jagd auf die jüdische Großmutter wieder auf. Die älteren Praktiken des antijüdischen Rassismus bündelten und potenzierten sich im NS-Rassismus, zusätzlich verstärkt durch die enorme ökonomische und militärische Macht des in hektischer Expansion explodierenden »Dritten Reichs«. Der einsame Gipfel des »Holocaust« erklärt sich daher nicht aus kriminellen Erbanlagen der Deutschen, wie ein gegen die Deutschen gewendeter Gegenrassismus annehmen könnte, der sie in der Tat zu einem hoffnungslosen Fall der Weltgesellschaft und Weltgeschichte abstempeln würde, sondern aus einem komplexen Ensemble historischer Faktoren und Mechanismen, das sich hier in aller Kürze nur grob skizzieren läßt.

Als intensivere und vergröbernde Fortsetzung des Ersten Weltkrieges wirkte der Zweite Weltkrieg in derselben Richtung wie der Erste, nur härter, massiver, extremer: Mit ihm schuf sich der NS-Rassismus selbst die entscheidende welthistorische Rahmenbedingung, die extreme Ausnahmesituation, in deren Windschatten sich der deutsche Antisemitismus im Genozid von Auschwitz zur extremsten Variante des Rassismus steigerte. In seinen eigenen Sturz nach dem Scheitern des zweiten »Griffs nach der Weltmacht« riß Hitler noch Millionen der von ihm dämonisierten Juden mit in den Abgrund.

2. Jüdische Existenz X: Juden und Antisemitismus in Deutschland bis 1914

Innerhalb des europäischen Anti-Judaismus und Antisemitismus weist Deutschland spezifische Traditionen auf, die auch als Reflex jüdischer Existenz in Deutschland zu verstehen sind und die umgekehrt zur allgemeinen deutschen Geschichte gehören.

Der ältere Anti-Judaismus

Im Mittelalter waren die antijüdischen Pogrome der meist aus Frankreich durchziehenden und der einheimischen Kreuzfahrer des 1. und 2. Kreuzzuges auf deutschem Boden besonders massiv. Vor allem trafen sie jüdische Gemeinden in den alten Römer- und Bischofsstädten am Rhein, ferner in Regensburg und Prag. Während der Großen Pest hatten Judenmassaker der Flagellanten, von Spanien bis Ungarn, ihren Schwerpunkt in Deutschland. Luther und die Reformation setzten neue Akzente. Andererseits verhinderte der Zerfall der politischen Zentralmacht im Reich eine generelle Vertreibung der Juden oder ihre Zwangstaufe auf »nationaler« Ebene, wie sie die neuen Nationalmonarchien des Westens, von England (1290) bis Portugal (1497), praktiziert hatten. Vielmehr blieb im zerfallenden Reich die Vertreibung von Juden örtlich und regional begrenzt (z. B. aus Brandenburg 1573). Nach dem Dreißigjährigen Krieg konnten die Juden aus ökonomischen Gründen wieder in die Städte zurückkehren.

Der bedeutendste antijüdische Agitator der Frühen Neuzeit, Johann Andreas Eisenmenger (1654–1704), kam aus Deutschland. Sein umstrittenes Buch *Entdecktes Judentum* (1711), das erst nach seinem Tod erschien, weil es der jüdischen Gemeinde in Frankfurt bis zu diesem Zeitpunkt gelungen war, die Veröffentlichung zu verhindern, legte die pseudowissenschaftliche Quellengrundlage zum späteren Antisemitismus.

Der Große Kurfürst, Friedrich Wilhelm von Brandenburg (1640–1688), der die ökonomische Funktion sephardischer Juden aus den Niederlanden kannte, wo er zeitweilig aufgewachsen war, holte sich 1671 zur »Repeuplierung« seines vom Dreißigjährigen Krieg erschöpften Landes auch die reicheren der von den Habsburgern aus Wien vertriebenen Juden nach Brandenburg. Die Wiederzulassung von Juden bedeutete für die Keimzelle der kommenden deutschen Großmacht einen neuen Anfang. Friedrich Wilhelm I. (1713–1740) und Friedrich II. (1740–1786) verschlechterten wieder die Position der Juden, zuletzt mit dem »Judenreglement« von 1750: In sechs Stufen wies es Juden gemäß ihrer Finanzkraft unterschiedliche Rechte zu: Es gab Juden mit »Generalprivileg und wirtschaftlicher Gleichstellung«; »ordentliche« und »außerordentliche Schutzjuden«; Beamte der jüdischen Gemeinden; »geduldete« Juden; jüdische Bedienstete jüdischer Privilegierter, mit einer Aufenthaltserlaubnis nur für die Dauer des Arbeitsverhältnisses und ohne Heiratsrecht.[7] Später provozierte das Judenreglement den Protest Gotthold Ephraim Lessings (»schimpfliche Unterdrückung«), da es seinem Freund, dem großen jüdischen Aufklärer Moses Mendelssohn (1729–1786), nie mehr als die Position eines drittklassigen »außerordentlichen Schutzjuden« zubilligte. In *Nathan der Weise* (1779/81) setzte Lessing Mendelssohn ein unvergängliches Denkmal, zugleich ein Denkmal der Toleranz und Humanität in der deutschen Klassik.

Gleichzeitig eröffnete der preußische Staatsrat Christian Wilhelm Dohm (1751–1820) auf Anregung Mendelssohns mit seinem Werk *Über die bürgerliche Verbesserung der Juden* (1781) die europäische Debatte über die Judenemanzipation.[8] Seine Initiative wirkte sich sofort in Österreich aus, denn Kaiser Joseph II. (1765/80–1790) setzte mit seinen sechs Toleranzpatenten im Rahmen der Josephinischen Reformen (1782–1788) die Anregungen aus dem Norden sofort um. 1786/88 erhielten die galizischen Juden ihre deutschen Namen, die viele noch heute als Juden kenntlich machen. Seit Dohms Initiative drängten die preußischen Juden, vertreten von der führenden Berliner Gemeinde, auf die volle Emanzipation und die Bürgerrechte, verbunden mit der Übernahme aller Bürgerpflichten, auch des Militärdienstes. Eine erste Welle antijüdischer Publizistik bewog jedoch 1803 die preußische Regierung, die 1787 zaghaft begonnenen Arbeiten zur Reform des Judenreglements wieder einzustellen.

Vorläufer des deutschen Antisemitismus (1793–1819)

Wie so oft in der Geschichte eröffnete der Abschluß einer lang herbeigesehnten Entwicklung den Umschlag ins Gegenteil – die fast vollständige Judenemanzipation in Deutschland 1872 brachte den Antisemitismus hervor. Ein deutscher Antisemitismus konnte sich auf große heimische Autoritäten berufen: nach Luther und Eisenmenger auf den Spätaufklärer und frühromantischen Nationalisten und Philosophen Johann Gottlieb Fichte (1762–1814). Sein Ansehen als erster gewählter Rektor der preußischen Reformuniversität par excellence, der Berliner Universität – bis 1933 die beste und prestigereichste Universität der Welt –, war groß. Zumindest in der antijüdischen Polemik setzte Fichte mit seinem *Beitrag zur Berichtigung der Urteile des Publikums über die französische Revolution* (1793) die Tradition Voltaires fort, denn er lieferte im Kern Argumentationsmuster des späteren Antisemitismus: Das Judentum erschien bei ihm als ein »mächtiger, feindselig gesinnter Staat, der mit allen übrigen in beständigem Krieg steht«, »auf dem Haß des ganzen menschlichen Geschlechts aufgebaut«. Alle Polemik gipfelte in zwei Empfehlungen: »Juden Bürgerrechte zu geben, dazu sehe ich wenigstens kein Mittel als das, in einer Nacht ihnen alle die Köpfe abzuschneiden, und andere aufzusetzen, in denen auch nicht eine jüdische Idee sei. Um uns vor ihnen zu schützen, dazu sehe ich wieder kein ander Mittel, als ihnen ihr gelobtes Land zu erobern, und sie alle dahin zu schicken.«[9]

Selten läßt sich der dialektische Zusammenhang zwischen der Emanzipation der Juden und dem Rassismus bzw. Antisemitismus so klar erkennen wie bei Fichte. Protest erhob sofort der Berliner jüdische Schriftsteller Saul Ascher (1767–1822) in seiner Schrift mit dem bezeichnenden Titel *Eisenmenger der Zweite* (1794). Fichtes berühmte *Reden an die deutsche Nation* (1810) waren zwar überwiegend antifranzösisch, aber seine Behauptung, die Deutschen seien das »Urvolk« der Welt, setzte die Säkularisierung seit der Aufklärung mit einer weiteren Degradierung der Juden fort, deren Kultsprache Hebräisch auch im altchristlichen Verständnis als »Ursprache« gegolten hatte. Der »christlich-deutsche« Nationalismus der Romantik war von vornherein auch antijüdisch: Die »Christlich-deutsche Tischgemeinschaft« von 1811 bis 1813, ein Zusammenschluß führender Intellektueller in Berlin, zu der neben den Dichtern Clemens v. Brentano (1778–1842) und Heinrich v. Kleist (1777–1811) sowie dem Rechtshistoriker Karl Friedrich v. Savigny (1779–1821) auch Fichte gehörte, nahm keine Juden, Getaufte oder deren Nachkommen auf. Sie griff historisch auf die »Blutreinheit« zurück und nahm den »Arierparagraphen« des »Dritten Reiches« vorweg.

Die für die politische Ausrichtung des deutschen Bürgertums so wichtigen Deutschen Burschenschaften waren ebenfalls »christlich-deutsch«, also antijüdisch, angefeuert von den Reichspatrioten der Befreiungskriege wie Ernst Moritz Arndt (1769–1820) und dem »Turnvater« Friedrich Ludwig Jahn (1778–1852). Der professorale Mentor der Burschenschaften, Jacob Friedrich Fries (1773–1843), verband in seiner Flugschrift *Über die Gefährdung des Wohlstandes und Charakters der Deutschen durch die Juden* (1816) die Ablehnung der Judenemanzipation mit dem Rat, die Juden nach dem Vorbild der Pharaonen zu behandeln und sie »mit Stumpf und Stiel« auszurotten. Auf ihrem Wartburgfest 1817 verbrannten die Burschenschaften u.a. die Polemik Saul Aschers gegen deren Germanomanie (1816) und Deutschtümelei – ein Vorgriff auf die amtliche Bücherverbrennung in Deutschland von 1933, denen, wie Heinrich Heine voraussagte, später auch die Verbrennung von Menschen folgte.

Die sozialen Unruhen der Nachkriegsdepression nach 1815 erhielten mit den Hepp-Hepp-Unruhen von 1819 (»Hepp-Hepp« war eine altdeutsche Aufforderung zur Judenhatz) nur in Deutschland eine antijüdische Dimension mit gewaltsamen Ausschreitungen. Der Schwerpunkt lag in Süddeutschland, hatte aber Auswirkungen nach Osten bis Wien, Prag und Krakau, nach Norden bis Hamburg und Kopenhagen. In Universitätsstädten hatten Studenten führenden Anteil an den Gewalttätigkeiten gegen Juden.

Erst mit dem Untergang des alten Reichs und Altpreußens 1806 verschwanden auch in Deutschland die Ghettos, zuerst in den von Frankreich ab 1795 annektierten Gebieten, zuletzt in Nordwestdeutschland bis Lübeck 1810, ferner in den Rheinbundstaaten. Im neuen Königreich Westfalen wirkte unterdessen ab 1807 Dohm im Staatsdienst.[10] Der Zusammenbruch des friderizianischen Stände- und »Kastenstaates« warf mit der Umwandlung zur Klassengesellschaft am Beginn der Industrialisierung auch die Frage nach der Stellung der Juden als diskriminierter Kaste auf. Als eine der Hardenbergschen Reformen zog das Judenedikt von 1812 erste Konsequenzen, ohne den Juden die volle Emanzipation und bürgerliche Gleichberechtigung zu bringen. Der Widerstand von rechts (Landadel) und »links« (Bürgern à la Fichte) war zu stark.

Preußens und Österreichs Vorstoß auf dem Wiener Kongreß, den Juden im Deutschen Bund volle Emanzipation und Gleichberechtigung einzuräumen, scheiterte an den süddeutschen Staaten sowie an Frankfurt und Bremen: Die Angst des »christlichen« Bürgertums vor der jüdischen Konkurrenz war offenkundig. So blieb der rechtliche Status der Juden in Deutschland chaotisch, in Preußen unterschied er sich sogar von Provinz zu Provinz, da das Judenedikt von 1812 nur für die kurbrandenburgischen Kerngebiete galt. Nach 1814 drehte die Reaktion die ohnehin nur »unvollständige Emanzipation« (E. Hamburger) teilweise wieder zurück: Schon das Judenedikt hatte Juden von einer Staatsstellung in der Armee, Verwaltung und Justiz ferngehalten. Gegen Hardenbergs Position eines Frühliberalismus verdrängte jedoch die preußische Reaktion die Juden aus dem Lehrberuf und schloß sie 1822 von der Habilitation an preußischen Universitäten aus – Beschränkungen, die erst das preußische Judengesetz von 1847 wieder aufhob. Im Wechsel zwischen drei Perioden der Emanzipation (1808–1815, 1848/49, 1859–1871) und zwei Perioden der Reaktion (1815–1847, 1849–1858) setzte sich, parallel zur allgemeinen deutschen Liberalisierung, schließlich doch die fast vollständige Emanzipation durch, im Norddeutschen Bund 1869 und im neuen Reich 1872.

Seit der Industrialisierung erschien der erste Auftakt zum späteren Antisemitismus in Deutschland nur noch als vorübergehende Irritation, als Anachronismus, den die Fortschritte des Wirtschaftswachstums, der Bildung und Liberalisierung wieder vergessen machen könnten.[11] Bald nach der Reichsgründung 1871 und fast vollendeten Judenemanzipation 1872 brachte die zweite Weltwirtschaftskrise von 1873, die in die Deflationsperiode der »Großen Depression« bis 1896 überging, auch in Deutschland den Durchbruch zum modernen, säkularisierten, rassistischen und politisch organisierten Antisemitismus. Nicht zufällig fielen Bismarcks Wechsel der Bündnispartner von den Nationalliberalen zu den Konservativen, Schutzzoll, Sozialistengesetz und Beginn des Antisemitismus zeitlich zusammen im Jahr 1878.

Zur historischen Erklärung des scheinbar jähen Umschlagens von der Judenemanzipation zum eskalierenden Antisemitismus in Deutschland drängt sich wieder der düstere historische Mechanismus seit dem griechisch-jüdischen Konflikt in der Antike auf: Allen Beschränkungen zum Trotz hatten die Juden im Industrialisierungsprozeß ihren Fähigkeiten gemäß rasch eine Position in Wirtschaft und Gesellschaft errungen, die sie insgesamt schneller und sichtbarer am industriellen Wohlstand teilhaben ließ als viele andere Mitglieder der deutschen Gesellschaft. Um die Jahrhundertwende gehörten ca. 90 % aller Juden in Deutschland zum höheren bis mittleren Bürgertum, vor allem konzentriert in Berlin. Dort stellte ein jüdischer Bevölkerungsanteil von 3 % etwa ein Drittel des Steueraufkommens.[12] Obwohl sich der Lebensstandard der deutschen Gesellschaft mit der Industrialisierung insgesamt hob, waren viele Deutsche nicht bereit, den überproportionalen Beitrag der Juden zum Anwachsen des deutschen Nationaleinkommens volkswirtschaftlich zu würdigen. Erst recht diejenigen, die sich subjektiv als Opfer des wirtschaftlichen Wandels fühlten, sahen nur, daß die vorher verachteten »Ghettojuden« plötzlich an ihnen »vorbeizogen«, mit einem oft genug auch ostentativ zur Schau gestellten neuen Reichtum.

Deutschlands rasche Industrialisierung schuf wieder die vertraute Konstellation: eine glänzende Stellung der Juden in der seit 1871 kompakten Großmacht einerseits, wachsende Ressentiments gegen raschere jüdische »Aufsteiger« andererseits. Gerade die

Aufstiegschancen im sich industrialisierenden und für Juden liberalisierenden Deutschland – in Wirtschaft, Wissenschaft und Kultur, den freien Berufen als Anwälte, Journalisten, Publizisten, Mediziner usw. – und ihr im Verhältnis zu ihrem Bevölkerungsanteil überproportionaler Beitrag zu der sich entfaltenden atemberaubenden Dynamik, setzten den bekannten Mechanismus in Gang. Er traf vor allem erneut die säkularisierten und assimilierten Juden, getaufte Exjuden und ihre Nachfahren, die deutschen »Conversos«. Für den »rassisch« argumentierenden Antisemitismus wurden alle »Juden« gleich: Ob orthodox, gläubig, säkularisiert, assimiliert oder gar getauft und in zweiter oder dritter Generation christlich – wie auch immer Juden sich verhielten, und waren sie noch so patriotisch und staatstreu, der Antisemit verfuhr nicht mehr nach Lessings Ringparabel im *Nathan*, sondern hielt sich, zunächst nur akademisch und agitatorisch, an das schreckliche Wort des Lateinischen Patriarchen von Jerusalem, ebenfalls im *Nathan*: »Tut nichts, der Jude wird verbrannt!«.

Nach den drei Emanzipationsperioden vor 1871 gingen bis zum Ersten Weltkrieg drei antisemitische Wellen über das Kaiserreich hinweg – von 1878 bis 1881, 1893 bis 1904 und 1912 bis 1914.[13] Die Weltwirtschaftskrise und »Große Depression« setzten bald auch in Deutschland den modernen Antisemitismus frei, obwohl sich Bismarck damals noch auf dem Berliner Kongreß mit noblen Worten für die, wie wir heute sagen würden, Menschenrechte und völlige Gleichstellung der Juden in Serbien, Montenegro und Rumänien einsetzte.[14] Das Jahr 1878 gilt als Beginn des politischen und rassistischen Antisemitismus in Deutschland, das 1879 auch das fortan programmatische Schlüsselwort »Antisemitismus« als Kampfbegriff lieferte. Auf dem flachen Land, vor allem in Hessen, hatten als Deutschsoziale Partei firmierende rechtsextreme Antisemiten im Reichstag von 1893 bis 1904 bereits 16 Reichstagsmandate.

Der Berliner Hofprediger Adolf Stoecker kombinierte in seiner Christlich-Sozialen Arbeiterpartei drei wesentliche Dimensionen des deutschen Epochenjahrs 1878: Im Interesse der Konservativen agierte er primär gegen die Sozialdemokratie, aber die »christlich-soziale« Komponente mit ihrem impliziten sekundären Antisemitismus gewann bald die Oberhand, so daß sich Stoecker vor allem als antisemitischer Agitator einen Namen machte. Von 1879 bis 1898 war er Mitglied des Preußischen Landtags und zwischen 1881 und 1908, mit einer Unterbrechung von fünf Jahren, Mitglied des

Reichstags. Auf universitärer Ebene entsprach ihm der wortgewaltige Historiker Heinrich v. Treitschke. Er kam dem jungen Antisemitismus mit einem Aufsatz in den *Preussischen Jahrbüchern* von 1879 zur Hilfe. Dort heißt es programmatisch: »Die Juden sind unser Unglück!« – ein Satz, den später Julius Streicher (1885–1946) als Motto auf der Frontseite seines *Stürmer* den Deutschen einhämmerte.

Die antisemitische Bewegung erhielt schon 1879 für die große »Antisemitenpetition« 265 000 Unterschriften. Sie forderte von Bismarck, die Einwanderung ausländischer Juden, der »Ostjuden«, zu verringern oder zu verhindern, sie von Staatsstellungen auszuschließen, den christlichen Charakter der Volksschule zu erhalten und die Statistik über die jüdische Bevölkerung wieder aufzunehmen. Bismarck wurzelte zwar im christlich-aristokratischen Anti-Judaismus, aber als Staatsmann hatte er das Deutsche Reich auf eine liberale Judenpolitik festgelegt, zuletzt nach außen auf dem Berliner Kongreß von 1878, und er hielt sich offiziell fern von antisemitischen Tendenzen. Vielleicht dachte er auch an die diskreten und unschätzbaren Dienste, die ihm jüdische Bankiers wie Gerson v. Bleichröder und die Rothschilds vor allem bei der geheimen Finanzierung seines Krieges gegen Österreich 1866 ohne parlamentarische Bewilligung während des preußischen Heereskonfliktes geleistet hatten.[15]

1879 prägte der deutsche Publizist Wilhelm Marr (1818–1904) das programmatische Schlüsselwort »antisemitisch«, als er die »Antisemiten-Liga« gründete, um seiner Agitation eine organisatorische Basis zu geben. Dem baldigen Scheitern der »Liga« zum Trotz blieb der neue Begriff haften. Über die bald wieder abebbende erste Welle des deutschen Antisemitismus hinaus hatte die Gründung des »Vereins Deutscher Studenten« (VdSt) 1881 eine bleibende Wirkung: Wie nach 1815 die Burschenschaften gab jetzt der VdSt dem neuen Antisemitismus die akademische Respektabilität und verbreitete ihn im deutschen Bürgertum. Wie in der »Christlich-deutschen Tischgesellschaft« blieb den Juden und Nachfahren getaufter Juden die Mitgliedschaft verwehrt. Die meisten anderen Studentenverbindungen folgten früher oder später.

Die zweite antisemitische Welle erhob sich an der Schwelle zur Weltpolitik: Der »Deutschnationale Handlungsgehilfenverband« und der »Bund der Landwirte«[16], beide gegründet 1893, waren primär Organisationen zur Durchsetzung »national« definierter wirtschaftlicher Sonderinteressen der Angestellten in den Städten bzw. der Agrarier, vor allem Ostelbiens. Aber beide waren auch antisemitisch und zunehmend rassistisch, ebenso wie der ein Jahr später gegründete »Alldeutsche Verband«, das politische Hirn des deutschen Chauvinismus.[17] Schließlich schwemmte 1893 eine erste Woge des Antisemitismus, nach dem anfänglichen Einzelgänger Stoecker, erstmals 16 antisemitisch-völkische Abgeordnete in den Reichstag, die aber ihre Mandate bei den Reichstagswahlen von 1903 wieder vorloren. Beunruhigender war es, daß die Deutschkonservative Partei in ihrem Tivoli-Programm von 1893 antisemitische Forderungen aufnahm. Die Stärke des neuen Antisemitismus läßt sich auch daran ablesen, daß sich 1893 deutsche Juden gezwungen sahen, sich im »Central-Verein Deutscher Staatsbürger Jüdischen Glaubens« (C.V.) zu organisieren. Sie versuchten insbesonders durch publizistische Aufklärung gegen die Lügen und Verleumdungen der antisemitischen Agitation anzugehen.[18]

Verheerende Wirkung hatte die 1894 gegründete »Gobineau-Gesellschaft« im Bayreuther Dunstkreis Richard Wagners. Ihr Gründer, Ludwig Schemann (1852–1938), besorgte die Übersetzung Gobineaus (1897/1900) und bog Gobineaus trübe Weltuntergangsstimmung – »Rassentod« durch »Rassenmischung« – in einen sozialdarwinistischen Aktivismus um: Die Rettung sei möglich durch gezielte »Rassenhygiene« im »Kampf ums Dasein«. Gobineaus relative Indifferenz gegenüber den Juden wurde umgewertet in einen rabiaten Antisemitismus: Die Juden avancierten zur Quelle alles Bösen.

Als Reaktion auf eine eigene interne Krise warf sich der »Alldeutsche Verband« ab 1902 zum organisierten Vorkämpfer des Rassismus auf – gegen Juden, Slawen und farbige »Rassen«: Im »Rassenkampf« werde die »reinste Rasse« siegen, eben die Deutschen als »reinste« Nachfahren der »Arier«, wie ihnen Gobineau bescheinigt hatte. Schon 1909 verengten die Alldeutschen den anhebenden »Rassenkampf« auf »Germanen« und »Slawen«, eine Parole, mit der Deutschland 1914 offiziell in den Ersten Weltkrieg zog.

Die dritte antisemitische Welle steht im Zusammenhang mit der konservativ-rechtsextremen Reaktion in Deutschland auf das offenkundige Scheitern des Kaiserreichs – auf das Auflaufen der »Weltpolitik« seit der 2. Marokkokrise von 1911 und auf den Aufstieg der SPD zur stärksten Fraktion im Reichstag bei den Wahlen vom Januar 1912. In absehbarer Zukunft, vielleicht schon nach den nächsten Reichstagswahlen, schien eine linksliberal-sozialdemokratische Mehrheit ins Haus zu stehen, die auch ohne Revolution die herrschenden Machtverhältnisse grundlegend verändern würde. Die Rechtsextremen, jetzt eindeutig unter der ideologischen Führung der Alldeutschen, reagierten mit Panik und Flucht nach vorn.

1912 erschienen zwei rechtsextreme Erfolgsbücher: General a. D. Friedrich v. Bernhardis *Deutschland und der nächste Krieg* und das »Kaiserbuch« des Vorsitzenden der Alldeutschen, Justizrat Heinrich Claß *Wenn ich Kaiser wäre,* das unter dem Pseudonym Daniel Frymann veröffentlicht wurde. Beide forderten den »Präventivkrieg« gegen die später so emphatisch beschworene »Welt von Feinden« nach außen, die Zerschlagung der Sozialdemokratie und die Verdrängung der Juden aus Deutschland nach innen, um die für den Existenzkampf des Deutschen Reiches notwendige innere Einheit und Geschlossenheit zu erreichen. Dieselbe Position vertrat der alldeutsche General a.D. Konstantin v. Gebsattel 1913 in einer vertraulichen Denkschrift an den Kronprinzen Wilhelm, die für den Kaiser und Reichskanzler Bethmann Hollweg gedacht war.[19]

Die Kombination von breitgestreuter Agitation in der Öffentlichkeit durch zahllose Artikel, Broschüren mit politischen Bestsellern (Bernhardi, Frymann) und diskreter Einflußnahme hinter den Kulissen (Gebsattel) wurde typisch für das Kaiserreich unmittelbar vor dem Ersten Weltkrieg. Die politische Stoßrichtung und die Konsequenzen waren klar: Nach außen die Provozierung eines Krieges zu dem für Deutschland angeblich günstigsten Zeitpunkt, nach innen ein Staatsstreich oder Bürgerkrieg gegen die SPD, ferner die Rücknahme der Judenemanzipation als Reaktion gegen die Französische Revolution. Der Antisemitismus und ein rassistisch verengter Chauvinismus, der sich vor allem gegen die Slawen richtete, waren inzwischen fast zum Allgemeingut der Rechten geworden und drangen auch bis zu den Nationalliberalen und Teilen der katholischen Zentrumspartei vor.

So bot das Deutsche Kaiserreich am Vorabend des Ersten Weltkrieges ein widersprüchliches Bild: Einerseits waren rechtsextreme antisemitische Parteien und Organisationen gescheitert, scheinbar und äußerlich. Vor 1914 hatte sich die antisemitische Welle in einer neuen Phase der Prosperität wieder verlaufen. Der konstitutionelle, liberale Industrie- und Rechtsstaat schien genügend Sicherungen zum Schutz der sich rasch weiter assimilierenden Juden eingebaut zu haben. Andererseits wurde die außerparlamentarische wie parlamentarische Rechte – die Alldeutschen als deutsche Version der chauvinistischen Pan-Bewegungen und die Konservativen – zunehmend antisemitisch. Mit dem steigenden Machtanspruch der kommenden Weltmacht Deutschland nach außen breitete sich der Ruf nach »nationaler« Einheit im Inneren vor, der sich zuletzt in dialektischer Verschränkung gegen Slawen und Juden wandte. Der »Radau-Antisemitismus« der Völkischen erschien vor 1914 schon überholt, aber der bürgerliche Broschüren-Antisemitismus wurde in der spätwilhelminischen Gesellschaft salon-, kasino-, sogar hoffähig.[20] In Wirklichkeit war Deutschland etwa seit einer Generation ins Zentrum des internationalen Antisemitismus gerückt, absorbierte Anregungen von außen, verarbeitete sie auf theoretischem und agitatorischem Niveau und gab sie wieder nach außen weiter. Gleichzeitig drang das rassistische, besonders das antisemitische Gift in weite Bereiche der deutschen Gesellschaft ein, von der Rechten bis in die höchsten Spitzen des Staates.

Aber ebenso wahr ist auch: Der Rechts- und (obwohl noch nicht vollparlamentarische) Verfassungsstaat des Kaiserreichs verhinderte das Aufkommen von Pogromen oder von Pogromstimmung wie in Rußland und Algerien. Die wenigen Beschränkungen für Juden in Deutschland betrafen damals vor allem Offiziers- und höchste Ministerialstellen. Das Verschwinden der verbliebenen Diskriminierung schien nur noch eine Frage der Zeit: Der Fortschritt der Industrialisierung, Aufstieg der linksliberalen und sozialdemokratischen Parteien, die sich mit der geplanten Parlamentarisierung auch für die Vollendung der Judenemanzipation aussprachen, würden in absehbarer Zukunft die Integration durch die von den meisten deutschen Juden bejahte Assimilation vollenden.

3. Jüdische Existenz XI: Die Eskalation des deutschen Antisemitismus bis zum Zweiten Weltkrieg

Solange Deutschlands Aufstieg bis 1914 ungebrochen anhielt, blieb äußerlich der Antisemitismus im Kaiserreich auf relativ niedrigem Niveau. Erst die ungeheure Kraftanstrengung des Ersten

Weltkrieges, gefolgt von militärischer Niederlage und Revolution, öffnete dem Antisemitismus Tür und Tor, der bis zum »Dritten Reich« rasch eskalierte.

Der Erste Weltkrieg

Der Ausbruch des Ersten Weltkrieges veränderte jäh die Gesamtsituation. Schon vor dem Krieg, erst recht nach seinem Beginn, proklamierte der Kaiser ihn als »Rassenkrieg«, vor allem zwischen »Germanen und Slawen«. Die deutsche Führung versuchte zwar in einem Aufruf an die Juden Kongreßpolens im August 1914 in jiddischer Sprache das jüdische Ressentiment gegen das Zarenregime mit seinen Diskriminierungen und Pogromen für eine deutschfreundliche Stimmung auszubeuten.[21] In der innerdeutschen Debatte um die Annexion und Germanisierung eines »polnischen Grenzstreifens«, die eines der konkretesten deutschen Kriegsziele war, zeichnete sich jedoch eine aufschlußreiche Differenzierung ab: Ein Teil der mit den Plänen befaßten Regierungsvertreter plädierte dafür, die polnischen Juden im geplanten »Grenzstreifen« zu belassen und wegen des Jiddischen als germanisierendes Element im deutschen Interesse einzusetzen. Dagegen forderte ein konsequent antisemitischer Flügel außer der Aussiedlung der polnischen Landbevölkerung (die zwar unter Druck, sonst aber unter Wahrung rechtsstaatlicher Formen durch Entschädigung, Optionsmöglichkeit u.ä. erfolgen sollte), auch Juden aus der erweiterten »Ostmark« zu verdrängen, sie nach »Rumpf-Polen« abzuschieben.[22]

Deutsche Juden beteiligten sich in großer Zahl und für sie selbstverständlicher Loyalität an den Kriegsanstrengungen ihres Vaterlandes, an der Front wie in der Heimat, so Walther Rathenau durch Aufbau der deutschen Rüstungswirtschaft. Aber Kurt Riezler, der engste Berater des Reichskanzlers Bethmann Hollweg, verheiratet mit einer Tochter des jüdischen Malers Max Liebermann und sicher der stärkste Kopf im Regierungsestablishment des wilhelminischen Deutschland, registrierte besorgt das Ansteigen antisemitischer Äußerungen in höchsten Kreisen des Reiches.[23] Schon 1916 war die antisemitische Grundstimmung im Reich so gestiegen, daß das preußische Kriegsministerium, unter dem Druck der neuen 3. Obersten Heeresleitung (OHL) Hindenburg-Ludendorff, ihr mit der berüchtigten »Judenzählung« nachgab, um zu beweisen, daß Juden besonders zahlreich Drückeberger in Heimat und Etappe seien.[24] Das Ergebnis der Umfrage bewies das genaue Gegenteil – einen überproportionalen Anteil von Juden an der Front, unter Toten, Verwundeten und mit Orden für Tapferkeit ausgezeichneten Frontsoldaten. Deshalb unterblieb die Veröffentlichung des für Antisemiten unbequemen Ergebnisses, und so avancierte die Behauptung des angeblichen jüdischen »Drückebergertums« zum Standardargument der antisemitischen Agitation in Deutschland. Die Deutsche Vaterlandspartei als Antwort auf die Friedensresolution des Reichstages 1917 faßte noch im Krieg das rasch wachsende rechtsextreme Potential zusammen und verschaffte so dem Antisemitismus einen größeren Resonanzboden denn je zuvor.

Novemberrevolution und Weimarer Republik

Durch die Novemberrevolution 1918 und die Weimarer Republik fielen zunächst die letzten Beschränkungungen für Juden im Kaiserreich. Formal konnten Juden nunmehr auf dem Höhepunkt ihrer sozialen und ökonomischen Entfaltungsmöglichkeiten Ministerämter bekleiden. Gleichzeitig markierte der Gipfel ihrer Aufstiegschancen schon den Umschlag in die kommende Katastrophe: Die Spannung im Kaiserreich zwischen dem Rechts- und Verfassungsstaat und dem in der Gesellschaft anwachsenden Antisemitismus löste sich zusehends zugunsten einer gesellschaftlichen Dominanz des Antisemitismus auf und hatte die bekannten politischen Konsequenzen. Einer der auslösenden Faktoren war die verstärkte Einwanderung von durch Krieg und polnischem Antisemitismus entwurzelten »Ostjuden«, deren Anwesenheit den deutschen Antisemitismus indirekt weiter anheizte.

Nach der ungeheuren Kraftanstrengung des Ersten Weltkrieges hatten für die deutsche Rechte Kommunisten, Sozialisten, Freimaurer, Pazifisten und Juden mit dem »Dolchstoß in den Rücken der siegreichen Front« erst die Niederlage herbeigeführt. Wie nach dem Debakel Frankreichs 1870/71 gaben die traumatische Niederlage Deutschlands und die Revolution dem Antisemitismus erhöhten Auftrieb. Die Kontinuität vom Kaiserreich durch den Ersten Weltkrieg über die Weimarer Republik zum »Dritten Reich« und Zweiten Weltkrieg springt für den deutschen Antisemitismus besonders ins Auge: Die NSDAP bildete sich aus einer

Münchner Gruppe nationalistischer Arbeiter, die sich in der Vaterlandspartei organisiert hatten. Den programmatischen Namen »Nationalsozialistische Deutsche Arbeiterpartei« übernahm sie in abgewandelter Form von einer fast namensgleichen rechtsextremen Partei nationaler Arbeiter Deutschböhmens, die sich – gegen die internationalistische Sozialdemokratie – bewußt als »nationale« Sozialisten abgrenzten. Als Parteifahne wählte sie die Trikolore schwarz-weiß-rot des Kaiserreichs, bereichert durch das Hakenkreuz, das schon vor 1914 ein Schlüsselsymbol des völkischen Arierkultes geworden war. Ludendorff, Initiator der »Judenzählung« von 1916, war der früheste und prominenteste Förderer der Völkischen; Großadmiral Tirpitz, der Schöpfer der deutschen Schlachtflotte gegen England sowie der Gründer und Mitvorsitzende der Vaterlandspartei, folgte ihm in der Konsolidierungsphase der Weimarer Republik zwischen 1924 und 1928 als Reichstagsabgeordneter der Deutschnationalen Volkspartei (DNVP). Der Antisemitismus verband stärker denn je die rechtsextremen Chauvinisten, die für Deutschlands Wiederaufstieg als gleichberechtigte Großmacht agitierten.

Gleichzeitig erlebten die Bemühungen um die »wissenschaftliche« Fundierung der »Rassenkunde« in der Weimarer Republik einen neuen Höhepunkt. Damals erschienen grundlegende Werke deutscher »Rassenkundler«, z. B. von H. K. Günther, die später im »Dritten Reich« eine große Karriere machten. Der Rassismus konzentrierte sich positiv auf die Glorifizierung der »nordischen Rasse«, negativ auf die Herabsetzung der Slawen, Romanen, Juden und aller »farbigen Rassen«.[25] Da Deutschland seine Kolonien verlor, hatte es noch weniger als früher Kontakt zu Afrikanern. Aber der Einsatz afrikanischer Kolonialtruppen in Europa – gegen Angehörige der weißen »Herrenrasse« – bei der Besetzung an Rhein und Ruhr durch Frankreich in den Jahren 1921 und 1923 galt in Deutschland als »Kulturschande« und gab dem Rassismus gegen »Farbige« eine demagogisch ausgebeutete Konkretisierung. Die »Verniggerung« durch den aus den USA kommenden Jazz verstärkte das Vorurteil und die Abneigung gegen Schwarze.

Die antisemitische Agitation der extremen Rechten erreichte jetzt ungefähr das Niveau der Dritten Französischen Republik vor und nach dem Dreyfus-Skandal, hatte aber noch keine Auswirkungen auf die amtliche Politik des Reiches, wie z. B. zur gleichen Zeit in Polen. Ein frühes Warnsignal war zwar schon die Ermordung Rathenaus 1922, aber international mochte man sie noch mit der Ermordung des polnischen Staatspräsidenten Narutowic im selben Jahr vergleichen. Ausschreitungen im Berliner »Scheunenviertel« gegen »Ostjuden« im Krisenjahr 1923 wurden von der Polizei sofort unterdrückt. Auch in der Weltwirtschaftskrise seit 1929 blieb die steigende antisemitische Agitation auf die extreme Rechte begrenzt, war also immer noch Parteisache und blieb unterhalb des Niveaus staatlicher Maßnahmen. Immerhin war der Antisemitismus in die deutsche Gesellschaft schon so weit eingedrungen, daß sich die demokratischen Parteien nicht mehr trauten, offen und energisch gegen die antisemitische Agitation der Rechten Front zu machen – aus Angst, noch mehr Wählerstimmen an die Rechte zu verlieren. Selbst die beiden Wunschparteien der meisten deutschen Juden, die linksliberale Deutsche Demokratische Partei (DDP) und die SPD, bedienten sich nur ganz diskret finanzieller und intellektueller Argumentationshilfen des jüdischen »Centralvereins« im »Abwehrkampf« gegen die NSDAP in der Schlußphase der Weimarer Republik.[26] Auch versagten einzelne Richter jüdischen Bürgern den vollen Schutz des äußerlich noch immer intakten Rechtsstaates: Das Klima der deutschen Öffentlichkeit war zuletzt schon antisemitisch angeheizt, als der Staat noch in demokratischer und rechtsstaatlicher Routine verharrte.

An den Universitäten übte die wachsende extreme Rechte Druck auf jüdische Professoren, Dozenten und Studenten aus. Universitätsstudenten gaben in den AStA-Wahlen schon vor 1933 dem »Nationalsozialistischen Deutschen Studentenbund« (NSDStB) die Mehrheit. Viele studentische Verbindungen waren traditionell chauvinistisch und antisemitisch. Auch hier wiesen Studenten in die antisemitische Zukunft. Daher witterten schon seit dem ersten Wahlsieg der NSDAP im September 1930 sensible Juden die heranziehende Gefahr im steilen Anstieg der NSDAP. Seitdem begann eine begrenzte und noch unauffällige Auswanderung deutscher Juden nach Palästina.

Hitlers Mein Kampf: *»Volk und Rasse«, »Staat«*

Mit dem »Dritten Reich« stieg der Rassismus in denkbar schärfster Zuspitzung zur offiziellen Staatsdoktrin auf. Noch in der Weimarer Republik bündelte der Führer der NSDAP, Adolf Hitler, in der deutschen Gesellschaft zirkulierende Elemente des Rassismus in seinem Agitationsbuch *Mein Kampf* (1925/26) zur »rassischen« »Weltanschauung«, vor allem in Band I, Kap. 2 (»Volk und Rasse«) und Band II, Kap. 2 (»Der Staat«). Die historische Bedeutung von *Mein Kampf* läßt sich in vier Hauptpunkten umreißen: Hitlers Elaborat, weitschweifig, mit vielen Wiederholungen, liest sich wie ein Resümee zur Geschichte des Rassismus, auch wenn Hitler nur selten seine Quellen nennt (Wagner, Schopenhauer, H. St. Chamberlain, *Protokolle der Weisen von Zion*). Heute erscheinen Hitlers Ideen als das genaue Gegenteil dessen, was humane Wissenschaft auch damals schon für richtig hielt. Hitler reflektiert die historische Situation seiner Gesellschaft – Deutschland zwischen dem ersten gescheiterten »Griff nach der Weltmacht« im Ersten Weltkrieg und dem kommenden »Griff nach der Weltmacht« im Zweiten Weltkrieg. Er gibt konkrete Handlungsanweisungen für die allgemeine Politik und zur Rassenpolitik, vor allem gegen die Juden, jedoch nicht gewissermaßen ins »Blaue« hinein, sondern für sich selbst als künftigen Leiter der deutschen Reichspolitik. Seine Sprache ist oft scheinbar religiös (»heilig«, »ewig«, »Sünde«, »Gnade«, »Weihe«, »göttliches Wollen«, »Werk des Herrn«), in Wirklichkeit dualistisch-apokalyptisch, auf das Ende der Welt hin orientiert, auf die Wahnidee des »Rassentodes« fixiert, wie schon Gobineau.

Der Inhalt ist radikal säkularisiert: In der Weltgeschichte dominiert die »Rasse«, die Menschen sind körperlich und geistig unterteilt in »höhere« und »niedere« »Rassen«. »Rassenvermischung« ist »Blutschande«: »Die Sünde wider Blut und Rasse ist die Erbsünde dieser Welt und das Ende einer sich ihr ergebenden Menschheit.« Sie rächt sich durch Sterilität der »Bastarde« (vgl. auch Edward Long, 1774) oder beschränkte »Fruchtbarkeit der späteren Nachkommen«, durch Senkung des Niveaus der »höheren Rasse« in der schon erreichten »Höherzüchtung«. Der »Siegeszug der besten Rasse« ist die »Vorbedingung zu allem menschlichen Fortschritt«. Die beste »Rasse« ist die der »Arier«. Sie ist der eigentliche »Kulturbegründer«, der »Urtyp dessen«, »was wir unter ›Mensch‹ verstehen«, die »geniale Rasse« schlechthin. Der Arier schuf die Kultur durch »Verwendung niederer Menschen«, die »Versklavung unterworfener Rassen«. Solange ihm die »Reinhaltung des Blutes« gelang, herrschte er unangefochten. »Blutvermischung« und »Senkung des Rassenniveaus« führten »zum Verlust

jener Widerstandskraft, die nur dem reinen Blute zu eigen ist«. Die
»Blutreinheit« zur Überwindung der »Rassenschande« ist dazu
»berufen«, »Ebenbilder des Herrn zu zeugen und nicht Mißgebur-
ten zwischen Mensch und Affe«.

Der allgemein formulierte Rassismus spitzt sich zuletzt auf die
Juden zu: »Den gewaltigsten Gegensatz zum Arier bildet der
Jude«, der ewige »Parasit im Körper anderer Völker«, der »große
Meister im Lügen« (Schopenhauer). Er ist keine Religionsgemein-
schaft, sondern »Volk«, sogar »Rasse«, eine wahre »Pest«, mit dem
Traum der eigenen »Weltherrschaft«, so daß »in unserem Volke die
Personifikation des Teufels als Sinnbild alles Bösen die leibhaftige
Gestalt des Juden annimmt«. Juden brachten »Neger an den
Rhein«, um »durch die dadurch zwangsläufig eintretende Bastar-
disierung die ihnen verhaßte weiße Rasse zu zerstören, von ihrer
kulturellen und politischen Höhe zu stürzen und selber zu ihren
Herren aufzusteigen«. Von selbst gleitet Hitler in die Interpretation der Ereignisse, die zum Ersten Weltkrieg führten, und endet
mit dem gesperrt gedruckten programmatischen Ziel: »Einen germanischen Staat deutscher Nation«.

Die macht- und »rassepolitischen« Konsequenzen malt Hitler im
Kapitel »Der Staat« weiter aus – in einem Punkt ganz realistisch:
Das gewaltige Ziel einer faktischen Weltherrschaft, auf das das
Kaiserreich schon mit seiner »Weltpoltik« zusteuerte, ließ sich
ohne Krieg nicht erreichen. Erst recht mußte der von Hitler propagierte und exekutierte zweite Anlauf zur Weltherrschaft Krieg
provozieren, auf dessen Vorbereitung er seine Leser entschlossen
einstimmte: Herstellung der Einheitsfront schon vor Kriegsausbruch gegen Marxisten, Juden und Pazifisten: Die »Voraussetzung
geistiger Leistungsfähigkeit« liegt »in der rassischen Qualität des
gegebenen Menschenmaterials«; daraus resultiert die große Bedeutung des Sports und des Heeres. Dem (angeblich) marxisti-
schen Standpunkt: »Mensch ist gleich Mensch« will er den Krieg
erklären und ist auch zur »letzten Konsequenz« bereit, die sich aus
anderen Zusammenhängen aufdrängt: Euthanasie, die Ankündi-
gung der späteren Judenvernichtung durch Vergasen: »Hätte man
zu Kriegsbeginn und während des Krieges einmal zwölf- oder
fünfzehntausend dieser hebräischen Volksverderber so unter Gift-
gas gehalten, wie Hunderttausende unserer allerbesten deutschen
Arbeiter aus allen Schichten und Berufen es im Felde erdulden
mußten, dann wäre das Millionenopfer an der Front nicht vergeb-

lich gewesen. Im Gegenteil: Zwölftausend Schurken zur rechten Zeit beseitigt, hätte vielleicht einer Million ordentlicher, für die Zukunft wertvoller Deutschen das Leben gerettet.«[27]

Generell spitzte Hitler in Übereinstimmung mit weiten Teilen der deutschen Gesellschaft den euramerikanischen Sozialdarwinismus mit seinem »Kampf ums Dasein« auch auf die Beziehungen der Staaten untereinander zu: Das Überleben Deutschlands als Großmacht sei nur noch möglich durch die Unterwerfung »minderwertiger« Völker und die Vernichtung »niederer« »Rassen«, vor allem der Juden.

Das »Dritte Reich« bis zum Ausbruch des Zweiten Weltkrieges

Sein Machtantritt am 30. Januar 1933 gab Hitler die Mittel zur Erreichung seiner Ziele: Rasch holte das »Dritte Reich« noch vor Ausbruch des von ihm entfesselten Zweiten Weltkrieges den bisherigen »Rückstand« Deutschlands an Antisemtismus gegenüber anderen Ländern auf und überbot sie. Der Rassismus gegen Juden und Slawen wurde offen ein Teil der Integrationsideologie nach innen, um die kriegerische Expansion nach außen vorzubereiten. Die Ausschaltung der Juden, in *Mein Kampf* angekündigt, aber nicht ernst genommen, wurde in kurzer Frist erzwungen. Alle Klischees, Vorurteile und Lügen des älteren Anti-Judaismus seit der Antike und des modernen Antisemitismus wurden mobilisiert und gebündelt zum systematisch geschürten Judenhaß – die »arische Herrenrasse« stand gegen die jüdischen »Untermenschen«.[28]

Zur Erzwingung der monolithischen Einheitsfront im Inneren begnügte sich das »Dritte Reich« nicht damit, seine Gegner – Kommunisten, Sozialdemokraten, Zentrum, Liberale – politisch auszuschalten, in die Emigration, in Gefängnisse und Konzentrationslager, in den Untergrund oder den Freitod zu drängen. Der Einheits- und Reinheitswahn wandte sich auch gegen die rund 900 000 religiösen und säkularisierten, assimilierten Juden als angebliche Feinde des deutschen Volkes und wurden gemäß dem spanischen Prinzip der »Blutreinheit« sogar auf »Halb«- und »Vierteljuden« ausgedehnt: Wer fortan als deutscher »Volksgenosse« gelten wollte, mußte vier »arische« Großeltern nachweisen. Soziale Ächtung und Berufsverbot, ökonomischer Boykott und körperliche Drangsalierung bezeichneten schon 1933 die erste

Etappe des rasch eskalierenden Antisemitismus. Proteste im Ausland und jüdische Solidaritäts-Boykotte gegen deutsche Wirtschaftsinteressen erreichten nur vorübergehend eine Dämpfung der antisemitischen Kampagne.

Die Nürnberger Gesetze von 1935 institutionalisierten die Diskriminierung: Das »Reichsbürgergesetz« beschränkte die »Reichsbürgerschaft« auf »Staatsangehörige deutschen oder artverwandten Blutes«. Nicht-Reichsbürger wurden zu einfachen »Staatsbürgern« degradiert, vor allem die Juden. Das »Gesetz zum Schutz des deutschen Blutes und der deutschen Ehre« beschwor in einer kurzen Präambel ausdrücklich die »Reinheit des deutschen Blutes« als »Voraussetzung für den Fortbestand des deutschen Volkes«. Es stellte vor allem die »Eheschließungen zwischen Juden und Staatsangehörigen deutschen oder artverwandten Blutes« sowie den »außerehelichen Verkehr« zwischen beiden Gruppen unter Strafe. Die Judenemanzipation war endgültig rückgängig gemacht, die deutsche Judenheit wieder zur verfemten Kaste herabgedrückt.

Aus gesamtwirtschaftlichen Motiven bremste Hjalmar Schacht als Reichsbankpräsident und Reichswirtschaftsminister zwar vorläufig noch die systematische Verdrängung der Juden aus dem Wirtschaftsleben. Aus propagandistischen Gründen ruhte während der Berliner Olympischen Spiele 1936 vorübergehend die antisemitische Agitation. Zunächst fand noch über die Hälfte der deutschen Juden Rettung in der Emigration. Für Auswanderer nach Palästina organisierte die zionistische Bewegung Schulen und Ausbildungslager zur Vorbereitung auf die neue Situation. Makaber wirkt vor diesem historischen Hintergrund das Schicksal der »Rheinlandbastarde«: Farbige Kinder von marokkanischen und westafrikanischen Angehörigen der französischen Besatzungsmacht an Rhein und Ruhr wurden 1935 bis 1937 aus »Rassen«-Gründen zwangssterilisiert, um so die »Reinheit« des deutschen »Blutes« zu sichern: Die »schwarze Schmach« wurde gelöscht, indem die Kinder als »Bastarde« gebrandmarkt wurden. Was sich rassistische Phantasie erdachte – die angebliche Unfruchtbarkeit von Mischlingen –, wurde durch den erzwungenen operativen Eingriff, die Sterilisierung, exekutiert.[29]

Die nächste Eskalationsstufe erreichte der deutsche Antisemitismus mit der Expansion des NS-Regimes zum »Großdeutschen Reich«. Durch den »Anschluß« Österreichs, gefolgt von der Annexion des »Sudetenlandes« 1938 und der Besetzung der westlichen Rumpf-ČSR 1939, fielen rund 200000 Juden in Österreich, 118000 in der ČSR zusätzlich in die Hände des »Dritten Reichs«. Die SS unter Heinrich Himmler, die immer stärker die Federführung in der Politik gegenüber den Juden übernahm, forcierte eine halberzwungene Auswanderung durch die Kombination von Schein-Liberalität (Ausreiseerlaubnis, aber mit schweren Vermögenseinbußen) und Terror (Ausdehnung der Nürnberger Gesetze, Konfiskation, Pogrom, Deportation, Verschleppung ins KZ, Ermordung führender jüdischer Persönlichkeiten). Der Leiter der »Zentralstelle für jüdische Auswanderung« in Wien 1938 und Prag 1939 war Adolf Eichmann, später Koordinator der »Endlösung«. Bis zum Ausbruch des Zweiten Weltkriegs gelang fast 110000 Juden aus Österreich, bis zum endgültigen Verbot der Ausreise aus dem »Reichsprotektorat Böhmen und Mähren« im Oktober 1941 über 26000 Juden die Emigration. Die Zurückgebliebenen gerieten in die Todesmühle der »Endlösung«.

Inzwischen war ein weiterer rechtsstaatlicher Damm zum Schutz der jüdischen Minderheit geborsten und der Weg zur nächsten Stufe der Verfolgung freigemacht: die Pogromwelle der »Reichskristallnacht« und die Eliminierung der Juden aus der deutschen Wirtschaft. Die unmittelbare Vorgeschichte der »Reichskristallnacht« verweist auf das Zusammenspiel des Antisemitismus in Polen und Deutschland. Der Entzug der polnischen Staatsbürgerschaft für Juden in Deutschland durch die polnische Regierung im Oktober 1938, die Ausweisung der plötzlich »staatenlos« gewordenen rund 17000 Juden aus Deutschland nach Polen, das sich weigerte, sie aufzunehmen, brachten den Sohn einer betroffenen Familie, Herschel Grynszpan, dazu, den deutschen Diplomaten v. Rath in Paris zu ermorden. Das Attentat benutzte die NS-Führung als willkommenen Vorwand, um die schon zuvor geplante Verdrängung der Juden aus der deutschen Wirtschaft endlich in die Tat umzusetzen.

Unter dem Decknamen »Reichskristallnacht« inszenierten die NS-Machthaber vor allem mit Hilfe der SA eine Terrorwelle, die »spontane« Pogrome durch die deutsche Bevölkerung vortäuschen sollte: Rund 7000 jüdische Geschäfte und 29 Warenhäuser wurden geplündert, 171 jüdische Häuser und Wohnungen in Brand gesteckt, weitere 76 völlig zerstört, mindestens 30000 Juden kamen in »Schutzhaft«, d. h. sie wurden in Konzentrationslager verschleppt. Viele wurden mißhandelt, mindestens 91 ermordet, etwa ebensoviele Juden begingen Selbstmord.[30] Die angerichteten Schäden mußten die Juden auch noch selbst bezahlen, dazu als »Buße« für die Ermordung v. Raths 1,25 Milliarden Reichsmark aufbringen. Alle von Versicherungen an Juden zahlbare Entschädigungen beschlagnahmte das Reich. Es folgte die erzwungene »Arisierung«, d. h. jüdische Firmen gingen als Notverkäufe, meist weit unter Wert, in nichtjüdische, eben »arische« Hände über, oder es kam zu einer als Zwangsverkauf getarnten, faktisch entschädigungslosen Enteignung, da nominell meistens nur mit Reichsschuldverschreibungen »gezahlt« wurde.

Dem ökonomischen Ausschluß entsprach die gesellschaftliche Ächtung: Juden durften nicht mehr an öffentlichen kulturellen Veranstaltungen (Konzerten, Theateraufführungen usw.) teilnehmen, sie durften weder öffentliche Schulen noch Universitäten besuchen. Jüdische Apotheker, Ärzte und Tierärzte erhielten mit einer Durchführungsverordnung zum »Reichsbürgergesetz«, dem ersten der »Nürnberger Gesetze«, Berufsverbot. In vielen Geschäften durften Juden nicht mehr einkaufen, eingeschüchtert durch Schilder an der Tür wie »Juden unerwünscht«. Die »Reichskristallnacht« beschleunigte, wie beabsichtigt, die Auswanderung von Juden aus dem »Großdeutschen Reich«: Juden waren generell »unerwünscht«. Zurück blieben meist ältere und ökonomisch schwache Menschen, die Opfer des kommenden »Holocaust«. Ab 1. Januar 1939 erhielten alle deutsche Juden ein weiteres Stigma: Sie mußten fortan die altbiblischen Vornamen »Israel« bzw. »Sarh« führen.

4. Jüdische Existenz XII:
Der Zweite Weltkrieg und der »Holocaust«

Die Katastrophe entfaltete sich für die Juden (hebr.: »Shoah«) parallel zum Auf und Ab der deutschen Machtstellung im Zweiten Weltkrieg: Auf dem Höhepunkt des deutschen Siegeslaufs im Frühjahr 1941 reifte der Entschluß zum Völkermord. Seine Exekution begann unmittelbar nach dem deutschen Überfall auf die Sowjetunion vom 22. Juni 1941 mit Massenerschießungen der SD-Einsatzgruppen. Die letzte Steigerung brachte die Wannsee-Konferenz vom 21. Januar 1942, die schon im Schatten der sich anbahnenden Niederlage stand.[31]

Die jüngste, manchmal quälende Debatte in der Forschung zwischen »Funktionalisten« (Martin Broszat, Hans Mommsen) und »Intentionalisten« (Andreas Hillgruber, Eberhard Jäckel) über den Entschluß zur »Endlösung« löst sich in weiteren historischen Perspektiven auf: Gewiß kam es zur »Endlösung« auch aus einer Kumulation der Gesamtwirkung einzelner Maßnahmen, die zuletzt ein mörderisches Eigengewicht im NS-System und damit in der deutschen Gesellschaft gewannen (»Funktionalisten«). Ebenso sicher spielte Hitler eine zentrale Rolle, nicht indem er einen schriftlich fixierten »Führerbefehl« zur »Endlösung« gab, vielleicht noch nicht einmal einen zentralen mündlichen Befehl dieser Art. Wahrscheinlich reichte eine Kette hingeworfener Andeutungen, Anregungen, Wünschen oder Anordnungen (»Intentionalisten«), die sich in der Gesamtwirkung zu einem »Führerbefehl« verdichteten. Immerhin hatte Hitler mehrfach die Vernichtung des »Judentums« öffentlich angekündigt, z. B. in seiner Reichstagsrede vom 30. Januar 1939. In seinen letzten Äußerungen, zuletzt in seinem »Politischen Testament« kurz vor seinem Tod Ende April 1945 im »Endkampf« um Berlin, rühmte sich Hitler der Vernichtung der Juden als seiner historisch größten Tat.[32]

Ganz abgesehen von den moralischen Dimensionen, die heute und auf unabsehbare Zukunft immer niederdrückend bleiben, wirft die »Endlösung« ein schweres, sozusagen »technisches« Problem auf. Unter rein militärtechnischen Gesichtspunkten war der Völkermord an den Juden widersinnig, gerade auch vom Standpunkt des NS-Regimes und seiner Notwendigkeit, den von ihm selbst entfesselten Zweiten Weltkrieg überstehen zu müssen: Er band enorme Ressourcen (Transportkapazitäten, Personal für die Organisierung und Überwachung der KZ, Baumaterial) und vernichtete Arbeitskräfte, u. a. Facharbeiter, die der deutschen Rüstungsindustrie bei guter Behandlung hätten zugute kommen können, in einem selbstzerstörerischen Ausmaß, das selbst die militärischen Kraftanstrengungen NS-Deutschlands spürbar behinderte. Der Haß auf die Juden hatte im deutschen Antisemitismus eine Eigendynamik gewonnen, die andere rationale Überlegungen beiseite schob. Erst recht unkalkulierbar und unabwägbar sind die gesellschaftlichen und moralischen Verluste, die sich Deutschland durch den Völkermord selbst zufügte: 1933 war Deutschland ein Kultur- und Wissenschaftsland auf hohem Niveau, seit dem »Holocaust« ist es auf unabsehbare Zeit moralisch gezeichnet.

Unbeantwortet bleibt auch die bedrückende Frage, wieviel die deutsche Bevölkerung vom Völkermord wußte, inwieweit die durch Geheimhaltung abgeschirmte und voneinander abgeschottete, parzellierte Mitwirkung an der Durchführung des »Holocaust« (Eisenbahntransport, Bewachung der KZ usw.) auch eine hinnehmende Billigung einschloß. Sicher wußten mehr Deutsche von dem schrecklichen Geschehen, als sie nach 1945 wahrhaben wollten. Andererseits wußten weniger davon, als nach 1945 behauptet wurde. Die strenge Geheimhaltung, auch gegenüber dem eigenen Volk, und die Tatsache, daß selbst höchste NS-Führer Bedenken gegen den Massenmord hatten[33], sprechen dafür, daß zumindest Hitler dem deutschen Volk eine Ablehnung seiner Untat zutraute.

Jedoch läßt sich nicht mehr ermitteln, wie die deutsche Gesellschaft reagiert hätte, hätte sie die Absicht und Durchführung in aller Öffentlichkeit und in vollem Umfang gekannt: Hätten sich Abscheu und Entsetzen über das Unfaßbare die Waage gehalten mit dem Willen zur Durchsetzung als kommende Weltmacht und mit der parallel enstandenen Disponierung für den Rassismus, der die ideologisch-geistige Grundlage zur »Endlösung« lieferte? Wäre im Endergebnis ein paralysierendes Patt auf eine Hinnahme der »Endlösung« hinausgelaufen? Oder hätte sich die Waage widerstrebender Faktoren zu der einen oder anderen Seite geneigt? Niemand vermag das heute mit innerer Gewißheit, gestützt auf empirische Daten, zu sagen. Abwägende Überlegungen nehmen kein Jota von der deutschen Verantwortung und bleiben für jeden Deutschen bedrückend genug.

Die Eskalation in den ersten Kriegsjahren

Die internationale Forschung zum »Holocaust« ist sich darüber einig, daß der Ausbruch des Zweiten Weltkrieges eine tiefe Zäsur auf dem Weg zum »Holocaust« bedeutete: Der Erste Weltkrieg öffnete den Weg zum Durchbruch des Antisemitismus in Deutschland, der Zweite Weltkrieg zur »Endlösung«. Mit seinen Blitzsiegen bis 1941 hatte das »Dritte Reich« plötzlich zusätzliche Millionen Juden in seiner Gewalt, vor allem rund drei Millionen Juden in Polen, in Frankreich direkt im besetzten, indirekt im (bis

November 1942) unbesetzten Teil, außer den französischen Juden vor allem zahlreiche politische und jüdische Flüchtlinge aus Deutschland. Sie traf die ganze Härte der antisemitischen Diskriminierungs- und Verfolgungspraxis des »Dritten Reichs«. Aber auch der durch die deutsche Besatzung freigesetzte einheimische Antisemitismus konnte sich jetzt ungehindert austoben, vor allem in Frankreich, Polen und Kroatien, wo die Deutschen mit Vorliebe einheimische Milizen oder Polizei vorschickten.

In Polen eröffneten die Deutschen die nächste Welle blutiger Verfolgungen schon im September 1939 mit dem Niederbrennen jüdischer Wohnviertel und Synagogen, der willkürlichen Erschießung von Juden, der Folterung und Zwangsarbeit in Konzentrationslagern. Das Volk der »Dichter und Denker« sank damit unter das Niveau der Judenschlächterei beim Kosakenaufstand von Chmielnicki im Jahre 1648 und bewegte sich noch immer im »konventionellen« Rahmen des kriminellen Anti-Judaismus und Antisemitismus. Selbst die neue systematische Steigerung erfolgte damals sozusagen noch auf der »konventionellen« Ebene von nun an militärisch organisierter Massenpogrome, so daß die Opfer erst recht hilflos waren. Damit übertrafen Wehrmacht und SS bereits alle historischen Vorbilder für Pogrome und Massaker. Rund 200 000 polnischen Juden gelang die Flucht überwiegend in die Sowjetunion, wo sie beim Einfall der Wehrmacht am 22. Juni 1941 weiter nach Osten fliehen mußten.

Die Massaker der SD-Einsatzgruppen, die nach dem deutschen Überfall auf die Sowjetunion hinter der vorrückenden deutschen Front sofort einsetzten, steigerten den systematischen Massenmord weiter: Neben Polit-Kommissaren der Roten Armee waren vor allem Juden die Hauptopfer. Nun wurden die Nachfahren der einst vor den Massakern von 1349 aus Deutschland geflohenen Juden, die Aschkenasim, von den Nachfolgern der Flagellanten nach fast 600 Jahren endgültig eingeholt und ausgerottet, erst in Polen, seit 1941 in dem vom »Großdeutschen Reich« eroberten Westen der Sowjetunion. Der Befehl zur Aufstellung der SD-Einsatzgruppen erging schon im März 1941. Mit ihrem Einsatz überflügelte der NS-Rassismus alle bisherigen Präzedenzfälle: Noch nie hatte ein Staat andere überfallen, um anschließend ganze Teile der Bevölkerung durch seine bewaffneten Streitkräfte in bisher nie gekanntem Ausmaß systematisch ausrotten zu lassen (E. Jäkkel).

Auch nach den Massakern an den polnischen und russischen Juden war immer noch eine weitere Steigerung der Mordpraxis möglich, quantitativ wie »qualitativ«: Der Einzugsbereich der Vernichtungsmaschinerie, das Ausmaß, die Systematisierung, die Methoden und die technische Perfektionierung des alsbald industriell betriebenen Massenmordes steigerten sich in unfaßbarem Ausmaß. Mit der Niederlage der Wehrmacht vor Moskau im Winter 1941 zeichnete sich der Verlust des Krieges überhaupt ab, also Hitlers Scheitern mit einem seiner beiden großen Lebensziele, der Vernichtung des Kommunismus. So wollte er wenigstens sein zweites Lebensziel erzwingen – die Vernichtung der Juden in seinem Machtbereich. Der Entschluß zur »Endlösung«, wie auch immer zustande gekommen, lag noch vor dem militärischen Scheitern vor Moskau. Die Wannsee-Konferenz, die den Völkermord organisierte, fand im Januar 1942 statt. Die Pflicht der Juden, sich mit dem »Gelben Stern« kennzeichnen zu lassen, und die Einweisung in künstliche Ghettos im Osten waren Zwischenstufen zum Massenmord der »Endlösung«.

Die systematische Vernichtung einer ganzen Volksgruppe, also der Genozid in einer systematisch geplanten Aktion, war etwas absolut Neues in der Weltgeschichte des Rassismus. Das Hauptopfer waren die Juden; aber auch Slawen und »Zigeuner« waren betroffen. Bis zum Sommer 1941 war die Technik des Massenmords noch konventionell gewesen – Erschießung von Angesicht zu Angesicht. Himmler konnte auf einer Inspektionsreise an der Ostfront Massenerschießungen, denen er beiwohnte, nicht ertragen. Zur seelischen Schonung der Erschießungskommandos – nicht der Opfer – befahl er »humanere« Tötungsmethoden. Die Weltindustriemacht Deutschland griff nun zu rationelleren, quasi-industriellen Mitteln des möglichst lückenlosen, kollektiven und bürokratisierten Massenmords an den Juden: Nach einer Experimentierzwischenphase (Erstickung durch Verbrennungsgase aus fahrbaren wie stationären Dieselmotoren) erwies sich als »rationellste« und »effektivste« Methode der Einsatz von ursprünglich zur Vertilgung von Ungeziefer bestimmten Giftgasen (vor allem von Zyklon B) in stationären Gaskammern. Die Leichen wurden anfangs in Massengräbern verscharrt, später wieder ausgegraben und in Krematorien verbrannt. Auschwitz, Majdanek und Treblinka, alle im Generalgouvernement Polen, sind nur die bekanntesten der Massenmordlager. Daneben gab es noch drei weitere kleinere Vernichtungslager: Chelmno, Belzec und Sobibor.

Die Tötungsmaschinerie war organisatorisch keineswegs einheitlich, sondern setzte sich aus heterogenen Teilen zusammen, die das Büro Eichmann in Berlin über die Eisenbahntransporte koordinierte und zusammenhielt. Zu den Amtsstellen gehörte auch das von der SS systematisch infiltrierte Auswärtige Amt, das seit 1940 mit einem eigenen »Judenreferat« ausgestattet war und zumindest formal an der »Endlösung« beteiligt war.[34] Die Finanzierung der »Endlösung« trugen im wesentlichen die Opfer selbst – durch Zwangsabgaben der dahinschwindenden jüdischen Gemeinden im Reich, durch die industrielle Verwertung des persönlichen Besitzes und der Leichenreste der Opfer. Alles stand unter der Kontrolle des Reichsrechnungshofes.[35] Selbst beim Eisenbahntransport zu den Todeslagern hielt das »Dritte Reich« noch bezeichnende kleine Unterschiede ein: »Ostjuden« wurden in Güterwagen herangekarrt, die auch als Viehwagen dienten; »Westjuden« kamen in Personenzügen und wurden bis zur Ankunft in den Todeslagern relativ schonend behandelt[36], vermutlich, damit während der Durchreise durch das Reich keine Nachricht über ihre wahre Bestimmung an die Zivilbevölkerung gelangte.

Opfer der »Endlösung« wurden zunächst sowjetische, dann polnische und deutsche Juden, ferner Juden aus dem unmittelbaren und mittelbaren Machtbereich des »Dritten Reichs«. Manche der Verbündeten weigerten sich jedoch, Juden aus ihren Ländern den Deutschen zur Ermordung auszuliefern, vor allem das faschistische Italien, Rumänien und Ungarn unter Admiral v. Hórthy. Erst nach der Entmachtung Hórthys und seiner Ersetzung durch eine Regierung der Pfeilkreuzler unter deutscher Besetzung ereilte auch die meisten Juden Ungarns das Schicksal ihrer Religionsgenossen – die Ghettoisierung als Zwischenaufenthalt bis zum Abtransport nach Auschwitz seit dem Mai 1944.

Die Bürokratisierung und Technisierung des Massenmordes ermöglichten einen Höchstgrad der Anonymisierung im Verhältnis zwischen Tätern und Opfern: Junge, kräftige Gefangene, die »Arbeitsjuden«, mußten normale Arbeiten in den Lagern ausführen, z. B. in den Gemüsegärten und Gartenanlagen im »schöneren« Teil der Lager.[37] Zu unfreiwilligen Helfern degradierte jüdische Mitgefangene mußten der SS die unangenehmsten Schmutzarbeiten der »Sonderbehandlung« abnehmen: die Begleitung der Opfer in die Gaskammern, die Beschickung der Verbrennungsöfen mit den vergasten Leichen, das Ausräumen der Krematorien, die Aussortierung der Kleider und sonstigen Gegenstände (Brillen, Schuhe, Koffer usw.), das Ausräumen der Asche aus den Verbrennungsöfen. Das waren die »Todesjuden«, die ihrerseits früher oder später ermordet wurden. Die SS-Mannschaften hatten weitgehend nur die Oberaufsicht bei der »Selektion« durch SS-Ärzte. Allerdings war die SS außer der generellen Bewachung auch für beispiellose Demütigungen und ausgesuchte Grausamkeiten verantwortlich, mit denen sie Gefangene quälte, oft als »Strafe« für Gesten elementarster Hilfsbereitschaft gegenüber Mitgefangenen (Zustecken von Lebensmitteln, Stützen nach dem körperlichen Zusammenbruch). Ein zusätzlicher Gipfel der Perversion war die industrialisierte Verarbeitung von verwertbaren Teilen der Leichen – das Herausbrechen der Goldfüllungen aus den Gebissen, die Verarbeitung von Menschenhäuten zu Lampenschirmen, von Knochen zu Seife, von Frauenhaaren zu Textilien.

Besonders »erfolgreich« war die sorgfältige Geheimhaltung des ganzen Mordunternehmens durch ein Bündel von Maßnahmen. Alles lief als »geheime Reichssache« unter strengster Pflicht zur Verschwiegenheit. Eine besondere Sprachregelung tarnte das Geschehen nach außen – »Endlösung«, »Sonderbehandlung«; »Arbeitseinsatz«, »Evakuierung«, »Umsiedlung« für Deportation in die Vernichtungslager zum Massenmord. Selbst in den internen Akten galt die verschleiernde Sprachregelung; die Worte »Endlösung« und »Sonderbehandlung« durften nur in höchsten Kreisen benutzt werden, tunlichst nicht schriftlich.[38] Dank der strengen Geheimhaltung und der Parzellierung des arbeitsteiligen Vernichtungswerks wußte kaum jemand von den rund eine Million Beteiligten genau, was sie eigentlich da zur »Pflichterfüllung« taten. Erst recht blieb die deutsche Gesellschaft unter den Bedingungen des totalen Krieges, wie beabsichtigt, ohne Kenntnis der Vorgänge. Was dennoch als Hörensagen zirkulierte, wurde meist als »feindliche Greuelpropaganda« abgetan, weil sich niemand auch nur vorstellen konnte, daß solch schreckliche Dinge Realität waren.

Nicht anders reagierten die Alliierten auf Nachrichten über Auschwitz, die schon seit 1942 unter Lebensgefahr aus dem Reich gelangt waren: Amtliche Stellen in England und den USA weigerten sich, die Meldungen zu glauben[39], im Krieg politisch zu reagieren oder die Krematorien von Auschwitz zu bombardieren, was seit Dezember 1944 möglich gewesen wäre. Erst nach der Befreiung der Gefangenen in Auschwitz durch die Rote Armee am 27. Januar 1945 »dämmerte« das Ausmaß der Verbrechen allmählich den Alliierten, zumal die SS durch Sprengungen und Aktenvernichtung versuchte, die Spuren ihrer Untaten zu tilgen.

Auschwitz – das Symbol für alle Verbrechen des NS-Rassismus – sprengt in der Tat alle historischen Maßstäbe bisheriger Praktiken, Grausamkeiten und Massaker des Rassismus in seinen verschiedenen Formen zu verschiedenen Zeiten. Ursprünglich als Sammellager für 100 000 sowjetische Kriegsgefangene noch vor dem deutschen Überfall auf die Sowjetunion angelegt, wurde es erst später in das Hauptvernichtungslager umgewandelt. Die Gaskammern »arbeiteten« vom Februar 1942 bis November 1944, als Himmler wegen des Nahens der Roten Armee die Einstellung der Massentötungen durch Vergasung befahl. Danach starben bis zur Befreiung des Lagers durch die Rote Armee immer noch Tausende an Unterernährung, Krankheit, grausamer Behandlung. In Auschwitz allein kamen insgesamt rund 2,5 Millionen Menschen ums Leben, meist Juden aus vielen Ländern Europas. Auschwitz wird in seiner Einzigartigkeit stets ein Tiefpunkt der allgemeinen wie der deutschen Geschichte bleiben und darf nie vergessen werden.

VII. Rassismus seit 1945

Nach den Erfahrungen des Zweiten Weltkriegs war der Rassismus durch seine extreme Zuspitzung in Auschwitz als Ideologie zunächst scheinbar hoffnungslos diskreditiert. Die Gründung der UNO und ihrer Unterorganisationen schienen ein neues Zeitalter der Brüderlichkeit und des Universalismus einzuleiten. Dennoch brachen mit der Auflösung der europäischen Kolonialreiche in und zwischen den neuen postkolonialen Nachfolgestaaten schwere Konflikte aus: Ältere Spannungen und universale historische Mechanismen aus älteren, sich jetzt verselbständigenden proto-rassistischen Dispositionen und Konfliktpotentialen, die bisher der euramerikanische (»weiße«) Rassismus überdeckt oder überlagert hatte, gewannen nun ihre Eigendynamik.

1. Historische Rahmenbedingungen

Der Zweite Weltkrieg war für den Rassismus der Nachkriegszeit die entscheidende historische Voraussetzung: Der Sieg der Dekolonisation und des neuen Nationalismus in der Dritten Welt, Fortschritt, Intensivierung und Verallgemeinerung der Industriellen Revolution sind für das Verständnis der Rassenkonflikte nach 1945 unentbehrlich.

Der Sieg der kolonialen Befreiungs- und Nationalbewegungen nach dem Zweiten Weltkrieg hatte den »weißen« Rassismus der »Pax Colonica« weggesprengt, die zugleich auch ältere einheimische Spannungen und Konflikte aus der Vorkolonialperiode unterdrückt hatte.[1] Mit der Souveränität neuer Nationalstaaten in postkolonialen Nachfolgestaaten zu den untergegangenen europäischen Kolonialreichen brachen ältere Spannungen quasi-rassistischen Charakters durch und verselbständigten sich. Insbesondere wurden einheimische proto-rassistische Dispositionen als Konsequenz der unterschiedlichen Stellung verschiedener Völker oder Gruppen in der universalen »Rang- und Hackordnung« der sozioökonomischen Entwicklung virulent. Analog zu Konflikten in und zwischen den postimperialen Nachfolge- und Nationalstaaten nach 1918 mußten sich die postkolonialen Nachfolgestaaten als Nationalstaaten nach 1945 neu definieren. Sie mußten entscheiden, welche historischen Traditionen und Sprachen dominieren sollten. Je zentralisierender und assimilierender die neuen Staaten die nationale Einheit zu erzwingen suchten, desto schwerer wurden innere Konflikte. Gleichzeitig verschärften Fundamentalisten auf allen Seiten die Konflikte, z. B. in Indien und im Nahen Osten.

Wie zuvor in Europa und Amerika provozierte die rasche Umwälzung von der agrarischen zu der sich industrialisierenden Gesellschaft schwere soziale Spannungen und politische Konflikte, auch zwischen verschiedenen Völkern und Bevölkerungsgruppen innerhalb der jungen Nationalstaaten. Oft ist eines der Völker in den meist multi-ethnisch zusammengesetzten postkolonialen Nachfolgestaaten aufgrund historischer Bedingungen im Industrialisierungsprozeß besonders initiativ und aktiv. In den Städten, wo viele ethnische Gruppen zusammenstoßen, entzündet sich erbitterte Konkurrenz um Arbeitsplätze und Wohnraum. Aus regional-tribalen Loyalitäten und Solidaritäten werden so interethnische Konflikte, in denen quasi-rassistische Vorurteile und Grundmuster durchschlagen.

Entsprechende Vorgänge wiederholten sich auf nationaler bzw. internationaler Ebene zwischen Nationalstaaten, z. B. Ghana und Nigeria: Die wechselseitige Ausweisung von Angehörigen des anderen Staates in ökonomischen Krisen schafft eine Art »nationalen« Rassismus und zerstört alle früher pathetisch beschworene Solidarität zwischen Afrikanern oder gar Schwarzen. Wo es keine Juden als ökonomisch aktive und ressentimentprovozierende Minderheiten in den jungen Nationalstaaten gibt, erfüllen andere nationale Minderheiten dieselbe Funktion zur Ableitung interner sozialer Spannungen – z. B. die Chinesen in Südostasien (Indonesien, kommunistisches Vietnam, Malaysia) oder die Inder in Ostafrika (Uganda). Wo immer Inder als Ersatz für emanzipierte schwarzen Sklaven gekommen waren, brachen Konflikte zwischen Schwarzen und Indern aus, vor allem in Guyana schon während des Dekolonisationsprozesses, in Surinam erst nach der Unabhängigkeit.

Gleichzeitig modifizierte die gespaltene Entwicklung der Industrialisierung die älteren Rassenkonflikte in den USA und ließ neue in England entstehen, das nach 1945 seine Weltmachtstellung verloren hatte und auch als Industriemacht niederging. Brennpunkte wurden die Zentren der alten Industriestädte. Die fast permanente Arbeitslosigkeit schließt ein Subproletariat aus Afro-Amerikanern bzw. Afro-Westindern in eigenen »Ghettos« von den jüngsten Phasen der hochmodernen Industrialisierung aus und sorgt somit für sozialen Zündstoff.

2. Die Problematik zwischen »Schwarz« und »Weiß«

Besonders spektakulär waren Konflikte in weißen Herrschaftsbereichen – in den USA, Südafrika und England. Sie lassen sich auch als Konflikte in Einwanderungsländern im Rahmen der weitergehenden Industrialisierung verstehen, in denen Schwarze als billige Arbeitskräfte dienten. Sie waren entweder ursprünglich aus Afrika direkt oder indirekt importiert worden und bilden nun Minderheiten in den USA sowie in England. In Südafrika dagegen stellen sie eine eroberte und unterdrückte einheimische Mehrheit, über der sich eine weiße Minderheits-Einwanderungsgesellschaft etabliert hat.

Afro-Amerikaner in den USA

Für die USA im allgemeinen und die Afro-Amerikaner im besonderen endete die Weltwirtschaftskrise von 1929 erst mit der Kriegskonjunktur seit 1941. Damit begann eine neue Phase im Ringen um die soziale und ökonomische Gleichberechtigung der Afro-Amerikaner.[2] Für die USA hatte der Zweite Weltkrieg unter dem Motto des Kampfes für die Demokratie gegen den NS-Rassismus gestanden. In dieser Situation wies der schwedische Sozialwissenschaftler Gunnar Myrdal einen Ausweg aus dem »amerikanischen Dilemma«[3]: Im Kampf gegen den NS-Rassismus hilft nur der Abbau des eigenen Rassismus gegenüber den Afro-Amerikanern, um auch ihnen die Chance zur Verwirklichung des »amerikanischen Traumes« glaubhaft zu eröffnen. Über den aktuellen Anlaß hinaus wurde Myrdals Werk die Grundlage zur systematischen Erforschung der Rassenproblematik in den USA, geprägt durch einen demokratischen Geist des Anti-Rassismus. Die analoge Rückwirkung – stärkeres Selbstbewußtsein der heimkehrenden afro-amerikanischen Kriegsteilnehmer ähnlich wie 1918 – stellte sich nach 1945 verzögert ein, vielleicht wegen der nach innen disziplinierenden Wirkung des Kalten Krieges. Der im Norden wie im Süden ungebrochen anhaltenden Rassendiskriminierung gegen die Afro-Amerikaner versuchte die Bundesregierung zwar mit einigen Maßnahmen entgegenzuwirken, hatte aber keinen großen Erfolg.

Erst ein von der NAACP 1954 mit dem klassischen Mittel des Musterprozesses im Rechtsstaat bis zur höchsten Instanz erstrittenes Urteil des Bundesgerichtshofes zur Gleichstellung der Afro-Amerikaner im Schulwesen brachte den sichtbaren Durchbruch: Seither beschleunigte sich die Entwicklung, zunächst durch die wachsende Militanz von Afro-Amerikanern, die von weißen Sympathisanten nach dem historischen Muster der Abolitionistenbewegung unterstützt wurden. Weiße Rassisten im Süden schlugen gewaltsam gegen Demonstrationen und gewaltfreie Methoden des sozial-politischen Kampfes zurück. In Little Rock (Arkansas), Birmingham (Alabama) und Washington D.C. kam es damals zu schweren Konflikten im Kampf um die Aufhebung öffentlicher Rassendiskriminierung. Der Marsch auf Washington 1963 wurde ein emotionaler Höhepunkt und sah zugleich den Baptistenpfarrer Martin Luther King auf dem Gipfel seiner weltweiten Wirkung.

Anschließend spaltete sich die Anwendung irregulärer Gewalt auf: Im Süden kam es zu Gewalttätigkeiten gegen farbige wie weiße Bürgerrechtskämpfer als Fortsetzung der älteren Gewalttradition des Lynchens und der »race riots«. Eine Reihe »Heißer Sommer« zwischen 1964 und 1968 erschütterte mit »race riots« neuer Art viele amerikanische Großstädte, beginnend mit Harlem (New York) 1964 und Watts (Los Angeles) 1965: In den stark angewachsenen »Ghettos« der Afro-Amerikaner, in denen chronisch Depression, Arbeitslosigkeit, Desintegration der Familien usw. herrschten, kehrten sich verbliebene Energien der Afro-Amerikaner nach innen, gegen sich selbst. Nicht mehr Weiße griffen Wohnquartiere der Afro-Amerikaner in pogromartigen Aktionen an, sondern Afro-Amerikaner plünderten weiße Geschäfte in ihren Ghettos und terrorisierten sich gegenseitig – ohnmächtige Demonstration ihrer verzweifelten Lage. Den Höhepunkt markieren die Osterunruhen nach der Ermordung Martin L. Kings am 4. April 1968, die mit den massiven Demonstrationen gegen den Vietnamkrieg während der Tet-Offensive zusammenfielen und sich in ihrer Wirkung zu einer schweren Systemkrise der USA gegenseitig verstärkten.

Unter innerem und äußerem Druck gelang es Präsident Johnson 1965, mit seiner »Great Society« wenigstens durch Abbau der formalen Diskriminierung und den Ausbau des bisher nur schwach entwickelten Sozialstaats drohende sozialrevolutionäre Erschütterungen abzufangen. Die rechtliche und bürgerliche Gleichstellung der Afro-Amerikaner wurde auf allen Ebenen durchgesetzt. Die Rassen-Kasten-Gesellschaft, in der der untere Teil der amerikanischen Gesellschaft auch nach der Sklavenemanzipation leben mußte, fiel jetzt zugunsten der vollen Integration in die schon ältere Rassen-Klassen-Gesellschaft für die Weißen. Es blieb generell jedoch die sozioökonomische Schlechterstellung der Afro-Amerikaner in der amerikanischen Gesellschaft. Sie wird unterstrichen durch die lokale Atomisierung des amerikanischen Schulwesens, das ärmeren Kommunen schlechtere öffentliche Schulen zuweist, während das Niveau des öffentliche Schulwesens ohnehin durch das stärkere Ausweichen der finanziell Bessergestellten auf Privatschulen weiter absank. Der Abbau des Sozialstaates unter Präsident Reagan seit 1981 traf die Afro-Amerikaner am härtesten. Selbst Bemühungen seit den frühen siebziger Jahren um Erneuerung der heruntergekommenen Stadtkerne, die weitgehend zu Slums der Afro-Amerikaner geworden waren, gingen auf ihre Kosten, da sie der in die restaurierten und sanierten Stadtkerne zurückkehrenden gehobenen weißen Mittelschicht weichen mußten. Die formale und partielle Integration hatte die paradoxe Wirkung, daß die Ober- und Mittelschichten der Afro-Amerikaner die »Ghettos« zugunsten besserer Wohnviertel verließen, so daß die »Ghettos« als Slums ohne eigene afro-amerikanische Kulturschicht weiter verkommen.

Im Südwesten und Westen wird die offiziell beseitigte Rassenproblematik zwischen Schwarz und Weiß durch die neuere massive legale wie illegale Einwanderung von Mexikanern überlagert, die ein neues ausländisches Subproletariat (»Chicanos«, »Hispanos«) darstellen, während sich Hundertausende von Einwanderern aus Vietnam überraschend schnell und oben in der Einwanderungspyramide einfügen. Andererseits brechen rassistische Unterströmungen in Teilen der weißen Bevölkerung in einigen Südstaaten wieder auf, wie das erneute Aufleben des Ku-Klux-Klans und jüngste Gewalttätigkeiten gegen Afro-Amerikaner am Martin-Luther-King-Tag zeigen.

Südafrika war schon in der Zeit des »Dritten Reiches«, mit dem
viele Buren sympathisierten, auf dem Weg zur Apartheid-Gesell-
schaft. In einer vom Pathos der Demokratie und des Kampfes
gegen den Rassismus erfüllten Nachkriegswelt hatte es erst recht
einen schweren Stand. Feldmarschall Jan T. Smuts (1870–1950),
aktiv bei der Gründung der UNO engagiert, bemühte sich unter
ausländischem Druck, die Segregation zu liberalisieren, zumindest nicht weiter auszubauen. Er provozierte damit nur den verschärften Widerstand der von der Nationalen Partei abgesplitter-
ten »Gereinigten« Nationalen Partei unter Daniel F. Malan. Ihr
Wahlsieg von 1948 leitete die Vollendung der Apartheid, zugleich
aber auch die wachsende Isolierung Südafrikas in der Welt ein.[4]

Schon unter Smuts war der Versuch gescheitert, die Herrschaft
der europäischen Kolonialmächte über den Zweiten Weltkrieg hinaus durch die »weiße« Solidarität gegen den Kommunismus und
afrikanischen Nationalismus zu verlängern, wobei Südafrika die
politische Führung automatisch zugefallen wäre. Die völker-
rechtswidrige Annexion des UN-Treuhandgebiets Deutsch-Süd-
westafrika (Namibia) 1949 sollte die Flanke nach Nordwesten
absichern. Der Sieg der von Britisch-Westafrika ausstrahlenden
afrikanischen Nationalbewegung, die sich immer wieder vom abschreckenden südafrikanischen Vorbild inspirieren ließ, drängte
nun den südafrikanischen Einfluß aus seinem nach Norden vorgeschobenen Vorfeld zurück. Im »Afrikanischen Jahr« 1960 griff der
afrikanische Nationalismus nach Ostafrika über und drang von
Norden nach Süden vor: Njassaland, das heutige Malawi 1963,
und Nordrhodesien als Sambia 1964 waren die ersten Etappen. Die
Umwandlung der portugiesischen Kolonien durch Annexion 1951
zu Überseegebieten Portugals konnte die Lage nicht mehr gegen
den in Angola 1961 und Moçambique 1962 durchbrechenden afrikanischen Nationalismus auf Dauer retten: Portugals hartnäckiger
militärischer Widerstand trieb die jeweils stärkste Widerstandsbe-
wegung in beiden Ländern unter kommunistisch-marxistischen
Einfluß und paralysierte Portugal ökonomisch. Die Unabhängigkeit der drei britischen Protektorate Betschuanaland (heute: Botswana), Basutoland (heute: Lesotho) und Swaziland 1966 hatte
weithin nur formalen Charakter, da sie ökonomisch von Südafrika
abhängig waren.

Bald stieg Südafrika zu dem Wirtschaftsgiganten Afrikas auf, der die meist kleinen und schwachen afrikanischen Nationalstaaten zu erdrücken drohte. Mit seiner Politik des »Dialogs« gewann Südafrika vorübergehend im unabhängigen Schwarzafrika an Boden, vor allem in Malawi und an der Elfenbeinküste. Andererseits scheiterte 1963 die Zentralafrikanische Föderation, die England 1958 unter der konservativen Regierung als letzte Auffangstellung weißer Vorherrschaft und mit Rückhalt an Südafrika aufgebaut hatte. Dennoch schien die Unabhängigkeitserklärung Süd-Rhodesiens unter der weißen Minderheitsregierung Ian Smith 1964 das territorial reduzierte Vorfeld Südafrikas zunächst noch einmal zu konsolidieren. Smith provozierte nur einen kolonialen Befreiungskrieg, der 1976 in die Unabhängigkeit Simbabwes mündete. Inzwischen hatte Portugal nach der Revolution von 1974 Angola und Moçambique 1975 in die Unabhängigkeit entlassen. Südafrika war weiter zurückgeworfen, aber der seitdem tobende Bürgerkrieg in beiden Ländern gab Südafrika vielfältige Chancen zur offenen wie verdeckten militärischen Intervention.

Inzwischen trieb Südafrika eine Konsequenz seines Apartheidsystems zu einem Extrem weiter, dessen Folgewirkungen das System eines Tages von innen bedrohen könnten: Die vom »Lands Act« geschaffenen Reservate, in denen Afrikaner noch Boden besitzen durften, wurden allmählich in autonome »Bantustans« umgewandelt. Sie erhielten sogar die formale, von anderen Staaten bisher nicht anerkannte Unabhängigkeit. In ihrer Stellung nähern sie sich den formal ebenfalls unabhängigen ehemaligen britischen Protektoraten Botswana, Lesotho und Swaziland. Sie könnten bei der Zuspitzung der inneren Krise Südafrikas Ansatzpunkte zur realen Souveränität der Afrikaner werden, dann aber im offenen Konflikt mit der herrschenden weißen Minderheit.

Unterdessen höhlt die Dynamik der fortschreitenden Industrialisierung von innen her die Struktur des Apartheidsystems aus: Wie partiell in den USA zu beobachten ist, läßt sich eine Rassen-Kasten-Gesellschaft auf industrialisierter Grundlage langfristig nicht konservieren. Verschärft durch eine langanhaltende Wirtschaftskrise mit einem drastischem Fallen des Goldpreises, mit Arbeitslosigkeit und weitgehender internationaler Isolierung geriet das Apartheid-System in den letzten Jahren in eine schwere Existenzkrise: 1959 spaltete sich ein panafrikanischer Flügel radikaler Nationalisten vom ANC ab, weil er ihnen zu gemäßigt war und angeblich unter verdeckter weißer und kommunistischer Führung stand. Dennoch stieg der ANC, auch mit Unterstützung der Sowjetunion, endgültig zur stärksten Widerstandsorganisation der Schwarzen auf. Seit den frühen achtziger Jahren ging er zu ersten Stufen des Guerillakriegs in der Südafrikanischen Republik selbst über.

Unter innerem und äußerem Druck versuchte das Apartheid-Regime Ballast abzuwerfen: Die »kleine Arpartheid« im Alltagsleben wurde weitgehend abgebaut. Die Weißen versuchten, ihre eigene soziale und politische Basis zu verbreitern: Mischlinge (»Coloured«) und Inder erhielten 1984 Zugang zur Macht, allerdings noch nicht auf der Grundlage tatsächlicher Gleichberechtigung. Durch langsame Verbesserung der Verdienstmöglichkeiten für Schwarze in der Industrie soll eine afrikanische urbanisierte Mittel- und Oberschicht entstehen, die eine begrenzte kommunale Selbstverwaltung in den schwarzen Satellitensiedlungen ausübt. Aber die »große Apartheid« soll bleiben – die politische, ökonomische und militärische Macht der Weißen. Dahinter zeichnet sich eine Konzeption oder Konsequenz ab, die die seit der Kolonialzeit nur funktional modernisierte Rassen-Kasten-Gesellschaft nach dem Vorbild der USA in eine industrielle Rassen-Klassen-Gesellschaft umwandeln will, ohne jedoch die bisherige Hierarchie der Sozialpyramide anzutasten: Weiße (Buren, Engländer, Juden, Deutsche) an der Spitze, in sich sozial gegliedert nach Reichen und Armen; Inder; Kap-Malayen (nur in Kapstadt); Farbige (Mischlinge) als in sich vielfältig abgestufte Ober- und Mittelklasse; kooperationsbereite Aufsteiger aus der neuen schwarzen Ober- und Mittelschicht; die Masse der Schwarzen in den Industriegebieten wie auf dem Land (Bantustans) als Proletariat; schwarze Wanderarbeiter aus den nördlichen Nachbarländern als fluktuierendes Subproletariat.

Im August 1987 hat der große dreiwöchige Bergarbeiterstreik der Afrikaner in den Goldgruben die hier umrissene Perspektive bestätigt: Historisch entspricht er dem Bergarbeiterstreik am Witwatersrand 1922, mit dem sich die weißen Bergarbeiter die Job-Reservation erkämpft und die industrielle Rassen-Kasten-Gesellschaft nach unten abgeschlossen hatten. Im schwarzen Bergarbeiterstreik 1987 konstituierte sich die afrikanische Bergarbeiterschaft als Klasse. Sie wird von unten her die industrielle Rassen-Kasten-Gesellschaft weiter aufbrechen. In der sich abzeichnenden Rassen-Klassen-Gesellschaft wird die Apartheid erst recht zum Anachronismus.

Die begrenzte Liberalisierung der Apartheid wird von den Extremen links und rechts angefochten: Der ANC will offenbar die Umwandlung vom Rassen-Kasten-Staat zum industriellen Rassen-Klassen-Staat für den sozialrevolutionären Klassenkampf nützen, und stützt sich auf das Proletariat und Subproletariat der Schwarzen als Massenbasis gegen die Koalition der vereinigten »helleren« Klassen. Die diskrete Führung des ANC durch weiße Kommunisten aus dem revolutionären Hinter- und Untergrund würde gut in die Ideologie des angeblich »rassenblinden« Klassenkampfes passen. Von der extremen, nach wie vor offen rassistischen bis faschistischen Rechten der Buren droht von innen im »weißen« Lager die andere Gefahr. Nach einem schon mehrfach in der Geschichte Südafrikas durchexerzierten Mechanismus möchte die extreme Rechte die begrenzte Liberalisierung der Apartheid wieder unterbrechen, sogar rückgängig machen. Ihr Sieg würde den Untergang der Weißen in einem gewaltigen Blutbad nur ratifizieren.

Ghettos und »Heiße Sommer« in England seit 1958

Inzwischen hat die Dialektik der historischen Entwicklung seit der Sklaverei und Industrialisierung auch England ereilt: Seit der Sklavenemanzipation ging der Anteil der Weißen auf den britischen Westindischen Inseln immer mehr zurück. Die relative Liberalität des Britischen Empire zog schon vor 1914 Afro-Westinder nach England, vor allem London, unter ihnen einst Garvey. Im Ersten Weltkrieg dienten bevorzugt Afro-Westinder in der wegen des deutschen U-Bootkrieges besonders risikoreichen Handelsflotte als Seeleute: viele blieben nach dem Krieg in englischen Hafenstädten, vor allem in Cardiff, Liverpool und im East End von London. Im Zweiten Weltkrieg wiederholte sich derselbe Mechanismus – der U-Bootkrieg und der verstärkte Zuzug von Afro-Westindern. Der Ausbau des Wohlfahrtsstaats und des Commonwealth durch die Labour-Regierung zwischen 1945 und 1950, totale Freizügigkeit und die Hochkonjunktur zogen mehr Afro-Westinder, aber auch Inder und Pakistani nach England. Als jeweils eine halbe Million von beiden Gruppen in England lebte, wurde 1963 auf internen Druck der weitere Zuzug aus Übersee gestoppt. Gleichzeitig bemühte sich vor allem die Labour Party, neue Diskriminierung abzubauen und zu verbieten.

Insgesamt entwickelten sich in den Zentren der Städte während des Niedergangs der englischen Industrie seit etwa der Mitte der sechziger Jahre geradezu »amerikanische Verhältnisse« – »Ghettos« als Slums mit chronisch überhöhter Arbeitslosigkeit für »Farbige«. Die Folgen waren die gleichen: Nach einem warnenden Vorspiel im Londoner Stadtteil Notting Hill Gate 1958 explodierten 1981 in der sich verschärfenden Wirtschaftskrise und ökonomischen Regression Englands die »Ghettos« im großen »Heißen Sommer«, wieder ausgehend von London. In den Konflikten legte die britische Polizei die bis dahin sprichwörtliche Gutmütigkeit des »Bobby« ab und setzte bewaffnete, hart zuschlagende Sondereinheiten ein. Da die Schwarzen sozial und ökonomisch auf der untersten gesellschaftlichen Stufe stehen und vermutlich dort auf absehbare Zeit auch bleiben werden, ist kaum zu sehen, wie im Falle eines weiteren ökonomischen Niedergangs die Konflikte zwischen den weißen und schwarzen Einheimischen konstruktiv zu lösen sein werden, zumal britische Neofaschisten sie noch weiter schüren.

3. Jüdische Existenz XIII: Israel und der Nahostkonflikt – Die neue Qualität der Jüdischen Frage

Der Zweite Weltkrieg und der Rassismus des NS-Regimes hatten die Jüdische Frage auf eine neue Ebene gehoben – einerseits lebte der Antisemitismus fort, andererseits rührte der Nahostkonflikt im Gefolge der Staatsgründung Israels alte Traditionen des Anti-Judaismus und Antisemitismus, mannigfach gebrochen, wieder neu auf.

Antisemitimus nach Auschwitz

Selbst nach Auschwitz hielten sich Restbestände des Antisemitismus, tabuisiert aber real existent auch in Gesellschaften, in denen fast keine Juden mehr leben, wie die Kontroverse in Österreich um den ÖVP-Bundespräsidenten Kurt Waldheim und seine umstrittene Vergangenheit im Zweiten Weltkrieg beweist. In Österreich, aber auch in Ländern des realen Sozialismus wie Ungarn und Polen, kommt neuerdings eine Diskussion über den verdrängten Antisemitismus in Gang.[5]

Im Nachkriegspolen, zerschunden wechselseitig vom »Dritten Reich« und der Sowjetunion, entluden sich 1945/46 die üblichen Ressentiments großer Krisen in einer Explosion von Pogromen gegen überlebende Juden, die sich irgendwie vor dem »Holocaust« der NS-Machthaber gerettet hatten. Ausgehend von Krakau, einer Hochburg der antisemitischen Nationaldemokratie, im Mai 1945, steigerten sich Verfolgungen, denen insgesamt 1000 bis 1500 Juden zum Opfer fielen, zum letzten großen Pogrom gegen Juden in Kielce am 4. Juli 1946, das mindestens 80 Juden das Leben kostete. Daraufhin verließen Tausende von Juden fluchtartig das Land. Ironischerweise ging der Weg meist über Deutschland, und oft mußten sich die Überlebenden des deutschen »Holocaust« als deutsche Flüchtlinge ausgeben, um überhaupt die schwerbewachten Grenzen nach Deutschland passieren zu können.[6] Die prominente Rolle polnischer Juden im Stalinismus, während der Entstalinisierung und der Liberalisierung seit 1956, anschließend auch in der polnischen Opposition gab dem Antisemitismus neue Facetten, die innerpolnische Konflikte zusätzlich komplizieren. Beim Sechstagekrieg 1967 zeigten viele Polen Schadenfreude über die Niederlage der mit sowjetischen Waffen ausgerüsteten arabischen Staaten, woraufhin 1968 20000 von noch verbliebenen 30000 Juden unter der Devise »Kampf dem Zionismus« aus Polen verdrängt wurden. Die öffentliche Vorführung eines vom oppositionellen Untergrund gedrehten Dokumentarfilmes über das Kielcer Pogrom im Januar 1988 leitet vermutlich auch in Polen die selbstkritische Aufarbeitung des eigenen Antisemitismus ein.

Generell wurde der linke Antizionismus in der Bundesrepublik Deutschland eine neue Variante des Antisemitismus, bis hin zu Teilgruppen des Terrorismus. Jedoch erhebt das offizielle Israel gelegentlich zu Unrecht den Vorwurf des antizionistisch getarnten Antisemitismus, um nichtjüdische Kritik an der Politik des Staates Israel zu neutralisieren, die sich von antijüdischen Motiven frei weiß. Andererseits bringt die prekäre Situation, in der sich Israel nach außen wie innen befindet, von selbst jene Verhärtung hervor, die den Dialog so sehr erschwert – auf beiden Seiten.

Auf der Rechten in der Bundesrepublik Deutschland geht der alt-neue Antisemitismus inzwischen so weit, daß er die Morde an den Juden im Zweiten Weltkrieg durch das »Dritte Reich« generell leugnet, insbesondere die Existenz der Vernichtungs- und Konzentrationslager. Der selbstquälerische »Historikerstreit«[7] zeigt, wie wenig die deutsche Gesellschaft ihre Vergangenheit verarbeitet hat.

Israel und der Konflikt mit den Arabern[8]

Auschwitz hatte in der Weltöffentlichkeit die letzten Hindernisse gegen die nationaljüdische Lösung beseitigt: Israel war weithin das Asyl für die Überlebenden des »Holocaust« und wurde Kompensation für das schlechte Gewissen der Weltmächte. Jedoch geriet das moderne Israel – aus der inneren Lage des Judentums wie aus der Konsequenz universaler Mechanismen – unbarmherzig in Spannungen und Konflikte, die auch die jüngste Form jüdischer Existenz wieder zu einem hochexplosiven Weltproblem machen, dessen Wirkungen sich für alle Beteiligte als destruktiv erweisen.

In ihrem neugegründeten Staat Israel sehen sich die Juden bzw. Israelis mindestens zwei Konfliktfronten gegenüber, von denen jede einzelne quasi unlösbare Probleme aufwirft. Israel hat gegen sich die sozusagen »normale« Feindschaft der Araber außerhalb Israels, in Israel selbst und in den von Israel besetzten und annektierten Gebieten, die Reste des noch immer virulenten Antisemitismus, die Feindschaft vieler sich »progressiv« fühlender Linken, im Westen wie im Lager des realexistierenden Sozialismus. Zu alledem kommen noch die internen Spannungen hinzu, die historisch für die Juden ebenfalls »normal« sind, nämlich zwischen fundamentalistischer Orthodoxie und säkularisierten Juden, zwischen eifernden Extremisten, den modernen »Zeloten«, wie den Gemäßigten, die für ein wie auch immer geartetes Arrangement mit der Umwelt eintreten. Beide Elemente waren unentbehrlich für die Existenz des Judentums und der Judenheit. Aber die Spannungen zwischen den beiden gegensätzlichen Kräften prallen jetzt im neuen nationaljüdischen Staat Israel heftiger aufeinander denn je seit dem Jüdischen Aufstand gegen Rom zwischen 66 und 70.

Stammt »Rasse« tatsächlich von arabisch »Ras«, so wäre mit der Rückwanderung der Juden in ihr »Erez Israel« und der Staatsgründung des modernen Israel realgeschichtlich eine wesentliche Voraussetzung des Rassismus wieder an ihren Ursprungsort zurückgekehrt: »Ras« (Kopf, Abstammung) – ursprünglich für Beduinen und ihre Clan- bis Stammesgesellschaft von existentieller Bedeutung, wie sie sich im Alten Testament so eindrucksvoll widerspiegelt – hat auch im neuen Weltproblem Nahostkonflikt eine zentrale Funktion. Der Kampf um das richtige »Blut« und den unterschiedlich geheiligten Boden tobt unter den Rahmenbedingungen der Industrialisierung mit Hilfe der von der Industrie und Technik bereitgestellten modernsten Waffen, von versteckten Autobomben bis zu nicht minder verborgen gehaltenen Atombomben. Aber auf beiden Seiten speisen sich politische Ideologien und Schlagwörter aus älteren Denkmustern. Auch ohne religiöse Fundierung reichen sie tief in die vorindustrielle Vergangenheit zurück.

In einem gewaltigen historischen Umweg waren Juden aus Europa im Zuge der Staatsgründung Israels in ihre alte Heimat zurückgekehrt – nach zwei Jahrtausenden voll sozialer und religiöser Wandlungen, immer wieder erneuerter Spannung zwischen Assimilation und Selbstbehauptung gegenüber der Umwelt, die sie Demütigungen und blutigen Verfolgungen aussetzte. Der moderne »Judenstaat« Israel gründet seinen Anspruch auf das Heilige Land auf die frühere jüdische Besiedlung und die einstige göttliche Verheißung für Abraham »und seinen Samen« (1. Moses, 13: 14–17), d. h. seine Nachfahren, sowie auf das frühere Königreich Davids und Salomons.

Der gewalttätige Antisemitismus seit 1881 hatte die bisher nur allgemein religiöse Sehnsucht nach Zion im Zionismus politisch und staatlich konkretisiert. Die zionistische Kolonisationsbewegung schuf der Judenheit eine materielle Grundlage auf einem Land, das sie für die Judenheit insgesamt treuhänderisch kaufte und das fortan nie wieder an Nicht-Juden verkauft werden durfte. Juden kamen nach Palästina als Flüchtlinge, mußten sich aber ihren Platz zum Überleben erst erobern, wie schon ihre Vorfahren oder einst auch die alten Philister: Palästina war keineswegs ohne nichtjüdische Bevölkerung, wie die frühen Zionisten naiv angenommen hatten. Die Weltöffentlichkeit, repräsentiert durch die UNO, stimmte 1948 der Gründung eines jüdischen Staates durch die Teilung Palästinas zu. Aber der jüdische Staat wollte, gemäß dem im »Jischuw« dominierenden Zionismus, ein exklusiv-jüdischer Nationalstaat werden. Das entsprach der Logik des »messianischen Ghettos«, das die gesellschaftliche Exklusivität, die Reinheit des jüdischen Glaubens, des jüdischen Volkes und damit des jüdischen »Blutes« vorschreibt.

Eine weitere Komplikation machte den Konflikt bisher unlösbar: Israel beansprucht zwar seine anerkannte Existenz »in gesicherten Grenzen«, aber bisher nannte es nie offiziell Grenzen, mit denen sich der neue Staat identifizieren und zufrieden geben würde. Das Völkerbundsmandat Englands über Palästina schloß ursprünglich, von 1920 bis 1922, auch das heutige Jordanien ein. Indirekt ergibt sich daher ein Anspruch auf Jordanien, den die jüdisch-zionistische extreme Rechte, die »Revisionisten« unter Vladimir Jabotinsky, seit 1925 auch explizit erhoben hatten. Aus den Reihen der »Revisionisten« ging u. a. Menachim Begin hervor. Zum Davidschen Großreich hatte einst aber auch Damaskus gehört.

Andererseits hatte der »Jischuw« immerhin 1948 den Plan der UNO, der Palästina in einen jüdischen und arabischen Staat teilen sollte, angenommen, während ihn die Araber mit ihrer militärischen Intervention zerrissen. Erst danach nutzte Israel spätere Kriege dazu, sein Territorium durch militärische Okkupation und anschließende Annexion zu erweitern, soweit die internationale Konstellation es zuließ. Sogar kompromißbereite Araber wissen also nicht, wo Israel selbst seine Grenze einmal ziehen wird. Ohne die Beseitigung der Unsicherheit über die Grenzen Israels gibt es daher in dieser Region keinen Frieden. Erst dann eröffnet sich die Chance, den bisher ambivalenten Einfluß der beiden rivalisierenden Weltmächte positiv zu wenden – zu einer Friedensregelung, die auch die Gründe für den Haß zwischen Juden und Arabern ausräumen müßte, die Angst der israelischen Juden vor ihrer Ausrottung in einem neuen »Holocaust«.

Die Reaktion der Araber

Nach Jahrhunderten der Deklassierung unter wechselnden Fremdherrschern (Türken, Mamluken, Osmanen, Engländern, Franzosen) hatten die Araber angesichts der Konfrontation mit der jüdisch-zionistischen Kolonisation und der Staatsgründung große Schwierigkeiten, sich in der neuen Situation zurechtzufinden. Für sie kamen die Juden als Speerspitze des westlichen Imperialismus, auf einer höheren Stufe der sozioökonomischen Entwicklung, als neue »Kreuzfahrer«. In der ideologischen Spannung zwischen Panislamismus und Panarabismus reagierten die

Araber hilflos, u. a. durch den Rückgriff auf einen kruden Antiimperialismus und Antisemitismus. Die palästinensischen Araber gerieten jedoch im Kampf gegen Israel in eine mit den Juden vergleichbare Lage – sie wurden zu von erobernden Flüchtlingen (Juden) verdrängten Flüchtlingen. Sie übernahmen, wie so oft in der Geschichte, Techniken, Methoden und Organisationsformen ihrer überlegenen Gegner und stiegen so, ähnlich wie die Afrikaner in Südafrika, zu den am stärksten modernisierten Arabern auf. Ihre politisch-militärische Vertretung, die PLO, weist viele Parallelen mit den ihnen so verhaßten Zionisten auf. Ihr Status als neue Elite innerhalb der islamisch-arabischen Welt schuf für die Palästinenser neue Probleme in ihren »Gastländern«, ähnlich denen der Juden in deren »Gastländern«. Allen ideologischen Lippenbekenntnissen zur Solidarität mit den »palästinensischen Brüdern und Schwestern« zum Trotz sind die Palästinenser in der arabischen Welt als modernisierendes Element der Unruhe äußerst unbeliebt.

Außerdem sind der Nahostkonflikt und die Haltung zu Israel seit 1948 der entscheidende Zankapfel zwischen den verschiedenen arabischen bzw. islamischen Staaten. Die massive Präsenz von Palästinensern und der PLO zieht Länder direkt in den Nahostkonflikt, so vor allem den Libanon seit Ausbruch des Bürgerkriegs im April 1975, insbesondere seit Israels Intervention im Juni 1982. Komplizierend wirkt ferner, daß sich seit 1956 Teile der arabischen Welt an die Sowjetunion anlehnten oder sich mit ihr offen verbündeten. Da die USA ihre schützende Hand über Israel halten, unterstützt die Sowjetunion die PLO, so daß ein autonomer oder souveräner palästinensischer Teilstaat für Israel und die USA bisher zu einem neuen vorgeschobenen Brückenkopf der Sowjetunion und des Kommunismus im arabischen Raum werden würde. Das jüngste Übergreifen des muslimischen Fundamentalismus auf die Palastinenser in den besetzten Gebieten und Israel macht die Lage fast hoffnungslos.

Trotz einer Serie militärischer Niederlagen 1948/49, 1956 und 1973 errangen die Araber und die PLO 1975 mit der Verurteilung des Zionismus als rassistischer Ideologie durch die Mehrheit in der UNO zeitweilig einen großen Propagandaerfolg. Ohne nähere Begründung beschloß die UNO-Mehrheit, »daß Zionismus eine Form von Rassismus und Rassendiskriminierung« sei.[9] Das Abstimmungsergebnis war nur durch die Mobilisierung des latenten

Antisemitismus möglich, der hier als Anti-Zionismus auftrat, sowie durch die Ausblendung der denkbaren sozialrevolutionär-kommunistischen Züge eines »demokratischen« und säkularisierten arabisch-jüdischen Gesamtstaates, der die Lösung der »jüdischen« wie der »palästinensischen Frage« zugleich verspricht: Eine so gewaltige Veränderung wie der Sturz des Staates Israels ist ohne immense Gewaltanwendung undenkbar. Die Parallelen zwischen dem jüdischen Zionismus und der PLO dürfen jedoch nicht den Kern der Rassismusproblematik verdunkeln: Was in der UNO-Resolution mit »Rassismus« des »Zionismus« gemeint sein mag, hat mehr mit den inneren Schwierigkeiten eines jeden modernen Einwanderungslandes, auch Israels, zu tun als mit Rassismus. Zionismus ist nicht gleichbedeutend mit Rassismus. In ihrem Kernpunkt ist die UNO-Erklärung selbst nur eine Propagandaerklärung ohne realhistorische und wissenschaftlich haltbare Substanz.

Jüdischer Fundamentalismus in Israel: Einwanderer und jüdische »Conversos«

Zwei Strukturprinzipien der jüdisch-zionistischen Staatsgründung Israel bergen in sich Konsequenzen, die nach den üblichen Mechanismen in die Rassismusproblematik einmünden – die hierarchisierte Gesellschaft eines industriellen Einwanderungslandes und der religiöse Fundamentalismus als politischer Extremismus. Allem ideologischen Gleichheitspathos zum Trotz hat Israel schon seit seiner Formierungsperiode vor 1948 die hierarchisch gegliederte Gesellschaftspyramide eines klassischen Einwanderungslandes aufzuweisen: Wie üblich stehen die zuerst Eingewanderten an der Spitze, die politisch und sozial deklassierten Einheimischen am untersten Ende: Aschkenasim aus Polen und Rußland bilden seit 1882 die politische und gewerkschaftliche Elite, aus Deutschland und dem Westen stammt generell die ökonomische, intellektuelle und künstlerische Elite. Es folgen reiche, westlich gebildete orientalische (sephardische) Juden, z. B. aus Alexandria, und die Masse der orientalischen Juden, vor allem aus dem Irak, Marokko und dem Jemen, neuerdings auch aus Äthiopien. Dann folgen, klar getrennt, die wohlhabenderen einheimischen Araber, die Masse der Palästinenser, die in den Grenzen Israels vor dem Sechstagekrieg von 1967 leben, schließlich die Araber in den seit

1967 eroberten, besetzten oder annektierten Gebieten (Ost-Jerusalem, Golan-Höhen; Gazastreifen, West Bank). Sie haben den Status von Gastarbeitern im eigenen Land, genießen keine Freizügigkeit, haben nur eine begrenzte Aufenthalts- und Arbeitserlaubnis am Tage für das Kerngebiet Israels. Ihre Stellung ist die eines modernen Subproletariats, vergleichbar mit den Schwarzen Südafrikas. Mit Südafrika verbinden Israel auch weitergehende Sympathien und strukturelle Affinitäten, wie z. B. die extreme Isolierung in der jeweiligen Region. Der gewaltsame Aufstand der Palästinenser seit Ende 1987 könnte Israel in eine schwere Existenzkrise stürzen, nach innen wie außen.

In diese innerjüdische Sozialpyramide gliedern sich irgendwo Spätankömmlinge an der ihnen angemessen erscheinenden Stelle ein, vor allem Juden aus der Sowjetunion, Rumänien und Äthiopien, und übernehmen die sozialen Vorurteile ihrer Position gegenüber den Niedrigerstehenden: Die Unterschichten der Einwanderer distanzieren sich wieder einmal am stärksten von den ungeliebten Einheimischen, von denen sie sich sonst nur wenig unterscheiden. Zugehörigkeit zur politisch herrschenden Religion mit allen Privilegien, die mit dem Monopol der Staatsmacht einhergehen, erzeugt automatisch eine quasi-rassistische Verachtung für die Einheimischen bzw. die sozial Niedriggestellten. Nur die nationale und soziale Homogenisierung könnte das nationale, quasi-rassistische, in Wirklichkeit aber soziale Konfliktpotential ausräumen. Die großzügigen Bildungsmöglichkeiten in Israel, auch für Araber, sind ein Weg zur Homogenisierung. Sie wird jedoch erschwert, soweit der Anspruch auf nationaljüdische Exklusivität in ein jüdisches Monopol der Machtausübung im »Judenstaat« Araber von der gleichberechtigten politischen Teilnahme fernhält. So bleibt der Dauerkonflikt zwischen jüdischen Einwanderern und arabischen Einheimischen festgeschrieben – auf unabsehbare Zeit.

Im modernen Rückwanderer- und Einwanderungsstaat Israel prallen zudem »Judenheiten« aus verschiedenen Schichten des historischen Judentums aufeinander und begegnen sich auf unterschiedlichen Stufen der historisch-religiösen wie soziokulturellen Entwicklung. Wer repräsentiert das wahre Judentum? Die modernisierten Aschkenasim als Staatsgründer vom Rang eines »Mayflower«- oder Konquistadoren-Adels der Neuen Welt? Die Sephardim, weitgehend identisch mit den orientalischen Juden? Oder die lange isolierten Juden des Jemen oder gar Äthiopiens, die sich für ältere, wahre Vertreter des Judentums halten?

In diesem Dilemma sieht sich das moderne Israel von der Dialektik seiner religiösen Struktur eingeholt: Gegen ihre Absicht gründeten die überwiegend säkularisierten, z.T. sozialistischen Zionisten ihr modernes Israel auf dem Sprengsatz des jüdischen Fundamentalismus: Die frommen Chalukka-Juden, die in »Erez Israel« nur in Erwartung des Messias lebten, gleichwohl aber die Statistik über die jüdische Bevölkerung in Palästina vor der zionistischen Kolonisation, Einwanderung und Staatsgründung anfüllen, lehnen zwar den Staat Israel als blasphemischen Vorgriff auf das Kommen des Messias ab. Als Kern des jüdischen Fundamentalismus gelang es ihnen jedoch, durch weniger fundamentalistische Kräfte (»Hibbat Zion«), die sich als Nationalreligiöse Parteien in den nationaljüdischen Staat eingliederten, und über das per definitionem orthodoxe Rabbinat in Jerusalem einen entscheidenden Einfluß im modernen Israel zu gewinnen. Einen politisch-militärischen Arm erhielt der jüdische Fundamentalismus neuerdings in extremen Bewegungen wie »Gusch Emunim« (Bund der Gläubigen), welche die Expansion jüdischer Siedlungen in den annektierten (Golan-Höhen) und besetzten, aber als integralen Teil Israels beanspruchten Gebieten (West Bank = Samaria, Judäa) gegen die Araber vorantreiben. Hinzu kommt die noch kleine Kach-Partei des aus den USA eingewanderten extremen Rabbiners Meir Kahane, die offen ankündigt, Israel »araberrein« machen zu wollen. Ihre Einschüchterungs- und Terrorkampagne gilt moderaten Israelis und liberalen Auslandsjuden als »rassistisch«. Zumindest Kahane und seine Anhänger stehen in der Tradition der Zeloten und Siccarier, deren Aufstand von 66 den Untergang jüdischer Staatlichkeit für fast zwei Jahrtausende einleitete. Die potentielle Sprengkraft der jüdischen Fundamentalisten für Israel ist daher weit größer, als die kleine Zahl der Minderheit selbst in Israel – geschätzte 250000 – an sich vermuten ließe, weil sie eben den integralen Kern des Judentums als Religion ausmachen.[10]

So bricht mit dem jüdisch-zionistischen Fundamentalismus die Spannung in der Frage nach der Definition der Juden wieder durch: Sind sie eine Religion oder ein Volk? Oder beides? Wer darf nach Israel als Jude einwandern? Die Abstammung von einer jüdischen Mutter als Kriterium lenkt die Beantwortung der Frage zurück auf die Abstammung im ursprünglichen Sinn – auf »Ras«, den Ausgangspunkt von »Rasse«. Die Weigerung jüdischer Fundamentalisten, zum Judentum Übergetretene als voll gleichberechtigte Israelis zu akzeptieren, schafft ein jüdisches »Conversos«-Problem. Seine Konsequenzen hatte bereits Spanien mit seinen Zwangstaufen nach 1391 und 1492 vorgeführt, damals gegen Juden und »Conversos«.

Das Bestehen auf der »Blutreinheit« zur Wahrung der Reinheit von Religion und jüdischem Volk wendet sich nun gegen die Juden selbst. Für liberale Juden in Amerika und säkularisierte Juden in Israel liegt darin ein jüdischer Rassismus. Ende 1986 eskalierten solche innerjüdischen Spannungen zu Tätlichkeiten zwischen Angehörigen der verschiedenen Gruppen. Es kam zu Überfällen auf Synagogen und Talmudschulen, ganz im Stil antisemitischer Gewalttätigkeiten, die sonst Pogrome gegen Juden anzukündigen pflegten. Die religiös begründete Terrorisierung der säkularisierten bis liberalen Minderheit unter den Juden durch offensichtlich wachsende Gruppen jüdischer Fundamentalisten könnte in absehbarer Zeit die innerjüdischen und innerisraelischen Konflikte weiter steigern.

Sie müßten mit Gewalt entscheiden, nach welcher Seite der gegenwärtige Dualismus im zeitgenössischen Israel aufgelöst werden soll, denn auf Dauer ist der parlamentarisch-demokratische Säkularismus einer modernen Industriegesellschaft unvereinbar mit einer faktischen Theokratie fundamentalistischen Zuschnitts, mit der wörtlichen Auslegung und Anwendung der Heiligen Schrift. Ganz abgesehen von der traditionellen Rivalität zwischen den verschiedenen Gruppen des Judentums (Aschkenasim-Sephardim; generell westliche Juden gegen orientalische Juden; ältere Gruppen in der Isolierung, die frühere Reformen nicht vollzogen haben, wie die Juden aus dem Jemen und neuerdings aus Äthiopien), bahnt sich hier ein innerjüdischer Konflikt in quasi-rassistischen Formen an. Er könnte die für Juden und Israelis aus nationalen Gründen übergeordnete Dauerkonfrontation mit den Arabern innerhalb wie außerhalb Israels vorübergehend in den Hintergrund drängen.

Der uralte Reinheits- und Einheitswahn, dem die Fundamentalisten folgen, ist dabei, sich gegen die Juden, bisher die Hauptopfer des historischen Rassismus, zu wenden, und das im eigenen nationalen »Judenstaat«, in dem diese Aktivisten nur eine Minderheit ausmachen. Die extreme Erzwingung einer fiktiven »Einheit« auf der fundamentalistischen Grundlage kompromißloser »Reinheit« von »Blut« und Religion zur Sicherung der jüdischen Identität und nationalen Existenz zerstört Israel nach innen und außen: Wenn Rabbi Meir Kahane als Knesset-Abgeordneter die Vereidigung auf die Gesetze des Staates Israel verweigert und sich statt dessen allein auf die Heilige Schrift beruft, bestätigt er die fatalen, selbstzerstörerischen Konsequenzen seines religiösen Fundamentalismus für die praktische Politik: Seine Parole »Araber raus!« kann sich sogar auf Anweisungen im Alten Testament berufen (das Verbot des Konnubiums mit Ungläubigen, die Massaker zur Säuberung Kanaans von Ungläubigen), deren kompromißlose Exekution in fundamentalistischer Rigorosität zur »Endlösung« der »arabischen Frage« in einem »araberreinen« Israel führen würde.

Der Rückgriff auf eine buchstäblich verstandene Bibel würde fast 2000 Jahre an individualisierender Entwicklung des Judentums im »Galuth« aufheben und modernen Antisemiten in die Hände arbeiten, die geradezu davon leben, ebenfalls die Bibel wörtlich zu nehmen und sie als angeblichen Herrschaftsanspruch aller Juden über die Welt auf die irdische, also politische Realität zu projizieren. Ein solches fundamentalistisches Bibelverständnis – positiv bei jüdisch-israelischen Zeloten wie Meir Kahane, negativ bei dualistischen Antisemiten – setzt den alten Konflikt zwischen Judenheit und »Welt« fort – auf unabsehbare Zukunft.

Die Folgen für die Zukunft sind absehbar: Israel als »messianisches Ghetto« und zum zweiten Mal restauriertes Davidreich auf exklusiv-nationaljüdischer Basis wäre zum Untergang verurteilt, sollten moderne Zeloten und jüdische Fundamentalisten wie Meir Kahane die Regierung übernehmen. Israel würde an seinen eigenen Widersprüchen zerbrechen, schon weil sich säkularisierte und liberale Juden inner- wie außerhalb Israels gegen eine solche Katastrophe stemmen würden.

Inzwischen kehrt sich die innere Struktur Israels in zwei wichtigen Punkten um: In diesem Einwanderungsland, das auf die jüdische Einwanderung angewiesen ist, überwiegt inzwischen die Zahl der Auswanderer gegenüber den Neueinwanderern. Daß Verteidigungsminister Rabin die Auswanderer als »Ratten« verabschiedet, wirft ein Schlaglicht auf die innere Situation Israels. Außerdem vermehren sich die Araber in Israel (vor allem in den annektierten oder zu Annexion vorgesehenen Gebieten) rapide, so daß sie sich schon der Bevölkerungsmehrheit nähern. Ein Umkippen der Mehrheitsverhältnisse zwischen Juden und Arabern in Israel könnte explosive Folgen haben.

Auch die Rückwirkung auf die Stellung der Juden in der Welt insgesamt wäre verheerend: Nach den historischen Mechanismen seit der römischen Antike wäre zu erwarten, daß die Juden der nächste schwere Schlag dort trifft, wo sie die glänzendste Stellung einnehmen, d. h. heute in den USA und – in Israel. In Israel drohen schon allein die dialektischen Konsequenzen aus der national-jüdischen Staatsgründung auf dem doppelten Sprengsatz der Feindschaft gegenüber den Arabern nach außen, der Spannung zwischen integral-fundamentalistischer Minderheit und säkularisierter Mehrheit nach innen das »messianische Ghetto« wieder zu zerreiben.

In den USA ist die Situation auf andere Weise kompliziert: Ältere Residuen eines WASP (White Anglo-Saxon Protestant)-Anti-Judaismus, den erst der soziale und ökonomische Aufstieg der Juden im Laufe des 20. Jahrhunderts überdeckte, verstärken antisemitische Ressentiments, die Einwanderer aus Osteuropa mitgebracht haben, z. B. gegen die seit den fünfziger Jahren im akademischen Bereich erkennbare Überrepräsentanz von Juden, die sich angeblich gegenseitig die Stellungen zuschieben, oder gegen die Abnahme christlicher Präsenz in der Öffentlichkeit. Solche Ressentiments zeigen sich bisher nur in hämischen Kommentaren, könnten aber in Krisenzeiten die klassische Neidkonstellation gegen die erfolgreichen »Aufsteiger« heranreifen lassen. Gravierender wirkt im Augenblick ein Problem, auf das schon Henry Morgenthau sen. in seiner Kritik am Zionismus hinwies: Ein nationaljüdischer Staat könnte amerikanische Juden in den Zwiespalt einer doppelten Loyalität gegenüber den USA und dem »Judenstaat« stürzen. Mit dem Pollard-Prozeß wegen Spionage zugunsten Israels ist 1987 genau dieser Punkt erreicht, der liberale Juden den Beginn eines amerikanischen Antisemitismus befürchten läßt. Ohne Rückhalt an den USA – an den liberalen bis säkularisierten Juden wie am Gesamtstaat – könnte aber Israel in der Isolierung erst recht nicht überleben.

Der gegenwärtig vielleicht tragischste Aspekt in der jüngsten Phase jüdischer Existenz ist wieder einmal die Position der säkularisierten Juden, zumal wenn sie sich als Kommunisten oder Sozialisten für einen messianischen Marxismus engagiert hatten: Politisch-ideologisch enttäuscht, hellwach für antisemitische Untertöne, auch bei der Linken, werden sie abgestoßen von der parlamentarisch verschleierten Theokratie jüdischer Fundamentalisten in Israel, sind sie verzweifelt über die Konsequenzen, die sie als Folge der inneren und äußeren Lage Israels herannahen sehen. Sie gehören vermutlich zu den »Ratten« (Rabin), die aus Israel (offen oder versteckt) abwandern. Gerade wenn vor einem halben Jahrhundert die Auswanderung nach Palästina ihnen einst das Leben vor dem nationalsozialistischen Antisemitismus gerettet hat, muß ihnen die erneute Emigration in eine Umwelt doppelt schwer fallen, deren Antisemitismen sie nicht minder besorgt registrieren.

4. Die Rassenkonflikte der Gegenwart: Der verleugnete, aber praktizierte Rassismus

Entgegen der vorherrschenden Ideologie und dem Lippenbekenntnis zur Demokratie und Gleichheit in einer sich industrialisierenden Welt enthüllt die zeitgenössische Konfliktgeographie zahlreiche Konflikte in quasi-rassistischem Gewand, begleitet von Austreibungen und Massakern.[11] Jenseits des seit 1945 schon traditionellen Ost-West-Gegensatzes zwischen den Supermächten und dem jüngeren, ihn teilweise überlagernden und komplizierenden Konflikt zwischen industrialisierten und unterentwickelten oder sich entwickelnden Gesellschaften, dem Nord-Süd-Gefälle, lassen sich zwei Arten von Spannungen unterscheiden, die stets von beiden zutiefst beeinflußt bleiben: In westlichen Industrieländern nimmt eine substantielle Minderheit ausländischer Arbeiter die niedrigsten Stufen der Arbeitsmarkthierarchie ein, die »Gastarbeiter«, denen in vielen Ländern der Dritten Welt die »Wanderarbeiter« entsprechen. In Auseinandersetzungen in und zwischen Entwicklungsländern brechen zudem ältere, präkoloniale Spannungen neu auf.

In beiden Fällen erweist sich der Rassismus als ideologische Verkleidung sozialer Konflikte zwischen Großgruppen, die sich religiös, national oder ethnisch definieren. Die Industrialisierung schuf neue Konfliktfronten in den Industrieländern, sie modifizierte und verschärfte ältere Konfliktpotentiale in der »Dritten Welt«. Auschwitz erweist sich nachträglich weniger als mahnendes Menetekel, als Mahnung zu Toleranz und Gleichberechtigung denn als extremer Ausdruck dessen, wozu Menschen fähig sind. Für ältere wie moderne Konflikte stellt der Rassismus Denkkategorien, Argumente und Schlagworte bereit, auch ohne direkte Berufung auf den inzwischen traditionellen euramerikanischen Rassismus, den es offiziell nicht mehr geben dürfte.

»Gast«- und Wanderarbeiter. Flüchtlinge und »Asylanten«

In den westlichen Industrieländern und in vielen Entwicklungsländern warfen der Fortgang der Industrialisierung sowie Flüchtlingswellen meist aus Ländern der »Dritten Welt« scheinbar neue Probleme auf – »Gastarbeiter«, Wanderarbeiter, Flüchtlinge, »Asylanten«. Auch die Problematik von vier westlichen Einwanderungsländern (USA, England, Israel, Südafrika) läßt sich hier einordnen, da die meisten Industrieländer des Westens und viele nichtkommunistische Entwicklungsländer auch Einwanderungsländer geworden sind. Frankreichs ausländisches Subproletariat besteht als Erbe der Kolonialzeit meist aus Algeriern. Die Niederlande nahmen nach der Unabhängigkeit Indonesiens eine große Zahl von Ambonesen aus den Südmolukken auf, weil sie die erste und loyalste einheimische Stütze der holländischen Kolonialherrschaft gewesen waren und nun Racheakte im souveränen Indonesien befürchteten. Vor allem seit der Unabhängigkeit Surinams 1975 floh die Hälfte der Bewohner ins frühere koloniale Mutterland Holland, um sich vor blutigen Bürgerkriegen zu retten, deren Härten jetzt Nachfahren der »Maroons«, die »Buschneger«, treffen.

In die anderen westlichen Industriestaaten strömten in der Hochkonjunktur der frühen sechziger Jahren aus den minder entwickelten Mittelmeerländern »Gastarbeiter« – Italiener (vor allem nach Westdeutschland), Portugiesen, Spanier, Jugoslawen, Griechen, Türken, nach Frankreich weiter Algerier, generell Maghrebiner. Italien hatte außerdem seine interne Binnenwanderung – »Gastarbeiter« aus dem Süden im Norden, im eigenen Land, während nach Süditalien »Gastarbeiter« aus Nordafrika kamen, wo ihrerseits wieder »Gastarbeiter« aus Schwarzafrika eine Existenzmöglichkeit suchten. Die ganze Entwicklungspyramide in der Alten Welt geriet also in Bewegung und verlagerte sich in den hochindustrialisierten Norden, während die sozioökonomische Scheidegrenze quer durch Italien verläuft.

Überall entstanden Reibungen, Spannungen und Konflikte, die an sich noch nicht rassistischer Natur sind. »Ausländerfeindlichkeit«, zumal in Zeiten der Wirtschaftskrise, gehört mehr in den Bereich der Xenophobie: Fremdenfeindlichkeit ist Ausländerfeindlichkeit. Solche Probleme zwischen Fremden (z. B. als Flüchtlinge oder »Gastarbeiter«) und Einheimischen gab es stets und überall, z. B. bei der Aufnahme der Hugenottenflüchtlinge aus Frankreich in Deutschland nach 1685, der Einwanderung polnischer Arbeiter in Deutschland nach 1871 oder der deutschen Ostflüchtlinge im Westen nach 1945. Spätestens nach einer Generation oder nach zwei Generationen hatten sich die Spannungen und Ressentiments zwischen den Einheimischen und Neuankömmlingen durch Integration und Assimilation, Zwischenheirat und Entwicklung eines neuen Heimatgefühls gelegt. Die Integration verlief um so schneller, je geringer die Zahl der Einwanderer war, je geringer die Unterschiede in Sprache, Kultur, Religion, sozioökonomischem Niveau und äußerem Aussehen waren, je weniger Druck zur Assimilation herrschte. Den westlichen Industrieländern erscheinen solche Probleme nur als neu, weil sie vergleichbare ältere Erfahrungen vergessen haben. So warf die Einwanderung vor 1914 nach Deutschland ganz ähnliche soziale Probleme der Integration und Anpassung auf, wie wir sie heute von »Gastarbeitern« aus Südeuropa und der Türkei kennen.[12]

Der Abbau von Spannungen und Konflikten funktioniert am wenigsten, wenn große Massen z. B. von Türken konzentriert auf Dauer in »Ghettos« wohnen und sich nicht integrieren wollen, jedenfalls nicht in der ersten Generation. Das Festhalten an der eigenen Religion, z. B. dem Islam, und die Betonung nationaler und politischer Eigenarten (z. B. des türkischen Chauvinismus der rechtsextremen »Grauen Wölfe«) können im Extremfall bis zur Absicht reichen, bewußt ein Fremdkörper autoritär-totalitären Charakters in einer im Prinzip demokratischen Gesellschaft bleiben zu wollen und dennoch auf bürgerliche und politische Gleichberechtigung zu drängen. Die Anerkennung des Islam als eine gleichgestellte Religionsgemeinschaft geriete in Widerspruch zur Situation der Türkei, wo analoge Rechte anderer Minderheiten (Christen, Armeniern, Kurden u. a.) vorenthalten bleiben. Die volle Freizügigkeit für Türken bei einem Beitritt der Türkei zur EG und ein dann zu erwartendes massives Einströmen armer Türken in den industrialisierten Westen, vor allem in die wegen ihres dichten Sozialnetzes auch für Ausländer attraktive Bundesrepublik Deutschland, würde Konflikte geradezu vorprogrammieren.

Bei einer Verschärfung der Wirtschaftskrise könnten sie von den Extremen rechts und links im politischen Spektrum instrumentalisiert werden – rechts durch einen geschürten Fremdenhaß, der an rassistische Instinkte appellieren und mit rassistischen Schlagworten operieren könnte. »Gastarbeiter« wären neue Sündenböcke zur Ableitung innerer Spannungen, wie einst die Juden.

Umgekehrt benutzte die kommunistische Revolution bisher soziale Spannungen als Hebel für den sozialrevolutionären Umsturz. Doch bleiben kommunistische Staaten von analogen Konflikten bisher nur deshalb verschont, weil sie keine Einwanderungs- oder gar Asylländer sind, sondern eher umgekehrt Auswanderungs- und Fluchtländer. »Gastarbeiter« in sozialistischen Ländern sind weitgehend von der Bevölkerung des »Gastlandes« isoliert, wie überhaupt die angeblich so internationalistischen kommunistischen Staaten bisher zu den nach innen wie außen isolationistischsten und fremdenfeindlichsten Systemen der Gegenwart gehören.

Diffuser verlaufen parallele Prozesse in allen Entwicklungsländern mit Wanderarbeitern und Gastarbeitern aus noch ärmeren, noch weniger entwickelten Ländern. Südafrika, das aus der Kolonialzeit einen erheblichen Teil seines Bedarfs an un- oder minderqualifizierten Arbeitskräften mit Wanderarbeitern aus benachbarten nördlichen Ländern deckt, ist ein Grenzfall zwischen industrialisiertem Einwanderungs- und (ehemaligem) Entwicklungsland, das in diesem Punkt ein wichtiges Strukturelement (Wanderarbeit) beibehalten hat. Ausländische Arbeitnehmer in arabischen und afrikanischen Ländern aus anderen Staaten sind »Gastarbeiter« wenn sie längere Zeit in den »Gastländern« leben und arbeiten, z. B. Palästinenser und Ägypter in reichen arabischen Ölländern, Ghanaer in Nigeria, Nigerianer in Ghana. Relativ entwickelte Länder wie die Elfenbeinküste ziehen sowohl »Gastarbeiter« als auch Wanderarbeiter aus benachbarten ärmeren Ländern an – aus Wanderarbeitern werden »Gastarbeiter«, wenn sie die Tendenz oder Chance haben, auf unbegrenzte Zeit im Gastland seßhaft zu werden. In Zeiten ökonomischer oder politischer Krisen entladen sich leicht interne Spannungen an den Fremden, teilweise in quasi-rassistischen Formen.

Spannungen zwischen Einheimischen und Fremden in Entwicklungsländer sind – leider – ganz so »normal« geworden wie in den Industriegesellschaften. Seit uralter Zeit hat sich die Tendenz gehalten, daß Fremde, wenn sie in größerer Zahl auftreten, landsmannschaftlich gegliedert zusammenleben, am liebsten in eigenen Wohnquartieren. In Krisenzeiten können sich Spannungen in Konflikten mit rassistischen Tönen entladen, vor allem dann, wenn sich ausländische Minderheiten auch äußerlich, also »rassisch«, unterscheiden. Ökonomisch aktive Minderheiten, die mit den Juden vergleichbare Funktionen wahrnehmen, wie Chinesen in Indonesien und Vietnam oder Inder in Ost- und Südostafrika, dienen dann oft als die bequemste Ableitung innerer Spannungen, die in Ausweisung, im Extremfall in pogromartige Ausschreitungen münden können.

Konflikte in postkolonialen Nachfolgestaaten

In der letzten Phase der Dekolonisation hatten die Nationalbewegungen in Asien und Afrika ein Gefühl der moralischen Überlegenheit gegenüber den politisch herrschenden und ökonomisch überlegenen »weißen« Kolonialherren und ihrem Überlegenheits- und Rassendünkel herausgebildet. Mit dem Sieg ihrer Nationalismen sprengten sie das koloniale Establishment an der Spitze ihrer Gesellschaften weg, so daß nun wieder eigene Hierarchien der Überlegenheits- und Verachtungsstrukturen sichtbar und virulent werden. An der Austragung ihrer Spannungen und Konflikte zeigte sich, daß die bis dahin so gern beschworene Solidarität zwischen den Kolonisierten in der harten Realität postkolonialer Nachfolgekonflikte mehr oder weniger rasch zerbrach: In quasi-rassistischen Massakern brachten und bringen sich Völker der »Dritten Welt« gegenseitig um. Entsprechend ihren technischen und physischen Möglichkeiten veranstalten sie auf lokaler oder regionaler Ebene wechselseitig Massenmorde, die von der so hehr beanspruchten moralischen Überlegenheit gegenüber dem »weißen« Rassismus nichts mehr übrig lassen: Die gegenseitigen Massaker zwischen Hindus und Muslims am Vorabend der nationalen Unabhängigkeit Indiens 1946/47 mit Millionen von Toten und Flüchtlingen auf beiden Seiten werden stets ein klassisches Beispiel bleiben. Allgemein weniger bekannt sind die schrecklichen Massaker in Rwanda und Burundi vor und nach der Unabhängigkeit.

Hier brachen Konflikte aus der präkolonialen Eroberungs- und Ausbeutungssituation durch: Im 16./17. Jahrhundert hatten die hellhäutigeren Großviehnomaden, die Tussi, die Mehrheit der schwarzen Bauern der Huti unterworfen und seitdem mit einer quasi-rassistischen Begründung ihrer Überlegenheit in permanenter Abhängigkeit gehalten. Mit dem Nahen der Unabhängigkeit brachen die uralten Spannungen als blutige Konflikte durch. In Burundi erstickte die immer noch herrschende Minderheit der Tussi Aufstände der Huti zweimal, 1956 und 1972, in Strömen von Blut.

Ähnliche Konflikte, oft verstärkt durch religiöse Unterschiede, tobten in Nigeria und Sudan zwischen dem teilweise christlichen Süden und dem muslimischen Norden, ferner im Tschad und in Äthiopien. Generell zieht sich quer durch Afrika ein weiter Spannungsbogen – vom Savanne-Sahel-Sahara-Bereich bis zum Horn von Afrika. Der Konflikt tobt zwischen den hellhäutigeren Berbern-Tuareg-Arabern der Wüste, die sich einst auf Sklavenjagd und Sklavenhandel spezialisiert hatten, und den schwarzen Bauern der Savanne, den Nachfahren der Objekte früherer Sklavenrazzien. Als Rache für Jahrtausende der Demütigung schlägt jetzt ein schwarzer Gegenrassismus gegen die früheren hellhäutigeren Sklavenjäger durch, vor allem in Staaten der Sahelzone, die in die Sahara hineinragen (Mauretanien, Mali, Tschad). Die politische Führung der neuen Staaten liegt bei den schwarzen, oft christlichen und sich rascher modernisierenden Bauernbevölkerungen. Gerade in den großen Dürrekatastrophen der letzten zwanzig Jahre übten sie stumme Rache für die jahrtausendealte quasi-rassistische Überheblichkeit ihrer früheren Sklavenjäger aus, indem sie die »stolzen Wüstensöhne« jetzt als buchstäblich Marginalisierte ihrer Staaten schikanierten und von den ihnen zugedachten ausländischen Hilfslieferungen weitgehend absperrten. Schon das Verbot der Sklaverei hatte die meisten Tuareg und Berber der Wüste ruiniert, weil sie großenteils von der Arbeit ihrer meist schwarzen Sklaven gelebt hatten.

Auf andere Weise konfliktverschärfend wirkt sich in Indien das Kastenwesen aus, das weiterhin Grundlage der indischen Gesellschaft ist. Die indische Verfassung hat zwar 1949 die Diskriminierung der »Unberührbaren« offiziell verboten, und 1955 folgten auch gesetzliche Strafen. Faktisch besteht sie jedoch fort – positiv gewendet als »protective discrimination« zugunsten der »scheduled castes« (d. h. der im Anhang zur Verfassung aufgeführten »depressed« Kasten) durch einen bevorzugten Zugang zu Bildungsmöglichkeiten und Verwaltungspositionen. Negativ aber wirkt die Diskriminierung fort, als soziale Ächtung vor allem auf dem Land, wo noch immer 90% der »Ex-Untouchables« leben.[13] Besonders in Bihar kommt es seit mindestens zwanzig Jahren zu weitverbreiteten Gewaltexzessen gegen Angehörige der »scheduled castes«, teils im Rahmen von Konflikten um Landverteilung und Mindestlöhne für Landarbeiter.[14] Oft werden »Untouchables« für den Versuch bestraft, sich wenigstens in das indische Kastenwesen einzugliedern, indem sie sich über die Barriere der »Unberührbarkeit« hinwegsetzen und die Zugehörigkeit zu einer Kaste vortäuschen. Dabei kommt es zur Anwendung von Gewalt, die strukturell durchaus einerseits mit dem Lynchen und den »race riots« in den USA, andererseits mit den Judenpogromen im alten Rußland zu vergleichen ist. Die Diskriminierung der noch immer »Unberührbaren« droht sich im modernen Indien zum »Gegenstück des Rassismus in den modernen Gesellschaften« auszuwachsen (Pouchepadass).

Die quasi-rassistischen Überlegenheitskomplexe der Brahmanen sind vor allem bei denen noch stark ausgeprägt, die sich seit der Zeit ihrer arischen Vorfahren ihre Hellhäutigkeit bewahrt haben, z. B. in Uttar Pradesh. Ihre gottähnliche Überlegenheit haben sie sich offenbar vorläufig noch in den Übergang Indiens von einer agrarischen Kasten- in eine sich industrialisierende Klassengesellschaft gerettet, die unter dem Druck der Industrialisierung allmählich entsteht, wenigstens in den Städten. In den Ressentiments zwischen dem durchschnittlich hellhäutigeren Norden und dem dunkelhäutigeren Süden schwingen offensichtlich auch quasi-rassistische Abneigungen durch. Hellhäutigkeit ist noch immer ein positiver Wert, z. B. für eine Braut aus einer niederen Kaste, wenn sie in eine höhere Kaste einheiratet, oder für indische Männer, wenn sie in Deutschland Kontaktanzeigen aufgeben. Nicht gerade konsequent wirken Indiens Proteste gegen vielfältige quasi-rassistische Diskriminierung von Auslandsindern in Afrika und »Zigeunern« (Sinti-Roma) in Europa: Beide Gruppen würden als Angehörige der niedrigsten Kasten im indischen Mutterland ihrerseits vielfältig diskriminiert – nur auf indische Weise: gemäß den Mechanismen des traditionellen Kastensystems.

Pakistan zerbrach an quasi-rassistischen Überlegenheitskomplexen des traditionell kriegerischen Panjab und Sind (West-Pakistan) gegenüber dem einst vom Westen eroberten Bengalen (Ost-Pakistan), die sich auf die Dauer auch nicht durch die gemeinsame Religion des Islam überdecken ließen. Die Sezession von Bangladesh von 1971 (mit Zutun Indiens, das seinerseits von der Sowjetunion unterstützt wurde) war die logische Konsequenz. Der durch Indiens militärische Intervention vorläufig offiziell beendete Bürgerkrieg zwischen den Singalesen und Tamilen Sri Lankas von 1983 bis 1987 geht auf ähnliche Sozialkonflikte zurück, die mit quasi-rassistischen Obertönen durchgefochten werden. Eine seiner Rückwirkungen in Europa sind die Probleme mit tamilischen Flüchtlingen, die vor allem in der Bundesrepublik das Ressentiment gegen »Asylanten« verschärfen und damit wieder fremdenfeindliche Reaktionen auslösen.

Auch in Europa gibt es vergleichbare Konflikte – zwischen Türken und Griechen auf Zypern, den Basken und Spaniern, den Serben und Albanern um Kossovo, den frankophonen Wallonen und Flamen in Belgien, bis 1979 sogar in der sonst so toleranten Schweiz zwischen deutschsprachigen (urbanisierten) Bernern und frankophonen (weniger entwickelten) Jurassen. Die Türkei, die in die EG drängt, hat ihre analogen Konflikte mit den Armeniern und Kurden, da die Türken in ihrem Geschichtsbewußtsein die Spannung zwischen der nostalgischen Verklärung des Osmanischen Reiches und ihrem türkischen Nationalismus noch nicht konstruktiv gelöst haben: Sogar für ausländische Wissenschaftler ist die Erwähnung des Wortes »Kurden« auf türkischem Boden in öffentlichen Vorträgen verpönt. Nach offizieller Lesart gibt es in der Türkei keine Kurden oder Armenier. Selbst das Sprechen ihrer Sprachen ist bei schwersten Strafen verboten.

Im Vielvölkerstaat der Sowjetunion brechen mit den Lockerungen der »Peristrojka« und »Glasnost« unter Gorbatschow seit Ende 1987 die lange unterdrückten Nationalitätenkonflikte durch, im Frühling 1988 am stärksten in Sowjetisch-Armenien. Der Widerwille gegen massive Russifizierung, im kommunistischen System euphemistisch überdeckt durch einen angeblichen »proletarischen Internationalismus«, und gegen allgemeine Mißwirtschaft verbinden sich zu einem explosiven Gemisch, das bisher schon zu Pogromen an Armeniern in Aserbeidschan geführt hat, mit vorläufig unabsehbaren Folgen.

Ausblick

Rassismus ist überwiegend ein Ergebnis sozioökonomischer Konflikte in und zwischen Gesellschaften. Der ideologische Schleier besteht aus Vorurteilen, die aus der Tradition seit grauer Vorzeit mitgeschleppt wurden. Sie sind buchstäblich Vor-Urteile, Klischees, die dem menschlichen Geist aufgedrückt werden, bevor er sich selbst durch Erfahrungen informieren kann. Die weitverbreitete offene oder latente Virulenz rassistischen Denkens, das in den vielen Konflikten »rassischen« Charakters auch noch nach 1945 zutage tritt, legt nahe, die Versuche zur Überwindung des Rassismus tiefer anzusetzen als bloß an ideologischen Strukturen, denn die sind eher Symptome als die Substanz des Rassismus.

Gewiß: Die rationale Aufklärung über Lügen, Verleumdungen und Verdrehungen, die einen Gutteil der rassistischen Ideologie ausmachen, bleibt notwendig. Wichtiger aber wird die Einsicht in die sozioökonomische Fundierung von Rassismus: Er spitzt handfeste materielle Interessen ganzer Gruppen (Stand, Volk oder »Rasse«) zu – auf Kosten anderer. Das Ergebnis ist ein aggressiver Kollektivegoismus, im Extrem gesteigert bis zu Massakern und Genoziden. Der Zusammenhang zwischen Sklaverei als der stärksten Form gebundener Arbeit, aus ihr entspringender Verachtung und Rassismus macht diesen Sachverhalt besonders deutlich. Die Degradierung unterworfener oder zu verdrängender Völker zu Sklaven war eine archaische Urform des Rassismus, des indischen Kastenwesens wie des Noah-Fluchs (Anspruch auf das Land Kanaan). Sie war Ausgangspunkt für den späteren muslimischen und christlichen Proto-Rassismus selbst. In einer Welt, die das Pathos von Demokratie und Gleichheit zumindest deklamatorisch zur Richtschnur politischen Handelns gemacht hat, müßte die Einsicht in den hierarchisierenden und konflikterzeugenden Charakter des Rassismus eigentlich ernüchternd und entkrampfend wirken. Der Haitianer Anténor Firmin hat vor über einem Jahrhundert in seiner Auseinandersetzung mit Gobineau schon Wesentliches dazu gesagt.

Die Beschäftigung mit dem Rassismus unter dem allein angemessenen welthistorischen Horizont sollte eines klar machen: Der Rassismus leugnet die Einheit der Menschheit in der Fülle ihrer unendlichen Varianten. Eine den Rassismus überwindende Haltung und Politik muß dagegen die Vielfalt der Menschheit in ihrer grundsätzlichen Einheit anerkennen. Das erfordert Toleranz und Relativierung der eigenen als absolut gesetzten Werte und Maßstäbe.

Unsere Welt ist heute von Konflikten der verschiedensten Arten existentiell bedroht. So kommt es darauf an, durch die Überwindung des Rassismus wenigstens ein Konfliktpotential zu neutralisieren, vielleicht sogar auszuräumen. Über die notwendige Aufklärung hinaus wird es unumgänglich, zugleich die Politik umzuorientieren: Wir brauchen ein Ensemble von Faktoren, in dem die Vielfalt unterschiedlicher Interessen nicht mehr Spannungen erzeugt, die oft zu Konflikten eskalieren, sondern in dem sich Interessen konstruktiv überlappen oder gar decken.

Auf unserem hochexplosiv gewordenem Erdball ist eine Existenz unter menschlichen Bedingungen nur noch durch die Koexistenz möglich, die den Anderen – den Nachbarn wie den Fremden – als notwendigen Bestandteil der Gesamtmenschheit zum Überleben begreift und entsprechend behandelt. Der Fremde und der Nachbar dürfen nicht mehr Feind sein, sondern sie müssen Partner zum gemeinsam zu organisierenden Überleben werden. Das gilt für das Ost-West- ebenso wie für das Nord-Süd-Verhältnis. Aber es gilt auch für die Rassismusproblematik.

Es gibt unendlich viele Möglichkeiten des individuellen Aussehens von Menschen. Entsprechend existieren auch unendlich viele Möglichkeiten ihres individuellen geistig-seelischen Profils, unabhängig von »Rassen«. Die Anerkennung dieser Vielfalt ist eine Voraussetzung für die Organisierung unterschiedlicher Interessen in friedenserhaltender Absicht: Sie respektiert das Recht des Anderen auf Leben zu grundsätzlich den gleichen Bedingungen, die man selbst beansprucht. Letzten Endes läuft die Forderung auf eine moderne, zeitgerechte Anwendung des Kantschen kategorischen Imperativs auf unsere Situation hinaus: Grundsätzliche Gleichheit wird zur »Bedingung der Möglichkeit« für Demokratie und Frieden. Den Rahmen dazu bieten die Ideale der UNO und UNESCO. Heute gilt es mehr denn je, die schönen, abstrakten Worte auch in lebendige Realität zu übersetzen.

Zeittafel

Vor Christus:

ca. 40 000	Rezenter Mensch: Homo sapiens sapiens (Cro-Magnon-Mensch) – artikulierte Sprach-, Abstraktions- und Lernfähigkeit.
ca. 2600	Altes Reich in Ägypten erobert Norden Nubiens bis zum 1. Katarakt – Schwarze (Nubier) voll integriert in ägyptische Hochkultur.
ca. 1500	Beginn der arischen Eroberung Nordindiens: Ausgangslage für indisches Kastenwesen.
ca. 1020	Königtum der Juden, zunächst unter Saul.
ca. 1004	David König der Juden: Jüdisches Großreich im Machtvakuum nach Seevölkersturm.
1000	Jerusalem von David erobert: Hauptstadt der Juden.
ca. 953	1. Tempel in Jerusalem, von Salomon erbaut.
ca. 928	Salomon gestorben: Königreiche Israel (bis 722) und Juda (bis 586).
722	Israel von Assyrien erobert: Massendeportationen – »Zehn verlorene Stämme Israels«.
586	Babylon erobert Juda mit Jerusalem: Babylonische Gefangenschaft (bis 538): Erste Phase der Umwandlung der Juden zum Stadtvolk.
ca. 560	Zarathustra: Anfänge des Dualismus.
ca. 540	Maghadareich in Nordindien; Anfänge des Buddha. Indisches Kastenwesen voll ausgebildet.
538	Kyros-Edikt: Toleranz und religiöse Autonomie für Juden: Rückkehr eines Teils der Juden aus Babylon nach Jerusalem: Babylon erster Schwerpunkt jüdischer Diaspora.
ca. 515	Neubau des Tempels in Jerusalem.
ab 445	Reformen unter Esra und Nehemia: Neukonstituierung des Judentums auf der Grundlage der Exulanten aus Babylon.
332	Palästina von Alexander d. Gr. erobert: Hellenisierung; Konfrontation von Syro-Griechen mit Juden, die ihrerseits unter Assimilationsdruck des Hellenismus geraten.
331	Alexandria gegründet: Zweiter Schwerpunkt jüdischer Diaspora.
166	Makkabäer-Aufstand gegen niedergehendes Seleukidenreich (bis 161): Jüdische Expansion – Konflikte mit Syro-Griechen; Starker Einfluß der Chassidim (Frommen).

161   Hasmonäer-Staat (bis 63 v. Chr.): Theokratisches Königtum mit Anpassung an Hellenismus; Konflikte mit Chassidim.

63   Palästina im Römischen Reich: Autonomie, aber territoriale Verluste.

37   Herodes König der Juden (bis 4 v. Chr.): Große Bautätigkeit (u. a. Restaurierung des Tempels), hellenistische Kulturpolitik.

Nach Christus:

6   Judäa von Rom annektiert: Steueraufstand gegen Rom: Anfänge der Zeloten.

ca.   30   Kreuzigung Jesu in Jerusalem: Anfänge des Christentums als Sezession vom Judentum.

38   Judenmassaker in Alexandria.

66   Konflikte Syro-Griechen mit Juden in Caesarea: Jüdischer Aufstand (bis 70).

70   Römer unter Titus erobern Jerusalem: Tempel zerstört: Fluchtbewegungen und Massendeportationen ins Römische Reich, u. a. Spanien, Rheingrenze – Exil (»Galuth«); Juden theoretisch Sklaven des Kaisers.

132   Bar-Kochba-Aufstand in Palästina (bis 135):

135   Jerusalem zerstört, für Juden verboten: »Syria Philistaia«: daraus wird »Palästina«.

391   Christentum Staatsreligion im Römischen Reich; Judentum weiterhin »religio licita«.

414   Juden aus Alexandria vertrieben.

420   Judenmassaker in Syrien.

425   Jüdisches Patriarchat in Palästina vom Oströmischen Kaiser aufgehoben.

535   Justinian I. verbietet Judentum in zurückeroberten Gebieten Nordafrikas.

554   Judentum im von Byzanz zurückeroberten Südostspanien verboten.

589   Konzil von Toledo: Westgoten treten vom Arianismus zur Römischen Kirche über: Lage der Juden im Westgotenreich verschlechtert sich.

608   Alternative Zwangstaufe oder Tod für Juden in Byzanz: Verzweiflungsaufstand von Juden in Antiochia.

614   Juden begrüßen Eroberung Jerusalems durch Perser.

	616	Zwangstaufen im Westgotenreich nach dem Vorbild von Byzanz.
	622	Hedscha: Anfänge des Islam, gegen Juden- und Christentum.
	626	Niederlage der Awaren und Perser vor Konstantinopel: Aufstand der Awaro-Slawen und Slawen gegen die Awaren.
	629	Jerusalem von Byzanz zurückerobert: Massaker an Juden.
	636	Araber erobern Mesopotamien: Ausweitung des Anbaus von Zuckerrohr mit Sklaven aus Ostafrika (»Zinj«); muslimische Variante der Formel: Schwarzer gleich Sklave.
	641/42	Araber erobern Ägypten: Verbindung Ägyptens zu Nubien und Schwarzafrika weitgehend unterbrochen.
	694	Letzte Zwangstaufen im Westgotenreich: Judentum unterdrückt; Krypto-Juden (bis 711).
	711	Eroberung Spaniens durch Araber/Berber: Krypto-Juden begrüßen Araber als Befreier; günstige Stellung der Juden im muslimischen Spanien (bis 1064/66).
ca.	740	Khasaren übernehmen Judentum als Religion.
	843	Ende des Bilderstreits (Ikonoklasmus) in Byzanz: Ausschreitungen gegen Juden.
ca.	950	Byzanz und Venedig verdrängen Juden aus dem Mittelmeerhandel.
	965	Kiewer Rus zerstört Khasarenreich: Fluchtbewegungen jüdischer Khasaren, u. a. nach Polen; keine Juden im alten Rußland zugelassen.
	1064	Beginn der Reconquista: Verschlechterung der Stellung der Juden im muslimischen, Verbesserung im christlichen Spanien.
	1066	Judenpogrom in Granada.
	1086	Intervention der Almoraviden in Spanien gegen die christliche Reconquista: Lage der Juden im muslimischen Spanien weiter verschlechtert.
	1095	Verkündung des Ersten Kreuzzuges: Massaker an Juden in Bischofsstädten am Rhein durch »Kreuzzug der Armen«.
	1096	Kreuzzüge (bis 1291): Erster Kreuzzug: Judenmassaker durchziehender Kreuzfahrer, vor allem am Rhein.
	1099	Jerusalem von Kreuzfahrern erobert: Massaker an Juden.
	1144	Neuauflage des älteren Vorwurfs des Ritualmordes in Norwich (England).

1147	Zweiter Kreuzzug: Massaker an Juden.
1149	Intervention der Almohaden in Spanien gegen die christliche Reconquista: Lage der Juden im muslimischen Spanien weiter verschlechtert.
1179	3. Laterankonzil: Gesellschaftliche Trennung von Juden und Christen.
1189	Dritter Kreuzzug (bis 1192): Judenmassaker in York (England).
1212	Endscheidender Sieg der spanischen Reconquista über die Almohaden bei Las Navas de Toloso: Rücksichtnahme auf Juden im christlichen Spanien entfällt.
1215	4. Laterankonzil: Bestimmungen des Dritten Laterankonzils (1179) verschärft – Kleiderordnung und Gelber Fleck, nach Vorbild des Kalifats.
ab 1235	Nach französischem Vorbild erste Restriktionen gegen Juden in Aragon, später auch in Kastilien.
1290	Vertreibung der Juden aus England: England »judenfrei« (bis 1656).
1306	Im Zuge des Konflikts mit Lombarden und Templerorden (erste) Vertreibung der Juden aus Frankreich (bis 1314).
1348/49	Große Pest in Europa: Massaker der Flagellanten an Juden mit Schwerpunkt in Deutschland: Juden aus Deutschland in Polen (Aschkenasim).
1349	Vertreibung der Juden aus Ungarn (bis 1364).
1391	Juden-Massaker und Zwangstaufen in Kastilien: »Neu-Christen«–»Conversos«–»Marranen«.
1394	Endgültige Vertreibung der Juden aus Frankreich.
1441	Erste Sklaven aus Westafrika gefangengenommen und nach Portugal eingeführt.
1449	Pogrom gegen »Conversos« in Toledo: »Limpieza de sangre« (»Blutreinheit«).
1483	Spanische Inquisition vom Papst gebilligt, vor allem zur Bekämpfung von Krypto-Juden (»Conversos«) (bis 1834): Tomás de Torquemeda (»Converso«) bis 1498 erster Großinquisitor.
1484	Erste Prozesse der Inquisition.
1491	Juden aus Genf vertrieben.
1492	Eroberung Granadas, Ende der spanischen Reconquista. Vertreibung der Juden aus Spanien (Sephardim). Entdeckung Amerikas: Expansion Europas in Übersee.

	1497	Juden in Portugal zwangsgetauft: »Marranen«.
	1505	Afrikanische Sklaven in spanische Kolonien eingeführt: Transatlantischer Sklavenhandel (bis 1888). Rassen-Kasten-Gesellschaft in Amerika.
	1507	Pfefferkorn-Reuchlin-Kontroverse (bis 1521): Humanisten gegen »Dunkelmänner«.
	1516	»Neger« (span.: »negro«) als neuer Begriff. »Ghetto« in Venedig.
	1517	Reformation: Schwankende Haltung Luthers gegenüber Juden.
	1536	Inquisition in Portugal.
ca.	1590	»Marranen« in Holland-Amsterdam.
	1604	»Mulatte« (span.: »mulato«) als neuer Begriff.
	1612	Sephardim in Hamburg zugelassen. Fettmilch-Aufstand in Frankfurt/Main: Gegen Juden und Rat der Stadt.
	1615	»Marranos« dürfen in Holland ihr Judentum offen praktizieren. »Kaste« (port.: »casta«), »Mestize« (span.: »mestizo«, frz.: »métis«) als neue Begriffe.
	1619	Zwanzig afrikanische Sklaven in Jamestown, Virginia, zunächst als »indentured labour«.
	1622	Sephardim aus Hamburg in Glückstadt/Holstein: erstmals Juden in Dänemark zugelassen.
	1623	Engländer und Franzosen auf St. Christopher: Erster Auftakt zur Expansion in der Karibik.
	1634	Engländer führen Zuckerrohranbau auf Barbados ein: Sklaven aus Afrika.
	1644	Desgleichen Fransosen auf Martinique und Guadeloupe.
	1648	Annexion von Metz und Teilen des Elsaß durch Frankreich: Juden (Aschkenasim) wieder in Frankreich. Kosakenaufstand unter Chmielnicki (bis 1654): Massaker an Juden in der Ukraine und Polen – Fluchtbewegung von Aschkenasim in den Westen.
	1654	Russisch-polnischer Krieg (bis 1667).
	1655	England erobert Jamaika: Wichtigste Zuckerinsel Englands in der Karibik. Schwedisch-polnischer Krieg (bis 1660): Judenmassaker.
	1656	Juden (Sephardim) in England wieder zugelassen.
	1667	Frankreich erobert westliche Hälfte von Hispaniola (Santo

Domingo): Saint-Domingue – Frankreichs wichtigste Zuk-
kerinsel in der Karibik (bis 1804): Sklaverei.

Rußland annektiert Smolensk: Juden (Aschkenasim) werden weitgehend vertrieben.

1671   (Aus Wien vertriebene) Juden in Brandenburg zugelassen:
Aufstieg der Berliner jüdischen Gemeinde.

ca. 1680   »Weiße« (engl.: »whites«) als neue Selbstbezeichnung der
europäischen Siedler in den englischen Kolonien Nordamerikas.

1684   François Bernier: *Nouvelle Division de la Terre par les différentes éspèces ou races d'homme qui l'habitent* – »Rasse«
erstmals im modernen Sinn benutzt.

1685   »Code Noir«: Regulierung der Sklaverei durch Frankreich.

1688   »Slave Code« auf Barbados, nach dem Vorbild des »Code
Noir«.

1727   Boulainvilliers: *Histoire de l'ancien gouvernement de
France* – Zwei Rassen existieren in Frankreich; Nachfahren
der erobernden Franken (Adel) und der unterworfenen
Gallo-Romanen: Adelsdebatte in Frankreich.

1734   Massaker an Zigeunern in Spanien.

1735   Carl von Linné: *Systema naturae* – Klassifizierung der organischen Welt.

1738   Hinrichtung des Joseph Süß-Oppenheimer (»Jud Süß«) in
Württemberg.

1750   »Judenreglement« in Preußen: Juden haben mindere
Rechte und werden unterteilt in sechs Kategorien.

1768   Anarchie in Polen: Judenpogrome der Kosaken in Polen,
Wolhynien und Podolien.

1770   Verbot der Sklaverei in Maine: Beginn der Sklavenemanzipation in den nördlichen Staaten der späteren USA, vollendet mit Emanzipation im Staat New York 1827.

1772   Erste Teilung Polens: Juden (Aschkenasim) in Rußland,
Österreich und Preußen.

Mansfield-Urteil: Sklaverei in England ungesetzlich.

1773   Gesetze zur »Blutreinheit« in Portugal aufgehoben.

1774   Edward Long: *History of Jamaica.*

1775   Kant, Blumenbach: »Rassen«-Begriff in Deutschland.

Erstmals Juden in Schweden zugelassen.

1776   Amerikanische Unabhängigkeitserklärung: »Alle Men-

schen sind gleich« - Indianer und Afro-Amerikaner ausgeschlossen.

1781   Christian Wilhelm Dohm: *Über die bürgerliche Verbesse-*
rung der Juden – Debatte über Judenemanzipation in Europa.

1782–88   Toleranzedikte Josephs II. in Österreich.

1785   Christian Meiners: *Grundriß zur Geschichte der Mensch-*
heit – Erste Weltgeschichte auf der Grundlage des Rassismus.

1786/88   Deutsche Namen für Juden in Österreich (Galizien).

1787   Unionsverfassung der USA mit Kompromiß über Sklaven-
frage.
Anfänge des Abolitionismus in England und den USA; erste
afro-amerikanische Kirchen in Philadelphia: »Free Persons
of Color«.
Sierra Leone als Kolonie neuen Typs für Schwarze.

1788   »Negro«-Kapitel von Edward Long im *Columbia Maga-*
zine (New York) abgedruckt: Ideologische Grundlage des
nordamerikanischen Rassismus.
Sir William Jones entdeckt in Bombay die Verwandtschaft
der indoeuropäischen Sprachen: Geburt des »Arischen Mythos«.

1789   Sieyès: *Was ist der Dritte Stand?*: u. a. Nachfahren der Gallier – gegen »fränkischen« Adel: Französische Revolution.

1790/91   Judenemanzipation in Frankreich.

1791   Rayon in Rußland: Juden auf westliche Gouvernements beschränkt, Beginn der Diskriminierung.
Sklavenaufstand in Saint-Domingue: blutiges Chaos.

1793   Johann Gottlieb Fichte: *Beitrag zur Berichtigung der Ur-*
teile des Publikums über die französische Revolution – antijüdisch.

1794   Erste Sklavenemanzipation in den französischen Kolonien.

1802   Sklaverei von Napoleon Bonaparte in Frankreich wieder
eingeführt.

1803   Versuch zur Rückeroberung von Saint-Domingue.

1804   Unabhängigkeit Haitis; Konflikte »Mulatten« gegen
Schwarze.
Judenstatut in Rußland: Institutionalisierung der Diskrimi-
nierung.

nach 1808	Gleichstellung der Juden in Teilen Deutschlands, u. a. Preußen, Westfalen, Frankfurt, Bayern.
1812	Judenedikt in Preußen: Emanzipation, aber ohne volle Gleichberechtigung.
nach 1814	Emanzipation der Juden in Teilen Deutschlands wieder rückgängig gemacht: Bremen und Lübeck weisen Juden aus.
1817	Wartburgfest der deutschen Burschenschaften: Bücherverbrennungen, u. a. Saul Aschers Polemik gegen »Germanomanie«.
1819	Hepp-Hepp-Unruhen mit Schwerpunkt in Deutschland.
1821	Gründung Liberias: »Americo-Liberianer« als parasitäre Oligarchie (bis 1980).
1827	Sklaverei im Staat New York aufgehoben: Norden der USA endgültig »sklavenfrei«. Rassendiskriminierung tritt an die Stelle der Sklaverei.
1829	Friede von Adrianopel beendet 5. Russisch-türkischen Krieg (seit 1828): Russisches Militärprotektorat über Serbien, Moldau, Walachei: Diskriminierung gegen Juden auch auf dem Balkan.
1830	Novemberaufstand in Kongreßpolen.
1831	Sklavenaufstand auf Jamaika.
1834	Erste Etappe zur Aufhebung der Sklaverei im Britischen Empire.
1835	»Großer Treck« (bis 1837): Sezession von Buren aus der Kapprovinz, als Protest gegen Abschaffung der Sklaverei und liberale »Eingeborenen«politik. Neue Phase eines militanten Abolitionismus in den USA; gleichzeitig Verhärtung des Sklavenhaltersystems in den Südstaaten: eskalierende Spannungen Nord-Süd. Intellektuelle der Südstaaten verteidigen Sklaverei: Rassimus. Alexis de Tocqueville: *Über die Demokratie in Amerika*.
1837	*Allgemeine Zeitung des Judenthums* in Leipzig. Anfänge afroamerikanischer Publizistik in den USA.
1838	»Organische Arbeit« (»Praca Organiczna«) in Posen: Politische Gleichberechtigung (= unabhängiger Nationalstaat) für Polen durch Industrialisierung.
1840	Damaskus-Affäre: Ritualmordprozeß im Osmanischen Reich.
1842	Bruno Bauer: *Die Judenfrage*.

1843	*B'nei Brith* in New York: Älteste Jüdische Hilfs- und Wohlfahrtsorganisation.
1848	Europäische Revolution: Antagonismen der Nationen; zweite und endgültige Sklavenemanzipation im französischen Kolonialreich.
1850	Richard Wagner: *Das Judentum in der Musik*, anonym erschienen.
ab 1850	Fortschritte der Tropenmedizin erlauben europäischen Frauen Überleben in den Tropen.
1853/54	Gründung der Burenrepubliken Oranje-Freistaat: Staatlicher Rahmen für spätere Apartheid.
1853/55	Arthur de Gobineau: *Essai sur l'inégalité des races humaines* – Bündelung älterer Ideen.
1855	Neugründung des Kaisertums der Amharen in Äthiopien: Expansion um das Doppelte; unterworfene Bevölkerung wird teilweise in Sklaverei gehalten.
1856	Entdeckung des Neandertalers: Anfänge zur wissenschaftlichen Erforschung der Vorgeschichte.
1859	Charles Darwin: *Origin of Species by Natural Selection* – Selektion und Kampf ums Dasein; angewandt auf die Gesellschaft bedeutet dies: Sozialdarwinismus.
1860	Inder (»Kulis«) in Zuckerrohrplantagen in Natal als »indentured labour«. »Alliance Israélite Universelle« in Paris.
1860/61	Bürgerkrieg im Libanon: Massaker an Juden.
1861	Leibeigenschaft in Rußland aufgehoben: Bauernemanzipation.
1862	Weitgehende Beschränkungen für Juden in Kongreßpolen aufgehoben.
1863	Erster »race riot« in den USA: Iren gegen Schwarze in New York.
1864	Polnischer Januaraufstand 1863 gescheitert: »Organische Arbeit« auch in Krongreßpolen; Antisemitismus in Polen.
1865	Ende des Amerikanischen Bürgerkriegs: Sklavenemanzipation in den USA: »Reconstruction-Ära« (bis 1877); Rassendiskriminierung: Rassen-Kasten-Gesellschaft weiterhin für Afro-Amerikaner. Ku-Klux-Klan in den Südstaaten: Terror gegen Afro-Amerikaner.

1866	»Race riot« gegen Afro-Amerikaner in New Orleans.
1867	Ausgleich Österreich-Ungarn: Antisemitismus in Ungarn. Diamantenfunde in Südafrika: Beginn der Industrialisierung.
1867/69	Gleichberechtigung aller Glaubensrichtungen im Norddeutschen Bund und in Österreich-Ungarn.
1868	Judenemanzipation in Kongreßpolen: Antisemitismus.
1869	Sir Francis Galton: *Hereditary Genius* – Grundlage der Eugenik. Eröffnung des Suezkanals: Auftakt zur Aufteilung Afrikas.
1870/71	Deutsch-französischer Krieg: »Debakel« Frankreichs – Krise, Antisemitismus.
1871	Gründung des Zweiten Deutschen Kaiserreiches vor dem Hintergrund rascher Industrialisierung.
1872	Juden erhalten mit einigen Einschränkungen (Offizierslaufbahn, Ministerposten) das volle Bürgerrecht in ganz Deutschland.
1873	Weltwirtschaftskrise: »Große Depression« (bis 1895): Imperialismus nach außen, Antisemitismus nach innen.
1878	Anfänge der antisemitischen Agitation in Deutschland: Antisemitismusstreit Heinrich v. Treitschke–Theodor Mommsen. Jüdische Frage auf dem Berliner Kongreß.
1879	»Antisemit« als neuer Begriff, geprägt in Deutschland von Wilhelm Marr. Antisemitenpetition an Bismarck.
1881	Judenpogrome in Algerien. Ermordung Zar Alexanders II. durch russische Revolutionäre: Judenpogrome in Rußland, auch in Warschau.
1882	Mai-Gesetze in Rußland: Staatlicher Antisemitismus. Leon Pinsker: *Autoemanzipation.* Fluchtbewegung von Aschkenasim aus Rußland in den Westen, bis nach Amerika: Erste Einwanderungswelle russischer Juden nach Palästina (1. »Alija«).
1885	Anténor Firmin: *De l'égalité des races humaines. Anthropologie positive* – Streitschrift gegen Gobineau.
1886	Goldfunde in Transvaal (Witwatersrand): Industrialisierung Südafrikas; Diskriminierung in Kirchen: Unabhängige afrikanische Kirchen.

Edouard Drumont: *La France Juive* – Grundlage des modernen Antisemitismus in Frankreich.

1888 Sklaverei in Brasilien abgeschafft: Ende des Transatlantischen Sklavenhandels.

1889 Panama-Skandal: Auftrieb für Antisemitismus in Frankreich.

1892 20000 Juden aus Moskau ausgewiesen.

1893 Gründung des »Bundes der Landwirte« und des »Deutschnationalen Handlungsgehilfenverbandes«, beides antisemitische Organisationen.
16 antisemitisch-völkische Abgeordnete im Reichstag (bis 1903).
Gründung des »Central-Vereins Deutscher Staatsbürger Jüdischen Glaubens« (C.V.) zur Abwehr des Antisemitismus.

1894 Gründung des »Alldeutschen Verbandes« (bis 1939) auf den Grundlagen eines großdeutschen Chauvinismus, Imperialismus, später auch Antisemitismus.
Dreyfus-Skandal (bis 1906): Antisemitismus in Frankreich nur noch bei der Rechten; Theodor Herzl wird durch den Dreyfus-Skandal zum Übergang von der Assimilation zum Zionismus provoziert.

1895 Erste Armeniermassaker im Osmanischen Reich (bis 1896).

1896 »Action Française« (bis 1939): Royalismus, Klerikalismus, Antisemitismus.
Theodor Herzl: *Der Judenstaat* – programmatische Schrift des kommenden Zionismus.
Sieg Äthiopiens über Italien bei Adua: Selbstbewußtsein von Afrikanern und Afro-Amerikanern gestärkt; eritreische Kolonialtruppen der Italiener von Äthiopiern auf dem Schlachtfeld massakriert: Konflikt Amharen-Eritreer.
Grundsatzurteil des US-Bundesgerichtshofes: »Separate but Equal«; Anerkennung der Rassendiskriminierung in den USA.

1897 Erster Zionistenkongreß in Basel: Baseler Programm – Anfänge des organisierten Zionismus.

ab 1897/98 Deutsche »Weltpolitik« – deutsche Variante des Imperialismus.

1899 Houston St. Chamberlain: *Die Grundlagen des 19. Jahrhunderts* – Zusammenfassung älterer rassistischer Ideen.

1900 »Race riot« in New Orleans.

Panafrikanische Konferenz in London: »The problem of the 20th century is the problem of the color line« (W.E.B. Du Bois).

1903   Besonders schweres Pogrom in Kishinew (Beßarabien, Rußland).

1905   Erste Russische Revolution: Judenpogrome der extremen Rechten (»Schwarze Hundertschaften«).
Protokolle der Weisen von Zion.

1906   »Race riot« in Atlanta (Georgia).
Armeniermassaker in Kilikien.

1908   »Race riot« in Springfield (Illinois):

1910   »New South« vollendet: Gesetzlich und verfassungsrechtlich verankerte Diskriminierung gegen Afro-Amerikaner in den Südstaaten – Lynchen und »race riots«. Als Protest entsteht die »National Association for the Advancement of Colored People« (NAACP), älteste Bürgerrechtsorganisation der Afro-Amerikaner in den USA.
Gründung der Südafrikanischen Union bildet den staatlichen Rahmen für kommende Apartheid.

1911   »Universal Races Congress« in London.

1912   Herausgabe der *African Times and Orient Review* in London (bis 1920).
»Lands Act« in Südafrika eingebracht: »South African Native Congress«, Vorstufe für »African National Congress« (ANC) (1919).
Friedrich v. Bernhardi: *Deutschland und der nächste Krieg;* Daniel Frymann (d.i. H. Claß): *Wenn ich der Kaiser wäre* – für Krieg nach außen, gegen SPD und Juden nach innen.

1913   »Lands Act« in Südafrika: Afrikaner können Landeigentum nur in Reservaten erwerben: Trennung von Schwarz und Weiß auf dem Land.

1914   Blaise Diagne im Senegal nach Wahlkampf gegen »Mulatten« als Deputierter für Nationalversammlung gewählt.
Marcus Garvey kehrt von London nach Jamaika zurück: Gründung der UNIA.

1915   Armeniermassaker im Osmanischen Reich (bis 1916).

1916   »Judenzählung« in Deutschland.
Marcus Garvey in Harlem.

1917   Balfour-Deklaration: »National Home« für Juden in Palästina.

Oktoberrevolution in Rußland: Konflikte um Lösung der
jüdischen Frage.

1918   Russischer Bürgerkrieg (bis 1920): Judenpogrome der
»Weißen«.

1919   »Red Summer« in den USA; Ku-Klux-Klan wieder aktiv.

1920   »National Congress of British West Africa«.

1922   Reichsaußenminister Walter Rathenau ermordet.
Polnischer Staatspräsident Narutowicz ermordet.
Streik der weißen Arbeiter in Witwatersrand (Südafrika):
»Job Reservation Act« in Südafrika: Trennung von
Schwarzen und Weißen in der Industrie.

1929   Weltwirtschaftskrise macht sich auch in den europäischen
Kolonien bemerkbar und verschärft den Rassenkonflikt.

1933   Nationalsozialistische Machtergreifung.

1934   Judenmassaker in Constantine (Algerien)

1935   Nürnberger Gesetze: »Blutreinheit« für Deutsche und soziale Ächtung für Juden; Verbot des Konnubiums und der
freien Liebe zwischen Deutschen und Juden. Zwangssteri-
lisierung der »Rheinlandbastarde« (bis 1937).

1935/36 Abessinien-Krieg.

1938   Annexion Österreichs und des Sudetenlandes: Fluchtbewegung deutschsprachiger Juden.
»Reichskristallnacht«: Zwangs-»Arisierung« jüdischer Firmen.

1939   Massenerschießungen von Juden in Polen durch Wehrmacht.

1941   »Gelber Stern«; Deutscher Überfall auf die UdSSR: Genozid an Juden durch SD-Einsatzgruppen: Auftakt zur »Endlösung«.

1942   Wannsee-Konferenz: Organisierung des Massenmordes an
den Juden in Vernichtungs-KZ – Auschwitz, Treblinka,
Majdanek: Vergasung und Verbrennung (bis November
1944).

1944   Gunnar Myrdal: *An American Dilemma. The Negro Problem and Modern Democracy.*

1945   Ende des Zweiten Weltkriegs, Zusammenbruch des »Dritten Reiches«. Pogrome in Polen (bis 1946).

1946   Pogrom in Kielce: Flucht polnischer Juden in den Westen.

1948   Wahlsieg der Nationalisten unter Malan: Offene Apartheid
in Südafrika.

1949	»Immorality Act«: Verbot des Konnubiums und der freien Liebe zwischen Weißen und Nicht-Weißen in Südafrika (bis 1987).
1950	»Suppression of Communism Act« sowie »Group Area Act« in Südafrika: Verbot politische Opposition; Trennung der Wohngebiete auch in den Städten.
1954	Neue Phase der Bürgerrechtsbewegung in den USA.
1960	»Jahr Afrikas«: Höhepunkt der Dekolonisation in Schwarz-Afrika. Massaker von Sharpeville in Südafrika.
1961	Austritt Südafrikas aus dem Commonwealth: Südafrikanische Republik – zunehmende Isolierung in der Welt.
1963	Marsch auf Washington als Höhepunkt der Bürgerrechtsbewegung in den USA. Martin Luther King: »I have a dream«.
1964	»Heiße Sommer« in den USA (bis 1968): »race riots« neuer Qualität in den schwarzen »Ghettos« – zunächst Harlem, New York.
1965	»Race riot« in Watts (Los Angeles): Unter dem Druck der Rassenunruhen »Great Society« unter Präsident Johnson: Rechtliche Diskriminierungen gegen Afro-Amerikaner formell aufgehoben.
1968	Martin Luther King ermordet: Osterunruhen in den USA: Höhepunkt der inneren Krise.
1985	Wirtschaftskrise in Südafrika: Verschärfter Widerstand gegen Apartheid – Modifizierung und Liberalisierung der Apartheid: Versuch zur Umwandlung der südafrikanischen Rassen-Kasten-Gesellschaft zu einer Rassen-Klassen-Gesellschaft.
1987	In dreiwöchigem Bergarbeiterstreik konstituiert sich die afrikanische Arbeiterschaft in Südafrika als Klasse. Aufstand palästinensischer Jugendlicher in der West Bank und im Gazastreifen (bis 1988).
1988	Nationale Unruhen in der UdSSR: Pogrom an Armeniern in Sowjetisch-Aserbeidschan.

Abkürzungen

AME	African Methodist Episcopal Church
AMEZ	African Methodist Episcopal Zion Church
ANC	African National Congress
AStA	Allgemeiner Studentenausschuß
ČSR	Tschechische Sozialistische Republik
DDP	Deutsche Demokratische Partei
DNVP	Deutschnationale Volkspartei
ICU	Industrial and Commercial Workers' Union of Africa
KP	Kommunistische Partei
KPF	Kommunistische Partei Frankreichs
KZ	Konzentrationslager
NAACP	National Association for the Advancement of Colored People
NSDAP	Nationalsozialistische Deutsche Arbeiterpartei
NSDStB	Nationalsozialistischer Deutscher Studentenbund
OHL	Oberste Heeresleitung
PLO	Palestine Liberation Organization
PPS	Polnische Sozialistische Partei
SA	Sturmabteilung
SD	Sicherheitsdienst
SDKPiL	Sozialdemokratische Partei des Königreichs Polen und Litauen
SS	Schutzstaffel
UNESCO	United Nations Education, Scientific and Cultural Organization
UNIA	Universal Negro Improvement and Conservation Association and African Communities League
UNO	United Nations Organization
USA	United States of America
VdSt	Verein deutscher Studenten
WASP	White Anglo-Saxon Protestant

Anmerkungen

Einleitung

1 H. Arendt, Race Thinking before Racism, in: Review of Politics 6. 1944, 39; später in deutscher Sprache leicht geändert abgedruckt in: dies., Elemente u. Ursprünge totaler Herrschaft. Antisemitismus, Imperialismus, Totalitarismus, München 1986, Kapitel 6, »Die vorimperialistische Entwicklung des Rassebegriffs«, 267–306; dort ohne dieses Zitat.

2 A. Bein, Die Judenfrage. Biographie eines Weltproblems, 2 Bde., Stuttgart 1980.

3 W.E. Mühlmann, Geschichte der Anthropologie, Frankfurt 1968[2]; P. von Zur Mühlen, Rassenideologien, Geschichte u. Hintergründe, Berlin 1977; G.L. Mosse, Rassismus, Krankheitssymptom in der europäischen Geschichte des 19. u. 20. Jahrhunderts, Königstein 1978. Materialreich und anregend auch J. Newman, Race. Migration and Integration, Baltimore 1968.

4 F. de Fontette, Le Racisme (Collection Que sais-je? Nr. 1609) Paris 1981, 1984[5]; dazu auch die instruktiven Artikel von S.M.G. (arn) »Race« und P.L. v(an) d.(en) B.(erghe), »Racism«, in: The New Encyclopaedia Britannica, Macropaedia, Bd. XV, Chicago 1984[15], 348–56 bzw. 360–66; soziologisch-psychologisch der Tunesier A. Memmi, Rassismus, Frankfurt 1987.

5 I. Geiss, Geschichte im Überblick, Daten u. Zusammenhänge der Weltgeschichte, Reinbek 1986; ders., Geschichte Griffbereit, VI: »Epochen«, ebd. 1979 ff.

6 Arendt, Elemente, 268 f.

I. Grundlagen des Rassismus

1 L. Poliakov, Der arische Mythos. Zu den Quellen von Rassismus u. Nationalismus, München 1977.

2 P. Loewenberg, Decoding the Past. The Psychohistorical Approach, Los Angeles 1969; anregend jetzt auch, wenn auch mit einem ganz anderen Duktus, G. Heinsohn, Der Ursprung von Monotheismus und Judenhaß. Über das Erfinden und Wiederabschaffen der Opfer und Götter, in: A. Sellner Hg., Der sogenannte Gott, Eichborn 1988, 25 ff.

3 G.W. Allport, Die Natur des Vorurteils, Köln 1971, mit besonderem Nachdruck auf die US-amerikanischen Erfahrungen, vor allem Sklaverei und Rassismus; J.M. Jones, Prejudice and Racism, Reading/Mass.

1972; Th. W. Adorno u. a., Der autoritäre Charakter. Studien über Autorität u. Vorurteil, 2 Bde., Frankfurt 1977².

4 O. Brunner u. a. Hg., Geschichtliche Grundbegriffe, Stuttgart 1984, V, Artikel »Rasse« von W. Conze, 135–78.

5 Nach E. Oberhummer, Herkunft u. Bedeutung des Wortes Rasse, Anzeigen der Akademie der Wissenschaften in Wien. Philosophisch-Historische Klasse 65. 1928; Kleines Lexikon deutscher Wörter arabischer Herkunft, Hg. N. Osman, München 1982, Artikel: »Rasse«, 87f.

6 »Rassismus, urspr. Schlagwort des demokr.-jüd. Weltkampfes gegen die völkischen Erneuerungsbewegungen und deren Ideen u. Maßnahmen, ihre Völker durch Rassenpflege zu sichern und das rassisch wie völkisch und politisch-wirtschaftlich zerstörende Judentum sowie anderweitiges Eindringen fremden Blutes abzuwehren und auszuschlagen, als unhuman und ihre Träger als ›Rassisten‹ zu verleumden.« Meyers Lexikon, Bd. 9, Leipzig 1942⁸, 76.

7 Vgl. u., 23–25.

8 Conze, Rasse, 152f.

9 M. Weber, Wirtschaft u. Gesellschaft, Tübingen 1972⁵, Kap. IV: »Ethnische Gemeinschaftsbeziehungen«, § 1, »Die ›Rassen‹zugehörigkeit«, 234f.

10 So z. B. E. Kogon, Der Rassenwahn. Relikt oder fortdauernde Drohung?, in: R. Italiaander Hg., Rassenkonflikte in der Welt, Frankfurt 1966, 216–29.

11 Z. B.: »to denigrate« = herabsetzen; »black list« = Schwarze Liste; »blackleg« = Streikbrecher; »woolly-headed ideas« = krause Ideen; »that's the nigger in the woodpile« = da liegt der Hund begraben.

12 »travailler comme un nègre/une négresse« = wie ein Pferd schuften; »dénigrer« = anschwärzen; »parler petit nègre« = schlechtes Französisch sprechen.

13 »negrear« = »negern«, d. h. übers Ohr hauen; »una merienda de negros dentro de un túnel« = »Neger-Picknick im Tunnel«, d. h. großes Chaos; »judiada« = Schweinerei; »perro judío« = jüdischer Hund; »judío« = geizig; für die Beispiele aus dem Spanischen danke ich dem Kollegen Navarro, Bremen. Für Beispiele im Portugiesischen Brasiliens: P. L. van den Berghe, Race and Racism, New York 1967, 71f.

14 So auch A. Montagu Hg., Statement on Race. An Annotated Elaboration and Exposition of the Four Statements on Race Issued by the United Nations Education, Scientific and Cultural Organisation, New York 1972³, 7ff.; allgemein auch J. Newman, Race, »Race is Something Real but Elusive«, 41–45.

15 M. Traber, Rassismus u. weiße Vorherrschaft, Freiburg 1971.

16 Vgl. u., 189.

17 L. Poliakov, Arischer Mythos, 1. Teil, 3. Kap., England. Die Stammlinien Sems und das normannische Joch, 57–76; vgl. auch C. Hill, The Norman Yoke, in: ders., Puritanism and Revolution. Studies in Interpretation of the English Revolution of the 17th Century. London 1976[3], 50–122.

18 Ebd., 2. Kap. Frankreich. Der Streit der zwei Rassen, 33–56.

19 K. Davis, Intermarriage in Caste Societies, in: American Anthropologist 43. 1941, 376–95.

20 W. Helck, Die Ägypter u. die Fremden, in: Saeculum 15. 1964, 103–14; auch für das Folgende; hier 104.

21 Herodot, Bücher der Geschichte, II, Abschnitte 35–36, hier zitiert nach Reclam 200 (2), Stuttgart 1980, 79 f.; vgl. auch Helck, 103.

22 Vgl. u., 91.

23 Vgl. u., 84–86.

24 Deutsche Dokumente, in: I. Geiss, Julikrise u. Kriegsausbruch 1914. Eine Dokumentensammlung, Bd. I, Hannover 1963, Nr. 89, 89 f. (Botschafter Lichnowsky an Staatssekretär v. Jagow, 14. 7. 1914).

25 W. E. Mühlmann, Geschichte der Anthropologie, 56; P. D. Curtin, The Image of Africa. British Ideas and Action, Madison 1964/London 1965, 41–48.

26 J. S. Haller, Outcasts from Evolution. Scientific Attitudes of Racial Inferiority, 1859–1900, London 1971, 77; dort auch allgemein für die Diskussion über den Ursprung der Arten: Kap. III, »The Species Problem: The Origin of Man Controversy«, 69–94. Einer der selten gewordenen Vertreter der Polygenese mit rassistischem Duktus ist· der amerikanische Anthropologe C. S. Coon, The Origins of Races, New York 1962; ders., The Living Races of Man, ebd. 1966.

27 Vgl. schon C. Darwin, Die Abstammung des Menschen u. die Zuchtwahl in geschlechtlicher Beziehung, I, Leipzig 1903, 270: »Wir können annehmen, daß, wenn das Prinzip der Entwicklung allgemein angenommen sein wird, was sicherlich bald erfolgen wird, der Streit zwischen Monogenisten und Polygenisten still und unbemerkt entschlafen wird.«

28 Newman, Race, 37: »race is a statistical concept, a combination of abstracts – in other words, an abstraction.«

29 Ebd., 37–39: »Did Pure Races Ever Exist?«.

30 P. Topinard, L'Anthropologie, Paris 1876; zitiert nach Newman, Race, 37.

31 Darwin, Abstammung, 261. Vgl. auch die schematische Skizze u., 142–144.

32 J. H. Hutton, Caste in India. Its Nature, Function and Origins, Bombay 1963[4], 40 f.

33 J. Barzun, Race: A Study in Modern Superstition, London 1938.

34 A. Scherer Hg., Die Urheimat der Indogermanen, Darmstadt 1968;
L. Kilian, Zum Ursprung der Indogermanen. Forschungen aus Prähistorie u. Anthropologie, Bonn 1983.

35 So H. St. Chamberlain, vgl. u. 173 f.

36 I. Geiss, Panafrikanismus. Zur Geschichte der Dekolonisation, Frankfurt 1968, 21 f.; dagegen R. v. Albertini, Europäische Kolonialherrschaft 1880–1940, Zürich 1976, 405, der diese Wirkung nicht sieht.

37 D. Kimble, A Political History of Ghana. The Rising of Gold Coast
Nationalism 1850–1928, Oxford 1963/1965², 91; für Deutsch-Süd-
westafrika: K. Trommer, Rassismus u. Kolonialismus im deutschen
Kaiserreich, dargestellt am Beispiel Deutsch-Südwestafrikas, Magisterarbeit, Münster 1987, 67–69, 109–11.

38 E. Schmitt Hg., Dokumente zur europäischen Expansion, 7 Bde.,
München 1986 ff., bisher I–III, 1986–1987; das Zitat in III, 310, dort
mit Fragezeichen.

39 R. A. Schermerhorn, Ethnic Plurality in India, Tucson/Ariz. 1978, Kap.
9: »Anglo-Indians: An Uneasy Minority«, 210–37; ferner N. P. Gist/
A. G. Dworkin Hg., The Blending of Races. Marginality and Identity in
World Perspectives, New York 1972, »The Anglo-Indians of India«,
39–59. Insgesamt ist der Band nützlich, denn er bringt zwölf Skizzen
über »Mischlinge« in verschiedenen Gesellschaften.

40 A. de Tocqueville, Über die Demokratie in Amerika, I, München 1976,
413.

41 Vgl. u., 281. Dem entspricht, daß, nach Darwin (Abstammung des
Menschen, I, 255), Eingeborene in Australien und Neuseeland Mischlingskinder mit Weißen töteten.

42 E. Long, History of Jamaica, 3 Bde., London 1774/ND 1970, Bd. II, 3.
Buch, Kap. I, 335 ff.

43 Für einen bewegenden Lebensbericht einer afrikanischen »Mulattin« –
Vater Franzose, sie selbst als »Kind der Sünde« in einem katholischen
Waisenhaus aufgewachsen – vgl. jetzt A. Blouin, My Country, Africa.
Autobiography of the Black Pasionaria, New York 1983.

44 M. I. Dimont, Jews, God and History, New York 1962, 17 f.

*II. Vom Beginn des indischen Kastenwesens bis zum Ende des
spanischen Reconquista: Die weitere Vorgeschichte des Rassismus
(ca. 1500 v. Chr. – 1492 n. Chr.)*

1 G. S. Ghurey, Caste and Race in India, London 1932, 1969⁵; J. H. Hutton, Caste in India; L. Dumont, Homo Hierarchicus. The Caste System and Its Implications, London 1972.

2 Grundlegend: A. L. Basham, The Wonder that Was India. A Survey of the History and Culture of the Indian Subcontinent before the Coming of the Muslims, New York 1967[3].

3 Ghurey, Caste, das Kap. 6, »Elements of Caste Outside India«, 141–61; Hutton, Caste, Kap. 9, 133–48; Dumont, Kap. 10, 247–63.

4 Basham, Appendix XII, »The Gypsies«, 514–17.

5 »Das Schallwort Barbaros (griech.) ahmt unverständlich klingende Laute nach und bedeutet auch ›unverständliche Laute hervorbringend‹, (altind. barbara, sumer. barbar, sem.-babyl. barbaru). Es konnte deshalb auch Tierlaute kennzeichen. So verglich man B.sprachen mit unverständlichen Tierlauten. Die Bezugnahme auf die Sprache ist bei der Bildung des Wortes das Ursprüngliche gewesen.« In: Jahrbuch für Antike u. Christentum 10. 1967, 251–90, Nachträge zum Reallexikon für Antike u. Christentum (RAC), Artikel »Barbar«, hier 254.

6 J. Burckhardt, Gesammelte Werke, V, Darmstadt 1970, 2. Abschnitt, IV, 2, »Griechen u. Barbaren«, 290–305; M. -F Baslez, L'étranger dans la Grèce antique, Paris 1984, besonders 2. Teil, Kap. V, »Le Barbar: L'ennemi, l'exclu«, 183–201.

7 H. St. Chamberlain, Grundlagen des 19. Jahrhunderts, I, 1899, 4. Kapitel: »Das Völkerchaos«, 263–319.

8 N. Bauer Hg., China u. die Fremden. 3000 Jahre Auseinandersetzung in Krieg u. Frieden, München 1980.

9 Ebd., 101.

10 F. Dölger, Ein Fall slavischer Einsiedlung im Hinterland von Thessaloniki im 10. Jahrhundert, in: Sitzungsberichte der Bayerischen Akademie der Wissenschaften, München 1952/1; S. Vryonis, jr., Recent Scholarship on Continuity and Discontinuity of Culture. Classical Greeks, Byzantines, Modern Greeks, in: ders. Hg., Byzantina kai Metabyzantina, I, Malibu 1978, 237–256.

11 N. G. Munro, Ainu. Creed and Culture, London 1962, 1979[2].

12 Z. B. Süddeutsche Zeitung, 26. 9. 1986, 4: »Nippon siegt nach IQ-Punkten. Nakasones rassistische Untertöne verärgern Amerikaner und Japaner«; allgemeiner zum japanischen Nationalismus: Akiyo Yuki, Mémoire sociale et nationalisme au Japon, in: Le Genre humain, 11. La Societé face au racisme, Paris 1984, 153–78.

13 S. Friedländer, Vom Antisemitismus zur Judenvernichtung: Eine historiographische Studie zur nationalsozialistischen Judenpolitik u. Versuch einer Interpretation, in: E. Jäckel u. J. Rohwer Hg., Der Mord an den Juden im Zweiten Weltkrieg, Stuttgart 1985, 18–60, vor allem 36: zu Hitler – »chiliastische Formulierungen« und »apokalyptische Träume«, 48: zum NS-Antisemitismus – »messianischer Glaube«, »apokalyptische Vision« und »messianischer Fanatismus«; vgl. auch L.

Poliakov, Arischer Mythos, das Unterkapitel »Der Rassen-Manichäismus«, 316–23; ferner G. M. Rhodes, The Hitler Movement. A Modern Millenarian Revolution, Stanford 1980.

14 Vgl. u., 73 f.

15 Encyclopaedia Judaica, Jerusalem 1970/72, VI, Artikel »Dualism«.

16 Grundlegend: N. Cohn, Das Ringen um das Tausendjährige Reich. Revolutionärer Messianismus im Mittelalter u. sein Fortleben in den modernen totalitären Bewegungen, Bern 1961.

17 Arendt, Elemente.

18 H. H. Ben-Sasson Hg., Geschichte des jüdischen Volkes, 3 Bde., München 1978/80; C. Roth, Geschichte der Juden. Von den Anfängen bis zum neuen Staate Israel, Teufen 1964²; Unentbehrlich: Encyclopaedia Judaica, 16 Bde., Jerusalem 1970/1972; ferner neuere Sammelbände: B. Martin u. E. Schulin Hg., Die Juden als Minderheit in der Geschichte, München 1981/1982²; F. J. Bautz Hg., Geschichte der Juden. Von der biblischen Zeit bis zur Gegenwart, München 1983.

19 Vgl. W. S. Schlamm, Wer ist Jude? Ein Selbstgespräch, Stuttgart 1964; anregend schon durch die Fragestellung im Titel, aber leider ohne wissenschaftlichen Apparat; für den einen Aspekt (jüdische »Rasse«) R. P. u. J. P. Wing, The Myth of the Jewish Race, New York 1975.

20 Wichtig auch hier die einschlägigen Kapitel in den beiden jüngsten Sammelbänden: Bautz Hg., 7–96; Martin u. Schulin Hg., 9–29, 30–45.

21 Ben-Sasson Hg.,I; dort auch eine Erörterung der unterschiedlichen Forschungsrichtungen, 35–39; vgl. neuestens H. Donner, Geschichte des jüdischen Volkes. Israel u. seine Nachbarn, 2 Bde., Göttingen 1984/86, der seinerseits die protestantische-deutsche Position kritisch reflektiert.

22 Ben-Sasson Hg., 52 f.; ferner Encyclopaedia Judaica, VII, Artikel »Habiru«, Sp. 1033–35.

23 Für die drei heute gängigen Interpretationsmodelle der Landnahme vgl. Donner, I, Von den Anfängen bis zur Staatenbildungszeit, 122–27.

24 Ben-Sasson Hg., I, 69–75.

25 Ebd., 85.

26 Für das Folgende auch Sh. Talmon, Exil u. Rückkehr, in: Bautz Hg., 27–53; H. Tadmor, Die Zeit des ersten Tempels, die babylonische Gefangenschaft u. die Restauration, in: Ben-Sasson Hg., vor allem 210–26.

27 Bautz Hg., 84; für Details vgl. R. P. u. J. P. Wing, »Proselytism«, 51–90.

28 R. P. u. J. P. Wing, The Myth of the Jewish Race.

29 Nach: Das Buch der Bücher. Altes Testament. Einführungen, Texte, Kommentare, hg. von H.-M. Lutz u. a., München 1970, 137 f.

30 M. Hengel, Judentum u. Hellenismus. Studien zu ihrer Begegnung unter besonderer Berücksichtigung Palästinas bis zur Mitte des 2. Jhd. v. Chr., Tübingen 1969, 343: »Die Schafe (d. h. die Frommen, I.G.) werden mit einem ›scharfen Schwert‹ bewaffnet und führen den endzeitlichen Heiligen Krieg gegen alle ›Tiere des Feldes‹ (= die Heiden, I.G.).«

31 R. M. Loewenstein, Psychoanalyse des Antisemitismus, Frankfurt 1968², 100; das Zitat im Zitat aus E. Renan, Discours et conférences, Paris 1922.

32 N. Cohn, Die Protokolle der Weisen von Zion. Der Mythos der jüdischen Weltverschwörung, Köln 1969.

33 Vgl. u., 116–19.

34 T. Lessing, Der jüdische Selbsthaß, Berlin 1930. Neuerdings auch: P. Loewenberg, Antisemitismus u. jüdischer Selbsthaß. Eine sich wechselseitig verstärkende sozialpsychologische Doppelbeziehung, in: Geschichte u. Gesellschaft 5. 1979, 455–75.

35 F. M. Snowden, Blacks in Antiquity. Ethiopians in the Greco-Roman Experience, Cambridge/Mass. 1970; nicht überzeugend die Gegenposition von D. Metzler u. H. Hoffmann, Zur Theorie u. Methode der Erforschung von Rassismus in der Antike, in: Kritische Berichte 5/1, 1977, 5–20. Jetzt noch ausführlicher u. beeindruckender, auch mit einem Beitrag von Snowden: J. Vercoutter u. a., L'Image du Noir dans l'Art Occidental, I: Des Pharaons à la Chute de l'Empire Romain, Fribourg 1976.

36 So jetzt auch der afro-amerikanische Historiker J. H. Franklin, From Slavery to Freedom, New York 1957, 3. Vgl. auch: G. Posener, Lexikon der ägyptischen Kultur, München 1960, Artikel »Rassen«, 214–16.

37 Vgl. u., 246 f.

38 H. W. Y. Adams, The First Colonial Empire: Egypt in Nubia, 3200–1200 B.C., in: Comparative Studies in Society and History 26. 1984, 36–71, dazu dort weiter angegebene Spezialliteratur; G. Posener, Lexikon; auch: Helck; generell auch allgemeine Literatur zur Geschichte Alt-Ägyptens.

39 Vgl. Posener, Lexikon, Artikel »Polizei«, 201 f.

40 Vgl. Helck.

41 Snowden, besonders 101–20.

42 H.-W. Haussig, Kulturgeschichte von Byzanz, Stuttgart 1966, 43, 174.

43 W. Schmitthenner, Kennt die hellenistisch-römische Antike eine »Judenfrage«?, in: Martin u. Schulin Hg., 9–29.

44 Für das Folgende: G. Rotter, Die Stellung des Negers in der Islamisch-arabischen Gesellschaft bis zum XVI. Jahrhundert, Diss., Bonn 1961, 92; ebenso generell für dieses Unterkapitel; ferner: B. Lewis, Race and Color in Islam, New York 1971.

45 E. W. Bovill, The Golden Trade of the Moors, London 1958.

46 Curtin, Image of Africa, 10–13.

47 Bautz Hg., 40.

48 Ben-Sasson Hg., 1, 244; ähnlich: 53: »einer feindlichen Umwelt gegenüber«.

49 M. Hengel, Judentum u. Hellenismus; ders., Juden, Griechen u. Barbaren. Aspekte der Hellenisierung des Judentums in vorchristlicher Zeit, Stuttgart 1976.

50 Ben-Sasson Hg., I, 244; dort auch für das Folgende.

51 Ebd., 250, 284.

52 Nach Flavius Josephus, Geschichte des jüdischen Krieges, Dreieich 1977, 168.

53 J. Becker u. a., Die Anfänge des Christentums, Stuttgart 1987.

54 Z. B. Johannes 8, 44, »Ihr (d. h. die Juden, I. G.) seid von dem Vater, dem Teufel, und nach eures Vaters Lust wollt ihr tun: Der ist ein Mörder von Anfang an.«

55 Cohn, Protokolle, 43.

56 Ben-Sasson Hg., 314 f., 368 f.; allgemein auch: Schmitthenner.

57 Ben-Sasson Hg., 315.

58 Roth, 127; dort auch zusammenfassend über den großen Jüdischen Aufstand, 124–35. Für eine ältere, überwiegend geistesgeschichtliche Behandlung vgl. K. Thieme, Hg., Judenfeindschaft, Frankfurt 1963.

59 Roth, 170.

60 Vgl. Bein, 83. Ausführlicher M. Stern Hg., Greek and Latin Authors Jews and Judaism, 3 Bde., Jerusalem 1976–84; J. G. Gager, The Origins of Anti-Semitism. Attitudes Toward Judaism in Pagan und Christian Antiquity, New York/Oxford 1983.

61 S. W. Baron, A Social and Religious History of the Jews, 18 Bde., New York 1937 ff./1952 ff.² Late Middle Ages and Era of European Expansion, 1200–1650, Bd. 18, The Ottoman Empire, Persia, Ethiopia, India, and China, New York 1983, 3–362.

62 B. Lewis, Die Juden in der islamischen Welt. Vom frühen Mittelalter bis ins 20. Jhd., München 1987.

63 A. Koestler, Der dreizehnte Stamm. Das Reich der Khasaren u. sein Erbe, Wien 1977.

64 C. Roth, A History of the Jews in England, Oxford 1941, 1978⁴ allg. für die Juden in England auch: H. Greive, Die Juden. Grundzüge ihrer Geschichte im mittelalterlichen u. neuzeitlichen Europa, Darmstadt 1980, 70–82.

65 Cohn, Ringen, 123–129; dazu jetzt ausführlicher: F. Graus, Pest – Geißler – Judenmorde, Göttingen 1987.

66 Allg.: L. Poliakov, Geschichte des Antisemitismus, 8 Bde., Worms

1977 ff.; hier: Bd. VI, Das Zeitalter der Verteufelung u. des Ghettos, 1978, 16–26.

III. Von der Vertreibung der Juden aus Spanien bis zum Amerikanischen Unabhängigkeitskrieg: Die engere Vorgeschichte des Rassismus (1492–1775)

1 Dazu jetzt besonders wertvoll: Schmitt Hg., Dokumente.
2 Vgl. u., 309 f. (Israel), 316–18 (Westeuropa).
3 Die Daten nach Poliakov u. a., Rassismus, 75.
4 W. D. Jordan, The White Man's Burden. Historical Origins of Racism in the United States, New York 1974, 52.
5 J. F. Baer, Die Juden im christlichen Spanien, 2 Bde., Berlin 1926/29.
6 Poliakov, Antisemitismus, IV: Die Marranen im Schatten der Inquisition; Ben-Sasson Hg., II, 243 f.
7 A. A. Sicroff, Les controverses des status de »Pureté de sang« en Espagne du XVᵉ au XVIIᵉ siècle, Paris 1960.
8 H. Kamen, Die spanische Inquisition, München 1967; über die Sambenitos: 147, außerdem: Poliakov, Antisemitismus, IV, 71 f.
9 Den Unterschied zwischen spanischen »Conversos« u. portugiesischen »Marranen« betont A. D. Ortiz, Los Judeo-conversos en España y America, Madrid 1972, besonders stark. Vgl. auch E. Schulin, Die spanische Inquisition u. portugiesische Juden im 15. u. 16. Jahrhundert, in: Martin u. Schulin Hg., 85–109. Zur Geschichte der »Marranen« allgemein: C. Roth, A History of the Marranos, New York 1932, 1966².
10 A. Lipschütz, El problema racial en la conquista de América y el mestizaje, Santiago de Chile 1967.
11 Nach der älteren Berechnung (knapp zehn Millionen Sklaven) von P. D. Curtin, The Transatlantic Slave Trade. A Census, Madison/Wisc. 1969, 268, jetzt die etwas höhere Berechnung von P. E. Lovejoy, Transformations in Slavery. A History of Slavery in Africa, Cambridge 1983, 18 f.
12 Vgl. u. 159.
13 R. Konetzke, Lateinamerika. Ges. Aufsätze, Köln 1983.
14 Nachzuvollziehen auf den bekannten »Castas«-Gemälden, teilweise abgedruckt im Ausstellungskatalog »Gold u. Macht. Spanien in der Neuen Welt. Eine Ausstellung anläßlich des 500. Jahrestages der Entdeckung Amerikas«, Wien 1986, 149, 153, 358–60, dazu einen Postkartensatz mit allen Abbildungen; für die Spezialbezeichnungen, 358: »Aus Spanier und Indianerin entsteht Mestize. Aus Spanier und Mesti-

zin entsteht Kastize. Aus Kastize und Spanierin entsteht Spanier. Aus
Spanier und Negerin entsteht Mulatte. Aus Spanier und Mulattin ent-
steht Morisco. Aus Spanier und Morisca entsteht Albino. Aus Spanier
und Albina entsteht Torna Atras. Aus Indianer und Negerin entsteht
Lobo. Aus Indianer und Mestizin entsteht Coyote. Aus Lobo und
Indianerin entsteht Chino. Aus Chino und Negerin entsteht Cambuxo. Aus Cambuxo und Indianerin entsteht Tente en el aire. Aus
Tente en el aire und Mulattin entsteht Albarasado. Aus Albarasado und
Indianerin entsteht Varsino. Aus Varsino und Cambuxa entsteht Cam-
pamulatte.« Vgl. auch: Long, History of Jamaica, II, 260 f.; für eine
brasilianische Variante noch heute gebräuchlicher Ausdrücke, ohne fe-
ste Zuordnung des äußeren Aussehens mitzuliefern, vgl. P. L. v. d.
Berghe, Race and Racism, »Brazil«, 71.

15 D. K. Fieldhouse, Die Kolonialreiche seit dem 18. Jahrhundert, Frankfurt 1965 ff., 11–77.

16 P. de Vaissien, Saint Domingue (1629–1789). La société et la vie créole
sous l'ancien régime, Paris 1909.

17 Vgl. Anm. 16; J.G. Leyburn, The Haitian People, New Haven 1966[2];
R. W. Logan, Haiti and the Dominican Republic, London 1968.

18 Vgl. u., 225.

19 Eine hervorragende Analyse der historischen Ausgangslage bietet noch
immer: W. E. B. Du Bois, The Suppression of the American Slave Trade
to the United States of America, 1638–1870, Cambridge/Mass. 1896/
New York 1954[3].

20 Allg. D. B. Davis, The Problem of Slavery in Western Culture, Ithaca
1966; ders., The Problem of Slavery in the Age of Revolution, ebd.
1975.

21 Curtin, 34 f.

22 Ben-Sasson Hg., II, 339.

23 Ebd., 250 f.

24 E. L. Ehrlich, Luther u. die Juden, in: H. A. Strauss u. N. Kampe Hg.,
Antisemitismus. Von der Judenfeindschaft zum Holocaust, Bonn 1985,
47–65; K. Deppermann, Judenhaß u. Judenfreundlichkeit im frühen
Protestantismus; in: Martin u. Schulin Hg., 110–30.

25 Encyclopaedia Judaica, Artikel »Calvin«, V, Sp. 66–68, vor allem 66.

26 Die Zahlenangabe nach M. Gilbert, Jewish History Atlas, London
1985[3], 56.

27 D. B. Weinryb, The Jews of Poland. A Social and Economic History of
the Jewish Community in Poland from 1100 to 1800, Philadelphia
1972, 46–48.

28 Mühlmann, Anthropologie; P. von zur Mühlen, Rassenideologien;
G. L. Mosse, Rassismus; U. Bitterli, Die »Wilden« u. die »Zivilisier-

ten«. Grundzüge einer Geistes- u. Kulturgeschichte der europäisch-überseeischen Begegnung, München 1976.

29 Bitterli, 239.

30 Bein, 142–47.

31 De Fontette, 35–37.

32 Mühlmann, Anthropologie, 30; auch für das Folgende.

33 A. O. Lovejoy, The Great Chain of Being, Cambridge/Mass. 1966.

34 Z. B. Curtin, Image; außerdem: Bitterli, 332–39.

35 Bitterli, 325–66.

36 K. D. Erdmann, Die asiatische Welt im Denken von K. Marx u. F. Engels, in: ders., Geschichte, Politik u. Pädagogik, Stuttgart 1970.

37 Vgl. die schematisierende Übersicht o., 142–44.

38 D. Hume, Essays. Moral, Political, Literary, London 1741/1904, 213.

39 Mühlmann, Anthropologie, 48.

40 L. Poliakov, Antisemitismus, Bd. V: Die Aufklärung u. ihre judenfeindliche Tendenz, 1983; zu Voltaire speziell 100–12; jetzt auch D. Claussen, Grenzen der Aufklärung. Zur gesellschaftlichen Geschichte des modernen Antisemitismus, Frankfurt 1987.

41 M. Cook, J.-J. Rousseau and the Negro, in: Journal of Negro History 21. 1936, 294–303.

IV. Zwischen Industrieller Revolution und Erstem Weltkrieg: Formierung und Aufstieg des Rassismus (1775–1914)

1 O. Handlin, Firebells in the Night, Boston, 1964.

2 Poliakov, Arischer Mythos, Erster Teil, Die alten Ursprungsmythen, 23–138; dazu anregend, u. a. mit dem Hinweis auf Boulainvilliers.

3 J. C. Baroja, Razas, Pueblos Y Linajes, Madrid 1957, 141–54.

4 H. Kohn, Die Idee des Nationalismus. Ursprung u. Geschichte bis zur Französischen Revolution, Frankfurt 1962; P. Alter, Nationalismus, Frankfurt 1985.

5 H.-J. Puhle, Baskischer Nationalismus im spanischen Kontext, in: H. A. Winkler, Nationalismus in der Welt von heute, Göttingen 1982, 51–81.

6 Vgl. o., 142–44 für eine schematische Übersicht.

7 L. Rushames Hg., Racial Thought in America, I: From the Puritans to A. Lincoln, Amherst/Mass. 1969.

8 Long, History of Jamaica, II, 3. Buch, Kapitel I, »Negroes«, 351–83.

9 Curtin, Image, 45.

10 E. L. McKitrick Hg., Slavery Defended. The Views of the Old South, New York 1963; L. Rushames, Racial Thought in America; auch für das Folgende.

11 Curtin, Image, 27, 240 f.

12 R. P. u. J. P. Wing, 21 f.

13 Mühlmann, Anthropologie, 61.

14 Vgl. o., 40–42.

15 Poliakov, Arischer Mythos, 208–10; für das Folgende ebd., 205–93.

16 Scherer Hg., Die Urheimat der Indogermanen.

17 Vgl. o., 49–51.

18 Poliakov, Arischer Mythos, 241–43.

19 G. W. F. Hegel, Vorlesungen über die Philosophie der Weltgeschichte, Leipzig 1944, 203–24, bes. 207: »In diesem Hauptteile von Afrika (d. i. mit Ausnahme von Nordafrika u. Ägypten, I. G.) kann eigentlich keine Geschichte stattfinden.«

20 So Arthur A. Schomburg (1874–1938), dessen umfangreiche Privatbibliothek nach seinem Tod die Grundlage der »Schomburg Collection« in Harlem bildete, heute als Teil der New York Public Library die wohl bedeutendste Forschungsbibliothek zur Geschichte der Afro-Amerikaner in den USA.

21 Vgl. u., 246 f.

22 F. Engels, Der magyarische Kampf, in: Neue Rheinische Zeitung, 13. 1. 1849; ders., Der demokratische Panslawismus, N. R. Z., 15. 2. 1849, in: Marx-Engels-Werke (MEW), VI, 165–76, 170–286.

23 Vgl. o., 142–44.

24 Dieser Eindruck drängt sich jedenfalls bei der Lektüre Mühlmanns (Geschichte der Anthropologie) auf.

25 J. S. Haller, Outcasts, Kap. V: »From Biology to Sociology: Spencer and his Disciples«, 121–52.

26 J. Buenzod, La formation de la pensée de Gobineau et l'»Essai sur l'inégalité des races humaines«, Paris 1967; M. D. Biddis, Father of Racist Ideology. The Social and Political Thought of Count Gobineau, London 1970.

27 A. de Tocqueville, Œuvres Complètes, Hg. J.-P. Mayer, IX: Correspondance d'Alexis de Tocqueville et d'Arthur Gobineau, 266 f.

28 L. Stein, The Racial Thinking of R. Wagner, New York 1950; W. Schüler, Der Bayreuther Kreis von seiner Entstehung bis zum Ausgang der wilhelminischen Ära. Wagnerkult u. Kulturreform im Geiste völkischer Weltanschauung, Münster 1971; J. Katz, R. Wagner, Vorbote des Antisemitismus, Königstein 1985.

29 Z. Sternhell, La droite révolutionnaire 1885–1914. Les origines françaises du Fascisme, Paris 1978.

30 C. Darwin, Die Entstehung der Arten, 28: »Die Anhänger der Lehre von einem vielfältigen Ursprung unserer Rassen berufen sich hauptsächlich darauf, daß schon die ältesten geschichtlichen Nachrichten ins besondere die Ägyptischen Denkmäler von einer großen Verschiedenheit der Rassen Zeugnis geben.«

31 Ders., The Descent of Man, London 1871; dt. Leipzig 1903.

32 H. W. Koch, Der Sozialdarwinismus. Seine Genese u. sein Einfluß auf das imperialistische Denken, München 1973; H.-U. Wehler, Sozialdarwinismus im expandierenden Industriestaat, in: I. Geiss u. B. J. Wendt Hg., Deutschland in der Weltpolitik des 19. u. 20. Jahrhunderts. 1. Festschrift Fritz Fischer, Düsseldorf 1973, 133–42.

33 Ein bewegendes Beispiel auf der deutschen Linken, selbst ein Stück jüdischer Existenz widerspiegelnd, war – zuletzt unter den Bedingungen des »Holocaust« – der deutsch-jüdische Arzt und führende SPD/USPD-Politiker Julius Moses, der nach seiner Deportation in Theresienstadt starb. Vgl. D. S. Nadav, J. Moses (1868–1942) u. die Politik der Sozialhygiene in Deutschland, in: Schriftenreihe des Instituts für Deutsche Geschichte/Tel Aviv. Nr. 8, Gerlingen 1985.

34 Chamberlain, Grundlagen.

35 Poliakov, Arischer Mythos, 369ff.; auch für das Folgende.

36 Chamberlain, I, 289, Anm. 1.

37 Poliakov, Arischer Mythos, 374f.

38 Traber, Rassismus.

39 P. M. Kennedy, The Rise of the Anglo-German Antagonism 1860–1914, London 1980.

40 S. Anderson, Race and Approachment: Anglo-Saxonism and Anglo-American Relations 1895–1904, London 1981; J. Higham, Strangers in the Land. Patterns of American Nativism 1860–1925, New Brunswick/New Jersey 1950, New York 1984[21].

41 H. Gollwitzer, Die Gelbe Gefahr. Geschichte eines Schlagwortes. Studien zum imperialistischen Denken, Göttingen 1962.

42 F. G. Dreyfus, Antisemitismus in der Dritten Französischen Republik, in: Martin u. Schulin Hg., 231–48, das Zitat 233; Sternhell, La droite révolutionnaire, das Kapitel »L'antisémitisme de gauche«, 177–214.

43 Ebd., 33.

44 W. F. Haug, Antisemitismus in marxistischer Sicht, in: Strauss u. Kampe Hg., 234–55.

45 E. Dühring, Die Judenfrage als Frage der Rassen-, Sitten- und Kulturfrage, Berlin 1881.

46 E. Silberer, Sozialisten zur Judenfrage. Ein Beitrag zur Geschichte des Sozialismus von Anfang des 18. Jahrhunderts bis 1914, Berlin 1962.

47 Nach Trommer, Rassismus u. Kolonialismus.
48 K. Kautsky, Rasse u. Judentum, Berlin 1914; das Zitat: 92, 94.
49 H. W. Koch, Sozialdarwinismus, 134.
50 H. Kohn, Die Slawen u. der Westen. Die Geschichte des Panslawismus, München 1956; M. B. Petrowitch, The Emergence of Russian Pan-Slavism 1856–1870, New York 1956.
51 Vgl. Snyder, Kap. 6, »Turkish Dilemma: Pan Ottomanism, Pan-Turkism, and Pan-Turanism«, 114–28.
52 Vgl. R. Rürup, Emanzipation u. Antisemitismus, in: Strauss u. Kampe Hg., 88–98, vor allem 93.
53 D. Philipson, The Reform Movement in Judaism, Cincinnati/Ohio, 1907, 1930[2].
54 H. Holeczek, Die Judenemanzipation in Preußen, in: Martin u. Schulin Hg., 131–60, hier: 158 f. Eindrucksvoll die Zusammenstellung bei: S. Katznelson Hg., Juden im Deutschen Kulturbereich, Berlin 1962[3].
55 M. S. Anderson, The Eastern Question 1774–1923, London 1978[6]; W. Baumgart, Vom europäischen Konzert zum Völkerbund, Darmstadt 1974, 19–55.
56 M. Hausleitner, Diskriminierung u. Verfolgung der Juden in Rumänien im 19. u. 20. Jahrhundert, in: Osteuropa-Info., 1/1984, 98–109.
57 D. Bering, Der Name als Stigma. Antisemitismus im deutschen Alltag 1812–1933, Stuttgart 1987.
58 Cohn, Protokolle.
59 S. W. Baron, The Russian Jews under the Tsar and the Soviets, New York 1964; A. Abosch, Antisemitismus in Rußland, Darmstadt 1972; H.-D. Löwe, Antisemitismus u. reaktionäre Utopie. Russischer Konservativismus im Kampf gegen den Wandel von Staat u. Gesellschaft 1890–1917, Hamburg 1978.
59a Zum Folgenden: M. Hildermeier, Die jüdische Frage im Zarenreich. Zum Problem der unterbliebenen Emanzipation, in: Jahrbücher für Geschichte Osteuropas 32. 1984/3, 321–57.
60 Löwe, 69 f.
61 W. Laqueur, Der Weg zum Staat Israel. Geschichte des Zionismus, Wien 1975; J. H. Schoeps Hg., Zionismus. Texte zu seiner Entwicklung, Wiesbaden 1983[2].
62 Vgl. o., 176 f.
63 Poliakov, Arischer Mythos, 303–16.
64 Sternhell, La droite révolutionnaire, 215–244.
65 Vgl. u., 232–34.
66 P. Korzec, Juifs en Pologne. La question juive pendant l'entre-deux-

guerres, Paris 1980, 26 ff.; allg.: S. W. Baron, History of the Jews in Poland, 3 Bde., Philadelphia 1916–1920; G. W. Strobel, Das polnisch-jüdische Verhältnis. Die Juden, der polnische Staat u. die polnische Öffentlichkeit bis 1945, Köln 1968; F. Golczewski, Polnisch-jüdische Beziehungen 1881–1922. Eine Studie zur Geschichte des Antisemitismus in Osteuropa, Wiesbaden 1981.

67 Korzec, Juifs en Pologne, 26 f.
68 R. W. Tims, Germanizing Prussian Poland, New York 1941.
69 Aufschlußreich L. Albertini, The Origins of the First World War, 3 Bde., London 1966², I, 1–12, setzt genau mit diesem Problem ein.
70 J. Bunzl, Zur Geschichte des Antisemitismus in Österreich, in: ders. u. B. Marin, Antisemitismus in Österreich, Innsbruck 1983, 9–89.
71 Ausführlicher u., 271–76.
72 Heute bequem u. handlich nachzulesen in: R. Wagner. Mein Denken, hg. von M.-G. Dellin. München 1982, 173–90.
73 W. Boehlich Hg., Der Berliner Antisemitismusstreit, Frankfurt 1965.
74 E. Haeckel, Natürliche Schöpfungsgeschichte, Berlin (1869) 1911.
75 Weber, Wirtschaft u. Gesellschaft, 235.
76 K. Davis, Intermarriage in Caste Societies, 389.
77 J. Boskin, Urban Racial Violence in the Twentieth Century, London 1969; P. Tergeist, Schwarze Bewegungen u. Gettoaufstände. Strukturen rassischer Gewalt in den USA, Frankfurt 1982.
78 Von 1882 bis 1950: 4792 Lynchmorde in den USA, davon 3436 an Afro-Amerikanern.
79 C. W. Kiewiet, A History of South Africa. Social and Economic, London 1941/1964²; E. Roux, Time Longer than Rope. A History of the Black Men's Struggle for Freedom in South Africa, Madison 1948/London 1964²; H. Adam, Südafrika. Soziologie einer Rassengesellschaft, Frankfurt 1969.
80 A. Hepple, South Africa. A Political and Economic History, London 1966, 50–53; D. Denoon, Southern Africa since 1800, ebd. 1972.
81 Ausführlicher u., 221 f.
82 J. H. Kopytoff, Preface to Modern Nigeria: The »Sierra Leoneans« in Yoruba, 1830–1890, London 1965.
83 P. J. Staudenraus, The African Colonization Movement 1816–1865, New York 1961.
84 J. G. Liebenov, Liberia. The Evolution of Privilege, Ithaca 1969.
85 Vgl. o. Teil III, Anm. 17.
86 Vgl. u., 227 f.
87 R. Greenfield, Ethiopia: A New Political History, London 1965; A. Bartnicki u. J. Mantel-Niecko, Geschichte Äthiopiens, 2 Bde., Berlin 1978.

88 Für China vgl. P. Campbell, Chinese Coolie Emigration to Countries within the British Empire, London 1923.

89 C. A. Price, The Great White Walls are Built. Restrictive Immigration to North America and Australia 1836–1888, Canberra 1974, 45 f.; allgemein auch: R. S. Stevens Hg., Racism. The Australian Experience, Sydney 1971/1974².

90 A. C. Palfreeman, The Administration of the White Australia Policy, Melbourne 1967.

91 I. Duffield in Edinburgh geht dieser Frage nach.

92 S. C. Miller, The Unwelcome Immigrant. The American Image of the Chinese, 1785–1882, Berkeley 1969.

93 I. Geiss, Panafrikanismus, vor allem Kap. I, 7 »Der Anspruch auf Gleichberechtigung«, 83–128. Die folgenden Skizzen zur Schwarz-Weiß-Problematik stützen sich, wenn nicht anders angegeben, weitgehend auf diese Arbeit, dort finden sich weitere Details u. ausführlichere Literaturangaben. In einer vorzüglichen Kombination sozial- u. geistesgeschichtlicher Faktoren parallel auch: R. W. July, The Origins of Modern African Thought. Its Development in West Africa During the Nineteenth and Twentieth Centuries, London 1968.

94 A. Benezet, Some Historical Account of Guinea, Its Situation, Produce, and the Generell Disposition of Its Inhabitants, With an Inquiry into the Rise and Progress of the Slave Trade, Its Nature and Lamentable Effects, London 1762/1767⁴.

95 H. B. Grégoire, De la littérature des nègres, ou recherches sur leurs facultés intellectuelles, leurs qualités morales, et leur littérature, Paris 1808.

96 C.-F. Volney, Die Ruinen oder Betrachtungen über die Revolutionen der Reiche, Frankfurt 1977.

97 Vgl. u., 246 f.

98 J. G. Herder, Ideen zur Philosophie der Geschichte der Menschheit, Darmstadt 1966, 179.

99 W. Conze, Rasse, in: Geschichtliche Grundbegriffe, V, 152.

100 Tocqueville, Demokratie in Amerika, 366–472.

101 Ebd., 394–421; die folgenden Zitate ebd., 267, 296.

102 Nach Mühlmann, Anthropologie, 79.

103 Newman, Race, 37.

104 Das Folgende nach: von zur Mühlen, 251–54.

105 F. Boas, Rasse u. Kultur, Jena 1932; ders., Race, Language, and Culture, New York 1940.

106 F. Hertz, Rasse u. Kultur. Eine kritische Untersuchung der Rassentheorien, Leipzig 1905/1915².

107 G. Spiller Hg., Papers on Inter-Racial Problems, Communicated to the First Races Congress Held at the University of London July

26–29, 1911, London 1911; vgl. auch Geiss, Panafrikanismus, 170–72; M.D. Biddiss, The Universal Races Congress of 1911, in: Race 13. 1971, 37–46.

108 J. B. de Lacerda, The Metis, or Half-Breeds, of Brazil, in: Spiller Hg., 377–382.

109 M. Agbebi, The West African Problem, in: ebd., 346.

110 I. Zangvill, The Jewish Race, in: ebd., 268–79. Trotz dieser Einschränkung ist der brillante Überblick über die Lage der Juden in der Welt um 1911 noch heute lesenswert, auch in seinen zahlreichen historischen Bezügen.

111 Tocqueville, Demokratie in America, 415.

112 Ausführlicher bei July, 33–46.

113 W. W. Brown, The Black Man: His Antecedents and Achievements, Savannah/Ga. 1863.

114 Ebd., 35 f.

115 July, 208–33.

116 I. Geiss, Entstehung der modernen Eliten in Afrika seit der Mitte des 18. Jahrhunderts, in: Geschichte in Wissenschaft u. Unterricht (GWU) 11. 1971, 648–67; auch July, ebd.

117 Ein schematisierender Überblick nach Individuen bei H. W. Debrunner, Presence and Prestige. Africans in Europe. A History of Africans in Europe Before 1918, Basel 1979; allgemein: J. E. Flint u. I. Geiss, Africans Overseas, 1790–1870, in: Cambridge History of Africa, V, Cambridge 1976, 418–57.

118 C. Fyfe, A History of Sierra Leone, Oxford 1962; ders., A Short History of Sierra Leone, London 1979²; ders., Freed Slave Colonies in West Africa, in: Cambridge History of Africa, V, 170–99.

119 A. T. Porter, Creoldom, A Study of the Development of Freetown Society, London 1963; July, Origins, 130–54, 297–326; auch entsprechend für Liberia u. Senegal: 85–109 bzw. 155–76, 234–53.

120 Vgl. Geiss, Panafrikanismus, 98.

121 R. Kappel u. a. Hg., Liberia. Underdevelopment and political rule in a peripheral society, Hamburg 1986.

122 Ebd., Teil I, Kap. 8 »Äthiopianismus u. unabhängige afrikanische Kirchen«, 108–28.

123 W. E. Bittle u. G. Geis, The Longest Way Home. Chief Alfred C. Sam's ›Back to Africa Movement‹, Detroit 1964.

124 C. Fyfe, Africanus Horton 1835–1883, West African Scientist and Patriot, London 1972.

125 Ausführlicher July, Origins, 433–57.

126 I. Duffield, Duse, Mohammed Ali and the Development of Pan-Africanism 1866–1945, 2 Bde., Diss. Edinburgh 1971.

127 African Times and Orient Review 1. 1912/7.

128 Vgl. o., 210–12.

129 A. Firmin, De l'égalité des Races Humaines. Anthropologie Positive, Paris 1885.

130 T. E. S. Scholes, The British Empire and Alliances, or Britain's Duty to Her Colonies and Subject Races, London 1899.

131 Ders., Glimpses of the Ages: or, The »Superior« and »Inferior« Races, So-called, Discussed in the Light of Science and History, 2 Bde., London 1905/8.

132 W. E. B. Du Bois, Black Folk Then and Now. An Essay in the History and Sociology of the Negro Race, New York 1939/1945[4].

133 E. M. Rudwick, W. E. B. Du Bois. A Study of Minority Group Leadership, Philadelphia 1960.

134 Allgemein: Ben-Sasson Hg., III, 336–62.

135 Mit antisemitischem Duktus: W. Sombart, Die Juden u. das Wirtschaftsleben, München 1911/1928[6]; andererseits bestätigen einschlägige Artikel in der Encyclopaedia Judaica von jüdischer Seite den oben umrissenen Sachverhalt; instruktiv auch A. Léon, Judenfrage & Kapitalismus, München 1971/1973[2].

136 G. Ollivier, Alliance Israélite Universelle 1860–1960, Paris 1959; A. Chouraqui, Cent ans d'histoire. L'Alliance Israélite Universelle et la renaissance juive contemporaine 1860–1960, Paris 1965.

137 I. Geiss, Jüdische Frage auf dem Berliner Kongreß, in: Jahrbuch des Instituts für Deutsche Geschichte 10. 1981, 413–22; N. M. Gelber, The Intervention of German Jews at the Berlin Congress 1878, in: Year Book of the Leo Baeck Institute 5. 1960, 221–48.

138 F. Stern, Gold u. Eisen. Bismarck u. sein Bankier Bleichröder, Berlin 1978, 452–65.

139 Geiss, Jüdische Frage, 418.

140 Für Literatur vgl. o. Anm. 61.

V. Der Rassismus in der Zwischenkriegszeit

1 D. Rothermund Hg., Die Peripherie in der Weltwirtschaftskrise: Afrika, Asien u. Lateinamerika 1929–1939, Paderborn 1982.

2 E. Nolte, Der Faschismus in seiner Epoche. Action française – Der italienische Faschismus – Der Nationalsozialismus, München 1963 u. ö.

3 Encyclopaedia Judaica, Artikel »Antisemitismus«, III, Sp. 87–160.

4 Korzec, 130–35.

5 J. Bunzel, Antisemitismus in Rußland u. der Sowjetunion, in: Osteu-

ropa-Info 1. 1984, 7–25; Z.Y. Gitelman, Jewish Nationality and Soviet Politics. The Jewish Section of the CPSU 1917–1930, Princeton/N.J. 1972.

6 A. Meier u. E.M. Rudwick, From Plantation to Ghetto. An Interpretative History of American Negroes, New York 1966; J.H. Clarke, Harlem. A Community in Transition, ebd. 1965; S.M. Scheiner, Negro Mecca, A History of the Negro in New York City, 1865–1920, ebd. 1966; K.B. Clark, Schwarzes Getto, Düsseldorf 1967; A.H. Spear, Black Chicago, The Making of a Negro Ghetto, Chicago 1967.

7 W.P. Randel, Der Ku-Klux-Klan, München 1965.

8 S. Katz Hg., Jew and Negro. An Encounter in America, New York 1957.

9 Geiss, Panafrikanismus, 87–90, 248–50.

10 C.A. Diop, Nations nègres et culture, Paris 1954/1955[2].

11 Vgl. o., 218f., 228f.

12 J. Ki-Zerbo, Die Geschichte Schwarz-Afrikas, Wuppertal 1979.

13 Ebd., 40–47, 59–81.

14 Ebd, 38: »Aber warum sind manche Anfänge des Menschen, wie der Neandertaler, in ihrer Ausbreitung als Art gestoppt worden? Ohne Zweifel auf Grund des Überlebenskampfes und durch die natürliche Auslese, die das Überleben des Fähigsten erzwingt. So hat der Homo sapiens den Neandertaler in einer Art Weltkrieg, der mehrere zehntausend Jahre dauerte, hinwegfegen können. Abrechnung von Mensch zu Mensch, aber auch ein weniger heftiger Prozeß als die tiefgreifenden Vermischungen oder die Umweltveränderungen, die zu machtvollen Faktoren biologischer Mutationen wurden.«

15 E.D. Cronon, Black Moses. The Story of M. Garvey and the Universal Negro Improvement Association, Madison 1955; A.J. Garvey, Garvey and Garveyism, Kingston/Jamaika 1963; für den Nachlaß Garveys: R.A. Hill Hg., The M. Garvey and Universal Negro Improvement Association Papers, bisher 2 Bde., 1983ff.; dort auch die neueste Literatur, I, 3; jetzt auch ders. Hg., Marcus Garvey, Life and Lessons. Berkeley 1987.

16 Vgl. o., 194.

17 Hill, Garvey, I, LXX–LXXIII.

18 So bei Geiss, Panafrikanismus, 217–19.

19 C.E. Lincoln, The Black Muslims in America, Boston 1963.

20 Geiss, Panafrikanismus, 285–98. Für das Folgende auch 237–50.

21 July, Origins, 67–84, 155–76, 234–53, 392–414; M. Crowder, Senegal. A Study of French Assimilation Policy, London 1962/1972[2].

22 »Ma tête bourdonnant au galop guerrier des dyoun-doungs, au grand

galop de mon sang de pur sang.«, zitiert nach: J. Jahn, Geschichte der afrikanischen Literatur, Düsseldorf 1966, 255.

23 Kimble, 381–403.

24 O. Ransford, The Great Trek, London 1972.

25 U. Kröll, Die internationale Buren-Agitation 1899–1902, Münster 1973.

26 H. D. Lass, Nationale Integration in Südafrika: Die Rolle der Parteien 1922–1934, Hamburg 1969.

27 C. Kadalie, My Life and the ICU. The Autobiography of a Black Trade Unionist in South Africa, Plymouth 1970.

28 P. Dreyer, Martyrs and Fanatics. South Africa and Human Destiny, London 1980; allg.: P. Walshe, The South African National Congress, Diss. Oxford 1967.

29 M. Ansky, Les Juifs d'Algérie. Du décret Crémieux à la libération, Paris 1950.

30 J. C. Hurewitz, The Struggle for Palestine, New York 1968, 152–55.

VI. *Die Zuspitzung des Rassismus in Deutschland: Vom »Griff nach der Weltmacht« zum »Holocaust«*

1 Die älteste immer noch gültige Darstellung: G. Reitlinger, Die Endlösung, München 1964⁴; für den jüngsten Stand der Forschung vgl. Jäckel u. Rohwer Hg. Kürzere, leicht zugängliche Skizzen von B. Martin, Judenverfolgung u. -vernichtung unter der nationalsozialistischen Diktatur, in: ders. u. Schulin Hg., 290–315; W. Scheffler, Wege zur »Endlösung«, in: Strauss u. Kampe Hg., 186–214; H. A. Strauss, Der Holocaust, in: ebd., 215–33; jeweils mit ausführlichen Literaturangaben.

2 Für eine Zusammenstellung der jüngsten Diskussion im Rahmen des sog. »Historikerstreits« vgl.: »Historikerstreit.« Die Dokumentation der Kontroverse um die Einzigartigkeit der nationalsozialistischen Judenvernichtung, München 1987; ferner eine eigene ausführliche Stellungnahme: I. Geiss, Die Habermas-Kontroverse. Ein deutscher Streit, Berlin 1988.

3 W. Grab Hg., Jüdische Integration u. Identität in Deutschland u. Österreich 1848–1918, Tel Aviv 1984; ders. Hg., Juden in der deutschen Wissenschaft, ebd. 1986.

4 Strauss u. Kampe Hg., 9, Anm. 1; ähnlich: H.-G. Zmarzlik, Antisemitismus im Deutschen Kaiserreich 1871–1918, in: Martin u. Schulin Hg., 250f.

5 Encyclopaedia Judaica, VII, Artikel »Germany«, Sp. 482.

6 Geiss, Geschichte im Überblick, 290–315; als vorläufige Skizze für eine
   spätere ausführlichere Darstellung: ders., The Continuity of the German Question, in: John & Mary's Journal, Carlisle/Penn:, 1986/10,
   12–25.
7 W. Grab, Der preußisch-deutsche Weg der Judenemanzipation, in:
   Bautz Hg., 140–164; besonders 142 f.; dort auch für das Folgende.
8 H. Möller, Aufklärung, Judenemanzipation u. Staat. Ursprung u. Wirkung von Dohms Schrift »Über die bürgerliche Verbesserung der
   Juden«, in: W. Grab Hg., Deutsche Aufklärung u. Judenemanzipation, Tel Aviv 1980, 119–49. Für die Wirkung Dohms auf Katharina II.
   vgl. Hildemeyer, Jüdische Frage, 332.
9 Grab, Preußisch-deutscher Weg, dort auch für das Folgende.
10 Zur Entwicklung in Deutschland u. a. E. Hamburger, Juden im öffentlichen Leben Deutschlands. Regierungsmitglieder, Beamte u. Parlamentarier in der monarchischen Zeit 1848–1918, Tübingen 1968.
11 Ebd.; G. L. Mosse u. A. Paucker Hg., Juden im wilhelminischen
   Deutschland 1890–1914, Tübingen 1976; Zmarzlik, in: Martin u. Schulin Hg., 249–70.; W. Jochmann, Struktur u. Funktion des deutschen
   Antisemitismus 1878–1914, in: Strauss u. Kampe Hg., 99–142.
12 Zmarzlik, 251.
13 Hamburger, 6–30; für die Antisemitismusperioden: Jochmann, in:
   Strauss u. Kampe Hg., 99–142.
14 I. Geiss Hg., Der Berliner Kongreß 1878, Boppard 1979, 252 f.
15 F. Stern, Gold u. Eisen.
16 H.-J. Puhle, Agrarische Interessenpolitik u. preußischer Konservatismus 1893–1914, Hannover 1967/1975².
17 Kruck; R. Chickering, 230–50.
18 A. Paucker, Die Abwehr des Antisemitismus 1893–1933, in: Strauss u.
   Kampe Hg., 143–71.
19 H. Pogge v. Strandmann, Staatsstreichpläne, Alldeutsche u. Bethmann
   Hollweg, in: ders. u. I. Geiss, Die Erforderlichkeit des Unmöglichen.
   Deutschland am Vorabend des Ersten Weltkrieges, Frankfurt 1965,
   7–45.
20 Für drei besonders einflußreiche Autoren – Paul de Lagarde, Julius
   Langbehn und Moeller van den Bruck – vgl. F. Stern, Kulturpessimismus als politische Gefahr. Eine Analyse nationaler Ideologie in
   Deutschland, Stuttgart 1963.
21 E. Zechlin, Die Deutsche Politik u. die Juden im Ersten Weltkrieg,
   Göttingen 1969, 116–38.
22 I. Geiss, Der polnische Grenzstreifen 1914–1918. Ein Beitrag zur
   deutschen Kriegszielpolitik im Ersten Weltkrieg, Lübeck 1960, 94 f.,
   105, 133 f., 158.

23 K. Riezler, Tagebücher – Aufsätze – Dokumente, Hg. K. D. Erdmann, Göttingen 1972.
24 Zechlin, 527–41.
25 J. F. Neurohr, Der Mythos vom Dritten Reich. Zur Geistesgeschichte des Nationalsozialismus, Stuttgart 1957, 140–59.
26 Paucker, Abwehr.
27 Zitate nach A. Hitler, Mein Kampf, 116–118. Aufl., München 1934, 311–62, 425–503; das Gas-Zitat ebd., 772.
28 W. Hofer, Stufen der Judenverfolgung im Dritten Reich 1933–1939, in: Strauss u. Kampe Hg., 172–85.
29 R. Pommerin, ›Sterilisierung der Rheinlandbastarde‹. Das Schicksal einer farbigen deutschen Minderheit 1918–1937, Düsseldorf 1979.
30 H. Lauber, Judenpogrom. »Reichskristallnacht« November 1938 in Großdeutschland, Gerlingen 1981; W. H. Pehle Hg., Der Judenpogrom 1938. Von der »Reichskristallnacht« zum Völkermord, Frankfurt/M. 1988.
31 Jäckel u. Rohwer Hg.; im wesentlichen auch für das Folgende; vgl. auch H. R. Trevor-Roper u. A. François-Poncet Hg., Hitlers Politisches Testament (vgl. S. 372). Die Bormanndiktate vom Februar und April 1945, Hamburg 1981, 65–70, vor allem den Schluß, 70: »Die jüdische Eiterbeule habe ich aufgestochen, wie die anderen. Die Zukunft wird uns ewig Dank dafür wissen.«
32 Ebd., 194f., 210, 222.
33 Ebd., 190; jetzt auch H. Mommsen, Was haben die Deutschen vom Völkermord an den Juden gewußt?, in: Pehle Hg., 176–200.
34 H.-J. Döscher, Das Auswärtige Amt im Dritten Reich. Diplomatie im Schatten der ›Endlösung‹, Berlin 1987, das Kapitel »Zur Mitwirkung des AA bei der ›Endlösung der Judenfrage‹ 1940–1943«, 213–55.
35 Jäckel u. Rohwer Hg., 139.
36 Ebd., 158.
37 Ebd., 157f.; auch für die »Todesjuden«.
38 Ebd., 46f.
39 M. Gilbert, Auschwitz and the Allies, London 1981.

VII. Rassismus seit 1945

1 I. Geiss, Historische Voraussetzungen zeitgenössischer Konflikte, in: Fischer-Weltgeschichte Bd. 36: Das 20. Jahrhundert III, Weltprobleme zwischen den Machtblöcken, Hg. W. Benz u. H. Graml, Frankfurt 1981, 1987⁴, 29–100. Für ältere Analysen: u. a. A.H. Richmond, The Color Problem. A Study of Racial Relations, Harmondsworth, Middlesex 1955, 1961²; Italiaander Hg., Rassenkonflikte.

2 I. Geiss, Die Afro-Amerikaner, Frankfurt 1969; provisorische Skizze mit ausführlicher Literatur.

3 G. Myrdal, An American Dilemma. The Negro Problem and Modern Democracy, 2 Bde., New York 1944/1962².

4 Adam, Südafrika.

5 Für Österreich z. B.: Bunzl u. Marin; für die kommunistischen Staaten Europas vgl. Osteuropa-Info 1. 1984. Allgemein jetzt auch: A. Silbermann u. J. H. Schoeps Hg., Antisemitismus nach dem Holocaust, Köln 1986. Für kommunistische Staaten vgl. R. Wistrich, Der antisemitische Wahn. Von Hitler bis zum Heiligen Krieg gegen Israel, München 1987, S. 344–79.

6 M. Hillel, Le Massacre des Survivants en Pologne 1945–1947, Paris 1985.

7 Vgl. o., Teil VI, Anm. 2.

8 R. Bernstein u. a. Hg., Der Palästinakonflikt, Bad Wörishofen 1982. Aus der reichen Literatur u. a.: H. Jendgens, Der Nahostkonflikt, Bonn 1976²; D. Diner, Israel u. Palästina, Königstein 1980; S. Eisenstadt, Die Transformation der israelischen Gesellschaft, Frankfurt 1987; Wistrich, 311–79.

9 Bernstein, 119 f.

10 Als kritische Analyse der fundamentalistischen jüdischen Rechten in Israel und des »messianischen israelischen Nationalismus« (»Gusch Emunim«, Meir Kahane) sowie der vom »Revisionisten« Jabotinsky kommenden nationalistischen Rechten des Likud-Blocks vgl. Wistrich, 436–44.

11 Vgl. o. Anm. 1.

12 K. M. Barfuss, Gastarbeiter in Norddeutschland 1884–1918, Bremen 1986.

13 J. Pouchepadass, L'Intouchable et la modernité, in: Le Genre humain, 11. La Société face au racisme, Paris 1984, 53–72; Schermerhorn, Ethnic Plurality, 27–69; R. Isaacs, India's Ex-Untouchables, Bombay 1965.

14 A. N. Das Hg., Agrarian Movements in India: Studies on 20th Century Bihar, in: Journal of Peasant Studies 9. 1982/3, Special Issue.

Literatur

Monographien und Sammelbände

Abosch, A., Antisemitismus in Rußland, Darmstadt 1972.

Adam, H., Südafrika. Soziologie einer Rassengesellschaft, Frankfurt 1969.

Ders. u. Moodley, K., Südafrika ohne Apartheid?, Frankfurt 1987.

Adorno, Th. W. u. a., Der autoritäre Charakter. Studien über Autorität und Vorurteil, 2 Bde., Frankfurt 1977[2].

Albertini, L., The Origins of the First World War, 3 Bde., London 1966[2].

v. Albertini, R., Europäische Kolonialherrschaft 1880–1940, Zürich 1976.

Allport, G. W., Die Natur des Vorurteils, Köln 1971.

Alter, P., Nationalismus, Frankfurt 1985.

Anderson, M. S., The Eastern Question 1774–1923, London 1978[6].

Ansky, M., Les Juifs d'Algérie. Du décret Crémieux à la libération, Paris 1950.

Arendt, H., Elemente u. Ursprünge totaler Herrschaft. Antisemitismus, Imperialismus, Totalitarismus, München 1986.

Baer, J. F., Die Juden im christlichen Spanien, 2 Bde., Berlin 1926–1929.

Barfuß, K. M., Gastarbeiter in Norddeutschland 1884–1918, Bremen 1986.

Baroja, J. C., Razas, Pueblos y Linajes, Madrid 1957.

Baron, S. W., History of the Jews in Poland, 3 Bde., Philadelphia 1916–1920.

Ders., The Russian Jews under the Tsar and the Soviets, New York 1964.

Ders., A Social and Religious History of the Jews, bisher 18 Bde., New York 1937 ff./1952 ff[2].

Bartnicki, A. u. Mantel-Niecko, J., Geschichte Äthiopiens, 2 Bde., Berlin 1978.

Barzun, J., Race: A Study in Modern Superstition, London 1938.

Baslez, M.-F., L'étranger dans la Grèce antique, Paris 1984.

Basham, A. L., The Wonder that was India. A Survey of the History and Culture of the Indian Subcontinent before the Coming of the Muslims, New York 1967[3].

Bauer, N. Hg., China u. die Fremden. 3000 Jahre Auseinandersetzung in Krieg u. Frieden, München 1980.

Baumgart, W., Vom europäischen Konzert zum Völkerbund, Darmstadt 1974.

Bautz, F. J. Hg., Geschichte der Juden. Von der biblischen Zeit bis zur Gegenwart, München 1983.

Becker, J. u. a., Die Anfänge des Christentums, Stuttgart 1987.

Bein, A., Die Judenfrage. Biographie eines Weltproblems, 2 Bde., Stuttgart 1980.

Ben-Sasson, H. H. Hg., Geschichte des jüdischen Volkes, 3 Bde., München 1978–1980.

Benezet, A., Some Historical Account of Guinea, Its Situation, Produce, and the Generel Disposition of Its Inhabitants, With an Inquiry into the Rise and Progress of the Slave Trade, Its Nature and Lamentable Effects, London 1762, 1767[4].

Bering, D., Der Name als Stigma. Antisemitismus im deutschen Alltag 1812–1933, Stuttgart 1987.

von den Berghe, P. L., Race and Racism, New York 1967.

Bernstein, R. u. a. Hg., Der Palästinakonflikt, Bad Wörishofen 1982.

Biddiss, M. D., Father of Racist Ideology. The Social and Political Thought of Count Gobineau, London 1970.

Bilger, H. R., Südafrika in Geschichte u. Gegenwart, Konstanz 1976.

Bitterli, U., Die »Wilden« u. die »Zivilisierten«. Grundzüge einer Geistes- u. Kulturgeschichte der europäisch-überseeischen Begegnung, München 1976.

Bittle, W. E. u. Geis, G., The Longest Way Home. Chief Alfred C. Sam's Back to Africa Movement, Detroit 1964.

Blouin, A., My Country, Africa. Autobiography of the Black Pasionaria, New York 1983.

Boas, F., Race, Language, and Culture, New York 1940.

Ders., Rasse u. Kultur, Jena 1932.

Boehlich, W. Hg., Der Berliner Antisemitismusstreit, Frankfurt 1965.

Boskin, J., Urban Racial Violence in the Twentieth Century, London 1969.

Böss, O., Die Lehre der Eurasier. Ein Beitrag zur russischen Ideengeschichte des 20. Jahrhunderts, Wiesbaden 1961.

Bovill, E. W., The Golden Trade of the Moors, London 1958.

Brown, W. W., The Black Man: His Antecedents and Achievements, Savannah 1863.

Das Buch der Bücher. Altes Testament. Einführungen, Texte, Kommentare, Hg. H.-M. Lutz u. a., München 1970.

Buenzod, J., La formation de la pensée de Gobineau et l'»Essai sur l'inégalité des races humaines«, Paris 1967.

Bunzl, J., u. Marin, B., Antisemitismus in Österreich, Innsbruck 1983.

Burckhardt, J., Gesammelte Werke, Darmstadt 1970.

Campbell, P., Chinese Coolie Emigration to Countries within the British Empire, London 1923.

Chamberlain, H. St., Grundlagen des 19. Jahrhunderts, 2 Bde., 1899 ff.

Chickering, R., We Men Who Feel Most German. A Cultural Study of the Pan-German League 1886–1914, London 1984.

Chouraqui, A., Cent ans d'histoire. L'Alliance Israélite Universelle et la renaissance juive contemporaine, 1860–1960, Paris 1965.

Clark, K. B., Schwarzes Getto, Düsseldorf 1967.

Clarke, J. H., Harlem. A Community in Transition, New York 1965.

Claussen, D., Grenzen der Aufklärung. Zur gesellschaftlichen Geschichte des modernen Antisemitismus, Frankfurt 1987.

Cohn, N., Die Protokolle der Weisen von Zion. Der Mythos der jüdischen Weltverschwörung, Köln 1969.

Ders., Das Ringen um das Tausendjährige Reich. Revolutionärer Messianismus im Mittelalter u. sein Fortleben in den modernen totalitären Bewegungen, München 1961.

Coon, C. S., The Origins of Races, New York 1962.

Ders., The Living Races of Man, New York 1966.

Cronon, E. D., Black Moses. The Story of M. Garvey and the Universal Negro Improvement Association, Madison 1955.

Crowder, M., Senegal. A Study of French Assimilation Policy, London 1962/1972[2].

Curtin, P. D., The Image of Africa. British Ideas and Action, Madison 1964/London 1965.

Ders., The Transatlantic Slave Trade. A Census, Madison 1969.

Darwin, C., The Origins of Species by Natural Selection, London 1859, dt.: Die Entstehung der Arten, Stuttgart 1886.

Ders., The Descent of Man, London 1871; dt.: Leipzig 1903.

Davis, D. B., The Problem of Slavery in Western Culture, Ithaca 1966.

Ders., The Problem of Slavery in the Age of Revolution, Ithaca/New York, 1975.

Denoon, D., Southern Africa since 1800, London 1972.

Debrunner, H. W., Presence and Prestige. Africans in Europe. A History of Africans in Europe before 1918, Basel 1979.

Dimont, M. I., Jews, God and Israel, New York 1962.

Diner, D., Israel u. Palästina, Königstein 1980.

Diop, C. A., Nations nègres et culture, Paris 1954, 1955[2]

Döscher, H.-J., Das Auswärtige Amt im Dritten Reich. Diplomatie im Schatten der ›Endlösung‹, Berlin 1987.

Donner, H., Geschichte des jüdischen Volkes. Israel u. seine Nachbarn, 2 Bde., Göttingen 1984/86.

Dreyer, P., Martyrs and Fanatics. South Africa and Human Destiny, London 1980.

Du Bois, W. E. B., Black Folk Then and Now. An Essay in the History and Sociology of the Negro Race, New York 1939/1945[4].

Ders., The Suppression of the American Slave Trade to the United States of America, 1638–1870, Cambridge/Mass. 1896/New York 1954³.

Duffield, I., Duse, Mohamed Ali and the Development of Pan-Africanism 1866–1945, 2 Bde., Diss., University of Edinburgh 1971.

Dühring, E., Die Judenfrage als Frage der Rassen-, Sitten- und Kulturfrage, Berlin 1881.

Dumont, L., Homo Hierarchicus. The Caste System and Its Implications, London 1962.

Eisenstadt, S., Die Transformation der israelischen Gesellschaft, Frankfurt 1987.

Emery, W. B., Egypt in Nubia, London 1965.

Encyclopaedia Judaica, 16 Bde., Jerusalem 1972.

Fieldhouse, D. K., Die Kolonialreiche seit dem 18. Jahrhundert, Frankfurt 1965 ff.

Firmin, A., De l'égalité des Races Humaines. Anthropologie Positive, Paris 1885.

de Fontette, F., Le Racisme, Paris 1981/1984⁵.

Franklin, J. H., From Slavery to Freedom, New York 1957.

Fyfe, C., Africanus Horton, 1835–1883, West African Scientist and Patriot, London 1972.

Ders., A History of Sierra Leone, Oxford 1962.

Ders., A Short History of Sierra Leone, London 1979².

Gager, J. G., The Origins of Anti-Semitism. Attitudes Toward Judaism in Pagan and Christian Antiquity, New York/Oxford 1983.

Garvey, A .J., Garvey and Garveyism, Kingston/Jamaika 1963.

Geiss, I., Der Berliner Kongreß 1878. Protokolle u. Materialien, Boppard 1979.

Ders., Geschichte griffbereit, 6 Bde., Reinbek 1979 ff.

Ders., Julikrise u. Kriegsausbruch 1914. Eine Dokumentensammlung, 2 Bde., Hannover 1963/1964.

Ders., Panafrikanismus. Zur Geschichte der Dekolonisation, Frankfurt 1968.

Ders., Der polnische Grenzstreifen 1914–1918. Ein Beitrag zur deutschen Kriegszielpolitik im Ersten Weltkrieg, Lübeck 1960.

Ghurey, G. S., Caste and Race in India, London 1932/1969⁵.

Gilbert, M., Auschwitz and the Allies, London 1981.

Gist, N. P. u. Dworkin, A. G. Hg., The Blending of Races. Marginality and Identity in World Perspectives, New York 1972.

Gitelman, Z. Y., Jewish Nationality and Soviet Politics. The Jewish Sections of the CPSU 1917–1930, Princeton 1972.

Gobineau, A. de, Essai sur l'inégalité des races humaines, Paris 1853/55.

Golczewski, F., Polnisch-jüdische Beziehungen 1881–1922. Eine Studie zur Geschichte des Antisemitismus in Osteuropa, Wiesbaden 1981.

»Gold u. Macht«. Spanien in der Neuen Welt. Eine Ausstellung anläßlich des 500. Jahrestages der Entdeckung Amerikas, Wien 1986.

Gollwitzer, H., Die Gelbe Gefahr. Geschichte eines Schlagwortes, Göttingen 1962.

Grab, W. Hg., Juden in der deutschen Wissenschaft, Tel Aviv 1986.

Ders. Hg., Jüdische Integraton u. Identität in Deutschland u. Österreich 1848–1918, Tel Aviv 1984.

Graus, F., Pest–Geißler–Judenmorde, Göttingen 1987.

Greenfield, R., Ethiopia: A New Political History, London 1965.

Grégoire, H. B., De la littérature des nègres, ou recherches sur leurs facultés intellectuelles, leurs qualités morales, et leur littérature, Paris 1808.

Greive, H., Die Juden. Grundzüge ihrer Geschichte im mittelalterlichen u. neuzeitlichen Europa, Darmstadt 1980.

Haeckel, E., Natürliche Schöpfungsgeschichte, Berlin (1869) 1911.

Haller, J. S., Outcasts form Evolution. Scientific Attitudes of Racial Inferiority 1859–1900, London 1971.

Hamburger, E., Juden im öffentlichen Leben Deutschlands. Regierungsmitglieder, Beamte u. Parlamentarier in der monarchischen Zeit 1848–1918, Tübingen 1968.

Handlin, O., Firebells in the Night, Boston 1964.

Haussig, H.-W., Kulturgeschichte von Byzanz, Stuttgart 1966.

Hengel, M., Juden, Griechen u. Barbaren. Aspekte der Hellenisierung des Judentums in vorchristlicher Zeit, Stuttgart 1976.

Ders., Judentum u. Hellenismus. Studien zu ihrer Begegnung unter besonderer Berücksichtigung Palästinas bis zur Mitte des 2. Jhd. v. Chr., Tübingen 1969.

Hepple, A., South Africa. A Political and Economic History, London 1966.

Herder, J. G., Ideen zur Philosophie der Geschichte der Menschheit, Darmstadt 1966.

Herodot, Die Bücher der Geschichte, II, Abschnitte 35–36.

Higham, J., Strangers in the Land. Patterns of American Nativism 1860–1925, New Brunswick 1950/New York 1984[21].

Hill, Ch., Puritanism and Revolution. Studies in Interpretation of the English Revolution of the 17th Century, London 1976[3].

Hill, R. A. Hg., The Marcus Garvey and Universal Negro Improvement Association Papers, bisher 2 Bde., 1983 ff.

Ders. Hg., Marcus Garvey. Life and Lessons, Berkeley 1987.

Hillel, M., Le Massacre des Survivants en Pologne 1945–1947, Paris 1985.

»Historikerstreit«. Die Dokumentation der Kontroverse um die Einzigartigkeit der nationalsozialistischen Judenvernichtung, München 1987.

Hitler, A., Mein Kampf, 116–118. Aufl. München 1934.

Hume, D., Essays. Moral, Political, Literary, London 1741/1904.

Hurewitz, J.C., The Struggle for Palestine, New York 1968.

Hutton, J.H., Caste in India, Its Nature, Function and Origins, Bombay 1963.

Isaacs, H.R., India's Ex-Untouchables, Bombay 1965.

Italiaander, R. Hg., Rassenkonflikte in der Welt, Frankfurt 1966.

Jäckel, E. u. Rohwer, J. Hg., Der Mord an den Juden im Zweiten Weltkrieg, Stuttgart 1985.

Jahn, J., Geschichte der afrikanischen Literatur, Düsseldorf 1966.

Jendgens, H., Der Nahostkonflikt, Bonn 1976[2].

Jones, J.M., Prejudice and Racism, Reading/Mass. 1972.

Jordan, W.D., The White Man's Burden. Historical Origins of Racism in the United States, New York 1974.

Josephus, F., Geschichte des jüdischen Krieges, Dreieich 1977.

July, R.W., The Origins of Modern African Thought. Its Development in West Africa during the Nineteenth and Twentieth Centuries, London 1968.

Kadalie, C., My Life and the ICU. The Autobiography of a Black Trade Unionist in South Africa, Plymouth 1970.

Kappel, R. u.a. Hg., Liberia. Underdevelopment and Political Rule in a Peripheral Society, Hamburg 1986.

Kamen, H., Die spanische Inquisition, München 1967.

Katz, J., R. Wagner, Vorbote des Antisemitismus, Königstein 1985.

Katz, S. Hg., Jew and Negro. An Encounter in America, New York 1957.

Katznelson, S. Hg., Juden im Deutschen Kulturbereich, Berlin 1962[3].

Kennedy, P.M., The Rise of the Anglo-German Antagonism 1860–1914, London 1980.

Kiewiet, C.W., A History of South Africa. Social and Economic, London 1941/1964[2].

Kilian, L., Zum Ursprung der Indogermanen. Forschungen aus Prähistorie u. Anthropologie, Bonn 1983.

Kimble, D., A Political History of Ghana. The Rising of Gold Coast Nationalism 1850–1928, Oxford 1963/1965[2].

Ki-Zerbo, J., Die Geschichte Schwarz-Afrikas, Wuppertal 1979.

Koestler, A., Der dreizehnte Stamm. Das Reich der Khasaren u. sein Erbe, Zürich 1977.

Koch, H.W., Der Sozialdarwinismus. Seine Genese u. sein Einfluß auf das imperialistische Denken, München 1973.

Kohn, H., Die Idee des Nationalismus. Ursprung u. Geschichte bis zur Französischen Revolution, Frankfurt 1962[2].

Ders., Die Slawen u. der Westen. Die Geschichte des Panslawismus, Wien 1956.

Konetzke, R., Lateinamerika. Gesammelte Aufsätze, Köln 1983.

Kopytoff, J. H., Preface to Modern Nigeria: The »Sierra Leoneans« in Yoruba, 1830–1890, London 1965.

Korzec, P., Juifs en Pologne. La question juive pendant l'entre-deux-guerres, Paris 1980.

Kröll, U., Die internationale Buren-Agitation 1899–1902, Münster 1973.

Kruck, A., Geschichte des Alldeutschen Verbandes 1890–1939, Wiesbaden 1954.

Laqueur, W., Der Weg zum Staat Israel. Geschichte des Zionismus, Wien 1975.

Lass, H. D., Nationale Integration in Südafrika: Die Rolle der Parteien 1922–1934, Hamburg 1969.

Lauber, H., Judenpogrom. »Reichskristallnacht« November 1938 in Großdeutschland, Gerlingen 1981.

Léon, A., Judenfrage & Kapitalismus, München 1971, 1973[2].

Lessing, Th., Der jüdische Selbsthaß, Berlin 1930.

Lewis, B., Race and Color in Islam, New York 1971.

Leyburn, J. G., The Haitian People, New Haven 1966[2].

Ders., Die Juden in der islamischen Welt. Vom frühen Mittelalter bis ins 20. Jhd., München 1987.

Liebenov, J. G., Liberia. The Evolution of Privilege, Ithaca 1969.

Lincoln, C. E., The Black Muslims in America, Boston 1963.

Lipschütz, A., El problema racial en la conquista de América y el mestizaje, Santiago de Chile 1967.

Löwe, H.-D., Antisemitismus u. reaktionäre Utopie. Russischer Konservatismus im Kampf gegen den Wandel von Staat u. Gesellschaft 1890–1917, Hamburg 1978.

Loewenberg, P., Decoding the Past. The Psychohistorical Approach, Berkeley 1969.

Loewenstein, R. M., Psychoanalyse des Antisemitismus, Frankfurt 1968[2].

Logan, R. W., Haiti and the Dominican Republic, London 1968.

Long, E., History of Jamaica, 3 Bde., London 1774[2].

Lovejoy, A. O., The Great Chain of Being, Cambridge/Mass. 1966.

Lovejoy, P. E. Transformations in Slavery. A History of Slavery in Africa, Cambridge 1983.

Martin, B. u. Schulin, E. Hg., Die Juden als Minderheit in der Geschichte, München 1981/1982[2].

McKitrick, E. L. Hg., Slavery Defended, The Views of the Old South, New York 1963.

Meier, A. u. Rudwick, E. M., From Plantation to Ghetto. An Interpretive History of American Negroes, New York 1966.

Memmi, A., Rassismus, Frankfurt 1987.

Miller, St. C., The Unwelcome Immigrant: The American Image of the Chinese, 1785–1882, Berkeley 1969.

Montagu, A. Hg., Statement on Race. An Annotated Elaboration and Exposition of the Four Statements on Race Issued by the United Nations Education, Scientific, and Cultural Organisation, New York 1972³.

Mosse, G. L., Rassismus, Krankheitssymptom in der europäischen Geschichte des 19. u. 20. Jahrhunderts, Königstein 1978.

Mosse, W. E. u. Paucker, A. Hg., Juden im wilhelminischen Deutschland 1890–1914, Tübingen 1976.

Mühlmann, W. E., Geschichte der Anthropologie, Frankfurt 1968².

Munro, N. G., Ainu. Creed and Culture, London 1962/1979².

Myrdal, G., An American Dilemma. The Negro Problem and Modern Democracy, 2 Bde., New York 1944/1962².

Nadav, D. S., J. Moses (1868–1942) u. die Politik der Sozialhygiene in Deutschland, Gerlingen 1985.

Neurohr, J. F., Der Mythos vom Dritten Reich. Zur Geistesgeschichte des Nationalsozialismus, Stuttgart 1957.

Newman, J., Race: Migration and Integration, Baltimore 1968.

Nolte, E., Der Faschismus in seiner Epoche. Action française – Der italienische Faschismus – Der Nationalsozialismus, München 1963.

Ollivier, G., Alliance Israélite Universelle 1860–1960, Paris 1959.

Ortiz, A. D., Los Judeo-conversos en España y America, Madrid 1972.

Pehle, W. H. Hg., Der Judenpogrom 1938. Von der »Reichskristallnacht« zum Völkermord, Frankfurt 1988.

Petrowitch, M. B., The Emergence of Russian Pan-Slavism 1856–1870, New York 1956.

Philipson, D., The Reform Movement in Judaism, Cincinnati 1907/1930².

Poliakov, L., Geschichte des Antisemitismus, 8 Bde., Worms 1977 ff.

Ders., Der arische Mythos. Zu den Quellen von Rassismus u. Nationalismus, München 1977.

Pommerin, R., ›Sterilisierung der Rheinlandbastarde‹. Das Schicksal einer farbigen deutschen Minderheit 1918–1937, Düsseldorf 1979.

Porter, A. T., Creoldom, A Study of the Development of Freetown Society, London 1963.

Posener, G., Lexikon der Ägyptischen Kultur, München 1960.

Price, Ch. A., Restrictive Immigration to North America and Australasia 1836–1888, Canberra 1974.
Puhle, H.-J., Agrarische Interessenpolitik u. preußischer Konservatismus 1893–1914, Hannover 1967/1975[2].

Randel, W.P., Der Ku-Klux-Klan, München 1965.
Ransford, O., The Great Trek, London 1972.
Reitlinger, G., Die Endlösung, München 1964[4].
Rhodes, G. M., The Hitler Movement. A Modern Millenarian Revolution, Stanford 1980.
Richmond, A. H., The Color Problem. A Study of Racial Relations, Harmondsworth 1955/1961[2].
Riezler, K., Tagebücher – Aufsätze – Dokumente, Hg. K. D. Erdmann, Göttingen 1972.
Roth, C., Geschichte der Juden. Von den Anfängen bis zum neuen Staate Israel, Teufen 1964[2].
Ders., A History of the Jews in England, Oxford 1941/1978[4].
Ders., A History of the Marranos, New York 1932, 1966[2].
Rothermund, D. Hg., Die Peripherie in der Weltwirtschaftskrise: Afrika, Asien u. Lateinamerika 1929–1939, Paderborn 1982.
Rotter, G., Die Stellung des Negers in der Islamischen-arabischen Gesellschaft bis zum XVI. Jahrhundert, Diss. Bonn 1961.
Roux, E., Time Longer than Rope. A History of the Black Men's Struggle for Freedom in South Africa, Madison 1948/London 1964[2].
Rudwick, E. M. u. Du Bois, W.E.B., A Study of Minority Group Leadership, Philadelphia 1960.
Rushames, L. Hg., Racial Thought in America, I, From the Puritans to Abraham Lincoln, Amherst/Mass. 1969.

Scheiner, S. M., Negro Mecca, A History of the Negro in New York City 1865–1920, New York 1966.
Scherer, A. Hg., Die Urheimat der Indogermanen, Darmstadt 1968.
Schermerhorn, R. A., Ethnic Plurality in India, Tucson/Ariz. 1978.
Schlamm, W. S., Wer ist Jude? Ein Selbstgespräch, Stuttgart 1964.
Schoeps, J. H. Hg., Zionismus, Wiesbaden 1983[2].
Scholes, T. E. S., The British Empire and Alliances, or Britain's Duty to Her Colonies and Subject Races, London 1899.
Ders., Glimpses of the Ages: or, The »Superior« and »Inferior« Races, So-called, Discussed in the Light of Science and History, 2 Bde., London 1905/8.
Schorsch, I., Jewish Reaction to German Antisemitism 1870–1914, New York 1972.
Schüler, W., Der Bayreuther Kreis von seiner Entstehung bis zum Ausgang der wilhelminischen Ära. Wagnerkult u. Kulturreform im Geiste völkischer Weltanschauung, Münster 1971.

Sicroff, A. A., Les controverses des status de »Pureté de sang« en Espagne du XVe au XVIIe siècle, Paris 1960.

Silberer, E., Sozialisten zur Judenfrage. Ein Beitrag zur Geschichte des Sozialismus von Anfang des 18. Jahrhunderts bis 1914, Berlin 1962.

Silbermann, A. u. Schoeps, J. H. Hg., Antisemitismus nach dem Holocaust, Köln 1986.

Snowden, F. M., Blacks in Antiquity. Ethiopians in the Greco-Roman Experience, Cambridge/Mass. 1970.

Snyder, L. L., Macro-Nationalism. A History of the Pan-Movements, Westport/Conn. 1984.

Sombart, W., Die Juden u. das Wirtschaftsleben, München, Leipzig 1911/ 1928[6].

Spear, A. H., Black Chicago, The Making of a Negro Ghetto, London 1967.

Spiller, G. Hg., Papers on Inter-Racial Problems, Communicated to the First Races Congress Held at the University of London July 26–29, 1911, London 1911.

Staudenraus, P. J., The African Colonization Movement 1816–1865, New York 1961.

Stein, L., The Racial Thinking of R. Wagner, New York 1950.

Stern, F., Gold u. Eisen. Bismarck u. sein Bankier Bleichröder, Berlin 1978.

Ders., Kulturpessimismus als politische Gefahr. Eine Analyse nationaler Ideologie in Deutschland, Bern 1963.

Stern, M. Hg., Greek and Latin Authors on Jews and Judaism, 3 Bde., Jerusalem 1976–84.

Sternhell, Z., La droite révolutionnaire 1885–1914. Les origines françaises du fascisme, Paris 1978.

Stevens, R. S. Hg., Racism. The Australian Experience, Sydney 1971/ 1974[2].

Strauss, H. A. u. Kampe, N. Hg., Antisemitismus. Von der Judenfeindschaft zum Holocaust, Bonn 1985.

Strobel, G. W., Das polnisch-jüdische Verhältnis. Die Juden, der polnische Staat u. die polnische Öffentlichkeit bis 1945, Köln 1968.

Tergeist, P., Schwarze Bewegungen u. Gettoaufstände. Strukturen rassischer Gewalt in den USA, Frankfurt 1982.

Thieme, K. Hg., Judenfeindschaft, Frankfurt 1963.

Tims, R. W., Germanizing Prussian Poland, New York 1941.

de Tocqueville, A., Œuvres Complètes, Hg. J.-P. Mayer, IX: Correspendance d'Alexis de Tocqueville et d'Arthur Gobineau.

Ders., Über die Demokratie in Amerika, München 1976.

Traber, M., Rassismus u. weiße Vorherrschaft, Freiburg 1971.

Trevor-Roper, H. R. u. François-Poncet, A. Hg., Hitlers Politisches Testament. Die Bormanndiktate vom Februar u. April 1945, Hamburg 1981.

Trommer, K., Rassismus u. Kolonialismus im deutschen Kaiserreich (dargestellt am Beispiel Deutsch-Südwestafrikas), Magisterarbeit Münster
1987.

de Vaissien, P., Saint Domingue (1629–1789). La société et la vie créole
sous l'ancien régime, Paris 1909.
Vercoutter, J., u. a., L'Image du Noir dans l'Art Occidental, I. Des Phara-
ons à la Chute de l'Empire Romain, Fribourg 1976.
Volney, C.-F., Die Ruinen oder Betrachtungen über die Revolutionen der
Reiche, Frankfurt 1977.

Wagner, R., Mein Denken, Hg. Martin-Gregor-Dellin, München 1982.
Walshe, P., The South African National Congress, Diss. Oxford 1967.
Weber, M., Wirtschaft u. Gesellschaft, Tübingen 1972⁵.
Weinryb, D. B., The Jews of Poland. A Social and Economic History of the
Jewish Community in Poland from 1100 to 1800, Philadelphia 1972.
Wing, R. P. u. J. P., The Myth of the Jewish Race, New York 1975.

Zechlin, E., Die Deutsche Politik u. die Juden im Ersten Weltkrieg, Göttingen 1969.
von zur Mühlen, P., Rassenideologien. Geschichte u. Hintergründe, Berlin 1977.

Aufsätze, Artikel

Adams, W. Y., The First Colonial Empire: Egypt in Nubia, 3200–1200
B.C., in: Comparative Studies in Society and History 26. 1984,
36–71.
Arendt, H., Race Thinking before Racism, in: Review of Politics, 6. 1944,
36–73.

von den Berghe, P. L., Racism, in: New Encyclopaedia Britannica, Macro-
paedia, XV, Chicago 1984¹⁵, 360–66.
Biddiss, M. D., The Universal Races Congress of 1911, in: Race 13. 1971,
37–46.
Bunzl, J., Antisemitismus in Rußland u. der Sowjetunion, in: Osteuropa-
Info 1. 1984, 7–25.

Cook, M., Jean-Jacques Rousseau and the Negro, in: Journal of Negro
History 21. 1936, 294–303.
Conze, W., Rasse, in: O. Brunner u. a. Hg., Geschichtliche Grundbe-
griffe, Stuttgart 1984, V, 135–78.

Das, A. N. Hg., Agrarian Movements in India. Studies in the 20th Century Bihar, in: Journal of Peasant Studies 9, 1982/3, Special Issue.

Davis, K., Intermarriage in Caste Societies, in: American Anthropologist – New Series 43. 1941, 376–95.

Dölger, F., Ein Fall slavischer Einsiedlung im Hinterland von Thessaloniki im 10. Jahrhundert, in: Sitzungsberichte der Bayerischen Akademie der Wissenschaften, München 1952/1.

Flint, J. E. u. Geiss, I., Africans Overseas 1790–1870, in: Cambridge History of Africa, V, Cambridge 1976, 418–57.

Fyfe, C., Freed Slave Colonies in West Africa, in: Cambridge History of Africa, V, Cambridge 1976, 170–99.

Geiss, I., The Continuity of the German Question, in: John & Mary's Journal, Carlisle/Penn. 1986/10, 12–25.

Ders., Historische Voraussetzungen zeitgenössischer Konflikte, in: Fischer Weltgeschichte Bd. 36, Das 20. Jahrhundert III, Weltprobleme zwischen den Machtblöcken, Hg. W. Benz u. H. Graml, Frankfurt 1981/1987[4].

Ders., Jüdische Frage auf dem Berliner Kongreß, in: Jahrbuch des Instituts für Deutsche Geschichte 10. 1981, 413–22.

Ders., Entstehung der modernen Eliten in Afrika seit der Mitte des 18. Jahrhunderts, in: Geschichte in Wissenschaft u. Unterricht 11. 1971, 648–67.

Gelber, N. M., The Intervention of German Jews at the Berlin Congress 1878, in: Year Book of the Leo Baeck Institute 5. 1960, 221–48.

Heinsohn, G., Der Ursprung von Monotheismus u. Judenhaß. Über das Erfinden u. Wiederabschaffen der Opfer u. Götter, in: Sellner, A. Hg., Der sogenannte Gott, Eichborn 1988, 25–70.

Helck, W., Die Ägypter u. die Fremden, in: Saeculum 15. 1964, 103–14.

Hildermeier, M., Die Jüdische Frage im Zarenreich. Zum Problem der unterbliebenen Emanzipation, in: Jahrbuch für Geschichte Osteuropas, 32.1984/3, 321–357.

Jahrbücher für Antike u. Christentum 10. 1967, 251–90, Nachträge zum Reallexikon für Antike u. Christentum (RAC), Artikel »Barbar«.

Kleines Lexikon deutscher Wörter arabischer Herkunft, Hg. N. Osman, München 1982 (Artikel: »Rasse«, 87 f.).

Loewenberg, P., Antisemitismus u. jüdischer Selbsthaß. Eine sich wechselseitig verstärkende sozialpsychologische Doppelbeziehung, in: Geschichte u. Gesellschaft 5. 1979, 455–75.

Metzler, D. u. Hoffmann, H., Zur Theorie u. Methode der Erforschung von Rassismus in der Antike, in: Kritische Berichte 5. 1/1. 1977, 5–20.

Möller, H., Aufklärung, Judenemanzipation u. Staat. Ursprung u. Wirkung von Dohms Schrift »Über die bürgerliche Verbesserung der Juden«, in: W. Grab Hg., Deutsche Aufklärung u. Judenemanzipation, Tel Aviv 1980, 119–49.

Oberhummer, E., Herkunft u. Bedeutung des Wortes Rasse, in: Anzeigen der Akademie der Wissenschaften in Wien. Philosophisch-Historische Klasse 65. 1928.

Pogge v. Strandmann, H., Staatsstreichpläne, Alldeutsche u. Bethmann Hollweg, in: ders. u. Geiss, I., Die Erforderlichkeit des Unmöglichen. Deutschland am Vorabend des Ersten Weltkrieges, Frankfurt 1965, 7–45.

Pouchepadass, J., L'Intouchable et la modernité, in: Le genre humain 11. La société face au racisme, Paris 1984, 53–72

Puhle, H.-J., Baskischer Nationalismus im spanischen Kontext, in: H. A. Winkler Hg., Nationalismus in der Welt von heute, Göttingen 1982, 51–81.

Vryonis, S. jr., Recent Scholarship on Continuity and Discontinuity of Culture. Classical Greeks, Byzantines, Modern Greeks, in: ders. Hg., Byzantina kai Metabyzantina, I, Malibu 1978, 237–256.

Wehler, H.-U., Sozialdarwinismus im expandierenden Industriestaat, in: Geiss, I. u. Wendt, B. J. Hg., Deutschland in der Weltpolitik des 19. u. 20 Jhd., 1. Festschrift für Fritz Fischer, Düsseldorf 1973, 133–42.

Yuki, A., Mémoire sociale et nationalisme au Japon, in: Le genre humain, 11: La société face au racisme, Paris 1984, 53–178.

edition suhrkamp
Eine Auswahl

3/5/6.87

3/9/6.87